Hans Fallada
Ohne Euch wäre ich aufgesessen

Hans Fallada

Ohne Euch wäre ich aufgesessen

Geschwisterbriefe

Herausgegeben
von Achim Ditzen

 aufbau

Anmerkungen von Daniel Börner
Personen- und Werkregister von Jürgen Engler

Mit 35 Abbildungen
(zu den Rechten vgl. Seite 473)

MIX
Papier aus verantwor-
tungsvollen Quellen
FSC® C083411

ISBN 978-3-351-03714-7

Aufbau ist eine Marke der Aufbau Verlag GmbH & Co. KG

1. Auflage 2018
© Aufbau Verlag GmbH & Co. KG, Berlin 2018
Einbandgestaltung U1berlin, Patrizia Di Stefano
Satz und Reproduktion LVD GmbH, Berlin
Druck und Binden CPI books GmbH, Leck, Germany
Printed in Germany

www.aufbau-verlag.de

Inhalt

Anhang

Vorwort

Im Mai 1928 wird Rudolf Ditzen, der Geld für seine Alkohol- und Morphiumsucht veruntreut hatte, nach fast zwei Jahren aus dem Zentralgefängnis Neumünster entlassen. Wieder ein freier Mann, versucht er sein Glück zunächst in Hamburg, will mit Adressenschreiben seinen Lebensunterhalt verdienen oder sogar eine Anstellung finden. Beide Vorhaben scheitern. Dennoch wird Hamburg zu einem Wendepunkt: Hier lernt er Anna Issel kennen, seine Suse, die er im Jahr darauf heiratet.

Rudolf Ditzen geht zurück nach Neumünster, wo ihm Gefängnisdirektor Bithorn Unterstützung zugesagt hat. Er kommt als Abonnenten- und Annoncenwerber beim »General-Anzeiger« unter, und schon bald steuert er Artikel zu dem Blatt bei. Zusätzlich übernimmt er die Leitung des neuen Büros für den Wirtschafts- und Verkehrsverein. Allmählich hat er wieder festen Boden unter den Füßen.

In dieser relativ gesicherten Situation beginnt er einen Briefwechsel mit seinen beiden Schwestern. Der jüngere Bruder Ulrich (Uli) ist am 12. August 1918, einen Monat vor Kriegsende, mit 22 Jahren in Carrépuis, Frankreich, gefallen.

Die älteste der Geschwister und Falladas Lieblingsschwester, Elisabeth (Ibeth), lebt 1928 mit ihrem Mann, dem promovierten Physiker Heinrich (Heinz) Hörig (1882–1968), in Braunschweig. Elisabeth (1888–1979) hat in Berlin und Leipzig als eine der ersten Frauen in Deutschland Physik studiert und dabei Heinz kennengelernt. Seit Mitte der zwanziger Jahre arbeitet er für die Pianofortefabrik Grotrian-Steinweg, bis er im Zuge der Weltwirtschaftskrise wie so viele andere seine Stellung verliert. Von 1932 bis zum Kriegsende 1945 forscht er als Privatgelehrter für das Preußische Holzforschungsinstitut Eberswalde über die elastischen Eigenschaften von Holz, Elisabeth, die ihr Studium aus gesundheitlichen Gründen nicht abschließen konnte, ist seine qualifizierte Zu- und Mitarbeiterin. Stipendien gibt es mal für ein halbes Jahr, mal für achtzehn Monate – die materielle Unsicherheit prägt das Familienleben und erinnert an die heutige Situation junger Akademiker, die sich nicht selten in vergleichbar prekären Lebensverhältnissen wiederfinden. Adelheid (1917–1989), die Tochter der Hörigs, ist elf Jahre alt, als nach langer Zeit der erste Brief ihres Onkels eintrifft. Auch sie beginnt Nachrichten mit ihm auszutauschen und besucht die Ditzens im Sommer 1934 in Carwitz.

Rudolfs jüngere Schwester, Margarete, genannt Dete (1890–1970), ist seit 1912 mit dem Rechtsanwalt Friedrich (Fritz) Bechert (1884–1961) verheiratet, der in Zittau gemeinsam mit einem Kollegen eine Anwaltspraxis mit Notariat betreibt. Er hat Rudolf in der Vergangenheit juristisch beraten und zwischen dem schwierigen Sohn und den Eltern vermittelt. Das Ehepaar Bechert hat drei Kinder, den Sohn Horst (geb. 1914) und die Töchter Ilse (geb. 1916) und Irene (geb. 1920).

Ende 1928 bittet Rudolf Ditzen seine Schwestern um die Erlaubnis, gelegentlich von seinem Ergehen berichten zu dürfen, und wünscht sich, auch etwas aus ihrem Leben zu erfahren. Schon in kurzer Zeit erreicht der Austausch eine hohe Frequenz, häufig werden Briefe im Wochenrhythmus geschrieben, von »gelegentlich« ist keine Rede mehr. In früheren Jahren gab es eine vergleichbare Korrespondenz nicht. Die Anzahl der Briefe, insbesondere auch der in ihnen angeschlagene Ton sprechen für den ernsthaften Willen Rudolfs, ab jetzt ein neues, ein anderes Leben zu führen.

Der Briefwechsel, der von Ende 1928 bis Ende 1946 reicht, ist fast vollständig erhalten, über tausend Briefe, insgesamt etwa 1600 Blatt, zum großen Teil eng beschrieben. Auch wenn hier aus Gründen des Umfangs nur etwa ein Fünftel davon wiedergegeben werden kann: Die ausgewählte Korrespondenz erlaubt einen tiefen Einblick in das private und das schriftstellerische Leben Rudolf Ditzens beziehungsweise Hans Falladas wie in das Familienleben der Schwestern und vermittelt hochinteressante Aspekte des gesellschaftlichen Geschehens während der dreißiger Jahre und des Zweiten Weltkriegs. Von Politik ist selten direkt die Rede, und doch scheinen die aktuellen Entwicklungen und die jeweilige Haltung der Schreibenden immer wieder durch.

Der Blick, den die Briefe auf die schriftstellerische Arbeit Falladas zulassen, ist aufschlussreich. Es wird sichtbar, wie das Schreiben von der unmittelbar erlebten Freude, die er aus den ersten Büchern erfährt, im Krieg zu einem schwierigen Unterfangen wird: Das Schreiben wird routinierter Broterwerb und ist zugleich geprägt von politischem Taktieren, damit der von den Nazis zeitweise »unerwünschte Autor« weiter publizieren und den Unterhalt für die Familie erwerben darf.

Lange Zeit hat Rudolf Ditzen Abstand zu seinen Verwandten gesucht. Am Ende des Jahres 1928 ist es ihm nicht nur gelungen, sein Leben in neue Bahnen zu lenken. Auch mit der Familie sucht er einen Neuanfang, und der wird ihm nicht verwehrt. Von den ersten Briefen bis zu den letzten im Dezember 1946 wird der regelmäßige Kontakt nicht mehr abbrechen, und ein Verhältnis tiefer Verbundenheit und echter Solidarität entsteht.

EIN NEUES LEBEN BEGINNT
1928 bis 1933

Nach der Haft verbringt Rudolf Ditzen nur gut ein Jahr in Neumünster. In dieser relativ kurzen Zeit kommt es zu einschneidenden Erlebnissen, und er trifft wichtige Entscheidungen: Aus der Zufallsbekannten Anna Issel wird in wenigen Monaten seine Ehefrau Suse. Er läuft seinem alten Verleger Ernst Rowohlt über den Weg, der Anfang der zwanziger Jahre Falladas expressionistische Frühwerke »Der junge Goedeschal« und »Anton und Gerda« veröffentlicht hat. Diesmal stellt ihm Rowohlt eine Anstellung in seinem Verlag und damit einen neuen Start in Berlin in Aussicht. Und Rudolf Ditzen sammelt in Neumünster den Stoff für seinen ersten großen Roman. Sein Resümee: »Neumünster war gut und hat mir sehr viel weiter geholfen. Ich habe mich wieder an das Leben gewöhnt, und ich bin durch das Vielerlei von Arbeiten sicher nicht dümmer geworden.«

Als das junge Ehepaar im Januar 1930 in Berlin eintrifft, findet Rudolf vergleichsweise günstige Bedingungen für das eigene Schreiben vor: Durch verkürzte Bürozeiten, die ihm Rowohlt für die Leitung der Rezensionsabteilung verordnet, damit er nachmittags schreiben kann, wächst der erste große Fallada-Roman rasch an: »Bauern, Bonzen und Bomben« erscheint im Frühjahr 1931 und wird ein Achtungserfolg. Parallel arbeitet der Autor bereits an seinem nächsten Buch, an »Kleiner Mann – was nun?«.

Am 14. März 1930 wird der erste Sohn geboren und nach dem im Krieg gefallenen Bruder Uli genannt. Um die nötige

Ruhe zu finden, die er für seine schriftstellerische Arbeit zeitlebens braucht, und weil das Leben in der Stadt zu teuer wird, zieht die Familie nach Neuenhagen am Rande Berlins – später, als das Häuschen dort zu klein wird und der finanzielle Erfolg es erlaubt, ziehen die Ditzens weiter nach Berkenbrück.

Auch der Rowohlt Verlag bleibt von den Folgen der Weltwirtschaftskrise nicht verschont – im Sommer 1931 muss er Zahlungsunfähigkeit vermelden. Der Verlag kann in neuer Form weitergeführt werden, und bald darauf ist es ein Roman, der sowohl dem Verlag als auch dessen Autor die materielle Grundlage sichert: Hans Falladas »Kleiner Mann – was nun?« erscheint 1932 und wird ein Welterfolg. Auf einmal ist ein komfortables Leben möglich: Die kleine Familie macht die erste Reise nach Kölpinsee auf Usedom, der Schwester Ibeth ermöglicht Rudolf einen Kuraufenthalt an der Nordsee in Sankt Peter-Ording.

Als er das bis dahin gemietete Haus in Berkenbrück kaufen will, endet das Vorhaben Ostern 1933 mit seiner Verhaftung durch die SA. Der Erfolgsschriftsteller ist denunziert worden und mit dieser Erschütterung in der neuen politischen Realität des Landes angekommen.

Rudolf Ditzen – Neumünster-Holstein – Schützenstr, 29 II
Am 20. 12. 1928.

Liebe Ibeth, lieber Heinz,

ich bitte Euch zu diesem Weihnachtsfeste, wenn auch noch nicht zu vergeben und zu vergessen, mir doch noch ein letztes Mal eine Möglichkeit zu geben. Ich habe mich in den letzten Jahren geändert, und ich wäre Euch so sehr dankbar, wenn Ihr es noch einmal mit mir versuchen wolltet. Ich werde Euch mit nichts lästig fallen. Aber wenn ich Euch wenigstens dann und wann einmal von meinem Ergehen schreiben darf und das Gefühl haben könnte, dass Ihr meine Briefe nicht ganz ablehnend, wenn auch vorläufig nur abwartend aufnehmt, so bin ich Euch schon dankbar.

Ich denke, dass Ihr von Mutti gehört haben werdet, dass mein Geschick endlich eine gute Wendung genommen hat, dass die qualvollen Monate mit ihrem Suchen und Warten vorüber sind und dass ich endlich eine feste Stellung gefunden habe. Dass sie grade in einem Zeitungsbetriebe ist oder doch wenigstens sehr eng mit ihm zusammenhängt, sehen sowohl die Eltern wie auch meine hiesigen Freunde für besonders günstig an. Von mir zu schweigen. Wie glücklich ich bin, das kann ich niemandem sagen. Und wie dankbar den Eltern, die mir dies ermöglichten.

Natürlich ist noch vieles sehr neu für mich, auch muss ich mich selbstverständlich von der Pike aufarbeiten. Aber ich werde mich schon durchbeißen, und mein neuer Chef sieht die Sache auch nur als ein Sprungbrett für mich an und hat viel mehr mit mir im Sinne. Aber selbstverständlich kommt das Mehr nicht schon heute oder morgen, ich werde wohl erst ein paar Jahre hier arbeiten müssen. Aber ich bin ja so glücklich, dass ich endlich eine vernünftige Arbeit gefunden habe.

Heute habe ich den Brief von Mutti bekommen, durch den auch die letzten Formalitäten erledigt sind. In dieser Stunde will ich Euch schreiben. Und ich möchte Euch wünschen, dass Ihr ein ebenso glückliches und innerlich ruhiges Fest verleben möchtet wie ich.

Mit den herzlichsten Wünschen und Grüßen bin ich

Euer

Rudolf Ditzen – Neumünster-Holstein – Schützenstr, 29 II
Am 20. 12. 1928.

Liebe Dete, lieber Fritz,

erlaubt mir, dass ich Euch zum Weihnachtsfeste meine Grüße sende und dass ich Euch auch in Zukunft dann und wann einmal über mein Ergehen schreiben darf und nach dem Euern fragen. Ich habe ja auch in den letzten Jahren einige Male mit Euch korrespondieren dürfen, aber da handelte es sich ja stets um Anliegen von meiner Seite. Mit diesen Anliegen soll es nun vorbei sein. Wenn ich Euch jetzt schreibe, so darum, Euch zu bitten, die Verbindung mit mir nicht ganz aufzugeben und mir noch einmal eine Chance zu geben. […]

Wenn Ihr nun noch so freundlich seid, mir das Gefühl zu geben, dass ich die Verbindung mit der Familie nicht ganz verloren habe, werde ich ganz glücklich sein. Ich wünsche Euch von Herzen, dass Ihr ein ebenso glückliches und innerlich befriedigtes Weihnachtsfest feiern möget wie ich. Noch einmal herzlichen Dank für die Schreibmaschine, sie ist mein wertvollstes Besitztum.

Herzlichst grüßt Euch
Euer

Elisabeth Hörig – Braunschweig – Hamburgerstr. 249
Braunschweig, den 1.1.1929.

Lieber Rudolf,

das Erste im neuen Jahr soll sein, dass wir Dir von Herzen dazu Glück wünschen. Ich hätte dies schon eher getan, wenn ich nicht die üblichen Grippeerscheinungen zu überwinden gehabt hätte. [...]

Ich freue mich sehr, sowohl um Deinetwillen als um der Eltern willen, dass Du jetzt einen Beruf und eine Stellung gefunden hast, die Dir zusagen und Aussichten bieten. Ich will gerne Optimist sein und Dir den Daumen halten. Wir wollen doch lieber nur an die Zukunft denken; die Vergangenheit ist Deine Sache, und offen gestanden, wir meinen, dass zwischen uns von »Vergeben« nicht die Rede sein sollte. So sehr fühlen wir uns nicht als Vertreter des Staates und der Gesellschaft, dass wir uns persönlich getroffen fühlten. Wenn wir auf einem ganz neuen Blatte anfangen, so ist damit natürlich nicht gemeint, dass man nicht mehr *wüsste*, was auf dem vorigen gestanden hat. Aber man braucht ja nicht dauernd zurückzublättern, sondern kann sich lieber darüber freuen, dass auf dem neuen was Schönes steht. Also: 1929 soll leben!

Wir wünschen uns auch allerlei von ihm; wir haben auch so unsere Sorgen. Der Klavierindustrie geht es schlecht, weil jedermann sich Radio und Grammophon kauft und eher die Anschaffung einer Eismaschine als eines Flügels in Betracht zieht. Die kleinen neuen Wohnungen erlauben kaum die Unterbringung eine Klavierchens ... Dabei ist Heinz persönlich sehr interessiert an seiner Arbeit; die Physik des Flügels ist ungeheuer interessant, aber auch höchst schwer und erfordert eigentlich mehr Kräfte als die eines einzelnen Menschen. Wenn er dazu noch sein eigener Mechaniker sein muss, so kann er nicht so schnell vorwärtskommen, wie er wünscht. Ich arbeite mit ihm, zeichne viel technisch, besonders Rechentafeln sind augenblicklich meine Spezialität. Dann habe ich Literatur zusammenzustellen. Für den Haushalt bleibt nicht viel Zeit übrig. Unsere Tochter ist nun schon schrecklich groß geworden; Ostern kommt sie, durch ihre Krankheit verspätet, ins Lyzeum. [...]

Immer Deine
Ibeth

Rudolf Ditzen – Neumünster-Holstein – Johannisstr. 4 I
Am 8. II. 29.

Liebe Ibeth,

ich habe es ein bissel lang anstehen lassen mit meiner Antwort auf Deinen Neujahrsbrief. Aber ich bin jetzt sozusagen aus dem tiefsten Schlaf heraus ein viel geplagter Mann geworden, und ich denke, Du wirst mir für die Verzögerung Pardon geben. [...]

Du willst wissen, wie es auf einer Zeitung aussieht. Ach, liebe Ibeth, wir sind ja nur ein Käseblättchen mit Normalauflage von 4500 Stück, und ich bin der allerjüngste und, dass ich es sage, laufendste Käse im Betriebe. Im Grunde liegt die Sache sehr einfach und wird für alle Blätter bis zu 20 000 Auflage ähnlich liegen, alles, was nicht Lokales ist, wird fertig von Korrespondenzbüros bezogen, die einen geradezu mit Stoff überschwemmen. Dazu werden noch ein paar gute Tageszeitungen gehalten und aus denen, was gefällt, mit der

Schere zusammengestohlen, und nun ist die Zeitung bis auf den lokalen Teil fertig. Der ist natürlich das Wichtigste – nein, das Wichtigste sind natürlich die Annoncen – also das Zweitwichtigste, und der wird so von einem Manne, dem Lokalredakteur, zusammengeschustert, aus der Konkurrenz abgeschrieben und von den Interessierten als Lokalnotiz ins Haus getragen.

Wenn Du nun nach meiner Tätigkeit bei alledem fragst, so bin ich als der Laufende vor allen Dingen Inseratenwerber, und das ist ein sehr bitteres Brot, kann ich Dir nur verraten, vor allem, da ich nicht die geringste Eignung besitze, jemand, der seine Ladenhüter absolut nicht loswerden kann, davon zu überzeugen, durch ein Inserat bei uns fliegen sie nur so.

Dann habe ich als den allgemeineren Teil meiner Tätigkeit und sehr viel lieberen die Berichterstattung über die wissenschaftlichen und politischen Vorträge. Jetzt sitze ich beinahe jeden Abend, den Gott werden lässt, irgendeinem Redner zu Füßen und höre bald von Blutgruppen, bald von Weltwirtschaft, bald von dem unbekannten Amerika. Schlimm wird der Fall erst, wenn ich mal wegen Fehlens anderer Klavierkonzerte oder gar, wie schon geschehen, Orgelkonzerte von Bach rezensieren muss – ich mache Schlangenwindungen, um mich da ohne Blamage herauszuwickeln.

Nebenbei bin ich noch Kassierer und Schriftführer der Reichswirtschaftspartei, Kassierer der Leipziger Fürsorge (einer Krankenkasse), Korrespondenzler und Tarifler der Gastwirtsinnung, Sekretär des Wirtschafts- und Verkehrsvereins, Mitherausgeber der Schleswig-Holsteinischen Verkehrszeitung und der Nachrichten des Städt. Kraftwerks Neumünster und z. Z. Mitglied des Großen Rats der Großen Karnevalgesellschaft (auch dienstlich und sehr gegen meinen Geschmack).

Wenn Du nur jeder meiner Tätigkeiten täglich eine kurze

Spanne zumisst, und manche Spannen sind gar nicht kurz, so wirst du mir's glauben, dass ich meistens wie ein Hirsch durch die Stadt jage und dass ich eine ständig unbefriedigte Neigung für Schlaf habe. [...]

Euer
Rudolf

Rudolf Ditzen – Neumünster-Holstein – Johannisstr. 4 I
Am 10. Februar 1929.

Liebe Dete,

Du weißt gar nicht, eine wie große Freude Du mir durch die Übersendung der Sachen gemacht hast. Seit ich nun wieder in ein wenig geregelten Verhältnissen und in Ruhe und Ordnung lebe, ist die Freude am Eigentum, am eigenen Besitz wieder in mir erwacht, und nirgends fühle ich mich so wohl wie in meinen eigenen vier Wänden, zwischen meinen Büchern und Bildern.

Schmerzlich lag mir noch immer auf der Seele einiges, was mir aus Neuhaus fehlte, so z. B. die fehlenden 5 Bände meiner 10-bändigen Casanovaausgabe, ein neuer oder fast neuer Anzug, ein Föhnapparat. Bis auf den Letzteren ist nun alles wieder bei mir, und ich habe mich gefreut wie ein Stint, als ich am vergangenen Montag diese Herrlichkeiten auspackte. Der Anzug ist schon beim Schneider, die Oberhemden bereits von der Wäscherin zurück, die Bücher prangen in Reih und Glied auf dem schönen großen Bücherbrett, das ich hier in meiner neuen Wohnung – einer wesentlichen Verbesserung meines alten Zustandes – habe, und nun bleibt mir nur, Dir zu danken. [...]

Euer
Rudolf

[Ibeth]

Braunschweig, den 4.5.1929.

Lieber Rudolf,

Dein Brief liegt nun schon empörend lange da; aber erst hatte ich mal eine böse Grippe zu überwinden [...], dann kam die Reise nach Leipzig, allerlei Arbeit und Detes Besuch dazu. Dann kam plötzlich die Fähigkeit, mathematisch zu arbeiten, wieder – sie hatte einfach ausgesetzt, was mich sehr bedrückt hatte –, und das musste schleunigst ausgenutzt werden. Es war vorher schlimm, so schlimm, dass ich mich genau in die Gefühle eines mathematisch gänzlich Versagenden, der das Abiturium auf der Oberrealschule machen soll, versetzen konnte. Und dann sprang der Motor plötzlich wieder an, so von einem Tag auf den andern. Da habe ich schleunigst für Heinz wieder eine Rechentafel bearbeitet, die nun im Prinzip festliegt. Aber während solcher Zeit bin ich wenig zu sprechen, wenn Adelheid auch noch so entsagend und vorwurfsvoll ihre Tante Frieda zitiert: »Mütter sollten nie arbeiten müssen, nur Väter.« Aber ich sehe nicht ein, warum die Frauen einfach dazu verdammt sein sollen, ihre Herzensaufgabe im Kochen und Nähen etc. zu finden und zu empfinden. Ebenso gut könnte man dann vom Manne verlangen, dass er Bauer wäre. *Natürlicher* als am Schreibtisch zu sitzen und schwarze Zeichen aufs Papier zu malen, seien es nun Buchstaben oder Schraubenmuttern und Motorenwicklungen, ist es jedenfalls; aber das wird nie als Argument gegen solche geistige Tätigkeit anerkannt. Nur bei der Frau soll dies Argument der Natürlichkeit oder Unnatürlichkeit immer noch schlagend wirken. [...]

Deine
Ibeth

Rudolf Ditzen – Neumünster-Holstein – Johannisstr. 4 I
Am 10. Mai 1929.

Liebe Ibeth,

[…] Mit dem plötzliche Auftauchen und Verschwinden von Fähigkeiten, deren man zuerst, ehe man derartige Erfahrungen gemacht hat, vollkommen sicher zu sein glaubt, habe ich auch schon einiges erlebt. Natürlich auf dem Gebiete der schriftstellerischen Produktion. Es gibt Zeiten, wo es sich darum handelt, nur zwei Seiten noch – 298 hat man fertig – zu schreiben, und keine Macht der Erde bringt einen an den Schreibtisch. Im höchsten Zustand ist das Ganze ja wohl die Intuition, aber mit der bin ich nur 3- oder 4-mal im Leben begnadet worden. Das ist allerdings das Schönste, was es gibt. […]

Allerdings ist es mutig, von unserm Publikum zu reden. Wir sind eine sterbende Zeitung, und über kurz oder lang wird die Bude zugemacht werden. Das liegt vor allem daran, dass unserm Chef auch das sehr gutgehende Konkurrenzblatt gehört, das aber teurer als wir ist, jeder Abonnent, den wir verlieren, bekommt er mit 50 Pfg. pro Monat Aufschlag an sein Lieblingsblatt und hat den Vorteil, durch das Bestehen unserer Zeitung sich etwaige Konkurrenz vom Leibe zu halten. So gibt er denn möglichst keinen Pfennig für unser Blatt aus, wir dürfen beispielsweise keine lokalen Bilder bringen, grundsätzlich keine Honorare zahlen – die Zeitung wird bis auf den lokalen Teil ziemlich restlos zusammengestohlen – usw. […]

Herzl. Gruß

Rudolf Ditzen – Neumünster-Holstein – Kuhberg 41 II
Am 4. Juni 1929.

Liebe Dete, lieber Fritz,

es ist schon eine wahre Schande, dass ich diesen Brief,

durch den ich Euch offiziell meine Verheiratung anzeige, so spät schreibe. Weiß der Teufel, seit Wochen, meine Frau ist Zeuge, rede ich von diesem Brief, der unbedingt geschrieben werden muss, aber ich bin ewig nicht dazu gekommen. […] Aber nun, Ihr beiden, ist es endlich so weit, der Entschluss wurde Tat, und ich teile Euch nun ganz offiziell mit, dass ich verheiratet bin, und trotzdem es morgen nun schon zwei Monate her ist und trotzdem wir wirklich mit Krankheit und Sorgen nicht zu knapp versorgt gewesen sind, sind wir beide die glücklichsten Menschen von der Welt. […]

Die Eltern haben natürlich zuerst schwere Bedenken gehabt und haben sie noch, aber ich habe doch den Eindruck, dass sie sich allmählich mit dem Gedanken aussöhnt, auch ihren Sohn unter der Haube zu wissen […].

Wir haben's hier sehr nett getroffen, haben zwei Zimmer, ganz im Grünen, dabei nur 3 Minuten von meinem Büro, und eigene Küche, Küche, sage ich, Notküche, sagt Suse. Sagen wir also Notküche. Natürlich wohnen wir noch möbliert, erstens weil wir keine Wohnung bekämen und zweitens weil wir für die Möbelanschaffung erst noch lange, lange sparen müssen. […]

Also, Grüße und gute Wünsche, Euch allen. […]

Rudolf Ditzen – Neumünster-Holstein – Kuhberg 41 II
Am 17. Juli 1929.

Liebe Ibeth,

ich möchte mich doch dieses Mal keinesfalls zu spät zu Deinem Geburtstage einfinden, und so komme ich denn wahrscheinlich einen Tag zu früh. […]

Ich hab in letzter Zeit mein Gutes vom Urlaub gehabt, vom Urlaub der andern nämlich. Ich hatte unsern »Chefredakteur« 14 Tage zu vertreten, habe alles selber machen müssen, den Umbruch des politischen Teils, der in Platten, also druckfertig geliefert wird und nur mit Überschriften versehen gruppiert wird. Ferner die sog. »Neuesten«, das sind die letzten Draht- und Radionachrichten, die man sich aber mangels Zeit nicht aus dem Lautsprecher holt, sondern aus sog. Depeschenbriefen der Nachrichtenagenturen und aus besser unterrichteten Zeitungen zusammenschneidet und zusammenklebt. Ferner, und das ist erstens wie letztens, den lokalen Teil einschl. Kinokritiken, Konzertbesprechungen und tiefsinnigen Wetterbetrachtungen. Du ahnst es nicht, Ibeth, was für einen Spaß mir dieser Rummel gemacht hat, wie ich mir meine Nachrichten in diesem Bierdorf, in dem ja beileibe nicht immer etwas passiert, was das liebe Vieh lesen möchte, zusammengestohlen habe, wie ich aus Mücken Elefanten gemacht habe und frech gewesen bin. Frech muss man schon sein, das hilft nichts. Ich bin ja nur *ein* Mensch, und wenn ich dann wie gestern Abend beispielsweise … warte mal, also da waren drei Kinos mit ihren neuesten Filmprogrammen zu kritisieren, im Wiener Café trat ein Vortragskünstler auf, der Reuter interpretierte, im Café Reimers war eine neue Tanzdiele gelegt, die eingeweiht wurde, und zu der Einweihung gab's auch noch Kabarettprogramm, die Nationalsozialisten hatten einen Sprechabend im Hofbräu, und in der Tonhalle hielt ein Dr. Kipke aus Berlin einen Vortrag über Gesundheit und Hochfrequenzgeräte. All dies *muss* unbedingt am nächsten Tage besprochen werden, da die Leute bei uns inserieren und die Besprechung sozusagen die Quittung für das Inserat ist. Ich aber bin nur ein Mensch, die andern, die etwa in Frage kämen, hatten bei dem herrlichen Sommerwetter nicht die geringste Lust, in irgendeinen gedeckten Raum zu gehen, und dann heißt es eben: Frechheit siegt! Die beiden Vorträge und das Kabarett habe ich schon am Abend vorher besprochen, am Programm errät man meistens, was da kommt, und als die lieben Leutchen ansetzten und begannen, lag der Bericht über das, was sie redeten, schon gesetzt in der Maschine. Die Nationalsozialisten waren auch sehr einfach, die reden doch meistens dasselbe, und sicherheitshalber fragt man dann den nächste Morgen auf der Polizeiwache an, ob es etwa Schlägereien gegeben hat. Bleiben die drei Kinos. Zwei konnte ich nach den Anzeigen verarzten, jedes mit 32 Druckzeilen, im dritten, wo ich nichts erraten konnte (und das mich, ehrlich gestanden, am meisten lockte), bin ich dann gewesen. […]

Dein Rudolf

[Ibeth]

Braunschweig, den 20. 7. 1929.

Lieber Rudolf,

Also auch Dir die besten Glückwünsche! Möge – na, füll Dir die Wünsche selber aus, Du kennst sie am besten. Ich hätte schon gestern geschrieben, wenn ich mich nicht gerade in ein mathematisches Problem verbissen hätte, das unbedingt erst gelöst werden musste. Es ist nur eine ganz einfache Rechentafel, aber mit Hilfe einer projektiven Verzerrung des einen Teils ist es mir gelungen, zwei Einstellungen des Ablesefadens auf eine zu reduzieren. So dass man bei Verbindung von »Lastpunkt« und »Rippenlänge« außer einem »Verhältnis« auch gleich die Wendepunktsabszisse der Biegelinie ablesen kann. Wenn das nicht nach was klingt! […] Ich würde Dir sehr gern auch ein Bild von mir schicken (Schönen Dank für Deins!), aber die letzten Aufnahmen, die Heinz von mir gemacht hat, sind so schauerlich ausgefallen, dass ich Dich erst ein bisschen vorbereiten muss. Ich bin, wie man so schön sagt, »stark« geworden, nun auch schon 41 Jahre alt und auf den Bildern mir so unsympathisch, dass ich die Platten am liebsten mal aus Versehen mit Absicht fallen ließe.

Nach dieser Vorbereitung erschreckt Dich das nächste Bild vielleicht nicht ganz tödlich. […]

Deine Ibeth

Ditzen's – Neumünster-Holstein – Kielerstr. 42 I

Am 13. August 1929.

Liebe Dete,

[…] Nächsten Sonntag wollen Suse und ich für einen Tag nach Westerland auf Sylt, es fährt ein Sonder-Sonntagszug der Reichsbahn über den Hindenburgdamm, und ich hoffe, dafür Freikarten zu bekommen. Es hat doch so seine Vorteile, wenn man »Presse« ist.

Auch seine Nachteile. Falls Ihr in Euerm weltabgeschiedenen Winkel Zeitungen zur Hand bekommen haben solltet, werdet Ihr gesehen haben, dass Neumünster der Schauplatz der letzten Bauernunruhen gewesen ist. Nun ist eine böse Fehde zwischen den Zeitungen und der Polizeiverwaltung ausgebrochen, und infolge der Kompliziertheit meiner Stellung sitze ich mittendrin. Der Polizeichef von Neumünster, der Bürgermeister Lindemann, ist nämlich als Vorsitzender des Verkehrsvereins, dessen Büro ich nebenberuflich leite, auch mein Chef. Der Boykott der Bauernschaft, der sich gegen ganz Neumünster richtet, war zuerst belächelt, macht sich jetzt aber doch schon im Geschäftsleben sehr fühlbar, der Geschäftsführer von Karstadt erzählte mir heute beispielsweise, dass er an Freitagen, den Markttagen, sonst eine Morgenkasse von 3000 Mark hat, am letzten Freitag nur 400 Mark, weil die Bauern vom Markt alle direkt nach Haus gefahren sind. So was hat natürlich auch nur seine Zeit, aber augenblicklich ist es doch sehr peinlich. – […]

Eure

Ditzen's – Neumünster-Holstein, Kielerstr. 42

Am 19. August 1929.

Liebe Ibeth,

[...] Übrigens, Ibeth, ich erzähle ein bissel Kuddelmuddel, aber das macht wohl nichts, Du weißt ja von unserer Karte, dass wir gestern auf Sylt waren. Und weißt Du, wem ich dort in der letzten halben Stunde in den Weg laufe? Meinem Verleger Rowohlt, dem ich grade vor vier Tagen seit endloser Zeit zum ersten Mal wieder nach Berlin geschrieben und der eben grade die Antwort an mich in den Kasten gesteckt hatte. Wenn das Zufall ist [...]. Jedenfalls hält es Rowohlt nicht für ausgeschlossen, dass er mich nach Berlin zu Ullsteins bringt (Tempo). Ich mache mir keine Hoffnung, aber vielleicht klappt es doch einmal. Ich wäre sehr froh, wenn es was würde, auch für meine Suse, die mit meinen Berliner Freunden schon sehr herzliche Freundschaft geschlossen hat, auch für meine Arbeit, auch für meinen Kopf, der hier notwendig dürre wird, aber es ist nur ein Traum, mehr nicht. Sag auch lieber Mutti nichts davon, es ist ja noch nichts als eine freundliche Redensart.

Rudolf Ditzen – Neumünster-Holstein – Kielerstr. 42 I

Am 20. November 1929.

Liebe Dete,

[...] Trotzdem ist unser sehnlichster Wunsch, von hier fortzukommen. Neumünster ist eben ganz Industriestadt, ohne jede geistige Schicht, eine lebendige Stadt, manche viel größere hat nicht annähernd so viel Betrieb, aber die geistige Schicht fehlt ganz, es ist alles kleinbürgerlich, prüde, etepetete. Neulich bin ich inoffiziell-offiziell gebeten worden, meinen schönen schwarzen Etonhut nicht auf Geschäftsgängen aufzusetzen, er sähe zu extravagant aus. Das ist Neumünster.

Natürlich ist Neumünster auch Arbeit, und zwar tüchtige, sehr fortschrittliche, sehr kluge Arbeit. Die wird aber durchweg von Außenseitern, den Parteileuten gemacht, und ich lebe ja im Bürgertum, nicht in der Partei. […]

Deine

Rudolf Ditzen – Neumünster-Holstein – Kielerstr. 42 I
Am 23. Dezember 1929.

Liebe Ibeth,

[…] Wir haben unsere größte Festfreude schon am vergangenen Freitag gehabt. Plötzlich, als wir schon längst nicht mehr die geringste Hoffnung hegten, kam von Rowohlt aus Berlin der Bescheid, dass ich am 15. Januar antreten könnte. Eine herrliche Tätigkeit nach all der Werberei und Bitternis hier: die Versendung von Rezensionsexemplaren an die Zeitungen, das Sammeln und Auswerten der eingehenden Besprechungen. Finanziell nicht ganz so befriedigend, aber wir haben den Mut, dieses Pferd, in dessen Steigbügel wir jetzt den Fuß gesetzt haben, sicher und gerne reiten zu können.

Natürlich war die große Frage, ob mein hiesiger Chef mich gehen lassen würde, denn offiziell kann ich natürlich nur zum 1. 4. kündigen, aber nach schwerem Kampf war auch das geschafft, und nun stehen wir schon mit einem Fuß draußen, träumen viel, machen Pläne und zählen die Tage.

Neumünster war gut und hat mir sehr viel weitergeholfen. Ich habe mich wieder an das Leben gewöhnt, und ich bin durch das Vielerlei von Arbeiten sicher nicht dümmer geworden. […]

Liebe Ibeth, Mutti schrieb uns, dass Ihr grade in letzter Zeit eine so bedrückende Eröffnung von Eurem Arbeitgeber erhalten habt. Die Kürzung ist ja so beträchtlich, dass das ganz schwer zu merken sein muss. Vielleicht sollte ich Euch gar nicht mit unserm Glück kommen, aber ich denke doch, Ihr werdet's verstehen. Es ist ja ein ständiges Auf und Ab, Sicherheit ist nirgendwo, und man ist froh, wenn man nur seine Arbeit hat. […]

Herzlichst
Eure

Rudolf Ditzen – Neumünster-Holstein – Kielerstr. 42 I
Am 30. 12. 1929.

Liebe Dete,

[...] Davon habe ich Euch ja wohl schon geschrieben, dass wir am 15. 1. nach Berlin gehen. Wir stecken also schon gelinde in den Vorbereitungen drin. So lütt unser Haushalt auch ist, es kostet eine ganze Menge Arbeit (und auch Geld), ihn aufzulösen und von einem zum andern Ort zu bringen. Aber wir tun's gerne, ist doch unser größter Wunsch in Erfüllung gegangen. […]

Für Berlin ist natürlich die neue Wohnung das große Problem. Gottlob hat meine Frau eine Schwester in Berlin, die sich schon mächtig für uns anstrengt. Schwer wird es freilich halten, denn der Vermerk »mit Kind« oder »nahezu mit Kind« kompliziert alles. Aber schließlich wird man zwischen 4½ Millionen Menschen auch dafür etwas finden. […]

Rudolf Ditzen – Berlin NW 40 – Calvinstr. 15 a
Am 15. März 1930.

Liebe Becherts,

heute Nacht, 12 Minuten vor Mitternacht, am 14. März,

hat mir meine liebe Frau Suse einen 8 Pfund schweren Jungen geboren, der Ulrich (Uli) heißen soll.

Die Geburt ist sehr schwer gewesen, Suse ist aufgeschnitten worden. Sie hat sich sehr quälen müssen. Der Junge ist dem Aussehen nach ein echter Ditzen, ich habe ordentlich einen Schreck bekommen, so ähnlich sah mir das Menschlein mit seiner riesenhaften Ditzen'schen Nase.

Wir sind unendlich glücklich. Bitte freut Euch mit uns

[Ibeth]
Braunschweig, den 17. 3. 1930.

Lieber Rudolf,

wir drei gratulieren herzlichst – d. h. Adelheid weiß es noch gar nicht, sie ist in Gautzsch, hat sich aber brennend für das bevorstehende Ereignis interessiert. Also wir wünschen Euch alles Gute und vor allem Deiner lieben Frau möglichst schnelle Erholung. Gut, dass es so weit überstanden ist; es ist doch immer ein Berg, von dem man froh ist, wenn er hinter einem liegt. Und der Kleine gedeiht hoffentlich seinem phänomenalen Anfangsgewicht entsprechend. […]

Deinen Artikel über Neumünster las ich in der Weltbühne. Er hat mich sehr interessiert, denn in der Zeitung war überhaupt nicht draus klug zu werden. […]
Immer Eure
Ibeth

[Dete]
{Zittau, den 17. März 1930.

Lieber Rudolf,

Dir und Deiner Frau sage ich zugleich im Namen von Fritz

die allerherzlichsten Wünsche zur Geburt Eures Jungen. Schade ist es ja, dass es nicht alles glattgegangen ist und dass Deine Frau nun auch sicher länger zur Erholung braucht. Aber sie ist ja in guter Pflege, u. da geht es dann schnell bergauf, und all das Widerwärtige sinkt bald in Vergessenheit über der Freude an dem Kleinen. Halte Dich selber nur brav mit der Gesundheit, es kommt nicht selten vor, dass der »hohe Wöchner« auch noch Pflege mit braucht! […] Nochmals die allerbesten Wünsche für Euch alle drei!

Immer

Dete}

Rudolf Ditzen – Berlin NW 40 – Calvinstr. 15 a

Am 9. April 1930.

Liebe Ibeth und Ihr Hörigs insgemein,

den herzlichsten Dank der Familie Ditzen junior für Eure Glückwünsche anlässlich der echten Begründung unserer Familie. Wir haben es ein wenig anstehen lassen, Euch für Eure Worte zu danken, aber Ihr werdet selber wissen, was so ein kleines Wurm bei seiner Übersiedelung aus dem Krankenhaus in einen kleinen Haushalt erst für Revolutionen veranlasst. Alles stand kopf, nicht zuletzt unsere Nachtruhe, und am meisten tat mir Suse leid, die aus der völligen Stille ihres Wöchnerinnenzimmers – dort wurden den Müttern die Kinder nur zum Stillen gegeben, sonst bekamen sie sie weder Tag noch Nacht zu Gesicht – in einen Wust von Aufgaben und Anforderungen kam. […] Aber es geht ihr unberufen gut und dem Jungen nicht schlechter, wenn er auch augenblicklich – vermutlich weil er zu reichlich an der mütterlichen Quelle getrunken – aus Leibeskräften brüllt, was ich sogar bis in dies Zimmer, durch zwei Türen und über einen Vorplatz weg höre. Beim Tippen der Maschine. […]

Ich selber arbeite ja auch seit meiner Anwesenheit in Berlin wieder an einem Wälzer, einem Monstrum von Roman [»Bauern, Bonzen und Bomben«], das etwa 600 Seiten Umfang haben wird, innere Politik, Agrarfrage, Parteiengezänk, Bonzentum aller Richtungen, Vetternwirtschaft, Schmus, Schiebung, die ganze duftige Blüte, die botanisch Kommunalpolitik heißt, wird bearbeitet. Gott gebe mir die Kraft, dabei auszuhalten. Meistens ist es herrlich, da es dabei auch noch spannend wird, wie ein Wallace, aber manchmal ist es auch trist, und ich denke ebenso trist: den Käse liest ja doch kein Mensch. Jeder Mensch, der einmal ein Buch von mir gelesen, fällt auf den Rücken, wenn er dies liest und beschwört: Fallada? Fallada? Ausgeschlossen! […]

Wir grüßen Euch von Herzen

Eure

Rudolf Ditzen – Neuenhagen bei Berlin – Grüner Winkel 23
Am 17. Juli 1930.

Liebe Ibeth,

zu Deinem Geburtstage senden wir drei Dir unsere allerbesten Grüße. Möge das neue Lebensjahr usw. usw. Leider haben wir aber von Mutti gehört, dass Du in letzter Zeit gar nicht »möge usw.« warst. Also vor allen Dingen gute Besserung, einen schönen Herbst und die rechte Erholung auf dem geliebten Ording […].

Uns geht es gut, um nicht zu sagen, noch besser. Es ist hier so schön draußen, so still, das Häusel angenehm und bequem, Blick ins Grüne, herrliche verschollene Grasstraßen, durch die wir mit unserm Sohn schieben im Kinderwagen, wenn grade mal Zeit ist. Und vor allem der grässliche Untermieterzustand ist vorbei. […] Von meinem andern Kind sagen die Leut, die es eigentlich verstehen müssten, ebenfalls, dass es ein Entzücken sei. Vertrag ist nun gemacht, und Rowohlt rechnet mit einem ganz großen Erfolg. Leider bin ich so dämlich gewesen, das erste Drittel abzuliefern, als ich erst mit dem zweiten anfing, nun werde ich gehetzt und gejagt, dass es ein Jammer ist. Das ganze zweite Drittel, 320 Schreibmaschinenseiten, habe ich noch nicht in ganz einem Monat geschrieben. Manchmal denke ich, es geht doch nicht so. Augenblicklich bin ich beim Abtippen, bis zum 28. 7. muss ich abliefern, dann druckfertig gemacht und dann los auf den letzten Teil. Zwischendurch wird immer schon gesetzt, Korrekturen usw. usw., es ist ein Grauen. Natürlich macht es auch Spaß, aber ich hätte ihn doch gerne in mehr Ruhe gearbeitet. An den ganz großen Erfolg glaube ich nicht, einen mittleren Erfolg halte ich nicht für ausgeschlossen, weil das Buch wirklich aktuell und auch spannend ist. Kennst Du den Titel schon? Bauern, Bonzen und Bomben. Na, danach braucht man ihn eigentlich gar nicht mehr zu lesen, das gibt einen vollen Geschmack. [...]

Wir sind von Herzen Deine

Rudolf Ditzen – Neuenhagen bei Berlin – Grüner Winkel 23
Am 20. November 1930.

Lieber Fritz,

darf ich Dich um eine Gefälligkeit bitten? Ich will eine erste Rate auf meine Verbindlichkeiten aus dem Jahr 1925 an meine Gläubiger Graf Hahn in Neuhaus und Frau von Rohr in Lübgust bezahlen. Ich habe nun keinerlei Unterlagen darüber, was sie zu bekommen haben, und mein Gedächtnis ist auch so schlecht, dass ich nicht einmal die annähernden Werte sagen kann. Besitzt Du nun aus der damaligen Zeit noch Unterlagen? Wenn ich mich recht erinnere, ist das ergangen, was man vollstreckbare Urteile nennt, was mir aber während der Haftzeit verloren gegangen ist. Hast Du keine Unterlagen, so kannst Du mir vielleicht einen Rat geben, wie ich sie mir verschaffen kann, ohne mich an meine Gläubiger direkt zu wenden, mit denen ich nur durch den Verlag verhandeln möchte. Auf eine Anfrage des Verlages hat z. B. von Rohr geantwortet, dass ich nach eigenem Geständnis 5000 Mark unterschlagen habe. Das ist natürlich Unsinn, es sind meiner Erinnerung nach 900 bis 1100 Mark gewesen, die der Buchsachverständige festgestellt hat und die auch eingeklagt sind. Ich habe ja damals aus bestimmten Gründen höhere Summen genannt, die aber nie irgendwie beachtet worden sind, weil man wusste, ich übertrieb, um eine höhere Haft zu erreichen.

[…] Gruß an Dete

Euer

Justizrat Dr. R. Menzel / Dr. F. A. Bechert
Sächs. Notare und Rechtsanwälte
Zittau, den 24. November 1930.

Lieber Rudolf!

Zunächst möchte ich Dir meine Freude darüber aussprechen, dass Dein neuer Roman außerordentlich viel Aufsehen erregt und anspricht. Ich selbst habe die bisher erschienenen beiden ersten Lieferungen mit größtem Interesse gelesen und bin auf den Fortgang sehr gespannt.

Die alten Akten suche ich heraus und werde Deine Fragen in den nächsten Tagen beantworten, soweit ich dazu in der Lage bin. Soweit ich mich erinnere, ist in dem Strafurteil nur ein runder Betrag von etwa 10 000.-- RM genannt, ohne dass im Einzelnen beziffert wurde, wie der Betrag sich zusammensetzt. Das Urteil war mit einer staunenswerten Flüchtigkeit gemacht. Auch Papa, mit dem ich darüber sprach, sagte, dass er so etwas wohl noch nicht gesehen habe. Die Feststellungen des Urteils waren so dürftig wie nur irgend möglich. Im Übrigen kommt es in letzter Linie nicht darauf an, welche Ziffer in diesem Urteil festgestellt wurde, sondern darauf, welche Beträge seinerzeit wirklich in Frage kamen. Der Fall von Frau von Rohr ist mir im Einzelnen nicht bekannt, sondern nur der Fall Neuhaus. Dort war nach meiner Erinnerung ein Wechselbetrag von 6000.-- oder 10 000.-- RM genannt. Es war aber wohl nicht festgestellt worden, ob der Wechsel auch eingelöst worden war und ob der gesamte Betrag in Deine Hände gekommen ist. In diesem Falle ist es notwendig, dass Du einmal mir einzelne Angaben darüber machst, wie der Wechsel aussah, d. h. wer Akzeptant, Aussteller und Girant war. Vielleicht ist der Wechsel gesperrt und gar nicht eingelöst worden. […]

Mit vielen Grüßen von Haus zu Haus

Dein Fritz

Justizrat Dr. R. Menzel / Dr. F. A. Bechert
Sächs. Notare und Rechtsanwälte

Zittau, den 8. Dezember 1930.

Lieber Rudolf!

Ich habe die Akten von dem Oberstaatsanwalt in Kiel bekommen, daraus geht hervor, dass Neuhaus einen Betrag von ca. 4000.-- RM und einen Betrag von ca. 3500.-- RM zu verlangen hat, neben einigen kleinen Posten. Der Gesamtbetrag wurde auf ca. 10 000.-- RM angegeben. Was davon richtig ist, muss dahingestellt bleiben. […]

Sollten Neuhaus und Rohr Zahlungsbefehle und Vollstreckungsbefehle gegen Dich erwirkt haben über die vollen Summen von 1000.-- RM bzw. 5000.-- RM, so würdest Du wegen der Rechtskraft der Vollstreckungsbefehle diese hohen Beträge schuldig geworden sein, nicht weil Du das Geld bekommen hast, sondern weil ein Schuldtitel darüber vorliegt. [...]

Gleichzeitig erhielt ich von Neustettin die Mitteilung, dass dort unter dem Aktenzeichen 3 B 2071/25 am 25.11.1925 in der Sache Rohr gegen Dich ein Zahlungsbefehl über 1090.89 RM erlassen wurde, welchem am 17.12.1925 der Vollstreckungsbefehl folgte. Hiernach ergibt sich, dass meine obigen Vermutungen richtig sind und mit Deiner Erinnerung über die Höhe des Betrages übereinstimmen. [...]

Mit herzlichen Grüßen
Dein Fritz

Rudolf Ditzen – Neuenhagen bei Berlin – Grüner Winkel 10
(Neue Nummer!)

Am 15. Dezember 1930.

Liebe Ibeth,

[...] dann müsste ich wohl zuerst vom Uli erzählen, der eine Pracht ist, ein wirklicher Staatsjunge, der sehr bewundert wird. Kräftig, munter, liebenswürdig, lacht und strahlt ewig. Jetzt wird er schon ganz menschlich, fängt langsam an zu talken, kann sitzen und möchte klettern und krabbeln. Er ist nun Dreivierteljahr alt, wiegt etwa 16 Pfund, hat zwei Zähne, ach was, all das ist ja nicht das. Aber das kann man eben nicht erzählen, wenigstens nicht auf so einen Rucks. [...]

Ja, und nun das andere Produkt. Liebe Ibeth, es ist ja alles ganz schön in der Köllschen, aber recht lieb ist es mir doch nicht. Es ist gut, dass es auch so wirkt, aber Du wartest wirklich lieber auf das Buch. Mach Dir einmal klar, dass rund ein Drittel des ganzen Romans weggeschnitten ist und kein Beiwerk, dass endlos viel umgeschrieben wurde, aus tausenderlei Gründen, sittlichen, innenpolitischen, presseehrbegriff-lichen (Zusammenhang von Annoncenteil und redaktionellem) usw. nee, es ist schon nicht schön, wie man da in meinem Garten gehaust hat. D. h. ich selber hab's gemacht, denn Geld verdiene ich auch ganz gerne, und wenn nun aus dem Roman ein Tonfilm werden soll und ein Theaterstück – die Chancen sind aber nach Remarque gleich null, na denn man zu.

Natürlich ist auch so viel geblieben, aber ich habe nie einen Roman der deutschen Bauernnot schreiben wollen. Da hätte ich einmal untersuchen müssen, warum es eigentlich dem Bauern schlecht geht, denn dem ist es doch eigentlich wirtschaftlich den ganzen Krieg durch und während der Inflation besser gegangen als fast allen andern Ständen. Ein Roman über Not und nicht sagen, woher die Not, das geht doch eigentlich nicht. Aber jemand, der den wirklichen Roman gelesen hat, der hat gesagt, man hätte zum Schluss das Gefühl: Armes Deutschland – und ein anderer meinte: So kann es nicht weitergehen, das Gefühl hat man, und den Roman habe ich schreiben wollen und habe ich auch geschrieben. [...]

Herzlichste Grüße Euch dreien

Rudolf Ditzen – Neuenhagen bei Berlin, Grüner Winkel 10
Am 28. Februar 1931.

Liebe Ibeth,

Deine Karte [...] liegt noch immer unerledigt in meiner Briefmappe, und ich will aller Schulden los und ledig sein, wenn ich morgen oder am Montag den Grundstein zum neuen Roman lege. Aber nicht nur darum schreibe ich: in einem Briefe von Mutti findet sich ein Satz wie, dass Ihr in Sorgen seid, was zu Ostern wird, und die Eltern sorgen mit Euch. Nun nimmt Mutti sicher an, dass wir wissen, was mit Euch ist, aber

wir wissen gar nichts und fürchten nur, dass Heinz stellungs-
los geworden ist. [...] Es ist schrecklich, und wo man auch
sitzt, steht und geht, auf der Stadtbahn, auf der Straße, im Geschäft, in unserer kleinen Siedlung: alles redet von Entlassun-
gen, Gehaltkürzungen, Arbeitszeitstreckungen. So wünschen
wir Euch nur von Herzen, dass wenigstens das Schlimmste,
die Kündigung, nicht eingetreten ist, dass es wenigstens mit
einer der beiden andern Möglichkeiten sein Bewenden hat.

Bei uns im Verlag sieht es leider auch nicht übermäßig
munter aus. Rowohlt produziert zwar auf Deubel komm
raus, und die Bücher gehen auch wirklich ganz gut – man
wundert sich immer wieder, wo noch immer die Bücherkäu-
fer alle herkommen – aber das Geld wird immer knapper,
Gehalt gibt es fast nie am Letzten, so wie heute auch, und
dann später auch nur auf Stottern, und was meine Honorare
angeht ... na, reden wir nicht davon, vor allem auch nicht
zu den Eltern. Vorläufig geht es ja noch alles.

Wir setzen unsere Hoffnung auf B. B. B., das nun endlich
in diesem kommenden Monat in Buchform herauskommt.
Ihr habt ja wohl die Fortsetzungen gelesen, wenn Ihr es aus-
gehalten habt und Euch das Figurengewimmel nicht zu sehr
irritiert hat. Das ist auch ein Grund gewesen, dass man von
der Wirkung des Romans bei der Köllschen doch nicht ganz
befriedigt gewesen ist: die Leute – und nun gar schlichtere
Gemüter – haben sich einfach nicht mehr zurechtgefunden.
Und die starken Kürzungen erschweren alles noch. Ja, aber
nun kommt das Buch. Ich schicke es Euch natürlich gleich
und bitte Euch, mir ein bisschen den Daumen zu halten, dass
es ein kleiner, ein mittlerer Erfolg wird (toitoitoi), damit wir
aus den Schulden von dunnemals kommen und einen kleinen Notpfennig liegen haben. Rowohlt schwört auf 60 000,
ich fände aber 20 000 verkaufte Exemplare schon sehr gut,
10 000 noch sehr befriedigend. [...]

Ibeth, Dir muss ich doch noch sagen, dass mir der Traven

sehr viel Freude gemacht hat. D. h. Freude ist eigentlich nicht das Wort, ich fand ihn ausgezeichnet, bis vielleicht ein wenig zu starkes Räsonnement des Erzählers, ich finde immer, die Propaganda sollte das Erzählte machen, nicht die Zwischenbemerkungen des Autors. Und das wird ja hier auch kräftig besorgt. Man merkt an so vielem, wie erlebt das alles ist, nichts angelesen, und das entzückt mich immer, vor nichts habe ich jetzt einen solchen Horror wie vor Literaten-Geschreibsel. Kontakt mit dem Leben, da liegt es. […]

Wir grüßen Euch herzlichst
Eure

[Heinz und Ibeth]
Dr. H. Hörig – Braunschweig – Hamburgerstr. 249

Braunschweig, den 3. April 1931.

Lieber Rudolf!

Meine Frau meint, ich müsste Dir ein paar freundliche Worte über die BBB schreiben. Das finde ich auch – denn ich als literarischer Oberkaffer muss es doch wissen … Also – mein blutiges Laienurteil: ganz ausgezeichnet. Deine Leute stehen in einer Plastik und Echtheit da, dass es eine Freude ist! Wie Du den ganzen stinkenden Sumpf der lieben Mitmenschen verwertet hast, ist einfach glänzend. […] Ich wünsche Dir, dass es auch ein wohlverdienter finanzieller Erfolg für Dich wird und dass ihm noch recht viele andere folgen werden. Mein unmaßgeblicher geschäftlicher Eindruck ist allerdings der, dass der Erfolg besser sein würde, wenn das Buch billiger verkauft würde. Es überschreitet im Preis eine Grenze, die eben zurzeit vorhanden ist. Sollte da nicht etwas zu sehr Verlagstradition mitspielen? […]

Was mich betrifft, so geht es mir äußerst dreckig. Ich sitze zwischen (mindestens) zwei Stühlen: Industrie und Hochschule, und bemühe mich, beide zu einer erträglichen Sitzgelegenheit zusammenzuschweißen. Das momentane finanzielle Resultat ist 350 pro Monat. […]

Man ist im letzten Jahre mit mir nach dem schönen Liede umgegangen: »Hackt dem Kater den Schwanz ab, hackt ihn aber nicht ganz ab, lasst ihm noch nen Stummel stehn … damit *wir* können mit ihm zu Balle gehn!«

In diesem Sinne … Mit herzlichem Gruß, auch an Deine Frau,

Dein alter
Heinz

Lieber Rudolf,

ich habe schon mal an Dich geschrieben, aber Heinz meinte, der Brief wäre so affenschlecht, dass er nicht aus dem Haus dürfte. Ich bin in der letzten Zeit nicht fähig gewesen, mich anständig zu konzentrieren; und ich wollte Dir doch möglichst gleich meine Freude über das Buch ausdrücken! Wir haben es mit großer Spannung gelesen, und mir persönlich hat auch die Personenfülle keine Schwierigkeiten gemacht, eher die Kürzung wegen § 218, der den kölnischen Lesern wohl nicht zugemutet werden durfte. […] Das Schicksal von Tredup und seiner Frau ist mir ordentlich nahegegangen; und ich habe es wieder unerklärlich gefunden, warum man tatsächlich Mitleid mit einer erdichteten Figur bekommt […]. Aber das ist ja nicht die Hauptsache; diese ganze Abhängigkeit des Angestellten geht einem mal wieder auf und die ganze Problemhaftigkeit des Begriffes »Freiheit«. Hat nicht Rathenau mal gesagt, dass er eigentlich nur vom Standpunkte des pensionsberechtigten Universitätsprofessors definiert worden ist, der eine relativ große Manege für seine Vorführungskünste zur Verfügung hat …

Also wir wünschen weiter alles Gute! Gruß auch an Deine Frau.

Ibeth

[Rudolf] Neuenhagen bei Berlin – Grüner Winkel 10
Am 18. April 1931.

Liebe Ibeth und lieber Heinz,

herzlichen Dank für die freundlichen Worte, die Ihr mir zu B. B. B. gespendet habt. Das scheint ja wenigstens literarisch ein hübscher Erfolg zu werden, ich habe eigentlich fast allgemein eine glänzende oder doch gute Presse, gestern wieder ganz ausführlich und sehr lobend im Berliner Tageblatt, nur mit dem Absatz, der für uns schließlich am wichtigsten ist, hapert es noch sehr. Jetzt sind wir auf 2200, das ist nicht viel, denn Ihr müsst immer denken, dass für mich Honorar erst ab 5000 zu laufen anfängt. Ich habe nämlich mit Rowohlt einen Vertrag dahin gemacht, dass ich, wenn ich ein anständiges Vorabdruckshonorar bekäme, meinen Anteil an Honorar für die ersten 5000 Exemplare mit in die Inseratenwerbung stecken würde […]. Aber etwas, das Heinz mir schrieb, hat mich doch stutzig gemacht: der hohe Ladenpreis. Nun ist für unsern Verlag das kein hoher Ladenpreis, denn es ist schließlich ein dickes Buch, aber ich habe doch die Gelegenheit benutzt, mir mal die Kalkulation näher anzusehen. […]

Auflage 6060 Exemplare, davon 686 honorarfreie Freiexemplare, zum Versand an Kritiker, Zeitungen, für den Autor usw.

Papier	1996,40 RM
Satz und Druck	4629,60 RM
Korrekturen	44,50 RM
Umschlag-Satz und Druck	279,– RM
Honorar Umschlag-Zeichnung	300,– RM
Autor-Honorar	
3000 Exemplare à 42 Pfg.	1260,– RM
Dito 2364 à 60 Pfg.	1418,40 RM
Summa Herstellungskosten	9927,90 RM
Bei 5500 Exemplaren pro Exemplar	1,82 RM

Rohes Exemplar	1,82 RM
Kartonage pro Exemplar	–,48 RM
Kostet das kartonierte Exemplar	2,30 RM

Rohes Exemplar	1,82 RM
Leineneinband pro Exemplar	–,73 RM
Kostet das gebundene Exemplar	2,55 RM

Verkaufspreis des kartonierten Ex.	6,– RM
Der Sortimenter bezahlt	3,42 RM
(erhält durchschnittlich 42 % Rabatt)	
Generalunkosten des Verlages 40 %	1,39 RM
	2,09 RM
Selbstkostenpreis pro Exemplar	2,30 RM
Verlust pro kartoniertes Exemplar	–,21 RM

Verkaufspreis des gebundenen Exemplars	8,50 RM
Der Buchhändler zahlt dafür	4,93 RM
Generalunkosten des Verlages	1,97 RM
	2,96 RM
Selbstkostenpreis pro Exemplar	2,55 RM
Gewinn pro gebundenes Exemplar	–,41 RM

So, das ist also die Geschichte. An den Herstellungskosten selbst ist nichts zu ändern, die sind schon so gedrückt wie nur möglich. Es sind das keine Kalkulationszahlen, sondern Effektivzahlen. Der Sortimentergewinn, ja, da kann man natürlich als Autor tiefsinnige Betrachtungen anstellen. Aber der Rabatt ist der bei allen großen Verlagen übliche, kleinere kalkulieren mit 50 %. Und die Generalunkosten: ja, da gibt es natürlich Verlage, die nicht 40 % haben, z. B. Insel oder S. Fischer, die inserieren viel weniger, aber da ich nun mal bei diesem Verlage bin, kann ich das nicht ändern. Wesentlich anders wird natürlich das Bild, sobald eine zweite Auflage kommt. Dann fallen von den Herstellungskosten etwa 5000 Mark aus (kein Satz usw.), und die Honorarerhöhungen (meins steigt bis zu 17 %) sind also gut tragbar. Dann beginnt das Buch erst zu verdienen. […] Ich selber krebse schwer mit meinem neuen Roman, es ist grauenhaft. Meiner neuesten Umfangberechnung nach wird der erste Entwurf mindestens dreimal so lang wie B. B. B. Wer soll das machen! Und alles, alles schreibt sich unerfreulich schwer. […]

[Rudolf]
Neuenhagen bei Berlin – Grüner Winkel 10

Am 19. Juli 1931.

Liebe Ibeth,

natürlich kommen wir mit unsern Wünschen zu Deinem Geburtstag einen Posttag zu spät. Und natürlich wird der Brief nicht so ausführlich. […] Vor allen Dingen aber wünschen wir Dir in diesen lausigen Zeiten zum Geburtstage bei weitem nicht alles Gute, sondern wenigstens so viel, dass das Leben einigermaßen erträglich ist. Es sind ja so schöne Zeiten, und was sie besonders trostlos macht, das ist für mich immer die Feststellung, dass bei all dieser Wurschtelei nicht ein neuer Gedanke auftaucht, dass immer so weitergewurschtelt werden wird und dass wir das beruhigende Gefühl haben, dass unsere Kinder (nebbich) unter denselben Krisen leiden werden, aus denselben idiotischen Gründen ihres Lebens nicht froh werden usw. usw. So viel zur letzten, nächsten und jüngstvergangenen Verordnung.

Mein Sohn, der infolge immer noch kommender Zähne eine mitleidslose Fuchtel über seinen Eltern schwingt, wird augenblicklich unter Gebrüll zu Bett gebracht. Seine beiden Eltern hat er heute mühelos erledigt. Ich wollte viel tun, Suse wollte viel tun, aber wir haben gar nichts getan. Es ist auch das eine wundervolle Einrichtung mit dem Zähnekriegen, die kleinen Biester sollen gleich einen vollen Vorgeschmack dessen bekommen, was sie erwartet. Sonst ist er ja ein herrlicher Murkel, macht uns unendlichen Spaß, entwickelt sich gedeihlich und ganz normal, absolviert jetzt meistens in den schwereren Fällen sein Töpfchen mit Erfolg und hat nur noch einen Eckzahn vor sich, dann hat Reserve Ruh. [...] Na, und ich. Bin etwas enttäuscht über den schwachen finanziellen Erfolg von B. B. B. Aber ich tröste mich, ich hab ja nicht mal die schwachen Honorare alle gekriegt, die stärkeren waren auch in dem Topf der großen Rowohlt'schen Insolvenz verschwunden, und der literarische Erfolg ist ja gut. [...] Dass Rowohlt trotz verhältnismäßig guter Geschäfte infolge Pleiten anderer seine Zahlungen eingestellt hat, werdet Ihr ja gehört haben. Diese Woche sollte es sich nun entscheiden, ob es eine Pleite oder ein Vergleich werden würde. [...] Aber ob Pleite oder Vergleich, der alte Verlag wird unter allen Umständen schlafen gelegt [...].

Euer

[Ibeth]

Braunschweig, den 22. 12. 1931.

Lieber Rudolf,

[...] Ja, Artikelschreiben. Wissenschaftliche Zeitschriften sind auf mindestens ein halbes bis ein ganzes Jahr mit Stoff versorgt. Bei den andern wird es ähnlich sein. Und doch muss Heinz gerade jetzt seine wissenschaftliche Arbeit fortsetzen, weil er nur so hoffen kann, von der Notgemeinschaft was zu bekommen. Und damit es eben fertig wird, habe ich tüchtig mitrechnen müssen und bin zu gar nichts Eigenem, als da sind populäre Aufsätze, Fotoauswertung usw. usw., gekommen. [...] Am Sonntag ist BBB endlich von der Frankfurter

Zeitung besprochen worden, und zwar sehr gut, was mich besonders freute. Kracauer hat die famose Skizze über die Angestellten geschrieben, die Du gewiss kennst. [...] Alles Gute im neuen Jahr! Halten wir uns gegenseitig den Daumen. Unsere Tochter ist jetzt sehr erwachsen, hat Konfirmandenstunde, die sie mit viel Kritik besucht, und hat zu Weihnachten mal keinen Ostermahnzettel gekriegt. Immerhin ein Fortschritt.

Herzlichst Deine
Ibeth

Rudolf Ditzen – Neuenhagen bei Berlin – Grüner Winkel 10
Am 3. April 1932.

Liebe Ibeth,

ich weiß, ich bin ein dreidoppelter Schurke, dass ich Dir für Deinen Brief aus dem Januar erst heute nach netto drei Monaten antworte, aber – nun, ich denke, Du erlässt mir all die Entschuldigungen. Wenigstens ist der neue Roman nun fertig und hat seine Rundreise an die Zeitschriftenredaktionen unter dem Titel »Kleiner Mann – was nun?« angetreten. Die Aussichten für einen Vorabdruck – vielleicht sogar wieder in der Köllschen Illustr. – sollen günstig sein, leider sind aber die Honorare gegen die Zeit vor anderthalb Jahren um gut 50 % gesenkt, das ist bitter. Aber besser als nichts, wir hoffen sehr darauf. Rowohlt nimmt es nicht so wichtig, er schwört auf einen ganz großen Bucherfolg, da bin ich sehr skeptisch, wer kann heute noch Bücher kaufen, und Rowohlt macht seine Bücher so teuer – ich kämpfe wie ein Irrsinniger, der neue Roman, ca. 200 Seiten kürzer als B. B. B., soll 7,50 RM Leinen kosten! Wenn das nicht Wahnsinn ist! [...] – Na, genug vons Papier, das Wetter ist so schön, heute war ein Frühlingstag, wie er besser nicht sein konnte, von früh bis abends war ich mit Uli draußen, der strahlte nur, ein Entzücken, Suse sucht ein neueres Bild von ihm raus, auch damit Adelheid, die Große, ihren Vetter sich mal ansehen kann. Suse lebt ganz in ihrem Garten, täusche ich mich nicht, so hast Du auch einmal so eine Gartenzeit gehabt, sie legt Puffbohnen und sät Mohrrüben, setzt Steckzwiebeln und pflanzt Salat. Dazwischen Mann und Kind und Haushalt und Essen und Bestopfen und Korrekturenlesen, sie ist ein vielseitiges Wesen, angesteckt von ihrem Manne, immer ohne Zeit. […]

Rudolf Ditzen – Neuenhagen bei Berlin – Grüner Winkel 10
Am 8. April 1932.

Liebe Ibeth,

Ihr könnt uns gratulieren: eben habe ich die Nachricht bekommen, dass mit der »Vossischen« Vertrag auf Vorabdruck meines neuen Romans gemacht worden ist. Leider sind die Honorare stark gesenkt, aber nach Abdeckung des Vorschusses, den ich seit einem halben Jahr bei Rowohlt auf dieses Buch hin genommen hatte, bleiben uns doch noch gut 1000 Mark, die Aussichten auf die Buchausgabe (Ende Juni) und die Möglichkeit, über den nächsten Roman sofort wieder Vertrag zu machen. Also wir freuen uns.

Wir haben nun gedacht, dass es Euch interessieren würde, das Buch diesmal nicht zuerst in der geläuterten Fassung für das zeitungslesende Publikum, sondern zuerst in der Buchfassung kennen zu lernen. Wir senden Euch also mit gleicher Post die »Fahnen« 1–20, so weit ist es bisher abgesetzt, wir werden Euch die weiteren Fahnen laufend zugehen lassen. […]

Herzlichst
Euer

[Heinz und Ibeth]
Braunschweig, den 16. April 1932.

Lieber Rudolf!

[…] es ist eine Schweinerei – jeden Tag früh, wenn ich anfangen will zu arbeiten, da kommt Dein Roman: und der ist so verflucht ausgezeichnet, dass ich ihn eben unbedingt und zuallererst erst mal lesen muss. Es ist eine Fortsetzung immer genauso gut und noch besser als die vorhergehende … also: allerhöchstes, wenn auch natürlich unmaßgeblichstes Kompliment! Wenn das keinen durchschlagenden Erfolg gibt, dann liegt es bestimmt nicht am Autor, sondern … […]

Mit besten Grüßen

Heinz

Lieber Rudolf – […]

Famos!! Famos!!! Famos!!! Also ich freue mich, wie gut Du das gekonnt hast. Und Deine Frau auch. Denn ebenso wie der Murkel kuckt sie doch überall raus. Wir sind so gespannt auf das Weitere, trotzdem man ja doch genau zu wissen glaubt, was kommt und kommen muss. […]

Also Gruß, Glückwunsch, auf Wiederlesen.

Elisabeth

Rudolf Ditzen – Neuenhagen bei Berlin – Grüner Winkel 10
Am 3. Mai 1932.

Liebe Dete,

nun wird es aber wirklich ernst mit dem Schreiben an Dich und einen guten Gruß und die schönsten Wünsche zu Deinem Geburtstage zuvor! […]

Mein Sohn hingegen wächst nun auch heran, so groß wie Deine damals waren, ist er ja noch nicht, aber ein großer Kerl ist er doch schon, blühend von Gesundheit und Übermut, jetzt fängt er nun auch schon tüchtig zu sprechen an, spät, aber dafür merkt man nun auch jeden Tag, wie er weiterkommt. Er hat's ja hier gut, die Oma aus Hamburg, die schon seit 3 Wochen hier ist, ist der beste Spielgefährte von der Welt, die Sandkiste, die ich ihm im vorigen Jahr anlegen ließ und in der er damals gar nicht sitzen wollte, kommt jetzt zu Ehren, sie backen den ganzen Tag Kuchen, und derselbe Sand ist mit großer Geduld hintereinander Mehl und Zucker, Eier und Butter, Sinchen und Cardamom.

[…] Mitte Juni wollen wir für 6 Wochen an die See, wir haben uns noch nicht recht entschlossen, wohin, wahrscheinlich wird es aber die Insel Poel werden.

Ermöglicht hat uns diese Extravaganzen, die ja eigentlich gar nicht in unserm Rahmen liegen, der Kleine Mann, mein neuer Roman, der jetzt, wie Du wohl wissen wirst, in der Voss erscheint, Anfang Juni kann ich Dir die Buchausgabe senden. Nötig gemacht hat hinwiederum diese Erholungsreise auch wieder der Kleine Mann, es war doch ein bisschen eine Hetzjagd, neben aller andern Tagesarbeit einen Roman in grade fünf Monaten zu schreiben – nun, es liegt jetzt hinter mir. […] Lass es Dir gut gehen, grüß sie alle schön vom großen Fritz bis zur kleinen Irene, die wahrscheinlich gar nicht mehr klein ist, und sei Du selbst besonders herzlich gegrüßt von

Deinen

[Ibeth]
Braunschweig, den 17.5.1932.

Lieber Rudolf,

Es ist schändlich, dass ich noch nicht geschrieben habe; aber usw. Natürlich sollte man gleich schreiben, wenn man sich über etwas gefreut hat … Sehr schön finde ich eben dies

»Weitergehn« nach der Katastrophe; vorher kann man sichs nicht vorstellen, nachher sieht man, dass die Katastrophe einerseits viel schlimmer ist, als man sie sich gedacht hätte, andrerseits viel leichter zu ertragen (vielleicht nur, weil man das Allerschlimmste, das Ende, noch nicht weiß). Etwas auszusetzen habe ich nur an den allerletzten Zeilen; dabei weiß ich natürlich gar nicht, ob das die endgültige Fassung ist. […]

Im Übrigen: ich hatte inzwischen auch ein Sorgenkind, nämlich die Gleichung: $e - A.\text{arctg}\,\frac{e}{A} = \delta$, was nicht, wie gewünscht, sich zu einer Tafel verarbeiten ließ. Und eine Konfirmation; stelle Dir uns drei feierlich privatim in der Sakristei aufgebaut vor, ein Riese von Pastor und Kirchenrat auf das Wurm einredend, hinterher Abendmahl, nach dem Gottesdienst, an dem glücklicherweise noch acht andere teilnahmen, sodass wir uns wegen »Nicht-gestimmt-Seins« zurückhalten konnten, dazu eine Eiseskälte, dass man buchstäblich ins Zittern kam – und nun haben wir eine erwachsene Tochter … […]

Also sei nicht böse, dass ich nicht eher schrieb. Die Notgemeinschaft hat leider die Gewährung eines Stipendiums abgelehnt – sodass wir recht auf dem Trocknen sitzen … […] Seid vielmals gegrüßt!

Deine alte
Ibeth

Rudolf Ditzen – z. Zt. Kölpinsee auf Usedom – Strandstr. 2 bei Voss

Am 1. Juli 1932.

Liebe Ibeth,

ich habe Euch in letzter Zeit mit Briefen schändlich behandelt, aber es ist gar nicht mehr dagegen anzukommen! Täglich habe ich jetzt einen Posteingang von 8 bis 10 Briefen, alles schreibt vom Kleinen Mann, ich muss danken, erklären, an Rowohlt schreiben [...] – es ist schön und schändlich. Denn eigentlich müsste ich ja schon längst wieder in meinem neuen Roman stecken [»Wer einmal aus dem Blechnapf frißt«]! Heute schreibt Rowohlt, dass in den ersten neun Tagen 4000 Stück verkauft sind, dafür haben wir bei B. B. B. sage und schreibe sieben und einen halben Monat gebraucht! Und die Zeiten sind doch noch viel schlechter geworden! Und Kritiken sind kaum erst erschienen! Haltet uns den Daumen, dass es *der* große Erfolg werden möge, dass wir einmal endlich all meine alten Schulden von dunnemals loswerden und etwas vor uns bringen. [...]

Hier in Kölpinsee haben wir's herrlich getroffen. Landschaftlich, freilich, und überhaupt. Wir sind sehr glücklich hier. Der einzige Wermutstropfen in unserm Freudebecher war Uli, der am vierten Tage mit allen Anzeichen einer bösen Lungenentzündung ins Swinemünder Krankenhaus geschafft wurde. Gottlob wurde dann nur ein Lungenkatarrh daraus, der jetzt endlich behoben zu sein scheint. Heute bekamen wir Bescheid, dass er seit gestern aufstehen darf, Ende nächster Woche sollen wir ihn uns wiederholen dürfen, wenn alles glattgeht. [...]

Hoffentlich geht es Euch nicht gar zu bedrippst. Deine Rechenschiebergeschichte erinnert mich sehr an meinen Film. Außerdem bin ich abergläubisch: wie kann aus einer Sache Gutes kommen, die schon Schieber heißt? Und dann kann man es wiederum berufen: Feuchtwanger nannte seinen Roman »Erfolg«, und es wurde ein eklatanter Misserfolg. Und Meisl nannte ein Drama »Geschäft«, und es wurde kein Geschäft. Dies Leben ist eins der schwersten, sagt, glaube ich, Jachmann. [...]

Herzlichst
Eure

Rudolf Ditzen – z. Zt. Kölpinsee auf Usedom – Strandstr. 2
bei Voss

Am 18. Juli 1932.

Liebe Ibeth,
ich weiß nicht, ob Du Hemingway schon kennst. Ich halte
ihn für einen der heute lebenden wirklichen Dichter. Vielleicht
sollte man mit Lesen bei »In einem andern Land« anfangen,
dann »Fiesta« und dann erst diese Novellenbände. Aber ich
habe ihn grade hier und bin so begeistert davon gewesen, dass
ich ihn Dir doch als kleines Geburtstagsangebinde senden
möchte. Ich bin sehr gespannt, was Du sagen wirst, es gibt so
viele Menschen, die überhaupt gar nicht verstehen, dass man
Wesens von Hemingway macht. So kleine Geschichten, sagen
sie, ganz ohne Pointe, nicht wahr? […] Wenn es irgend geht,
müssen wir uns bald wirklich wiedersehen, vielleicht lässt es
sich im späten Herbst machen, wenn die Einnahmen anfangen einzutrudeln, vor allem vom Film, der nun wirklich endgiltig abgeschlossen ist und für den ich im September Drehbuch arbeiten muss. (Kleiner Mann natürlich, nicht B. B. B.)
Den Film selbst wird für das Deutsche Lichtspielsyndikat
Wendhausen drehen, Pinneberg wahrscheinlich Paul Kemp,
Jachmann – Wernicke und Mia Ida Wüst, nur Lämmchen wird
noch gesucht. (Die sollen nur suchen!) Uli, der, das schrieb ich
wohl schon, eine Lungenentzündung hatte, die er während
dreier Wochen im Krankenhaus Swinemünde absolvierte, ist
zwar gesund, aber grenzenlos verwöhnt und dickköpfig wie-
dergekommen und treibt uns manchmal an den Rand der Verzweiflung. Man ist manchmal ganz hilflos und weiß nicht
mehr was tun. Das sind so Probleme, und es ist ein schlech-
tester Trost, dass auch die unfähigsten Eltern irgendwie darüber wegkommen (samt ihren Kindern) – wir möchten eben
drüber nicht wegkommen, sondern sie liquidieren. […]
Alles Gute!

[Ibeth]

Braunschweig, den 28. 8. 1932.

Lieber Rudolf,

[…] Ich schicke Dir ein paar Bilder mit […]; ich weiß
nicht, was mit den geraden Linien der Fenster und Türen
passiert ist, sie sind alle so elegisch, so jugendstilhaft. Auch
dem alten Herrn sieht man seine achtzig doch nicht an, wenn
er auch manchmal klagte, dass er das Alter fühlt. Er meinte,
es käme ihm oft so vor, als würde er mal auf der Straße um-
fallen und tot sein … Mutti hatte in den letzten Tagen meines Dortseins mal wieder ein paar Schwindelanfälle, aber anscheinend nicht *sehr* schlimm. Es war aber auch etwas viel
für die beiden Altchen am 5. …

[…] Ja, die Kindererziehung! Man glaubt theoretisch immer, man wäre den kleinen Krabben geistig wer weiß wie
weit überlegen. Und doch haben sie so bald heraus, wie sie
die lieben Eltern zu nehmen haben und auf welche Weise sie
am besten ihre Wünsche durchsetzen. Und mit unsern Nerven spielen sie einfach Schindluder. Sie haben da eine ver-
flixte Ähnlichkeit mit dem Zahnarzt, wenn er bohrt. Sie wollen gar nicht weg von der unangenehmsten Stelle. Ich hab's
gerade wieder erlebt. Den Zahnarzt, heißt das; Adelheid ist
jetzt eigentlich schon sehr vernünftig. […]

Gruß Euch dreien von uns beiden
Ibeth

Rudolf Ditzen – Neuenhagen bei Berlin – Grüner Winkel 10
Am 29. September 1932.

Liebe Ibeth,

ich denke mir, in diesen Tagen kommt Ihr aus Ording zurück, und da möchten wir doch zur Stelle sein, Euch guten

Tag sagen und hoffen, die Hoffnung aussprechen, will ich sagen, dass es mit den frischen Kräften recht gut vorangehen möge. […]

Wir waren in letzter Zeit auf der Wohnungssuche, wir hatten auf ein Inserat eine Unzahl von Angeboten bekommen, fast hundert, aber das meiste schied ganz von selbst aus vielerlei Gründen aus, und schließlich haben wir dann doch sehr schnell gemietet. Der Ort heißt Berkenbrück, liegt an der Spree, ist ein kleines Bauerndorf, etwa eine Bahnstunde ab von Berlin. Alles Wälder und Wasser. Wir wohnen nicht direkt im Dorf, sondern 10 Minuten ab (20 Minuten von der Bahn), an einem einsamen Weg, Wald, Wald, Wald … Das Haus, dessen obere Etage mit 5 Zimmern wir gemietet haben (75 RM!), gehört einem alten Ehepaar, er nennt sich Bildhauer, Kunstgewerbler, er hat sone Alabasterschalen gemacht. Aber es sind nette Leute, ein Riesengarten mit vielen Obstbäumen, hinter dem Haus direkt die Spree, die ich in dieser Verfassung bisher nicht kennengelernt hatte; es ist ein ganz stilles, waldiges Wiesental. 3 Minuten ab ein großer See. Suse und ich sind sehr glücklich, in Gedanken richten wir immer schon ein, wir müssen nun aber erst die Vierteljahresabrechnung mit Rowohlt am 15.10. abwarten, um zu sehen, wie viel Geld wir bekommen und was wir dafür machen können. […]

Uli ist herrlich, er ist plötzlich, nachdem er noch in Kölpinsee nicht dazu zu bekommen war, mit andern Kindern zu spielen, auf die Straße spaziert und überhaupt kein Problem mehr. Er hat da einen fünfjährigen Freund, Hänschen, er sagt ›Händte‹, mit dem er den lieben langen Tag herumzieht, viel sprechen sie nicht miteinander, aber das ist wahre Freundschaft. Wie sie beide um einen dreirädrigen Roller herumturnen, wie kleine Differenzen entstehen, die sofort wieder ausgeglichen sind, wie Händte mir berichtet, er sei doch nur ein Dummerchen, der Uli nämlich, so ganz von der Warte seines Alters und seiner hohen Erfahrung herab, das alles ist herrlich. Es ist wunderschön, so was zu haben, nun noch zwei Jahre, und ich schreibe den zweiten Teil von meinen Pinnebergs, aber nicht von den Eltern, sondern vom Murkel aus. [...]

Herzlichst

[Ibeth]

Braunschweig, den 14. 10. 1932.

Lieber Rudolf,

[...] Aber davon wollte ich eigentlich nicht erzählen.

Sondern davon, dass es in Ording wieder ganz wunderschön war; dass es mir aber ziemlich dreckig ging und eigentlich noch geht, indem dass ich mich hier schleunigst ins Bett gelegt habe. Erstens Erkältung, zweitens eine über etwa zwei Monate verschleppte Magen- und Darmverstimmung, die meine Leistungsfähigkeit auf ein Minimum runterdrückte.

[...] Übrigens; wie ist das mit Eurer Miete in Berkenbrück? Da wir hier für eine Vierzimmerwohnung monatlich 32 zahlen, kommen uns 75 RM als Miete für einen Monat sehr hoch vor – besonders für B. [...] Was macht Dein neuer Roman???? Ich bin sehr gespannt darauf! Ich muss jetzt oft an die BBB denken, z. B. an das Verhör Hennings, wenn hier in Br. so allerlei passiert, als da ist Bombenexplosion, Fememord und dergleichen. [...]

Lass Dirs gut gehn! Viele viele Grüße Euch dreien von uns dreien.

Deine
Ibeth

Rudolf Ditzen – Neuenhagen bei Berlin – Grüner Winkel 10
Am 19. Oktober 1932.

Liebe Ibeth,

wir haben uns sehr über Deinen Klön- und Schwatzebrief gefreut. Vor allem aber auch über die Bilder von den Eltern. Du weißt wohl nicht, dass ich seit Ewigkeiten kein Bild von den Eltern gesehen habe, und so war ich ganz erschüttert, wie sehr Mutti sich verändert hat, wie alt sie geworden ist und wie bitter sie eigentlich aussieht (trotzdem man in ihren Briefen nie etwas von dieser Bitterkeit merkt), während Papa eigentlich für sein Alter noch stattlich und frisch wirkt. [...]

Wir sind mitten in Umzugsvorbereitungen, und da wir uns von 2 auf 4 Zimmer zuzüglich Mädchenzimmer vergrößern, ist da viel zu tun. Gottlob hat der »Kleine Mann« sich rechnerisch nicht schlecht gemacht, aber natürlich müssen wir sehr rechnen und hin und her schieben, damit wir nicht nur in unsern neuen vier Wänden sitzen, sondern auch auf etwas drauf. Die Miete – ja, liebe Ibeth, so was Fantastisches, wie Du uns da erzählst, das ist uns in unserer ganzen Ehe noch nicht gesungen. Wenn Du bedenkst, dass wir in der ersten Zeit in Berlin für ein möbliertes Zimmer plus einem möblierten Loch plus einer uneingerichteten Notküche, für die wir den Gasherd kaufen mussten, 120 Mark monatlich bezahlt haben, wenn Du weiter bedenkst, dass wir jetzt für unsere kleine 2½-Zimmerwohnung, von der das einzige größere Zimmer völlig verbaut ist, 55 Mark zahlten, plus Wasser plus einer luxuriösen, kohlenfressenden Heizung (Jahresbedarf über 300 Mark) bis vor kurzem 65 Mark zahlten und jetzt 55 Mark – dann wirst Du zugeben, dass wir uns erheblich verbessert und verbilligt haben. [...]

Die Hauptsache in Berkenbrück ist für uns aber der große Garten, die Landschaft, das Wasser beim Hause, die Stille und die doch größere Arbeitsmöglichkeit, hier ist es mit Uli immer zu schwierig. Und ich muss nun bald ernstlich anfangen, an meinem neuen Roman zu schanzen, der erst 120 druckfertige Seiten hat, das andere ist wieder mal in den Papierkorb geflogen. Allerdings habe ich noch bis zum 1. 10. 1933 mit der Ablieferung Zeit. Titel: Kippe oder Lampen (was eine Ganovenredensart ist: teilen oder ich verpfeif dich), Milieu entsprechend. Thema: humaner Strafvollzug, Gefangenenfürsorge, Strafentlassenenfürsorge und all so 'n Schiet [...]. Es wird sehr düster, fast unerträglich, deswegen arbeite ich auch so schwer daran, Suse hat nach der Lektüre der ersten Kapitel davon geträumt und in der Sprache und Art dieser Leute ›denken müssen‹. [...]

Alles, alles Gute, und bitte mal wieder schreiben, ich freu mich immer, wenn ich Deine Schreibmaschinenhandschrift sehe!

Dein, Deine, Eure

[Rudolf]

[Ohne Adresse und Datum]

Liebe Ibeth, dies soll kein Wink mit dem Zaunpfahl sein, sondern wirklich nur die Mitteilung, dass wir ab 15.11. in Berkenbrück/Spree, Rother Krug 9, wohnen. [...] – Übrigens haben wir eine große Freude gehabt, George Grosz hat Suse gezeichnet, ein ganz ungewöhnliches Blatt, gar nicht Karikatur, sondern eine schöne sorgfältige Bleistiftskizze, die immer schöner wird, je länger man sie betrachtet. Alles Gute meine Lieben, vor allem Dir, Ibeth

Eure

[Ibeth]

Braunschweig, den 20. 11. 1932.

Lieber Rudolf,

mit den Zaunpfählen, die ich mir wegen meiner Schreibfaulheit schon um die Ohren geschlagen habe, könnte man ganz Braunschweig einzäunen; und das will was heißen. […] Wichtiger ist, dass Heinz jetzt die Aussicht hat, mal wieder außer seinen 64 RM, abzüglich Krisenhilfe und Bürgersteuer, etwas zu verdienen. Eine Pianofortefirma will sich von ihm beraten lassen. Es ist wenigstens ein Lichtblick. Aber es ist noch nicht fest, es sind erst die ersten vorfühlenden Briefe gewechselt. Es kann noch immer 1,11111 – so, da habe ich mich hoffentlich ominös verschrieben, es sollte 0,00000 – werden. – Also jetzt sitzt Ihr in Berkenbrück. Hoffentlich ist es jetzt schon wieder wohnlich bei Euch; so die ersten Umzugstage sind schauerlich. […]

Eure
Ibeth

Rudolf Ditzen – Berkenbrück/Spree – Rother Krug 9

Am 27. November 1932.

Liebe Ibeth,

[…] Also selbstverständlich kannst Du jederzeit so viel kleine Männer, wie Du haben willst, von mir bekommen, von nun an auch mit einer andern Deckelzeichnung, die ich lange nicht so schön finde wie die von George Grosz. Aber dem Publikum wird sie mehr liegen, wie eben dem Publikum auch Pinnebergs besser gefallen als die Bauern und Bonzen. […]

Ja also, der Umzug ist überstanden, und eigentlich war er gar nicht schlimm, denn wir hatten nette Leute, alles klappte, nichts ging kaputt, nur leider wurde Suse krank, sehr schmerzhafte, wahrscheinlich nervöse Magenkoliken. Jetzt geht's etwas besser, aber es war doch manchmal zum Verzweifeln, ein ganz unerfahrenes junges Mädchen und dann das Durcheinander und Schmerzen und flaches Land mit schwer erreichbarem Arzt und Apotheke. Zu nächstem Frühjahr müssen wir Räder haben, wenn es irgend geht. Aber herrlich ist es hier, ich kann gar nicht genug lobsingen und preisen, so schön, direkt am Wasser und Wald, nichts von Vorort oder Ausflüglern, stilles flaches Land, Provinz. Auch die Wohnung ist sehr gut, und dazu haben wir uns noch schöne Möbel machen lassen, jetzt kommt alles in seine rechte Ordnung, und manchmal sage ich zu Suse: nun sind wir eigentlich für unser Leben komplett. Wobei das ›eigentlich‹ wichtig ist, denn es bleiben natürlich noch Wünsche genug. [...]

Eure

[Ibeth]

Braunschweig, den 16. 12. 1932.

Lieber Rudolf,

[...] Du fragtest, ob und wie die Eltern vorbereitet werden sollen auf das Thema des neuen Buches [»Wer einmal aus dem Blechnapf frißt«]. Ich weiß es nicht. Instinktiv würde ich sagen: »Sag ihnen: lest es nicht.« Dann aber denke ich, dass man sie vielleicht damit doch unterschätzt; z. B. waren sie zuerst einfach entrüstet darüber, dass Schäfer den Hauptmann von Köpenick zum Thema gewählt hatte: und nach der Lektüre fanden sie es ausgezeichnet. Die Eltern allein, auf einsamer Insel, würden ja auch ganz anders empfinden als die Eltern in der Kronprinzstraße »in ihren Kreisen«. Es kommt also ungeheuer viel auf das Vorwort an. Auf die Motivierung. Selbstverständlich ist mir das völlig wurst, aber sie ... [...]

Frohes Fest! Deine
Ibeth

Rudolf Ditzen – Berkenbrück/Spree – Rother Krug 9

Am 18. Dezember 1932.

Liebe Ibeth, lieber Heinz, liebe Adelheid,

einen herzlichen Weihnachtsgruß von uns dreien im Rothen Krug an der Spree. Dass Euch das Fest ein wenig festlich nur sei, dass es Ibeth besser gehen möge und dass Adelheid für die bessere Stimmung verantwortlich zeichnen möge. Wir haben uns abgedruckst (da man von dort Wünsche nicht geäußert hat), was erwünscht wäre, und im Allgemeinen sind wir wieder bei den Büchern hängen geblieben. Wir hoffen, dass der Heide neben der Hausfrau auch den Hausherrn interessieren möge und vielleicht auch das Wachsame Hähnchen. Reger ist ja gewissermaßen eine Konkurrenz von mir, wir werden von den Kritikern immer gegeneinander ausgespielt. Ich finde sein Buch sehr interessant, meine aber noch immer, dass er keine Menschen auf die Beine stellen kann, schon gar nicht Frauen. – Der Stoff war das Schwierigste, er ist für Adelheid gedacht. Es wäre beinahe zu erbitterten Kämpfen zwischen Suse und mir gekommen: ich sollte Auskunft über Alter, Haarfarbe, Augen, Gestalt meiner Nichte geben – und meine Angaben waren so vage und immer anders … Na, hoffentlich ist er richtig.

Wir sind hier sehr zufrieden und glücklich am Rothen Krug. Es ist wirklich sehr schön hier – und am 1. 1. wird mit aller kleinen Dreckarbeit, mit allem Geschichteles aufgehört und wieder ordentlich geschrieben. Dann erst bin ich ganz glücklich. Alles Gute

Eure

[Dete]

den 18. 12. 32.

Lieber Rudolf!

Schon lange wollte ich Dir schreiben und Dir vor allem noch mal von Deinem Buch sprechen, das doch so allgemeinen Anklang findet und sogar in Philisterkreisen auf nicht zu starken Widerspruch stößt – weißt Du, sie wollen ja immer nicht die Wahrheit hören, und in Deinen »Bauern, Bonzen, Bomben« hast Du ihnen eben an manchen Stellen zu sehr die Wahrheit gesagt. Hier nehmen sie die paar Seiten in Kauf, die ihnen eigentlich ja nicht passen, über dem reizenden Ton, der über all dem andern schwebt. Ja, also es scheint ein großer Erfolg, ich habe auch schon die neue Aufmachung mit dem Bild von dem Worpsweder Maler gesehen, ich finde das Bild passender, obgleich mir persönlich die erste Aufmachung sehr zusagte. [...] Unsere drei sind nun schon ziemlich groß – der Junge ist im 2. Semester auf der Akademie in Chemnitz und hat u. a. bis 8 Stunden Mathematik am Tage!!!! Ilse kam in Obersekunda und besucht Tanzstunde und Bälle, d. h. die Tanzstunde ist längst überwunden!!! Irene mit ihren 12 Jahren behandelt die Schule sehr gemächlich und bringt trotzdem immer die besten Zensuren nach Hause. [...]

Viele Weihnachtsgrüße Euch dreien.

Dete

Rudolf Ditzen – Berkenbrück/Spree – Rother Krug 9

Am 28. Dezember 1932.

Liebe Dete,

herzlichen Dank für Deine süßen Weihnachtswünsche, die mir die Erinnerung an die Ditzen'schen braunen Kuchen wiederbrachten – das Rezept ist in diesem Zweig der Familie verloren gegangen, der Hamburger »Klöben« ist an seine Stelle getreten. Aber vor allem hat es uns gefreut, mal wieder etwas ausführlicher von Euch zu hören, es ist ja nun bald schon ganz magisch, was ich schon für große Nichten und Neffen habe – und weiß nichts und kenne nichts und ahne nichts. [...]

Dem Jungen geht es ganz glänzend, er ist nun schon mächtig groß, erzählt sehr viel, wird schon sehr vernünftig und kommt in das Alter, wo er »alles versteht«. Der Weihnachtsmann hat es ein bisschen gar zu gut mit ihm gemeint, er ist so überreich beschenkt, dass er sich aus all seinen neuen Spielsachen noch gar nicht recht rausfinden kann. Und das Schönste bleiben eben doch noch immer die Dampfer vor unserm Fenster, die lautlos vorüberziehen, wir wohnen doch in einem ganz stillen, waldigen Spreetal, fern aller Zivilisation, selbst Berkenbrück mit seinen 500 Einwohnern ist noch 20 Minuten ab. [...]

Ich selbst mache so gewissermaßen Jahresinventur, arbeite alles, alles auf, um am 1.1. den Rücken frei zu haben, und dann hinein in das neue Opus! Das alte, der »Kleine Mann«, hat sich wacker gehalten, 35 000 sind bestimmt weg, vielleicht sind's gar 40 geworden, die letzten Zahlen fehlen noch. [...]

Dein

[Ibeth]

Braunschweig, den 2.1.1933.

Lieber Rudolf,

[...] Den Reger möchte ich erst lesen, wenn ich die Union der festen Hand in der Bücherei erwischt habe; es ist schwer, so einen Packen Lesestoff im Hause zu haben und nicht hereinzusehen. Ich weiß auch nicht, ob ich nicht doch schon vorher schwach werde. [...] Wenn mir nur jemand mal sagen könnte, was die Idee des Nationalsozialismus ist! Bis jetzt bin ich über Führergedanke, national, deutsch, Ablehnung des Marxismus und Untermenschentums nicht herausgekommen. [...]

Deine
Ibeth

Rudolf Ditzen – Berkenbrück/Spree – Rother Krug 9
Am 14. Januar 1933.

Liebe Ibeth, lieber Heinz,

sehr betrübt sind wir, dass es Ibeth noch gar nicht gut geht. So schlimm hatten wir es uns nun doch nicht vorgestellt. Arme Ibeth, wir halten Dir den Daumen, dass es bald besser gehe.

[...] Und der selig entschlafene Film meldete sich auch wieder, gab mir die Order – ich bin da vertraglich gebunden –, ich solle am Donnerstag nach Kitzbühl (Tirol) fahren, wo der Drehbuchtechniker auf mich warte – nur ein abschließendes Telegramm noch aus Wien, der Donnerstag verging, der Freitag kam, kein Telegramm, ich schrieb nicht an meinem Roman, ich wartete auf Kitzbühl – bis ich grob wurde und den Herrschaften am Telefon erklärte, nun hätte ich erst einmal keine Zeit mehr, vor Anfang Februar käme weder Kitzbühl noch Film überhaupt nicht für mich in Frage. [...]

Neulich hatte ich von Mutti wieder mal einen ganz reizenden Brief mit sehr viel Glück und Stolz über den »Kleinen Mann«, ich wüsste ja wohl, dass für ältere Leute usw. vieles nicht recht wäre, aber, aber, aber – es wäre eben doch schön. Da habe ich mich kurz hingesetzt, habe den Knoten durchgehauen und ihnen von meinen neuen Arbeitsplänen geschrieben. Ich denke, es ist alles nicht so schlimm mehr [...].

Herzlichst
Euer

Rudolf Ditzen. – Berlin W 15 – Lietzenburger Str. 48
Pension Stössinger

Am 17. Februar 1933

Liebe Ibeth,

ich habe Deine Karte unverantwortlich lange unbeantwortet liegen lassen. Aber der Film ist eine grauenhafte Geschichte, nun sitze ich schon vier Wochen in Berlin, arbeite den ganzen Tag, und ein Ende lässt sich noch immer nicht absehen. Es ist doch eine sehr schwierige Sache, aus diesem Buch, das keine eigentliche fortlaufende Handlung hat, ein Drehbuch zu machen, ohne sich an dem Stoff zu versündigen. Aber wir haben ein sehr nettes Kollektiv: der Regisseur Berthold Viertel, der vor kurzem aus Hollywood gekommen ist und bald wieder hinfährt, als Drehbuchtechniker Dr. Wendhausen, dann noch außer mir Weill von der Dreigroschenoper, der später auch die Kompositionen machen wird, und Caspar Neher, der Ausstatter der Volksbühne. Seltsamerweise zanken wir uns gar nicht so viel, wie man denken sollte. […]

In Deinen Familienforschungen will ich Dich gerne unterstützen, schreib mir doch bitte mal auf, welche Daten von welchen Menschen Du haben willst. Wir werden dann alles säuberlich ausfüllen und Dir zurückschicken. Schreib mir doch auch bitte mal, bei welchem Verlag das Buch mit der Ahnentafel der Ditzens herausgekommen ist. […] die herzlichsten Grüße

Deines leicht angetrottelten

Rudolf Ditzen – Berkenbrück/Spree – Rother Krug 9
Am 7. März 1933.

Liebe Dete,

herzlichen Dank auch Dir für die Stunden, die Du bei uns

zugebracht hast: sie haben uns allen wohlgetan. Ich begrüße es wirklich von Herzen, dass wir uns nach all den langen Jahren wieder nahegekommen sind, es ist doch schön, wie anders man jetzt an alles, Dich und die Deinen, denkt. [...]

Dass Du auch Suse und dem Jungen so nahegekommen bist, das macht mich besonders glücklich. Bisher ist ja Suse für alle von meiner Familie ein fremder Mensch gewesen, ich denke, das wird nun doch ein bisschen anders sein. Sie ist natürlich auch glücklich, dass Ihr Euch gleich so verstanden habt, dass nun einer von meiner Familie ihr nähersteht. Und Uli – nun über den Jungen ist gar nichts zu sagen – der Knabe ist gut. [...]

Herzlichst, auch allen den Deinen *Dein*

Hans Fallada, ach nee, Rudolf Ditzen
Berkenbrück/Spree, Rother Krug 9

Am 7. März 1933.

Liebe Ibeth,

hier hast Du erst einmal Deinen genealogischen Handzettel für Deinen Zettelkasten – hoffentlich ist es so richtig, wenn Du mehr wissen musst, sag es mir – stets gerne zu Deinen Diensten! [...]

Aber Dete haben wir ja unterdessen gesehen und gesprochen, und es war ganz unerwartet nett und menschlich. Du weißt ja, ich habe immer irgendwie nichts übrig für Dete gehabt, aber ich fand sie eigentlich reizend, jedenfalls ganz anders, auf eine schlichte menschliche Linie zurückgeführt und mit solch einem beneidenswerten Appetit nach Großstadt und allem Drum und Dran. Am Fastnachtabend saßen wir im Femina, einem großen Ballhaus mit Tischtelefon und Tanznutten – und träumerisch-betrübt sagte sie: »So was hat Ibeth nun nie in ihrem Leben zu sehen bekommen!« Ich hätte sie küssen mögen. [...]

Ich bin immer Euer alter

[Dete]

{den 22.3.33.

Lieber Rudolf,

ich wollte erst zu einer Karte greifen, nun soll es aber doch schnell ein Brief werden. Also vielen Dank für Deinen Brief und für Deine Sendung durch Rowohlt; 2 Bücher sind gleich ihren Weg gegangen u. werden Freude bereiten. Aus Deinem Brief hört man Gott sei Dank mal nicht von Hilfstruppen d. N.S.D.A.P., sondern von Hilfstruppen für den Garten. Hoffentlich bleibst Du vor allem mit Deiner kleinen Familie möglichst fern u. merkst die Auswirkungen dieser Revolution nicht weiter. Ob es allerdings mit Deinem Film was werden kann, ist ja allerdings sehr zweifelhaft. Man weiß wirklich nicht, was die neuen Leute nun ablehnen und was sie akzeptieren werden. […]

Herzlichst
Dete}

Rudolf Ditzen – Berkenbrück/Spree – Rother Krug 9
Am 24. März 1933.

Liebe Ibeth,

Suse hat mich gebeten, auch meine Stimme zu erheben, um Dich als Gast in unser ländliches Haus zu verführen. Um das erst einmal klarzustellen: mit Tante Ada sind wir einig, sie weiß, dass wir Dich einladen, sieht es nicht als Konkurrenz an und meint, wir sollten Dir nur ganz freistellen, was Dir bekömmlicher scheint: Marburg oder Berkenbrück. […]

Herzlichst
Dein

Rudolf Ditzen – Berkenbrück/Spree – Rother Krug 9

Am 8. April 1933.

Liebe Ibeth,

wir haben Dich ungebührlich lange auf die Antwort Deines Drei-Viertel-Zusage-Briefes warten lassen: wir waren unendlich beschäftigt, wir gehen nämlich damit um, Berkenbrück zu kaufen. […]

Also, Ibeth, Deine Bedenken wegen Suse sind ganz unbegründet. Wir haben ein ausgezeichnetes Mädchen, das ganz selbstständig arbeitet, Suse betätigt sich doch kaum im Haushalt außer dem Essenkochen, und wir haben immer Besuch. […] Wir würden uns soooo freuen, und wir verbitten es uns, dass wir möglichst wenig von Dir merken sollen, wir wollen was von Dir haben! Du wirst Dich hier wirklich erholen, es ist so wundervoll still hier, und für besonders vorteilhaft halten wir es, dass Du etwas isoliert wohnst und ganz nach Stimmung und Befinden Dich zurückziehen kannst. […]

Also sag Ja, altes Haus, wir würden uns sooo freuen! Nochmals und nochmals.

Grüß die Deinen
wir sind Deine

Rudolf Ditzen – Berkenbrück/Spree – Rother Krug 9

Am 8. April 1933.

Liebe Dete,

nun wird es aber Zeit, dass ich Dir auf Deinen Brief antworte. Er ist ja ein bisschen lange liegen geblieben, aber wir hatten, wie immer, viel vor. Das kam daher, dass sich ein Großteil unserer Zukunftspläne verwirklichte, dass wir von Rowohlt eine hübsche runde Summe Geld bekommen haben und dass wir nun Berkenbrück kaufen wollen. Wir sind damit schon sehr in Gang, ich kaufe erst einmal die ersten Hypotheken auf, im Ganzen, denke ich, wird mich das Besitztum mit allen Steuern und Spesen 21 000 RM kosten. Das ist nicht viel, und dass wir sehr froh sind, das brauche ich Dir wohl nicht zu erzählen! [...] Uli tobt tüchtig herum, er ist sehr fidel, macht jetzt schon richtige Sätzlein mit Ich und Du und spielt manchmal so schön für sich allein auf dem Hof, dass es eine Wonne ist. Was mich selbst angeht, so sitze ich natürlich tief in der Arbeit, der neue Roman [»Wer einmal aus dem Blechnapf frißt«] ist wieder ganz schön in Gang gekommen, und dass nun aus dem Film wohl wirklich nichts werden wird, macht uns keinen Kummer: ist er bis 1. Oktober nicht gedreht, fallen die Rechte wieder an uns zurück, und man kann sie dann unter Umständen noch einmal und diesmal nach Amerika verkaufen. Das wäre sehr angenehm. [...]

Lass es Dir und den Deinen recht gut gehen und erzähl mal wieder was

Deinem

Rudolf Ditzen – Berkenbrück/Spree – Rother Krug 9
Am 23. April 1933.

Liebe Ibeth,
herzlichen Dank für Deine Karte. Aber leider kann aus Deinem Besuch hier in Berkenbrück nichts werden. Ich bin vor etwa 14 Tagen nach einer erfolglosen Haussuchung von SA verhaftet worden und erst gestern, nach endlosen Bemühungen Rowohlts und Suses, aber vor allem Suses, die mir eine herrliche Hilfe in diesen kummervollen Tagen gewesen ist, wieder aus der Schutzhaft entlassen. Quelle dieser Annehmlichkeiten ist mein Hauswirt Sponar, der mir auf diese Weise den Kauf seines Hauses, das nicht mehr ihm, sondern

den Banken gehört, verekeln will. Wir haben nun beschlossen, für so lange zu verreisen, bis mir das Haus gehört und Sponar es geräumt hat. Hierbleiben ist nicht angenehm, da Wiederholungen der bisherigen Erlebnisse nicht ausgeschlossen sind. Übrigens hat die SA in gutem Glauben gehandelt, der Lump ist der Sponar, mit einem halben Tausend Lügen, an denen seine alte Kehle ersticken soll. [...]

Liebe Ibeth, mitten in diesen Brief kam schon wieder eine geradezu tolle Auseinandersetzung mit der N.S.D.A.P. – ich kann im Moment nicht weiterschreiben, bin zu erregt. Später mehr.

In alter Herzlichkeit
Dein

DIE »FRIEDENSJAHRE« IN CARWITZ
1933 bis 1939

Nach dem Eklat in Berkenbrück im Sommer 1933 erwirbt Rudolf Ditzen ein Anwesen im mecklenburgischen Carwitz, ein Paradies, wie er findet, das durch Arbeit nur noch schöner werden könne. Das Haus wird zu einem Treffpunkt für Familie und Freunde. Auch für die Kinder Uli und sein am 18. Juli 1933 geborenes »Schwesterchen«, später Mücke und nur selten Lore genannt, wird es zum Paradies ihrer Kindheit.

Rudolf Ditzen, der nach einer schweren Jugendkrise und einem als Duell getarnten Doppelselbstmordversuch, bei dem der Schulfreund Hanns Dietrich von Necker getötet wird, eine landwirtschaftliche Ausbildung absolviert hat, macht aus dem kleinen Anwesen ein Mustergut. An den Produkten lässt er seine Schwestern teilhaben: Pakete mit Wurst, Speck und Schinken werden voller Freude verschickt und empfangen – die Rüstungspolitik des Dritten Reiches macht schon in den »Friedensjahren« Butter, Wurst und Fleisch zeitweise zur Mangelware.

Hier in Carwitz, wo er sich erstmals nicht zwischen Landwirtschaft und Literatur entscheiden muss, entwickelt der Autor Hans Fallada eine außergewöhnliche Produktivität; in schneller Folge entsteht ein Roman nach dem anderen, darunter die großen Bücher »Wer einmal aus dem Blechnapf frißt« (1934), »Wir hatten mal ein Kind« (1934) und »Wolf unter Wölfen« (1937). Doch der Preis ist hoch – nach fast jedem Buch bricht er zusammen und muss ein Sanatorium aufsuchen. Das Einkommen, das er mit seinen Büchern erzielt, wird sofort in den Um- und Ausbau von Haus und Hof gesteckt. Dass auch das Finanzamt über die Einkommenssteuer einen erheblichen Anteil dieses Geldes für sich reklamiert, wird ihm erst später klar. Geldsorgen, die der Vergangenheit angehören sollten, stehen immer wieder auf der Tagesordnung.

Filmaufträge werden zu einer wichtigen Einnahmequelle: »Der Eiserne Gustav« wird speziell für den Schauspieler Emil Jannings geschrieben, »Altes Herz geht auf die Reise« in Carwitz verfilmt. Auch wenn das Anwesen in Mecklenburg als Rückzugsort immer wichtiger wird für den Autor: Der NS-Staat reicht mit seinem Einfluss selbst in dieses »Paradies«. Es gibt Konflikte mit der Reichsschrifttumskammer, Fallada ist zeitweilig »unerwünschter Autor«, er erwägt zwischenzeitlich die Emigration; die nationalsozialistische Kritik macht ihm das Leben schwer, so dass er sich größtenteils auf unverfängliche Stoffe verlegt.

Am 14. April 1937 stirbt der Vater Wilhelm Ditzen an Krebs. Die Geschwister diskutieren im Vorfeld heftig über die Frage, ob der Vater gegen die Schmerzen Morphium bekommen soll, ausgerechnet das Mittel, das durch die Sucht des Sohnes so viel Unheil über die Familie gebracht hat. Es ist schließlich der Sohn, der die Erleichterung für den Vater durchsetzt: »Es ist wirklich belanglos, ob er als ›Morphinist‹ stirbt oder als nicht daran Gewöhnter.«

Der Krieg wirft seine Schatten voraus: Schwester Dete berichtet von den Ereignissen um die »Sudetenkrise«, die sie direkt an der tschechischen Grenze in Zittau erlebt, die Hörigs brechen 1938 aus demselben Grund ihren Urlaub an der Nordsee vorzeitig ab.

RUDOLF DITZEN – Berlin W 15 – Lietzenburger Str. 48
Pension Stössinger

Am 3. Mai 1933.

Liebe Ibeth!

Du wirst Dich gewundert haben, dass Du von uns noch immer keine Nachricht bekommen hast. Das liegt aber daran, dass ich ein bisschen zusammengeklappt bin und seit einer Woche fest im Bett liege. Es geht mir im Allgemeinen gar nicht so sehr schlecht, nur ist die Schlaflosigkeit noch schlimmer. […] Mittlerweile hat sich auch noch herausgestellt – und das ist eine große Freude in all diesem Desaster –, dass wir wahrscheinlich Zwillinge zu erwarten haben, dass Suse, der es übrigens ausgezeichnet geht und die in all diesen Tagen nie den Mut verloren hat, ständig unter ärztlicher Aufsicht sein muss, denn Zwillinge sollen die Angewohnheit haben, etwas unberechenbar zu erscheinen. Wir müssen also in der Nähe Berlins bleiben. […]

Ich bin mit den herzlichsten Grüßen Dein alter Bruder

[Ibeth]

Braunschweig, den 10. Mai 1933.

Lieber Rudolf, liebe Suse,

[…] Ich bekam gestern von Sankt Peter endlich Antwort

und sogar sehr entgegenkommende Nachricht. […] Und Frau Doktor sagt, dass sie bei Herzneurosen die besten Erfahrungen im dortigen Klima gemacht hätten. Also will ich brav Kur machen und bäumeausreißenkönnend wieder hier ankommen. Nun hat mir Tante Ada 150 RM gestiftet – davon geht erst mal die Reise ab und ein paar Anschaffungen, die auf Konto Turnen in der Öffentlichkeit der Düne zu setzen sind … und wenn ich dann noch etwas bleiben muss, wenn das verbraucht ist – darf ich Euch dann tatsächlich um einen Zuschuss bitten? Vielen Dank für die gute Absicht …
[…]

Heinz und Adelheid grüßen auch, vor allem ich.

Eure Ibeth

Rudolf Ditzen – z. Zt.: Wald-Sieversdorf
Märk. Sanatorium b/Bad Buckow

den 15. Mai 1933.

Liebe Ibeth!

Herzlichen Dank für Deinen Brief, den ich, da ich noch immer im Bett liege, nur ganz kurz beantworte. Wir halten es vollständig für richtig, dass Du nach St. Peter gehst, und haben heute als ersten Zuschuss RM 150, – per Postanweisung an Dich abgesandt. Wir bitten Dich, uns ganz offen zu schreiben, wenn dieses Geld zur Neige geht und Du noch länger auf Ording bleiben möchtest. Wir können Dir jederzeit das nötige Geld zur Verfügung stellen, damit Du Dich wirklich *ganz* erholst. […]

Was die Kürzungen im »Kleinen Mann« angeht, so weiß ich aus Erfahrung, dass neue Kürzungen nur den alten Lesern wehe tun, sonst aber niemandem, hier nicht einmal dem Autor. All das, was Du vermisst, sind ja schließlich nur Arabesken, und Arabesken sind nie wichtig. Die Hauptsache ist,

74

die Grundhaltung bleibt unverändert. Unterdes ist auch mein Film gedreht worden, für den ich übrigens nicht verantwortlich zeichnen werde, es soll ein mittelmäßiger Spielfilm mit einer schrecklichen Kolportagehandlung daraus geworden sein. Ich selbst bin nach so viel Kämpfen ohne jedes Interesse dafür, mögen sie glücklich werden oder verrecken, d. h. mögen sie gute Geschäfte machen oder keine: ich habe nicht einmal ein finanzielles Interesse mehr daran. […]

Ich bin mit den besten Grüßen

Dein

Rudolf Ditzen – z. Zt.: Wald-Sieversdorf
Märk. Sanatorium b/Bad Buckow

den 26. 5. 1933.

Liebe Ibeth!

[…] Vom 20. 6. ab sind wir wieder in Berlin. Von da an hat Suse ihre Entbindung zu erwarten, die sich allerdings noch lange herauszögern kann, denn wir haben mit aller Bestimmtheit Zwillinge zu erwarten und wahrscheinlich sogar ein Pärchen. […]

Nur noch eins, Ibeth, Du sollst Dir unter keinen Umständen Gedanken wegen Geld, Abbrechen der Kur etc. machen. […] Du musst Dich also wahrscheinlich sehr viel länger erholen, wenn Du ganz wieder die Alte werden willst. Wir sagen Dir ohne alle Ziererei, dass Dir jederzeit für diesen Kuraufenthalt weitere Mittel von uns zur Verfügung gestellt werden können und dass es Deine verfluchte Pflicht und Schuldigkeit ist, uns ohne weiteres rechtzeitig zu schreiben: – das Geld wird alle. Du darfst versichert sein, dass wir dadurch nicht das Geringste entbehren, der »Kleine Mann« geht in Deutschland noch immer sehr gut, ist in England bestseller und wird aller Wahrscheinlichkeit nach in Amerika ein großer Erfolg werden, nachdem es dort vom book-of-the-month-club als Juni-Buch angenommen worden ist. […] sei vielmals gegrüßt von

Deinen

RUDOLF DITZEN – Berlin W 15 – Lietzenburger Str. 48 Pension Stössinger

Am 23. Juni 1933.

Liebe Dete,

[…] Aus dem Sanatorium in Waldsieversdorf wollte man uns gar nicht weglassen. Der Arzt dort meinte, das hätte doch noch alles Zeit, außerdem handelte es sich keinesfalls um Zwillinge. Wir haben uns aber doch, so schön es dort auch war und so schwer uns der Entschluss fiel, in das heiße, riechende Berlin zurückzukommen, nicht halten lassen, schließlich ist Kinderkriegen kein reines Vergnügen und bei den unzureichenden Hilfsmitteln auf dem Lande direkt eine Gefahr.

Die Ärztin hat wieder prompt auf Zwillinge Diagnose gestellt, und zwar meinte sie, dass das eine ein Mädchen sein würde. Um aber ganz sicherzugehen, hat sich Suse gestern auch noch röntgen lassen, und nun ist an den Zwillingen überhaupt kein Zweifel mehr. […]

Berkenbrück ist nun endgültig aufgegeben, die Sache hat mich leider sehr viel Geld gekostet. Meine Möbel stehen noch da, ich kann sie aber gegen Zahlung einer bestimmten Summe jederzeit herausbekommen. […]

Herzliche Grüße an Fritz und die Deinen, vor allem aber auch Dir, liebe Dete,

von Deinem

[Dete]

Lieber Rudolf, liebe Suse,

[…] Dass es mit Lisabeth nicht so ganz schnell vorwärts-
geht, ist ja kaum zu verwundern; das kann man nach so einem Tiefstand ja auch nicht verlangen! Aber sehr leidtut sie
mir, vor allem auch Heinz. Diese hoffnungslose Arbeits-
losigkeit in seinem Alter! – […] Ilse hat sich jetzt gut in unsere Ahnentafel vertieft: Schulaufsatz: »Meine Familie«. Sie
hat dafür eine I bekommen, was ihr in Aufsätzen noch nie
passiert ist, u. der Lehrer war ganz entzückt von dem »Werk«.
[…] Sie schreibt von Dir: »ein Bruder unserer Mutter ist
Schriftsteller; woher er das Talent hat, ist mir vollkommen
schleierhaft.« – […]

Es denkt an Euch.
Dete}

RUDOLF DITZEN – Berlin W 15 – Lietzenburger Str. 48
Pension Stössinger

Am 19.7.33.

Liebe Dete,

gestern Nacht, also am 18. Juli, ist Suse von zwei kleinen
Mädelchen, von denen jedes 6½ Pfund schwer war, entbun-
den worden. Leider ist das eine von den beiden Kindern wenige Stunden nach der Entbindung gestorben. Das ist für
Suse, die an sich nicht sehr kräftig in ihr Wochenbett gegangen ist, ein schwerer Schlag gewesen. Gottlob ist das andere
Mädelchen ganz gesund, es trinkt schon wacker und benimmt sich genau, wie es alle Säuglinge tun.

Ich bitte Dich, liebe Dete, wenn Du an Suse schreibst,
möglichst nicht oder nur ganz wenig auf diesen Todesfall, der

sie doch sehr erschüttert hat, einzugehen. Über die Gründe können wir noch gar nichts sagen. Wir werden das aber noch feststellen lassen. Suse wird wohl noch ziemlich lange in der Klinik bleiben müssen, denn sie ist doch recht schwach. [...]

Herzliche Grüße

Dein

[Ibeth]

{St. Peter, d. 21.7.33.

Liebe Suse,

Eben hat mir Rudolf berichtet, dass also der Uli ein Schwesterchen hat – und Lore soll sie heißen! Adelheid und ich, wir wünschen Dir, dass Du Dich bald erholst und immer Freude an dem Wurm hast, dass der Aufenthalt in der Klinik bald überstanden ist und die ganze Familie sich bald behaglich wieder in einem eigenen Heim zusammenfindet. [...]

Ich bin Rudolf sehr dankbar, dass er mir gleich geschrieben hat; wir hatten schon sehr gewartet! Du wirst sagen: Und ich erst! Die letzten Wochen und Tage vorher sind immer scheußlich [...]. Das neueste Bild von Uli ist so lieb; er sieht schon so verständig aus! Ich bin gespannt, was er zu Lore gesagt hat. [...]

Deine Elisabeth}

RUDOLF DITZEN – Berlin W 15 – Lietzenburger Str. 48
Pension Stössinger

Am 29.7.33.

Liebe Dete,

herzlichen Dank für Deinen lieben, langen Brief an Suse. Es ist wirklich so, wie Du sagst, sie freut sich so sehr über unsere Lore, die sich gedeihlich entwickelt, dass sie darüber den Schmerz um das andere Mädelchen wohl schon teilweise verwunden hat. Und bei ihrem augenblicklichen Schwächezustand ist es wirklich ein großes Glück, dass sie nur ein Kind zu nähren hat. […]

Ich habe nämlich mittlerweile in Carwitz bei Feldberg in Mecklenburg eine kleine Büdnerei gekauft, mit Kuh, Pferd und Schweinen, am See gelegen – etwas ganz Herrliches. Viel Obstbäume, ein schönes, altes Landhaus mit sieben Zimmern. Am 15. August ist die Übernahme. Da wollten wir eigentlich erst einmal nach Feldberg ziehen, weil einen Monat lang noch die Bauhandwerker im Hause arbeiten sollen, Wasserleitung anlegen, Klo und Bad einbauen, etc. […]

Uli freut sich ganz unendlich über sein Schwesterchen, das er, da der Anfang dieses Wortes zu schwierig ist, »Fetterchen« nennt. Manchmal holt er sich die Erlaubnis, eiei bei »Fetterchen« zu machen, wäscht sich eine halbe Stunde lang feierlich die Hände, macht dann einmal »Ei« und beginnt neuerlich mit Händewaschen.

Liebe Dete, ich kann heut nicht mehr schreiben, viel zu viel zu tun. Darum die herzlichsten Grüße von

Deinem

[Ibeth – St. Peter]

{1. 8. 33.

Lieber Rudolf, liebe Suse,

Ich habe mich so gefreut über die Nachricht von Suses Fortschritten! Und habe zugleich vielmals für die Geldsendung zu danken, die so früh und so reich eintraf. Aus einem Attest, das mir Frau Dr. wegen der Verlängerung der Urlaubskarte ausstellen musste, sah ich übrigens erstens die Diagnose (schwere Herzneurose und Darmleiden) und zweitens die

Tatsache, dass sie, Frau Dr., das Ende der Kur auf Ende September schätzt. Das ist schon viel. Sonst wollte sie sich nicht recht darüber auslassen … […]

Eure dankbare
Elisabeth}

RUDOLF DITZEN – Berlin W 15 – Lietzenburger Str. 48
Pension Stössinger

Am 5.8.33.

Liebe Dete,

Du hast uns einen so reizenden Brief geschrieben und möchtest uns so gerne helfen. Aber ich muss Dir ganz offen sagen, dass es gar nicht in Frage kommen kann, Uli wegzugeben. Es ist doch nun einmal so, dass ich ein sehr verliebter Vater bin und dass mir ein Leben ohne Uli sehr trübselig sein würde. Er ist doch eigentlich der einzige Trost in diesen Tagen des Kummers. Suse geht es leider gar nicht gut, die Thrombose ist nun auch ins andere Bein und in das Becken getreten. Wie Bileams Esel stehe ich zwischen zwei Heubündeln. Ich möchte hier bei Suse bleiben und weiter versuchen, ihr durch ein bisschen Geschwätz die Tage aufzuheitern. Und auf der andern Seite muss ich am 14. August nach Carwitz. Denn dann ziehen dort unsere Vorbesitzer aus und Haus, Vieh, Land, Obstbäume und Bauarbeiten können doch nicht ganz ohne jede Aufsicht gedeihen. So habe ich mich denn entschlossen, am 12. August erst einmal nach Feldberg in Mecklenburg zu übersiedeln, und zwar ist meine Adresse von diesem Termin an: Feldberg/Meckl. Hotel Deutsches Haus. […]

Unterdes ist ja nun auch in Berlin der Film »Kleiner Mann« erschienen und scheint ein ausgesprochener Erfolg zu sein, auch für die Hersteller. Ihr werdet ja sicher Gelegenheit haben, ihn in Zittau zu sehen. Es wäre mir interessant, Eure Eindrücke darüber zu hören. […]

Vielen Dank für Deinen guten Vorschlag und herzliche Grüße

Deines

Dr. H. Hörig

Braunschweig, den 7. August 1933.

Lieber Rudolf!

Wie mag es Suse gehen? Als altgedienter Ehemann weiß ich ja nachgrade auch ein bisschen, was es heißt, wenn unsre lieben Frauen krank sind … Und jetzt bei dieser Schwüle ausgerechnet eine Thrombose haben: das ist doch wirklich allerlei.

Dass Deine liebe Frau sich mit der ihr wohl in seltenstem Grade eigenen persönlichen Fassungskraft auch in dieser unbequemen Lage mit Würde und wohl auch noch mit etwas Humor »einrichten« wird, ist mir außer Zweifel – aber wir würden es ihr ja so sehr gönnen, dass sie es nicht nötig hätte, zu beweisen, dass sie auch dieser Situation gewachsen ist. […]

Elisabeth scheint erfreuliche Fortschritte zu machen: Sie wiegt nur noch 139 (wog schon mal 159!) und berichtet günstig über wachsende Kraft. Ich bin Dir ungeheuer dankbar. Denn ohne Deine Hilfe wäre die Sache recht problematisch geworden. Man merkt doch eigentlich erst bei einer solchen Kur, *wie* nötig sie war. Es sind doch ganz gemeine Sachen.

Vielleicht darf ich Dir, der Du von Beruf Dich für die inneren Verfassungen Deiner Mitmenschen interessierst, einmal »in eigener Sache« etwas schreiben? Es ist nicht ganz einfach, wenn man in meinem Alter so auf dem Trockenen sitzt und von der Güte seiner Anverwandten lebt. Das, was mich

81

vor dem innern Bankrott bewahrt, ist die Wissenschaft. Solange ich wissenschaftlich etwas fertig bringe, was im Publi-
kationswesen der Allgemeinheit zugutekommt, habe ich ein
relativ gutes Gewissen. Und ich darf sagen, dass ich jetzt
allerlei auf Lager habe und unter den Fingern habe, was
brauchbare technische Physik ist. […] Grüße bitte die Dei-
nigte recht herzlich von mir und lass es Dir selbst so gut als
möglich gehen.

Dein
Heinz

[Dete]

Zittau, den 16. Aug. 33.

Lieber Rudolf,

gestern Abend spät zurückgekehrt, finde ich Deine Briefe
vor – von der Geburtsanzeige bis zum letzten, der Deine Feld-
berger Adresse bringt – und gute – verhältnismäßig gute
Nachrichten über Suse. […] Als ich mit Ilse und Irene durch
Leipzig kam, haben wir uns Deinen Film angesehen, die Mä-
dels brannten darauf. Allerdings hatte in der Zeitung gestanden: »für Jugendliche verboten«. Erst probten wir, wie wir die
Zöpfe von Irene unter die Mütze verstauen sollten, aber das
war ihr auch wieder nicht elegant genug – kurzum – sie ließen
uns natürlich rein. Ich wüsste nicht, was außer dem Milieu
bei »Mia« Irene hätte schaden können. […] Alles in allem
glaube ich, dass er, so wie er aufgemacht ist, einen ganz breiten Publikumserfolg haben wird. Es ist alles überaus geschickt
gemacht, dazu die glänzenden, beliebten Schauspieler. Natürlich ist es schade mit dem Happy End – aber das muss nun
mal sein, und ohne das kommt wohl das Publikum nicht.
Der Film wurde ja angekündigt als »der erste nach den neuen
Richtlinien« … usw. Habt Ihr noch dran geändert seit dem

März? – Das Feine und Zarte aus dem Buch, gerade das Wertvollste, das kann natürlich der Film nie geben, und das geht alles verloren. Ich hatte den Eindruck, dass man mit einiger Geschicklichkeit noch einige andere Filme aus dem Buch hätte formen können. […]

In Leipzig bei den Eltern war es im großen Ganzen unverändert, und doch geht es Mutti langsam schlechter. Ich wollte es erst nicht wahrhaben […]. – Dagegen bleibt Papa der »jugendliche Greis«, äußerlich immer unverändert. […]

Viele Grüße auch an Uli.

Dete

Rudolf Ditzen – z. Zt. Feldberg/Meckl.
Hotel Deutsches Haus

Am 26. August 1933.

Liebe Dete,

es wird nun höchste Zeit, dass ich endlich einmal auf Deine an mich und Suse gerichteten Briefe antworte. Springen wir mitten in das Wichtigste, das heißt, springen wir lieber nicht, und berichten wir lieber nur, dass es Suse erheblich besser geht und dass die Thrombose vorbei zu sein scheint. […]

Besser ist es schon, hier in Mecklenburg zu leben, ab und zu nach Carwitz zu fahren und zu sehen, wie die Bauarbeiten vorwärtsgehen. Augenblicklich ist allerdings so ein Moment, wo sie überhaupt nicht vorwärtszugehen scheinen, das Haus wird immer mehr zur Wüste, und dass der vorgesehene Fertigstellungstermin der Umbauarbeiten innegehalten wird, scheint mir immer unwahrscheinlicher. […]

Ich habe ja inzwischen wieder einen kleinen Nervenkollaps gehabt und bin zu den Übernahmeverhandlungen hierher wie ein Halbtoter gekommen. Aber es ist wirklich erstaunlich, wie rasch ich mich in der guten Mecklenburger Luft bei dem guten Mecklenburger Essen erholt habe, und jetzt fange ich sogar schon wieder an, an meinem Roman herumzubasteln, diesem grausigen Dings von 800 Druckseiten, das wohl kurz nach meinem Lebensende fertig werden wird. Wenn ich daran denke, dass ich schon 1925 die ersten Aufzeichnungen für den Roman gemacht habe! Als Nächstes will ich dann eine ganz kurze Geschichte schreiben. 140 Druckseiten etwa, der Titel sagt genug: »Wir hatten mal ein Kind«. […]

Nun liebe Dete, für heute Schluss und tausend Dank für alles Gute

Dein

Rudolf Ditzen – z. Zt. Feldberg/Meckl.
Hotel Deutsches Haus

Am 4. September 1933.

Lieber Heinz,

[…] Wir haben beide das Gefühl, dass, besonders bei Ibeth, das, was wir augenblicklich für Euch tun, uns in einer Höhe angerechnet und mit einer Dankbarkeit gelohnt wird, die in gar keinem Verhältnis zu dem Werte des Gegebenen steht. Wir legen uns deshalb nicht eine Entbehrung auf. […] Und dazu sind wir noch besonders glücklich, dass wir Ibeth und Dir ein wenig helfen können. Lieber Heinz, mir ist in meinen dreckigen Jahren so oft und so langmütig geholfen worden, dass es wirklich mir nicht besonders angerechnet werden muss, wenn ich nun mal auch andern helfe. […]

Herzlichst

Dein

Rudolf Ditzen – *Carwitz*

Am 12. Oktober 1933.

Liebe Ibeth, lieber Heinz,

[…] Wir sind nun endlich in Carwitz eingezogen. Nach all den tausenderlei Hindernissen, nach den langen schlimmen Monaten ist nun die ganze Sache so glatt wie nur möglich gegangen. Nur geringe Schwierigkeiten in B., herrliches Wetter bei Aus- und Einzug, gute Ziehleute, getreue Freunde, die einrichten halfen, so dass wir heute schon, vier Tage nach dem Einzug, sagen können, wir wohnen in einem Heim und nicht in einer Wüste.

Alles ist sehr hübsch geworden – und dass noch viel zu tun übrig bleibt: im Garten und Haus und Stall und auf dem Feld – das ist vielleicht das Beste. Sich nur nicht in ein gar zu warmes Nest setzen! […]

Ich mache mit Riesenmut überall Ordnung, lege ab, registriere, was sich im Sommer alles angesammelt hat, und feiere Orgien der Pedanterie. Eher kann ich nämlich nicht arbeiten, ehe ich nicht weiß: auch der letzte Fleck ist in Ordnung. Aber am Montag geht es dann an den neuen Roman – und haltet mir den Daumen, dass es nun ohne Absatz und gut geht!

Alles Gute Euch allen von uns.

Rudolf Ditzen – Carwitz

Am 26. Oktober 1933.

Liebe Dete,

Dein Vorschlag, uns hier zu besuchen, hat große Freude erregt. Das musst Du unbedingt machen, wir sind glücklich, Dir unsern jetzt schon so ans Herz gewachsenen Erdenfleck zeigen zu können. Dazu den groß gewordenen Uli, dessen Mund nicht stille steht, und die Lore. […]

Du fährst am Ersten mit Personenzug um 10 Uhr 38 vom Stettiner Fernbahnhof ab, bist um 12 Uhr 59 in Neustrelitz und fährst leider erst um 13 Uhr 36 nach Feldberg. Karte gleich durchlösen. Um 14 Uhr 25 bist Du in Feldberg. Dort hole ich Dich mit eigenem Gespann feierlich von der Bahn ab.

Also mach keine Geschichten, Mädchen, komm unter allen Umständen.

Herzlichst

Dein

Rudolf Ditzen – Carwitz

Am 12. November 1933.

Lieber Fritz,

ja, heute schreibe ich mal an Dich [...].

Ich muss Dich juristisch um Rat wegen meines Helden fragen. Mein Held begeht im Laufe meines neuen Romans [»Wer einmal aus dem Blechnapf frißt«] allerlei Schandtaten. Er ist erst einmal – etwa 1924 – mit 5 Jahren Gefängnis wegen Unterschlagung in einer Reihe von Fällen und schwerer Urkundenfälschung vorbestraft. Etwa ein Dreivierteljahr nach seiner Strafverbüßung begeht er – also 1929/30 – 14 oder 15 Handtaschendiebstähle, er schlägt dabei den Frauen besonders roh ins Gesicht und reißt ihnen ihre Handtaschen fort. Dann bestiehlt er seine Zimmerwirtin nach Wegnahme ihres Schlüssels um etwa hundert Mark und nimmt ihr ihr Sparkassenbuch fort. (Diese Beute kann er aber nicht benutzen, denn direkt nach dieser Tat wird er abgefasst.) Zugleich bedroht er die alte Frau tätlich, damit sie ihn nicht durch Schreien verrät. Schließlich gibt er einer Einbrecherbande den Tipp für einen Schaufenstereinbruch, der dann gegen seinen Willen ohne ihn durchgeführt wird, er versucht aber, durch Bedrohung des Führers der Einbrecherbande einen

Anteil an der Beute zu bekommen. Was hat dieses Muster eines Helden – es klingt zum Kotzen, wenn man das so roh hinschreibt – 1930 etwa an Strafe zu erwarten? Ich sähe ihn lieber im Gefängnis als im Zuchthaus, aus formalen Gründen. Ich möchte ihn möglichst hoch verknacken. […]

Im Übrigen die Nachricht, dass der Roman am Donnerstag – trotz Detes Besuch! – pünktlich fertig geworden und abgeliefert ist. Vor einer halben Stunde hat mich Rowohlt angerufen und mir als seine und seiner Lektoren Ansicht begeistert mitgeteilt, dass dies bei weitem mein bestes Buch sei! Es kann also doch nicht solcher Bockmist sein, wie ich unter der Last meiner Gebärschmerzen fürchtete. Mittlerweile habe ich am Donnerstag zur Erholung einen neuen Roman angefangen [»Wir hatten mal ein Kind«] und halte bereits heute am Sonntagnachmittag auf Druckseite 30. Ich fürchte, ich bin unverbesserlich.

Allen hier geht's gut. Tausend Grüße

Euer

Rudolf Ditzen – Carwitz

Am 14. November 1933.

Liebe Ibeth, lieber Heinz, liebe Adelheid,

es war uns ganz ungewohnt, dass nach den häufigen Ording-Briefen solches Schweigen über Hörigs gesunken war. Ich bitte das nicht als eine Reklamation aufzufassen, sondern es ist nur eine Feststellung. […]

Die Romansorgen, liebe Ibeth, waren eigentlich bei Detes Besuch schon ausgestanden. Sie hat da eine gewisse Nervosität, die mich immer gegen den Schluss eines Buches befällt und die wohl daher datiert, dass ich einmal, nämlich als ich Anton und Gerda schrieb, direkt im Schluss sitzen blieb und die letzten zwanzig Seiten erst ein halbes Jahr später schreiben konnte – sie hat also diese Nervosität ernster genommen als nötig. Nein, der Roman ist längst fertig, am vorigen Freitag schon abgeliefert, und Rowohlt ruft mich fast täglich an, teilt mir neue Lektorengutachten mit – er hat drei Lektoren – und steckt mich Miesling allgemach mit der allgemeinen Begeisterung über das Buch an. Es sei ohne Zweifel mein bestes Buch, sehr spannend usw. – nun, das erspare ich Euch und mir. Dem Autor geht es sanft ein, aber er lächelt dabei doch skeptisch, er weiß am besten, wie viel gepfuscht ist, wie viel mit Mittelchen erzielt ist, wie mit halber Kraft so oft gearbeitet wurde. […] Na, nun ist er in der weiten Welt, und ich sitze – zu meiner eigenen Überraschung schon wieder bergetief im nächsten Buch. Eigentlich wollte ich wie immer eine längere Pause einschieben, aber zu meiner Verdutzung (geht das?) saß ich am Abend der Ablieferung bereits am neuen Manuskript. Diesmal wird's 'ne Geschichte oder vielleicht auch eine ganze Reihe von Geschichten, ich will's daher den »Salatgarten« nennen oder aber auch etwas feierlicher: »Wir hatten mal ein Kind«. Es muss mich sehr gejücket haben, dass ich so schnell drangegangen bin. Wahrscheinlich wird Kippe oder Lampen, der fertige Roman, erst nach diesem Buch, das ich jetzt angefangen habe, erscheinen, wir wollen etwas ruhigere Zeiten für das Buch abwarten. Sapienti sat. Am Freitag kommt Rowohlt für drei Tage hierher, dann wollen wir alles in Ruhe bekakeln, auch ekelhafte Prozessgeschichten, die wir mit Amerika und der Berliner Filmgesellschaft haben, auch meine Geldsorgen, die auch wieder halb so schlimm sind, wie Dete annimmt, ›Väterchen‹ Rowohlt wird sie schon beheben. […]

Meine Lieben, tausend Grüße, wenn ich Korrektur lese, denke ich an Euch. Lasst wieder mal von Euch hören

Euer

Justizrat Dr. R. Menzel / Dr. F. A. Bechert
Sächs. Notare und Rechtsanwälte

Zittau, den 15. November 1933.

Lieber Rudolf!

Da ist also der Roman doch noch fertig geworden, trotz aller Schwierigkeiten, welche die Zeitläufte ihm in den Weg gelegt haben. Werden es die letzten Schwierigkeiten sein?

Die Straftaten Deines neuen Helden habe ich meinem Referendar Kirsten aus Zittau vorgelegt, der sich mit Strafsachen als Lieblingsfach beschäftigt und dafür eine ganz besondere Begabung hat. Er hat den anliegenden Bogen ausgearbeitet und darin jede einzelne Straftat unter die Lupe genommen. Nach jeder Straftat hat er einen Rahmen auf das Papier gezeichnet. Darin ist der Strafrahmen enthalten, den das Gesetz für die betreffende Tat auswirft. […]

Die Verurteilung muss auf jeden Fall vor Errichtung des dritten Reiches erfolgen, denn jetzt würden solche Halunken mindestens eine lange Zuchthausstrafe bekommen, außer wenn in ihrer Person ganz besondere Gründe vorliegen sollten, die eine milde Beurteilung seitens des Gerichts rechtfertigen.

Dann ist vielleicht noch eins zu beachten: Soll man dem Angeklagten einen Verteidiger geben oder nicht? Von manchen Strafrichtern sagte man früher, dass sie Angeklagte, welche sich verteidigen ließen, besonders hoch bestraften, indem sie zu der an sich angemessenen Strafe noch einen »Verteidigerzuschlag« hinzurechneten, damit die Angeklagten sich allmählich abgewöhnen, ein Verteidiger zu nehmen und dadurch die Verhandlung zu verzögern. Denn wenn der Verteidiger Fragen und Anträge stellt, die außerhalb der vom Richter gedachten Verhandlungslinie liegen, so muss sich die Verhandlung verzögern. Ein Richter sagte mir das einmal ganz offen und erbost, als ich an einem Vormittag 3 Verteidigungen vor ihm hatte und dann in der Verhandlung noch ein Angeklagter zu mir kam, gegen den die 4. Sache anstand. Er bat mich, ihn zu verteidigen. Die Folge war, dass der Entenbraten, den der Richter zu Mittag essen wollte, warten musste. In Erwartung einer etwas eingetrockneten Ente wurde mein Angeklagter wegen seiner mit der Grenze zusammenhängenden Vergehen ziemlich hart bestraft.

Dein
Fritz

[Ibeth und Heinz]

Braunschweig, den 13. 12. 1933.

Lieber Rudolf,

[…] diesen Brief fange ich ungefähr zum vierten Male an. Entweder ich wurde mitten im Gedankengang unterbrochen, und was ich nach der Unterbrechung schrieb, war Quatsch, oder die Maschine streikte, und es standen mehr Probebuchstaben auf dem Blatt als richtige. […]

Ich habe dazu [zu den Druckfahnen von »Wer einmal aus dem Blechnapf frißt«] ein paar Fragen: darf man von der Existenz und dem baldigen Erscheinen des Buches sprechen? Den Inhalt behalte ich natürlich für mich. Ich hatte verstanden, dass es zunächst überhaupt nicht gedruckt werden würde?? Zweitens: Korrekturen sind wohl nicht nötig – dass einmal eine Vergangenheit einsam zwischen lauter Gegenwarten steht, wirst Du gemerkt haben. Drittens: Willst Du die Bogen wiederhaben??? Jedenfalls warten wir wieder mal morgens mit großer Spannung auf den Briefträger!!

Da Elisabeth die Maschine verlassen hat, will ich Dir noch rasch meine unmaßgebliche Hochachtung vor Deinem Roman aussprechen und Dir noch etwas von mir erzählen: ich

bekam gestern von Prof. Andrejew aus Petersburg eine Anfrage, ob ich die Leitung eines physikalischen Forschungs-
institutes, Abteilung Pianofortebau, dort übernehmen wollte,
mein Name stünde natürlich an erster Stelle. A. hatte sich
vor zwei Jahren auf einer großen Studienreise alle maßgeben-
den Institute angesehen und auch hier die Grotrianfabrik in-
klusive Laboratorium. Da er anscheinend nirgends einen
»maßgebenderen« Fachmann gefunden hat, so ist der An-
trag an sich bemerkenswert – aber nun ausgerechnet Leningrad … ich habe wirklich keine Lust, den Herren Ausländ-
dern ihre Institute zu entwickeln.

E.   Aber: so gehts dem Töffel: wenns regnet Brei, fehlt ihm
der Löffel! Da wäre endlich mal Arbeit für Heinz … Er wird
diesen Ruf natürlich der Regierung mitteilen und hofft doch
sehr, auch hier noch zu dem ersehnten Holzforschungsinstitut zu kommen. […]

Viele viele Grüße!!

Deine Ibeth

Rudolf Ditzen – Carwitz

Am 16. Dezember 1933.

Liebe Ibeth, lieber Heinz,

gestern hatte ich an Euch einen Weihnachtsbrief getippt,
der schon im Päckchen steckt – ich muss nämlich vorarbei-
ten, weil wir Montag eine Vier-Zentner-Sau schlachten, und
da wird's mit der Zeit knapp.

Also tausend Dank für Euern Brief. Dass Ihr so spontan
– und nicht nur, weil ich zufällig Bruder und Schwager bin –
schreibt, sagt mir doch, dass das Buch wirkt. Ich mag es so
gar nicht, ich habe mich so schrecklich damit quälen müssen, dass ich jede Aufmunterung gebrauchen kann. Ich bin

darum sehr glücklich, Ihr seid die ersten Zivilisten, die es lesen – neben Becherts, den ich aus juristischen Gründen mitlesen lasse – bisher haben es nur Literaten gelesen, und über deren – begeistertes Urteil bin ich skeptisch. […]

Über den Ruf nach Leningrad habe ich mich sehr gefreut, ich weiß nicht, ich hätte, glaube ich, nicht so schlankweg abgelehnt. Aber vielleicht brät auf dem andern Wege noch was raus dabei. Wir halten Euch herzlich den Daumen, wir können uns so gut denken, wie Euch die Anerkennung, die darin liegt, freut. […]

Alles Gute

Euer

[Dete]

{31. 12. 33.

Lieber Rudolf,

denke nicht, dass ich den Roman nicht gleich verschlungen hätte – weil noch keine »Kritik« meinerseits da ist. Ich habe die Fahnen sofort verschlungen und musste nur noch »verdauen«. Ich musste erst mit mir selber fertig werden. Vielleicht liest man so etwas als Schwester des Schreibers nicht objektiv genug, um ein irgendwie ins Gewicht fallendes Urteil abgeben zu können. Man steht allem zu nah oder *glaubt* es wenigstens. Wie Suse gesagt hat: »Von ferne gesehen – u. von nahe bekiekt …« Also: um es gleich zu sagen: den »Kleinen Mann« u. Ähnliches nimmt das große Publikum begeistert auf. Dies Buch ist schwere Kost und wird einen kleineren Kreis haben. Etwas Sonne muss eben überall sein – man denke an all die Bücher mit großen Auflagen. – Aber Du, als wirklicher Dichter (schön gesagt, nicht?), schreibst ja nicht um des Publikumserfolgs willen. Literarisch wird Dich dieses Buch sehr, sehr festigen. Wenn ich die Reihe

Deiner Bücher ansehen, so erkenne ich ganz deutlich die Linie nach oben. Die Bücher werden immer gleichmäßiger durchgearbeitet – u. wenn dies auch eins ist, was Du seit langem hast schreiben wollen und was von der Seele »runter«-musste, so ist es doch nicht mehr so eins wie die beiden ersten, die neben glänzenden Höhepunkten lange flache Strecken haben. »B. B. B.« – *mein* Lieblingsbuch von Dir, leidet wegen der vielen Personen an einer Unübersichtlichkeit für das Publikum (die ich persönlich übrigens nicht verstehe). In Deinem neusten Buch nun ist all das ganz klar. Es ist meisterhaft aufgebaut, in einer Linie, von Anfang bis zum Ende. Manchmal denkt man ja an Döblin »Alexanderplatz« – aber in der ganzen Tendenz ist es doch anders. Ich finde es *fast durchweg* auf einer gleichen Höhe stehend. Einzelne Szenen u. Personen haften natürlich besonders im Gedächtnis. D. h., wenn ich den ganzen Gang der Handlung durchgehe, so finde ich eigentlich *jede* Szene, *jedes* Milieu, *jede* Person *so* gut gezeichnet, dass alles haften bleibt. […]

Ja, was soll ich Dir nun noch sagen? Dass mich das Buch während des Lesens und noch jetzt tiefst bewegt u. beschäftigt und dass ich denke, dass es vielen andern so gehen wird – dass es aber nicht *der* Erfolg sein kann wie beim »Kleinen Mann«. Es gibt so viele Spießer – die von all diesem nichts wissen *wollen*, die den Kopf in den Sand stecken od. die nachher ungläubig sagen: »Ach, so schlimm wird es wohl nicht sein.« Aber sagen muss man all dies mal der breiten Öffentlichkeit, denn wenn wir auf diese Weise nichts davon erführen, dann erführen wir nie etwas. […]

Weihnachten war schön. Besseres neues Jahr!!!

Viel Herzliches!

Dete}

Rudolf Ditzen – Carwitz

Am 2. Januar 1934.

Liebe Dete,

ich muss Dir zu meiner Schande gestehen, dass ich erst Deinen Kritiker-Brief abgewartet habe, ehe ich Dir für Dein Weihnachtspäckchen dankte und die besten Wünsche für das Neue, hoffentlich erfreuliche Jahr ausspreche. [...] Bei uns ist das Weihnachtsfest sehr freudig verlaufen. [...] Uli konnte es schon gar nicht mehr erwarten. Er saß auf den Knien von Schmidt in der Küche, ganz blass vor Aufregung, als Mummi endlich mit einer schönen kleinen Glocke, die wir im Holzstall gefunden haben, wohl einer alten Kirchenglocke, läutete. Dann die Begeisterung, die Benommenheit – nun, Du wirst das alles an Deinen eigenen Gören oft genug erlebt haben und vom Herzen her kennen. »Es ist ja alles viel zu viel«, äußerte Uli am Abend aus tiefer Brust, und wir Eltern können diesen Stoßseufzer des kleinen Polykrates unterschreiben. Schwesterchen machte auch eine kurze Stippvisite unter dem Lichterbaum und sah den Glanz fremd und ernst an, dann wandte es den Kopf zu seiner Mummi und lächelte sie über allem Lichterbaum strahlend selig an. [...] aber nun ist es doch auch wieder gut, dass der alte Trott wieder anfängt. Die alte gute Arbeit. Vom neuen Roman sind schon über 250 Seiten fertig [»Wir hatten mal ein Kind«], ich werde dem deutschen Lesepublikum in diesem Jahre gar mit zwei Büchern unter die Augen gehen.

Nun vielen Dank für die ausführliche Schilderung Deiner Gefühle beim Lesen der Fahnen. Ich kann mir wohl vorstellen, dass Du als Schwester immer wieder ganz unwillkürlich in ein dauerndes Rätselraten kommst: was ist da nun authentisch und was nicht? So was muss natürlich stören, und da man immer wieder leichte Ansetzstellen mit der Wirklichkeit findet, z. B. den Schwager oder die Schreibstube, so schließt und rät man immer weiter. Insofern hast Du ja eine ungünstige Position gehabt, und ich rechne es Dir hoch an und nehme es eigentlich als ein Lob, dass all das am Ende doch zurücktritt und der Eindruck des Ganzen sich durchsetzt. Du weißt wohl, dass ich selbst diesem Buche sehr skeptisch gegenüberstehe und mit gar keinem Publikumserfolg rechne. Ich habe aber doch in den letzten Wochen gesehen, wie stark das Buch doch auf die Leute vom Bau wirkt, Rowohlt sagte mir gestern noch, dass England z.B. – und die sind doch wirklich ete – ganz hingerissen ist, man steht dort schon direkt vor einem Abschluss. […] – Wenn Du meinst, dass ich im Technischen weitergekommen bin, so macht mir dies Urteil wirklich aufrichtig Freude, dies Gefühl habe ich nämlich gar nicht, ich scheine mir immer stillzustehen, und da ist es doch schön, wenn jemand so etwas sagt. Es tut eben doch gut. […]

Liebe Dete, noch einmal alles Gute und tausend Dank

Dein

[Ibeth]

Braunschweig, den 3. Januar 1934.

Lieber Rudolf, ich bin schlecht ins neue Jahr hineingekommen, nämlich mit drückenden Briefschulden. Ich hab mich nicht mal bei Euch bedankt für das Päckchen und nicht über den Roman geschrieben. […]

Also ich sagte es wohl schon mitten in der Lektüre: man kann gar nicht davon los, und die Sache geht mir dauernd nach. Von der guten äußeren Form will ich erst mal ganz absehen; nur die Einleitung des letzten Kapitels empfand ich als Bruch, als unnötigen Einschnitt – ich habe dies alles sehr mit Willi miterlebt, und wenn auch der Titel ja gleich die Linie der Entwicklung wies, so hatte ich doch von Zeit zu Zeit die Hoffnung, er könnte doch »Glück« haben. Warum glaubt man eigentlich, dass es ein Glück für ihn sein würde, dauernd in Angst Adressen zu schreiben oder Annoncen zu werben??

Der Willi kommt mir vor wie ein etwas mehr verunglückter Tredup; ein bisschen weniger Pech, und es wäre anders gekommen. Aber auch darin ist es richtig, wenn das Richtige auch traurig ist: er greift in seiner Schwäche und ungesicherten Lage ein bisschen zu bereitwillig zur Lüge und zu ein bisschen Schwindel ... Aber wer tut das *nie*??? Der Pharisäer hat leicht sagen: *ich* würde nie ...! Goethe wusste das besser.

Und die Menschen drum herum: Famos! Besonders habe ich Marcetus in mein Herz geschlossen. Sie sind alle so überraschend, so gar nicht das erwartete Klischee, folgerichtig in sich. Man vermisst übrigens Mia und Jachmann ordentlich, die hätten eigentlich dazugehört.

Also ich gratuliere zu Deiner Arbeit! [...]

Eure
Ibeth

Rudolf Ditzen – Carwitz

Am 3. Januar 1934.

Liebe Ibeth, lieber Heinz,

ich wollte eigentlich, schändlich wie ich bin, mit diesem Brief auf Ibeths und Heinzens Kritik warten, da hätte ich nämlich einen Antwortbrief gespart, aber nun geht es einfach nicht länger mit dem Warten, sonst denkt Ihr womöglich, wir haben uns nicht gefreut – und wie haben wir uns gefreut! [...]

Unterdes ist aber längst wieder die Arbeit aufgenommen worden, die Fahnen sind nun vorbei, und ich sitze im Umbruch. Die ersten Nachrichten trudeln ein. England ist heute ganz günstig abgeschlossen, auch schon Holland, Amerika wird rasch folgen, auch Schweden, Spanien, Frankreich ist nicht recht fürs Deutsche, hat meinen längst erworbenen kleinen Mann noch immer nicht gebracht, aber für die Welttonfilmrechte scheint bei Universal Pictures (Laemmle) viel Stimmung zu bestehen, Rowohlt vorverhandelt heute erst einmal mit dem aus Paris herübergekommenen europäischen Generalvertreter. Es werden da Summen genannt, dass einem schwach werden kann, nun, wir wollen nicht zu früh pfeifen, es ist einem noch mancher Vogel fortgeflogen, den man schon längst im Garne glaubte. Reden könnt Ihr jetzt schon ruhig von dem Buch, nur nicht grade weitergeben die Fahnen, es ist bei der Literatur doch rum. Aus einem Vorabdruck wird diesmal nichts werden, immer hat der entscheidende Redakteur im letzten Moment statt eines Ja die Hosen gefüllt. Was ich ihm andererseits auch nicht verdenken kann. Im Allgemeinen kann ich feststellen, dass das MS. bei allen, die es lesen, so eine Art Benommenheit ausgelöst hat, etwas vor den Schädel geklopft, sehr sonnig ist es ja nicht grade, nicht wahr?, aber es wird schon sein Publikum finden. An einen Erfolg wie beim Kleinen Mann ist natürlich nicht zu denken, das ist mir aber auch ziemlich piepe.

Aber auf Euer Urteil bin ich nun doch auch gespannt. […]

Liebe Ibeth, lieber Heinz, liebes Adelheidchen, etwas verspätet, aber darum nicht weniger herzlich alles, alles Gute zum Neuen Jahr, lasst es Euch freuen und nochmals soooo vielen Dank!

Eure

Ich wette: unsere
Briefe kreuzen sich!

Justizrat Dr. R. Menzel / Dr. F. A. Bechert
Sächs. Notare und Rechtsanwälte

Zittau, den 8. Februar 1934.

Lieber Rudolf!

[…] Ob das Buch etwas für die große Menge ist, kann man schwer beurteilen. Auf jeden Fall sollte aber jeder Jurist das Buch in Ruhe und mit Ernst lesen. Jeder Strafjurist, besonders jeder Staatsanwalt und jeder Richter, der einen Einfluss auf Bestrafung von Menschen hat, müsste das Buch nicht nur einmal, sondern zehnmal lesen und jedes Mal, bevor er sich über einen Strafantrag oder ein Strafurteil entschließt, nochmals eingehend und erinnernd an das Buch sein Gewissen fragen, ob im gegebenen Falle die von ihm beabsichtigte Entschließung auch zu verantworten ist. […] Immerhin muss jeder Strafrichter damit rechnen, dass bei dem Verurteilten solche Nachwirkungen eintreten, wie sie in Deinem Roman geschildert sind. Wer das Buch liest und mit dem Leben und der Strafrechtspflege einigermaßen Bescheid weiß, der sieht, dass Deine Figuren nicht in der Luft schwebende Phantasiegebilde sind, sondern den Eindruck von Naturabgüssen machen. Ich sagte zu Margarete, dass die Schilderung der Personen und die Schilderung der sonstigen Verhältnisse, besonders der Verhältnisse in der Gefangenenanstalt, mir, in das Literarische übersetzt, vorkämen wie manche Werke von Rodin: Man kann sie für Naturabgüssen halten. Sie sind aber doch Schöpfung des Künstlers. […]

Wie die Gegenwart sich mit dem Buch abfinden wird, ist ein Problem. An sich entspricht es nicht dem Gedanken der Volksgemeinschaft, wenn einzelne Volksgenossen nach einem früheren Fehltritt später das ganze Leben lang aus der Gemeinschaft ausgestoßen werden. Andererseits bestehen Bestrebungen, Personen, welche sich strafbar gemacht haben, viel härter zu bestrafen, als dies bisher üblich war, und dann auch im Gefängnis härter zu behandeln als früher. […]

Mit herzlichen Grüßen
Dein Fritz

Rudolf Ditzen – Carwitz

Am 13. Februar 1934.

Lieber Fritz, liebe Dete,

vielen herzlichen Dank für Eure Briefe. Ich habe nicht etwa darum so lange nicht geschrieben, weil ich auf Dein Urteil gewartet hätte, sondern weil ich unsinnig gearbeitet habe. Am Sonntag ist mein neues Buch »Wir hatten mal ein Kind« in der Handschrift fertig geworden. Wieder 475 Druckseiten. Morgen kommt eine Sekretärin aus Berlin, der ich es in 14 Tagen in die Maschine diktieren will. Dann kommt Rowohlt hierher zum Lesen, und dann wird entschieden werden, welches Buch früher erscheinen wird: der Blechnapf oder das Kind. An sich ist beim Blechnapf alles zum Erscheinen fertig, er wird jetzt ausgedruckt und soll in etwa 14 Tagen erscheinen. Quatsch, etwa 4 Wochen erscheinen. Aber wenn Rowohlt sehr überzeugt ist, dass mein neues Buch dem andern den Weg ebenen wird, dann schieben wir das doch noch dazwischen. An sich sind wir mit dem Blechnapf sehr zufrieden. Er hat bei allen, die ihn lasen, sehr starke Wirkungen gehabt, wir haben sofort ohne Mühe zu günstigen Bedingungen elf Auslandsabschlüsse erzielt, und in Deutschland sind jetzt schon 10 000 Exemplare vorausbestellt. Das sieht alles also so günstig wie nur möglich aus. Trotzdem sind wir uns klar darüber, dass das Buch nicht ungefährlich ist. In Einzelheiten wie in der Verurteilung des humanen Strafvollzugs ist es ja einig mit den heute geltenden Ideen, in andern

Dingen, in der ganzen Art, wie es das Verbrechen und den Verbrecher sieht, weicht es ab. Wir haben auf Vorschlag einiger Redakteure noch einige Stellen gemildert, ich habe auch eine kleine Vorrede geschrieben, in der ein Knix gemacht wird, trotzdem ist es immerhin nicht ausgeschlossen, dass das Buch verboten werden wird. So etwas ist ja einfach nicht zu übersehen. In dem Fall sind wir entschlossen, Rekurs einzulegen und es zu einer Verhandlung kommen zu lassen. – Mein neues Buch dahingegen, nun, es ist auch nicht nach Maß geschrieben. Die Jugend-, Liebes- und Ehegeschichte eines Bauernjungen, es ist das Buch, das ich mit der meisten Liebe geschrieben habe. Trotzdem ist es gallenbitter geworden und wird trotzdem vielleicht den Leuten gefallen, weil zwei nette Frauen darin sind. […]

Herzlichste Grüße

Rudolf Ditzen – Carwitz

Am 7. März 1934.

Liebe Ibeth, lieber Heinz,

ich habe ja schon immer Euch gegenüber ein schlechtes Gewissen gehabt, aber dass es so schlimm sein würde, wie sich eben, als ich unsere Korrespondenz nachsah, herausstellte, das habe ich mir nun doch nicht gedacht! Euch noch nicht auf Eure Briefe im Januar geantwortet! […]

Nun ist also mein neuestes Buch »Wir hatten mal ein Kind« fertig geworden. Es ist mein schönstes, reifstes und reichstes Buch, weit, weit über meine andern Bücher hinaus. Wie ich es diktiert habe, war ich selber immer erstaunt, in welch nachtwandlerischer Sicherheit das alles geschrieben worden ist, nun habe ich das Gefühl, ganz bei mir, bei den Quellen meines Wesens angelangt zu sein. Jetzt sitze ich so recht in meinem Eigenen, und alle anderen früheren Bücher, der Blechnapf eingeschlossen, sind blass und schemenhaft geworden. Es ist wie eine andere Welt. […]

Was die Kinder angeht, so ist Uli weiter wundervoll. Er wird immer frecher und lebendiger, heute früh bedrohe ich ihn: Wenn du jetzt aber nicht Zähne putzt, kriegst du was auf den Po. Worauf er sich vornehm an unsere Martha wendet: Martha? ich kriege doch nichts auf den Po?! Papa kriegt was auf den Po! – Ich überhöre so was vornehm, da ich weiß, dass er mir ja schließlich doch immer pariert, ich bin der Einzige – vielleicht außer Suse –, der sich nicht immer von ihm rumkriegen lässt. […]

Schwesterchen hingegen ist ein stilles und friedliches Entzücken. Sie hat ihre ersten zwei Zähne bekommen, ohne den Eltern auch nur einmal den Nachtschlaf zu verstören, sie ist immer friedlich und freundlich, rosig und pummlig liegt sie in ihrer Krippe, ist dankbar für jeden noch so kurzen Besuch, und fängt jetzt an, sich in der Krippe zu rühren, mal liegt der Po, wo der Kopf liegen sollte, mal richtig.

[…] Womit ich verbleibe *Euer* schuldigster

[Ibeth]

Braunschweig, den 27. 3. 1934.

Lieber Rudolf, liebe Suse,

[…] Ich las zwei Kritiken über den Blechnapf, sehr verständig; eine von der Voss und die andere von der BZ. Ebenso. (Und die Voss geht ein!) Ich gab das Buch einer hiesigen Leihbibliothekarin, die sehr guten Geschmack hat, zu lesen, und sie war ganz gepackt davon. »Wenn ich mit ungestopften Strümpfen herumlaufe, dann ist Fallada schuld daran; ich konnte gar nicht davon los!« Sie fand auch die verschiedenen Typen so famos … Ihre Kollegin, die auch gerade

angefangen hatte, war leider gehindert weiterzulesen, weil sie
gekündigt worden war … […]

Wir drei grüßen!

Deine Ibeth

[Dete]

den 24. April 1934.

Lieber Rudolf,

über Pfingsten habe ich Deine »Fahnen« [von »Wir hatten
mal ein Kind«] gelesen und nun, nachdem ich einige Tage darüber nachgedacht habe, möchte ich Dir doch einige Worte
darüber schreiben. Du wirst dann später wieder eine Flut von
Kritiken bekommen, die Dir aus dem Halse heraushängen –
aber einige Worte von Deiner Schwester liest Du vielleicht
doch mit Geduld. Rein äußerlich ist es trotz seiner Länge fabelhaft spannend, und ich könnte mir nicht denken, dass auch
ein Fernerstehender in seinem Interesse erlahmen könnte. Die
»Urgeschichte« ist wunderschön, hat wohl überhaupt die
schönsten Stellen, die sich aber auch zum Veröffentlichen ganz
für sich sehr geeignet hätten. […] Das Beste ist wohl die »Sil-
berkuh«, und sicher wird sie in der Illustrierten nun gerade
nicht erscheinen, sondern gerade die Urgeschichte gekürzt
werden – die »Ratten« – sehr gut geschildert – die Geschichte
mit dem »Clo« unbezahlbar schön, so richtig mit Genuss erlebt und geschrieben, das merkt man. – Dann das Zweite, die
»Jugendgeschichte« ist sehr, *sehr* gut. Ich habe den Eindruck,
dass Du sie noch ganz ruhig geschrieben hast, während Du
bei dem zweiten Teil des Buches mehr geeilt hast. Diese Jugendgeschichte ist etwas so Originelles, psychologisch so Fei-
nes, wie es wohl selten gibt. […] – Nun aber der zweite Teil;
wie gesagt, ich habe den Eindruck, dass er sehr schnell entstanden ist, und wenn auch darin unendlich viel ist, was wun-

derschön ist und was grade auch jede *Frau* seelisch sehr packen wird, so ist es doch nicht mehr der Höhepunkt. Als »Haupt-Aber« möchte ich anführen – und Fritz sagte mir heute Morgen dasselbe, ohne dass wir darüber gesprochen hatten: warum lässt Du den Hof zweimal verkommen? War das nötig? Die Schilderung ist jedes Mal so sehr gut und schwächt sich nur selber ab, da sie *zwei* Mal erscheint. Aber daran ist ja wohl nichts mehr zu ändern, und Du wirst ja auch Deine Gründe gehabt haben. Das Publikum würde mit einem Mal zufriedener sein. – Sehr gut ist diese blitzartig aufkommende Eifersucht geschildert – blitzartig und von Anfang an unheilbar. Einmal bei der Elise und einmal beim Grafen Fidde. So ist es eben im Leben: jahrelang kann alles gut gehen, und mit einem Mal in einer Sekunde ist alles verschüttet. […]

Ich habe mich aber unendlich an dem Buch gefreut, und ich denke, dass es einen sehr großen Erfolg haben wird. – Die Eltern waren natürlich auch sehr glücklich – sie haben Dir ja darüber geschrieben – vor allem kommt doch der »Herr Kammergerichtsrat« sehr gut weg, und was Du da in ein paar Sätzen über ihn schreibst, wird wohl Balsam in Leipzig gewesen sein. […]

Immer
Dete

Rudolf Ditzen – Carwitz

Am 8. Mai 1934.

Liebe Dete,

Deinen Geburtstag haben wir natürlich vergessen, aber Du wirst uns das verzeihen, wenn Du weitergelesen hast. […] Jetzt haben wir wieder mit Bauen angefangen, zuerst kommen Ställe, Waschküche und Rollkammer, Keller und Räucherwarenkammer dran, dann das Haus. Mir sind sogar

Reichszuschüsse bewilligt worden. Etwas wild sieht es dadurch natürlich aus, aber wir haben ja den großen Garten und die noch größeren Seen, die wir jetzt mit Motorboot befahren. […] Von Uli sieht man kaum noch etwas, er ist immer draußen bei den Arbeitsleuten oder verschwindet ins Dorf, mittags ist er dann so müde, dass er fast vom Stuhle fällt. Suse möchte zehn Hände haben und einen Tag von 96 Stunden, so viel hat sie zu tun. […]

Der Blechnapf geht ganz gut weiter. Im Allgemeinen ist die Kritik ja nicht sehr lobend, aber das kann man bei so einem unerquicklichen Buche auch nicht erwarten. Jetzt ist im Buchhandel Saure-Gurken-Zeit, es drippelt nur so. Aber es drippelt doch. Mit den Fahnen vons Kind sieht es nicht gut aus. Ich hab keine mehr, ich will die Eltern mal stökern – in diesen Tagen –, dass sie ihr Exemplar an Ibeth senden (die schon lange darum dremmelt), und Ibeth kann es dann gleich an Dich weitersenden. […] Übrigens Film – ich habe schon wieder ein Angebot nach Hollywood, das dritte, schätze ich, aber nee, lieber nicht. Besser wäre es schon, wenn der amerikanische Filmabschluss über die Rechte des Kindes zustande käme, das wäre so was! 40 000 Mark netto für mich auf den Tisch des Hauses! Na, es wird schon nichts werden, die Amerikaner sind jetzt auch sehr vorsichtig mit ihrem Geld geworden. […]

Immer *Dein*

[Ibeth]

Braunschweig, den 14. 5. 1934.

Lieber Rudolf,

Gestern früh kam Muttis Sendung, und heute früh war ich mit der ersten Lesung fertig. Am liebsten hätte ich Dir gleich gestern Abend geschrieben – ich war ganz erschüttert und musste mir den Rest auf heute aufsparen – so will ich Dir heute danken. Es ist ein sehr schönes Buch. Im Anfang las ich es mit ein bisschen Protest: wozu der Rattengänt-schow?! Wozu der Kapitän mit seiner Kiste? Zuerst protes-tierte ich ein bisschen gegen diese Anekdoten (so gut sie an sich waren, aber sie schienen mir eben nicht in die Linie hin-einzugehören), aber es stimmt schon, sie gehören hinein!

[…] Dass natürlich die Spannung beim Lesen wie immer bei Deinen Sachen da ist, ist selbstverständlich. Ich finde so-gar, man kann noch weniger davon los als vom Blechnapf oder den BBB. Und doch ist es mit einer ganz andern Tech-nik geschrieben als z. B. der kleine Mann. Kurz und gut: Glückwunsch! […]

Es ist eigentlich wirklich schade, dass Bauernromane au-genblicklich so sehr in der Mode sind. Denn dadurch kommt so viel Kitsch in dieser Art heraus, dass es einen Stein erbar-men könnte. In jeder Unterhaltungsbeilage schreitet der Bauer über die Scholle, meistens sät er oder sitzt im Kruge oder wehrt sich gegen die bösen Stadtmenschen. Meistens ist es schlimm. […]

Heinz und Adelheid grüßen vielmals.

Deine Ibeth

Rudolf Ditzen – Carwitz

Am 16. Mai 1934.

Liebe Ibeth,

[…] Literatur ist ein schändliches Gewerbe. Dass sie auch nett sein kann, beweist das »Kind«, das Dir also auch gefal-len hat. Ja, der Stil, der Stil. Weißt Du, Ibeth, ich habe ge-druckst und gedruckst, mit der alten Methode von B. B. B. an bis zum Blechnapf war ich alle. Die Leute haben es noch nicht gemerkt, aber es wäre reine Manier geworden, dieses ewige Dialogisieren, mit kleinen Bilderchen. Hier haben wir nun den hoffentlich breiteren Fluss. Ich sehe hier unerschöpfliche Möglichkeiten. [...] Kein Mensch hat ja überhaupt eine Ahnung, wie sehr man mit Schreib- und technischem Kram nebenbei überlastet ist, Geschäftskram. 27 Auslandsausgaben, Wünsche von allen Seiten, ach, lieber Gott, glaubst Du, man hat in Carwitz seine Ruh? Man hat nirgend mehr seine Ruh. In den nächsten Tagen ist die Uraufführung der Hollywoodfassung vom Film Kleiner Mann in U.S.A. Da hat gestern New York Times gekabelt, sie wollen ein Bild von mir, nirgend veröffentlicht, unbedingt Liebhaberfoto, so 'n Quatsch, das ist Literatur! Und man muss so etwas alles brav und bieder machen. [...]

Herzlichst Dein

Rudolf Ditzen – Carwitz

Am 4. Juni 1934.

Liebe Dete,

herzlichen Dank für Deinen langen Brief über das »Kind«. Ich habe das alles mit großem Interesse gelesen, und Du darfst ganz sicher sein, dass ich mich von Herzen über alles, was Du gesagt hast, gefreut habe. Denn daraus spricht eine so wirkliche Teilnahme an dem Buch, die wirklich nichts mehr mit dem schreibenden Bruder, sondern nur noch etwas mit dem Buch zu tun hat. Und das ist gut. – Du wirst also auch nicht sauer sehen, wenn ich nun ganz allgemein sage, dass ich immer mehr begreife, dass man auf Kritiken kaum etwas geben kann. Man kann aus ihnen nichts lernen, man darf auch nicht auf sie hören. Man muss schreiben, wie man lustig ist, das allein entscheidet. [...]

Na also, Dete, macht's gut. Wir sind hier allesamt ganz fidel. Tausend Grüße und alles Gute *Euer*

[Ibeth]

{5.6.34.

Lieber Rudolf, liebe Suse,

Mutti erzählt mir eben, dass Ihr Irene in den großen Ferien erwartet. Nun hattet Ihr ja früher auch Adelheid mal eingeladen – aber ich hab die Überlegung immer auf die lange Bank geschoben; und nun ist auf einmal die Zeit fast zu kurz. Könnt Ihr A. noch brauchen? […] Aber ich kann mir natürlich denken, dass ich mit meiner Anfrage zu spät komme und dass bei Euch das Haus voll ist. […] Viele Grüße … Herzlichst

Ibeth}

[Heinz und Ibeth]

Braunschweig, den 29. Juni 1934.

Lieber Rudolf!

In wenigen Stunden wird das Gör (oder schreibt sich das mit »h«?) wohl bei Euch eintrudeln: nehmt also vor allem den herzlichsten Dank der Eltern für Eure freundliche Empfangsbereitschaft!

Da Elisabeth, wie Euch A. näher referieren wird, wieder mal zum Briefschreiben nicht recht in der Lage ist – so will ich wenigstens das Meine tun. […]

So, und nun die »Gebrauchsanweisung« für die Pflanze Adelheid.

1. Rauchen gibts nicht.

2. Lieber früh raus und zeitig »nein« als umgekehrt – in puncto Tagesordnung. Von besonderem Schlafbedürfnis allenfalls abgesehen.

3. Manchmal muss man aufpassen, dass sie nicht gar zu sinnlos frisst!

4. Im Carwitzer Meer baden soll sie mit Vorsicht. (Schwimmen kann sie übrigens nicht!), aber für Luft- und Sonnebaden bin ich sehr.

5. Es gibt Situationen, wo sie nicht unter allen Umständen ohne »was auf dem Kopfe« herumlaufen sollte. Sie wundert sich manchmal über Kopfschmerzen, wenn sie zu viel Sonne oder Regen auf den Tez gekriegt hat. Bisher war mit Vernunft da wenig zu machen, aber Onkels können da vielleicht mehr ausrichten!

6. Für hauswirtschaftliche Tätigkeiten hat sie ziemlich viel übrig – wovon ihre Tante Suse profitieren möge! Auch als Kindermädchen erfreut sie sich eines guten Rufes.

7. Ab und zu ist es angebracht auf gut Sächsisch zu sagen: fläche Dein Däng!

8. (ad 7): Wurst, Fleisch und ähnliche vom normalen Manne geschätzten Dinge soll sie nicht allzu viel essen (was sie selbst gut weiß), sich mehr an sogenannte Rohkost halten! {(Tut sie von selber, isst in Br. so gut wie gar keine Wurst)}

9. Dass das Wurm sich weißesgott den Heuschnupfen zugelegt hat, ist ein miserables Schicksal. Ebenso miserabel ist, dass die Eltern ihr Tante Adas Heuschnupfenmittel noch nicht verschafft haben. (Brief an Tante Ada ist aber eben bei Elisabeth im Gange.)

10. Mit Hunden hat sie keine Erfahrung: ich habe ihr gesagt, dass es liebe Tiere zu sein pflegten, dass man aber mit dem nötigen hygienischen Takte mit ihnen verkehren soll. (Ich bin bloß neugierig, was meine Frau zu dieser Bemerkung sagt!) *Sie schüttelt gottergeben den Kopf.*

11. Sie ist manchmal wesentlich »reifer«, als man nach ihrer Körper*länge* zu denken geneigt sein mag. Wo die kleinen Kinder herkommen, weiß sie genau. (Verflucht noch mal – was wird Lieschen dazu sagen??) {(Mir bleibt die Spucke weg ...)}

12. Orthographisch schreiben kann sie noch weniger als

ihr »Babba« – das is unser Erbfähler. Also Vorsicht bei Verwendung als Schreibsel!

14. Wenn sie gar zu viel quatscht, muss man ihr das ungeniert zum Bewusstsein bringen. Ich gebe aber zu, dass nicht alle Menschen so wenig tolerant sind – ihr gegenüber – wie ich. –

15. In puncto Alkohol: sie ist gar nicht daran gewöhnt, und wir legen Wert darauf, ihn ihr möglichst vorzuenthalten. Sie wird es noch zeitig genug merken, dass gewisse Sorten recht brauchbar sind. Bei hohen festlichen Anlässen können kleine (quantitativ kleine) Ausnahmen zugelassen werden. –

16. Sollte sie sich den Magen verkorksen, dann ist ihr Pfefferminztee gut. –

17. Gelegentlich ist es angebracht, zu sagen: wasch Dir die Pfoten!

18. An einen rauen, aber herzlichen Ton ist sie bestimmt gewöhnt. (Vorwiegend mein Verdienst!)

Ich nummeriere noch etwas weiter: vielleicht hat noch meine Frau was zu bemerken!

19. Ach so: gelegentlich – periodisch wiederholt – sage man die Zauberformel »Denk an Adelheiden ihren Babba!« Sie weiß, was es heißt!

20. ⎫
21. ⎪ {Ich würde höchstens einige Punkte 1–19
22. ⎬ für überflüssig halten!!!
23. ⎪   Herzlichst
24. ⎪   Ibeth}
25. ⎭

Womit dass ich in dankbarster und herzlichster Weise verbleibe

Euer

Heinz

Rudolf – Carwitz

Am 10. Juli 1934.

Liebe Geschwister,

ich kann Euch heute nur einen kleinen Bericht machen: jetzt, da die Umbauerei ihrem Ende zugeht, sind Trubel und Möl auf der Höhe, und man hat weder innerlich noch äußerlich die Ruhe zu viel Briefschreiberei. Ich denke aber, Eure Tochter wird Euch schon ausführlicher berichten. Sie war gestern sehr glücklich über den Brief von Euch, sie hatte, sosehr sie sich über die »Ferien von den Eltern« freute, doch schon sehnsüchtig danach ausgeschaut. Die Gebrauchsanweisung hat sich bewährt und scheint uns lückenlos. Da wir alle Ulis wegen nur kurz baden, kriegt sie auch nicht viel ab, außerdem scheint sie schon von selbst vorsichtig. Alkohol gibt es bei uns zu Haus überhaupt nicht zu trinken, darum also keine Sorge. (Wenn der Hausherr mal was trinken will, tut er es außer dem Haus. Aber auch das möglichst nicht.) Übermäßig zu essen scheint sie auch nicht, wir essen jedenfalls erheblich mehr. Aber sie ist munter und vergnügt, hilft sehr willig, wenn es nötig ist, und alles scheint ihr Spaß zu machen. Auch mit der Hamburger Nichte Käte Blöcker scheint sie sich schon recht gut zu verstehen – am Sonnabend kommt dann also noch Irene. […]

Herzliche Grüße von uns beiden Euch beiden

Rudolf Ditzen – Carwitz

Am 26. Juli 1934.

Liebe Ibeth, lieber Heinz,

[…] Adelheids Zeit ist nun heute vorbei, sie bringt Euch diesen Brief. Wir haben sie sehr gerne gemocht, und ich denke, sie hat sich auch bei uns wohlgefühlt. Ein paarmal habe ich sie mit dem vom Vater empfohlenen rauen, aber herzlichen Ton angeranzt, aber das war nur im Anfang. Nachher hat sie sich sehr gut hereingefunden. Es ging eigentlich immer nur darum, dass sie unsern Angestellten gegenüber einen etwas überheblichen spöttischen Ton hatte. Aber sie war nicht die Spur übelnehmerisch, hat wohl auch gar kein Gefühl dafür gehabt, dass der Ton etwas hochfahrend war. Ich schreibe Euch das ganz offen, denn wie gesagt, das war nur in der allerersten Zeit, und sie hat sofort kapiert und sich dann sehr gut eingeführt. Krank ist sie nie gewesen, gegessen hat sie genug und gerne, mitgeholfen hat sie, so viel sie sollte, und hat sich auch noch so ihre besonderen Arbeiten, die ihr Spaß machten, gesucht, z. B. das abendliche Tränken von Kuh und Pferd. Wie gesagt, wir haben sie sehr gerne hier gehabt, und hoffen nur, dass sie sich recht gut erholt hat. Ich würde es für richtig halten, wenn Ihr von den Anranzern, falls sie nicht davon redet, gar nicht sprecht, das ist ja nun ausgestanden und vergessen. Sie waren auch gar nicht schlimm. [...]

Euere

Dr. H. Hörig

Braunschweig, den 7. August 1934.

Lieber Rudolf! liebe Suse!

Darf ich nochmal fragen, ob es Euch wirklich passen würde, wenn wir am Sonnabend, den 11. August 1934 bei Euch eintrudelten?

Dazu ist wissenschaftlich durchdacht Folgendes zu bemerken:

I. Weiß ich recht gut, dass es Sonnabend manchmal *nicht* passt, da Gäste, die etwa am Freitag oder Sonnabend abreisen wollten, häufig bis Sonntagabend bleiben. Es ist dies menschlich … nur muss man es wissen. Auch kann sonst sonnabends allerlei los sein.

II. Ich kann beim besten Willen nicht sagen, ob wir bestimmt am Sonnabend reisen können. Elisabeth ist wenig auf der Höhe. Ich denke zwar, sie wird sich rasch erholen, aber im Augenblick darf ich sie gar nicht mit irgendwelchen Reisevorbereitungen usw. beanspruchen; die Folge ist: selber ist der Mann! Und der hat mit einer lausigen wissenschaftlichen Arbeit alle Hände voll zu tun, hofft aber, am Donnerstag mit diesem Mist fertig zu sein.

III. »Wie dem nun auch immer sei …«: jedenfalls würde ich für den Fall, dass die Reise noch um einen Tag verschoben werden müsste, am Tage vorher anrufen.

IV. Müssen wir also erst mal wissen, wie es bei Euch steht – wann Ihr aufnahmefähig resp. -willig seid.

V. Wir haben hier den Autolärm, das stundenlange Knattern ankurbelnder Motorräder, den dauernd erfolgreichste Vibrationsmassage betreibenden Lastwagenverkehr so *unendlich* DICK, dass wir

    A. äußerst gern, sobald es geht, kommen

    B. bei Euch zunächst grimmig auszuschlafen gedenken (indem dass dieses hier eine praktische Unmöglichkeit ist)

    C. wahrscheinlich zunächst sehr fade Gäste sein werden (indem dass Lieschen äußerst mau ist und »er« zur Zeit auch nicht viel taugt)

VI. Halte ich es für meine Pflicht, Euch darauf vorzubereiten, dass ich ein sehr wenig eleganter Mensch bin und es wahrscheinlich fertigbringen werde, mich mit meinem *Ordinger* Ölrock in Euer Motorboot zu setzen … worüber Ihr u. U. erhebliche Bauklötze zu staunen berechtigt sein dürftet.

VII. Was die L.m.a.A.-Urlaubsstimmung anlangt, so glaube ich auch höheren Ansprüchen vollauf genügen zu können.

Womit dass ich Euren weiteren Nachrichten mit
den herzlichsten Grüßen entgegensehe als
Euer ergebenster Schwager etc.
Heinz

[Heinz]

Braunschweig, den 20. September 1934.

Lieber Rudolf, liebe Suse!

Das kleine Lieschen sitzt über ihren Filmen etc. und
schimpft über die pp Flecken darauf, zieht die Stirne kraus
in »Saturnfalten« und ist im Übrigen damit beschäftigt, die
Reise nach Braunschweig zu verdauen; denn das Herz hat
sich gar nicht schön benommen. Das wird sich aber wohl in
einigen Tagen wieder geben. Ich meinerseits beschäftige mich
mit Ausmisten … Mir schwebt immer vor die vorbildliche
Ordnung bei Falladas. […] Es ist ganz komisch, wenn man
sich nun wieder umstellen muss auf den eigenen Betrieb –
ehe man (wenigstens ich … Lieschen verbittet sich immer
meine »man«-Konstruktionen …) seine diversen trägen Massen wieder in den beschleunigten Zustand gebracht hat …
es ist ein Skandal. Aber ich muss sagen: nach dem Grade dieser Schwierigkeiten zu urteilen, muss mir Carwitz ausgezeichnet bekommen sein, denn je stinkiger die anfängliche
Faulheit nach Wiedereintreffen im eigenen Laden ist, desto
besser hat man sich erholt. Das ist alte Ordinger Erfahrungs-
regel. Ich hoffe, dass dieser Satz auch bei meiner Frau noch
einigermaßen zu Recht bestehen wird.

Anscheinend liebst Du es nicht, dass man sich für »Carwitz« formell bedankt … na, dann also denk Dir das Nötige… es kommt von Herzen!

Aber Dir, liebe Suse, möchte ich doch in Gedanken nochmal ganz besonders herzlich dankend die Hand drücken: Fal-

ladas, alle vier, sind eine ganz außergewöhnlich sonnige Erinnerung, die mir bei allen Zahlen und dem ganzen Rechenmaschinenmist wahrscheinlich noch sehr markant über den Schreibtisch spazieren wird: vivat, crescat, floreat Familie Fallada!

Womit dass ich verbleibe Euer
Heinz

Ditzens – Carwitz

Am 12. Oktober 1934.

Liebe Geschwisterei,

ganz nette Schweine sind wir schon, dass wir so lange nichts von uns haben hören lassen – und ich weiß nicht einmal mehr, ob wir Euch von München aus zur Erklärung unseres Schweigens und als sehr lange Entschuldigung, heißt lahme Entschuldigung, eine Karte geschrieben haben. Ich könnte ja die Suse fragen, die alles weiß, aber ich tippe hier, umringt von meinen Sprossen, und sie tobt mit Glasschalen und Gläsern, um vor der nun in nähere Sicht kommenden Berliner Reise noch Krokusse und Narzissen für den Winter vorzubereiten. Ich will sie nicht stören, ich mag nicht abbrechen, weil dann der Ulimux sofort einen Grund hat, mit seinem jetzt akuten: Papa, ich will dir mal was sagen … mich aufzuhalten, also Schiet: wir waren eben weg. Erst zur Wiesen in München mit einem kleinen Autotrip in die bayrischen Vorberge mit Klosterbier und Klosterkäse und unglaublich schmierig bekutteten Mönchen, in dem sehr vollen München, wo wir unglaublich gefressen haben. Dann kurze Station in Berlin, nur um die Besprechungsexemplare fertig zu machen, und ich schickte die Olsch nach Haus zu den Gören, fuhr aber selber noch auf die Insel Hiddensee, wo ich jeden Tag 40 Kilometer gelaufen bin, einigen Bernstein gefunden habe, der selbst vor Ibeth Anerkennung finden würde, und abends mit den Fischern geskatet habe. Es war sehr erholsam, ich habe viel gegrübelt und mir überlegt, wie man ein aktuelles Buch schreibt, ohne es aktuell zu machen, vorläufig fange ich aber noch immer nicht an zu schreiben. Diese Wehen vor dem Kinderkriegen sind einfach scheußlich. […]

Und nun für heute Schluss, ich will noch mit Uli und den jungen Hunden ein bisschen raus, trotz schlechtem Wetter.

Tausend herzliche Grüße

von *Euren*

Rudolf Ditzen – Carwitz

Am 22. November 1934.

Liebe Ibeth, lieber Heinz,

[…] Es tut mir besonders leid, […] grade, wo ich von Ibeth gehört habe, dass es ihr gar nicht gut geht. Altes Mädchen, was machst Du bloß. So schlimm ist es bei uns doch nie gewesen. Am liebsten möchte ich, Du würdest aufgepackt und hierher gebracht, aber unser Haus ist jetzt auch gar nichts für Kranke. Nun, da die Kinder meistens drin sind, ist es oft eine wahre Lärmhölle […]. – Ich sitze nun immer schon oben im Gastzimmer und fange so langsam an, meinen neuen Roman zu starten [»Altes Herz geht auf die Reise«]. Es arbeitet sich sehr schwer, der »Bengel« war leider charakterlich ganz unergiebig, und so muss ich einen wirklich frommen Menschen, der doch nicht unangenehm ist, selbst erfinden – vielleicht doch eine zu schwere Aufgabe für mich. Nun, ich muss mich durchbeißen, ist ein Anfang da, muss man weiter. […]

Also, ihr meine Lieben, wir grüßen Euch und wünschen nur Gutes!

Eure

115

Braunschweig, den 24. November 1934.

Lieber Rudolf, liebe Suse!

[…] Ja, ein frommer Theologe! Ich habe mir im Lexikon für Kirchengeschichte usw. oder so ähnlich noch mal die ganze Reihe von Bengels angesehen, aber sie ist wahrscheinlich eben unergiebig, und Leute wie Krummacher wirst Du wohl schon ausgebeutet haben (der »Ätti« aus den Jugenderinnerungen von Kügelgen). Ja, wenn ich mehr vom Großvater von Heinz wüsste, der soll ein ganz großartiger Mensch gewesen sein. Er hatte mit dreißig Jahren weißes Haar, denn er hatte vier Söhne begraben,* die alle an Diphtherie u. Croup gestorben waren. Sie starben paarweise 1862 und 65, und er hat dann nur noch Töchter gehabt. […]

Über das Kind habe ich sehr verschiedene Urteile gehört; Heinz erwähnte Pfannkuch, der einfach nicht glauben wollte, dass der Verfasser überhaupt je in die Landwirtschaft hineingerochen hatte, und von »Asphalt« sprach. Er war ganz aufgeregt; ich hatte mich nur nach seinem Urteil erkundigt, als ich es auf dem Ladentisch liegen sah. Da platzte er förmlich los; seine Teilhaberin sagte ihm zwar dauernd, dass er sich irre, dass sie anderer Ansicht sei und dergleichen. Er lobte begeistert BBB, kleiner Mann und speziell den Blechnapf, der sehr erlebt wäre; aber vom Kind wollte er nichts wissen, das wäre nicht erlebt, das wäre aus der Stadt raus geschrieben. Na, ich versicherte ihm, dass es ganz im Gegenteil sehr erlebt wäre, und als er sehr ungläubig war, musste ich ja wohl oder übel meine Gründe sagen; darauf versprach er – er war sehr überrascht –, sich das Buch nochmal unter diesem veränderten Gesichtswinkel anzusehen, und hat es auch wieder ausgelegt. Ich wusste nicht recht, was ich tun sollte; ich habe aber schließlich eben doch ganz von der Leber weg gesagt, dass Du Landwirt gewesen wärest und Rügen gut kenntest und dass auch Gäntschow nicht aus den Fingern gesogen wäre, sondern dass wir sehr charakteristische Erlebnisse schon vor langen Jahren erzählt bekommen hätten. [...]

Viele viele Grüße

Ibeth

* {zwei eigenhändig, allein, bei Nacht! (Epidemie), daher in 1 Nacht: weiße Haare bekommen. –}

Ditzen's – Carwitz

Am 28. November 1934.

Liebe Hörigs,

[...] Ich bin heute nicht ganz auf der Höhe, hatte wieder eine bildschöne Finanzamtsschweinerei, wegen deren ich nach Neustrelitz musste, ich denke, ich kriege den Kohl aber in Ordnung. Ich wollte nur sagen: darum bekommt Ihr heute diesen Brief, weil ich heute nicht am Roman arbeite – die Laune war mir verdorben. Ja, nun ist es raus, es wird doch wieder ein Roman. Dank wegen des Bengels – aber das ist im Lot. Ich brauche ein bisschen seine Offenbarung und paar Anekdötchen, aber *die* Figur sehe ich doch recht deutlich – ob sie glaubhaft wirkt, das muss man nun abwarten. Sorge macht mir meine Sechzehnjährige, aller Nichtenbesuch im Sommer kann mich nicht darüber wegtäuschen, dass ich blutwenig von jungen Mädchen weiß. [...]

Ja, lieber Heinz, mit Uli hast Du sicher recht: ein Winter in Ording würde ihm ganz guttun. Was uns abhält, ist vor allem folgendes Bedenken. Uli ist ein ganz friedliches Kind, wenn seine Eltern nicht da sind, das wissen wir aus mancherlei Erfahrung. Schicken wir ihn nun fort, so wird er sicher in Ording der beste Bengel von der Welt sein, und kommt er hierher zurück, geht die alte Leier wieder los, weil die Ursache seiner Ungezogenheit nicht beseitigt ist. Die muss in uns liegen, und die müssen wir finden. Es widerstrebt uns, jetzt schon die Waffen zu strecken, denn es wäre ein Waffenstrecken. […] – Schwesterchen ist ein wahrer Genuss. Sie hat nun schon 15 Zähne und ist doch immer von einem strahlenden Glück, seit ihre Mummi sie wieder alleine besorgt. Jeder im Hause lächelt, sobald er Schwesterchen nur sieht. Und sie lächelt auch. Nur beim Essen ist sie todernst, mit sehr gerunzelter Stirn, die unglaublich komisch aussieht. Uli ist sehr ruppig zu ihr, nun, auch das wird sich noch ändern. […]

Eure

Ditzen's – Carwitz

Am 11. Dezember 1934.

Liebe Ibeth, lieber Heinz, tausend Dank für Euern langen schönen Brief. So ein Brief macht wirklich Lust zu antworten, und so sollt Ihr denn auch den ersten ausgeruhten Morgenbrief bekommen (ich bin wieder einmal dabei, die Briefmappe auszumisten). Rowohlts Besuch ist nun überstanden mitsamt dem Schweineschlachten, aber er stand diesmal unter keinem guten Stern. Wir hatten Rowohlt mit Frau erwartet, er kam aber allein, sehr versorgt und vergrätzt. Eheschwierigkeiten – sie will nicht mehr bei ihm sein, verträgt ihn einfach nicht mehr, na, und so weiter. Er war ganz erfüllt davon, dachte und sprach nur davon und nahm dann Suse auf der Rückreise nach Berlin mit, damit sie bei seiner Frau vermitteln sollte. […] Sosehr wir Rowohlt lieben, so sehr verstehen wir doch auch, wie schwierig es ist, mit ihm ständig zusammenzuleben. Er ist ja naiv und rücksichtslos wie ein Kind, erfüllt man ihm einen Wunsch nicht, ist er tief beleidigt. Er kommt aber nie auch nur auf die Idee, dass auch andere Menschen mal Wünsche haben könnten. Er jammerte immerzu: Nun, wo es uns geschäftlich so glänzend geht (für den Rowohlt-Verlag ist das Jahr 1934 das beste seit Bestehen!!!), muss mir so was passieren!

[…] Ja, und nun die Erziehung. Ich finde, Heinz trifft doch einige Nägel sehr auf den Kopf. Meine Neigung, mit ihm [Uli] »Kratsch« zu machen, ist ihm sicher oft nicht gut. Aber mich entzückt dann immer seine Beweglichkeit des Geistes. Neulich z. B. fragte er, wie die Oma hieße: Louise. Ach so, Ulise, sagte er. Ich war noch nie hinter diese Verwandtschaft der beiden Namen gekommen. – Aber Heinz hat natürlich recht, dass es in diesem Alter sehr bedenklich ist, diese Beweglichkeit des Geistes zu sehr zu unterstützen, da ja noch nichts Festes da ist. Beweglichkeit ist gut, wenn Grund da ist. Aber hier ist noch kaum Grund und Boden. Also, da werde ich sehr aufpassen. […]

Übrigens hat uns Uli gestern einen schönen Streich gespielt: wir wollten zum Mittagessen, Uli war verschwunden. Ich ins Dorf, Schmidt und die andern Männer kamen, nein, Uli war nicht im Dorf. Alles in Todesangst, am Ufer lag ein Handfeger, Ulis Ball schwamm im Wasser. Nun, wir haben wie die Verzweifelten eine halbe Stunde gesucht, gerufen, Suse sah wie ein Käse aus und ich nicht anders. Fritze, der recht doofe Saarjüngling (er fährt morgen von uns unbeweint wieder ab), bemerkte passend: Er wird wohl insch Wasser gefallt sin. So was kann paschiere! Schließlich wurde Uli unter der Freitreppe entdeckt, er hatte da tiefvergnügt gesessen und uns suchen und rufen lassen, es hatte ihn wahnsinnig amüsiert. […]

Adelheid Besserung ihrer Halsschmerzen. Ibeth recht gutes Befinden, der Rechenmaschine ein gratloses Dasein – und überhaupt alles erdenklich Gute von

Euern

Dr. H. Hörig

Braunschweig, den 21. Dezember 1934

Lieber Rudolf, liebe Suse!

Weihnachten mit Uli und Schwesterchen – das dürfte ein gewisses »Ereignis« sein … Und so wünschen wir denn, dass es recht schön sein möge bei Euch am 24. 12. 1934! Hoffentlich fühlt sich auch Suse recht wohl. […]

Uli unter der Veranda!!! Na ja, man muss ja zugeben, dass das für den Lausbub ein herrlicher Spaß gewesen ist, aber ich möchte doch dabei gewesen sein, wie nachher die »Belehrung« über diesen Fall von Seiten des Papas erfolgt ist. Wirklich böse sein kann man dem Uli deshalb ja wohl nicht, denn es dominiert doch hier »die geniale Idee« – dass es für die Eltern schlimm war, liegt zunächst außerhalb der Urteilssphäre. Aber sicher eine glänzende Gelegenheit zu einem pädagogischen Examen für die Eltern. (Mit Auszeichnung bestanden?? Theorie: vorzüglich, Praxis: genügend??) […]

Ja, Du ahnst nicht, wie schwer man es als Physiker hat! Aber ich glaube, ich muss Schluss machen für heute: Frauchen will gebadet werden, und Gott weiß was alles ist zu erledigen. Also: alles Gute für die kommenden Tage!

In herzlichem Gedenken
Heinz

Ditzen's – Carwitz

Am 28. Dezember 1934.

Liebe Ibeth, lieber Heinz, liebe Adelheid,

eben hat die ganze Familie ihren Auszug in die Schneewüste gehalten – so kann ich vielleicht eine Stunde in Ruhe an Euch tippen und unsern Weihnachtsdank und die Wünsche für das Neue Jahr gebührend erledigen. […]

Weihnachten war mit Suses Mutter und Frau Kenter reizend. Unsere Haustochter Käthe bekam freilich beim Anblick des Lichterbaums ihren ersten energischen Heimwehanfall und rohrte los, schon rohrte auch Martha (trotzdem sie eine halbe Stunde später zur heimischen Bescherung fahren konnte), schon rohrte die Oma, schon rohrte Fräulein Kluge – und ich stellte Betrachtungen über die Verwandtschaft von Weihnachten mit Weinachten an. Aber dann beruhigte sich alles, der Gesang von Stille Nacht usw. war zwar sehr wacklig, aber wir begnügten uns mit einem Vers, und schon lächelte alles wieder und war zufrieden. […] Für mein schönstes Geschenk hat Ibeth ja nun doch gesorgt, der Jean Paul ist wirklich sehr schön und wurde mir von Suse, trotzdem noch gar nicht bezahlt ist, unter dem Baum aufgebaut. Das ist so eine Ausgabe, die ich mir lobe, handliche Bändchen, die Lust machen zu lesen; ich fand gestern so im Blättern einen kleinen Abschnitt über das Schlagen ins Gesicht von Kindern, das hat mich doch sehr nachdenklich gemacht. »Ich will es bestimmt auch nie, nie wieder tun!« – Apropos Veranda – Uli. Nein, lieber Heinz, in diesem Fall war die Praxis vollständig auf der Höhe der Theorie: es fiel kein Schlag, nicht einmal ein hitziges Wort. Wir haben versucht, ihm ein bisschen klarzumachen, wie sehr wir uns geängstigt haben. Damit sind wir natürlich vollkommen gescheitert, denn bei ihm überwog natürlich die prickelnde Lust, uns da rumlaufen und nach ihm schreien zu hören, aber Böses und Unbeherrschtes ereignete sich nicht! […]

Was die Kritiken angeht, so ist die ganze offizielle Presse sauschlecht, letzter Dreck usw., was ich geschrieben habe, ausrotten usw., es gibt aber doch noch einige bürgerliche Zeitungen, die das nicht mitmachen. Gelegentlich sende ich Euch mal das Material, aber es ist nicht sehr erfreulich. Scheinbar wird aber der Blechnapf in den angelsächsischen Ländern ein wirklicher Erfolg! Komisch! […]

Und nun, meine Lieben, noch einmal schönen Dank für alles Gute und die besten Wünsche für ein recht gesundes und auch erfolgreiches Jahr 1935!

Eure beiden

Ditzen's – Carwitz

Am 3. Januar 1935.

Liebe Ibeth, lieber Heinz, liebe Adelheid,

ich will Euch nun doch gleich schreiben, damit sich unsere Briefe nicht noch einmal kreuzen (was mich immer irgendwie ärgert). […] – Also, Ihr meine sehr Lieben, wir haben uns herzlich über die Freude, die wir Euch machen konnten, gefreut. Aber es bedrückt uns wirklich ein bisschen, wenn Ibeth von Schäbigkeit ihrer Geschenke spricht. Liebe Ibeth, da können wir nur wirklich sagen: Du bist doof. Du musst doch wirklich zugeben, dass wir es mit dem Schenken etwas leichter haben. Und dass Du Dir, von allem andern abgesehen, nicht auch den Jean Paul ins Haben gebucht hast, der meine schönste Weihnachtsfreude war, das verstehe ich einfach nicht. Also, altes Mädchen, mach Dir bloß keine Gedanken. Du hast Dich von Deinen Skizzen getrennt – und wir haben Dir ja schon gesagt, dass und wie sehr wir Dir das anrechnen. […] Den Brief von Hanna Schrader möchte ich nicht lesen, ich finde, ich habe schon viel zu viel Urteile über meine Bücher gelesen, am Ende irritiert das doch. Am meisten haben mich ein paar gefreut, die mir wegen schlechtem Deutsch was auf die Pfoten gegeben haben, dies neue Buch werde ich da ganz anders arbeiten, wieder wie dunnemals feilen, feilen, feilen. Ich habe mir eingebildet, die Leute sind zu blöd, dass sie alle meine Nachlässigkeiten und Fehler gar nicht merken, sintemalen ja auch schlechtes Deutsch augenblicklich sehr modern ist, aber sie haben's doch gemerkt! Und so bastele ich wieder, das macht auch Spaß. Unvermeidlich konzentriert sich dabei die Arbeit. Hat man sich den gleichen Absatz dreimal halblaut vorgelesen, merkt man genau, wie viel Unsauberes, Überflüssiges noch weggeschnitten werden muss. Dabei bin ich augenblicklich. – […] Ich bin wie immer bei meinen Schwangerschaften reichlich nervös, und diese Nervosität ist etwas dadurch gesteigert, dass wir infolge Besuchs keinen eigentlichen ruhigen Gebärraum haben. Es ist jetzt aber eine neue Regelung entdeckt, die zu funktionieren scheint. […] Uli ist augenblicklich sehr erträglich, und Schwesterchen hat endlich ihren Eckzahn bekommen, um sich sofort, wie es scheint, an das Einschießen der restierenden vier Eckzähne zu machen. Wenn ich mir so überlege, dass die gesamte Erdbevölkerung, jung wie alt, einmal diese 20 Kinderzähne mit mehr oder weniger Schmerzen hat kriegen müssen, dass sie mehr oder weniger in allen Familien Ängste, Schmerzen, schlaflose Nächte usw. hervorgerufen haben, gesamte Erdbevölkerung mal 20, mal so und so viele Störungen etc., wie oben, so kann ich nicht behaupten, dass wir grade Originalitätshascher sind.

Meine Lieben, ich mache Schluss. […]

Ich bin Euer, nein, wir sind *Eure*

Rudolf Ditzen – Carwitz

Am 25. Januar 1935.

Liebe Geschwister,

nun schlafen schon zwei Briefe von Euch in meiner Briefmappe, und mein Gewissen beißt mich so, dass ich antworten muss, trotzdem ich wahnsinnig abgespannt bin. Ich sitze jetzt mitten in der Romanarbeit [»Altes Herz geht auf die Reise«], und wenn ich heute auch nur 6 Druckseiten gebastelt habe, so bin ich doch völlig ausgepumpt. Ihr werdet also verzeihen, wenn Ihr in nächster Zeit etwas zu kurz kommt. [...] Übrigens: Auffüllung des Familienarchivs ist nicht, wir müssen irrsinnig sparen. Vorgestern war mein Steuerberater hier, ich werde 1935 ca. 30 000 RM Steuern bezahlen müssen, habe nicht die geringsten Reserven und im Januar ganze 1300 RM eingenommen! (Es lässt sich nicht verheimlichen, dass die Propaganda gegen mich zu wirken beginnt, die Geschäfte werden flau.) Ich werde es aber schon – notfalls mit einem Pump – schaffen. Mein Steuerfritze hat mich hoch und heilig beschworen, doch nie wieder so viel Geld zu verdienen, da läge nicht der geringste Sinn und Verstand drin, da man sich bei einem kleineren Einkommen de facto besserstünde! Wo dabei nun wieder der Sinn und Verstand ist, weiß ich nicht. [...]

Gruß und Kuss

[Dete]

[Leipzig] {den 9. II. 35.

Lieber Rudolf, liebe Suse,

hier habe ich nun wieder etwas Carwitz-Nachrichten erwischt und bin nun mit Eurer ganzen Schlachterei, Kinderwirtschaft usw. auf dem Laufenden. Aus dem einen Brief sehe ich, dass Ihr Euch einen *Kundenkreis* schaffen wollt für Euern Wursthimmel usw. Ich möchte mich nun hiermit melden und sagen, dass wir zu allem bereit sind. Schickt uns ein 10-℔-Paket – od. in dieser kalten Jahreszeit auch schwerer, wenn es Euch praktischer scheint; ich überlasse Euch die Zusammenstellung je nachdem, was Ihr am ersten loswerden wollt. Schreibt dann, wie viel es kostet, und ich überweise es Euch durch die Girokasse. [...] – Papa ist recht schwach, und wenn er auch nie ein Held war, so ist er das jetzt besonders wenig; man muss sich sorgen. Mutti ist noch immer erstaunlich. – Unsere Große baut an der ganz fremden Schule nun ein fabelhaftes (?) Abitur, wenigstens ist sie selbst strahlend optimistisch, geliebt und anerkannt von allen, was ihr seit Jahren fremd war. »Mutti, darf ich Dir meinen Freund Heinz vorstellen?« Und da kam sie an mit einem netten langen Kerl (1,92 m) aus einer Parallelklasse, der sich gleich mit einer reizenden Natürlichkeit und doch Wohlerzogenheit gab. Was denkt sich nun diese Jugend (H.J. u. B.d.M.) von der Zukunft? Dahinter wird man nie kommen. Beide sind aus »Spießer«-Kreisen, die sie im Grunde nicht anerkennen, beide sind mit Leib und Seele »Neue Zeit«, 3. Reich. Beide beginnen nun am 1. April mit ihrem Arbeitsdienst und wollen sich dann ihr Leben irgendwie ganz anders bauen, als wir es verstehen werden.

Ich sitze hier den letzten Abend bei den Eltern, u. wir hören das »Meisterkonzert«, heute Brahms. Für die Eltern ist das Radio doch herrlich. [...]

Lasst es Euch gut gehen.

Immer Dete.}

Ditzen's – Carwitz

Am 27. Februar 1935.

Liebe Ibeth, lieber Heinz,

schönen Dank für Euren-Deinen Brief. Wir freuen uns immer, wenn wir aus Braunschweig hören, und namentlich die Nachricht, dass es Dir, Ibeth, wieder besser geht, freut uns mächtig! Alles weitere Gute!

Ich kann eigentlich auch nicht klagen. [...] sehr nervös war ich die letzte Zeit nicht, vielleicht liegt es daran, vielleicht aber auch an dem nun fertig gewordenen Roman. Das heißt, fertig ist er noch lange nicht, aber ich bin doch mit der Niederschrift durch, ich bin nun im Umarbeiten, Feilen und Glätten, das fordert diesmal noch viel Zeit. Komisch, wie verschieden das mit den verschiedenen Büchern ist, das »Kind« z. B. habe ich direkt nach dem MS. in die Maschine diktiert, ohne jede Änderung, der Blechnapf dagegen war sehr durchgearbeitet. Und dieses nun am meisten. Hoffentlich ist es kein schlechtes Zeichen. [...]

Alles Gute
Euer

Ditzen's – Carwitz

Am 5. März 1935.

Liebe Ibeth, lieber Heinz,

etwas zögernd ergreife ich heute die Schreibmaschine, denn ich habe heute schon viel geschanzt, und in einer Stunde haben wir unsere englische Lektion, die uns ja, wie ich wohl geschrieben habe, zweimal wöchentlich vereinigt: uns, d. i. Suse, Frl. Kluge, Käti und ich als Lehrer mit den Resten meiner Tante-Ada-Wissenschaft. Es geht aber immer noch ganz gut. – Nun also, wollte sagen, sehr auf der Höhe bin ich heute nicht, aber ich will bei der dauernden Arbeit jetzt am Roman es nicht zu Briefschulden kommen lassen [...]. Vielleicht werde ich schon zu Ostern den neuen Roman fertig haben, ich gebe Euch dann vielleicht ein MS., wenn Rowohlt es mir lässt. Er hat es schon wieder saueilig, gestern rief er an, die Leute vom Berliner Tageblatt wollten durchaus was davon sehen, sie möchten ihn gerne zum Vorabdruck kaufen. Ich bin aber hart geblieben, das Ganze und vorher gar nichts! Das kenne ich schon, dann geht das Bekakeln schon los, ehe das Kind noch ganz aus dem Mutterleibe ist. Sie werden hinterher noch genug kakeln! [...] Und nun atjüs. Ein andermal mehr. Und nochmals tausend Dank – wir sind in allem einig.

Eure

Ditzen's – Carwitz

Liebe Hörigs,

nun fange ich so langsam wieder an zu krabbeln. Seit Sonntag stehe ich wieder ein bisschen auf, nur ein paar Stunden, und da setze ich mich dann an die Maschine, um mir nicht ganz so überflüssig vorzukommen (das ist ein scheußlicher Zustand). Das Tippen will wohl nicht so recht gehen, aber Ihr müsst eben vorliebnehmen, Ihr könnt Euch ja denken, was sich alles in diesen vier Wochen angesammelt hat. Meine Münchener Reise war das Misslungenste von der Welt. Es war schon saudämlich, dass ich vierzehn Tage vor dem Romanschluss das Rennen aufgeben musste, weil ich eben einfach nicht mehr konnte (diese 14 Tage sind natürlich auch heute noch nicht erledigt und werden's auch lange nicht mehr), dann fuhr ich los. Abends um ½ 7 kam ich in München an, und um ½ 12 lag ich schon in der Klinik. Das hätte ich in der Nähe von Carwitz einfacher haben können. So musste Suse noch kommen, um mich zu holen. Unsere Rückfahrt war die reine Odyssee. Ich sollte mit dem Flugzeug fahren, damit ich schnell wieder ins Bett kam (ich war in der Klinik noch gar nicht aufgestanden), aber das Flugzeug bekam keine Starterlaubnis wegen Gewitterneigung. Zwei Stunden fast warteten wir, dann gingen wir wieder in die Klinik und ich ins Bett. Gottlob gab es noch Schlafwagen nach Berlin. Also wieder los und ich froh, als ich im Schlafwagen lag. Dann nach 2 Stunden Hals über Kopf wegen einer heiß gelaufenen Achse herausgeholt, in Schleißheim, das besser Scheißheim hieße, und in den überfüllten D-Zug gestopft. Und als ich mich auf mich selbst besann, etwa in Nürnberg, merkte ich, dass ich meine Brieftasche mit all meinem Geld und allen Ausweispapieren (Reichskulturkammer und so 'n Schiet, was so schwierig wieder zu besorgen ist) unter dem Kopfkissen des ausrangierten Schlafwagens liegen gelassen hatte! – Na, als wir in Carwitz waren, waren wir froh! Die Brieftasche soll übrigens gefunden worden sein, der Stationsvorsteher hat sie aber an irgendeine meiner früheren Adressen gesandt, und zu sehen habe ich sie bisher noch nicht bekommen! […]

Nun müssen wir erst einmal für Euer Geburtstagspaket danken, etwas sehr spät, aber Ihr wisst ja, wie alles kam. Die Platten haben wir auch erst einmal gespielt, man kommt eben zu nichts, aber sie sind entschieden Gewinn unseres Repertoires. […]

Geld und Geist habe ich zufällig auch grade gelesen, er ist doch ein ganz großer Erzähler. Wie so etwas sachtsam aufgebaut ist, nirgends zu viel und zu wenig (nur die Predigten habe ich überschlagen), das ist doch fabelhaft. Ich lese jetzt sehr viel, auch Neues, aber erster, nein, nicht einmal dritter Klasse scheint mir unsere Generation nicht zu sein. Es ist fantastisch, wie schnell alles verstaubt, Sachen, die man noch vor fünf Jahren mochte, sind völlig erledigt. […]

Alles Herzliche, auch von meiner Eheliebsten, die sich wieder mal als Muster erwiesen hat und erweist

Euer

[Heinz und Ibeth]

Braunschweig, den 15. April 1935.

Lieber Rudolf! Liebe Suse!

Herzlichen Dank für Euren Brief – das ist ja recht betrüblich, was Ihr da schreibt! Ich kenne aus früheren Jahren Zustände, in denen man unfähig ist, was Richtiges zu tun, und geduldig abwarten muss, sehr genau, und wenn die Symptome auch natürlich ganz verschieden sein mögen, so ist doch der Endeffekt eben der, dass man nicht kann, wie man möchte, müsste, wollte: mit einem Worte, es ist eine entsetzliche Scheiße! Hoffentlich kommt ein recht schönes Frühlingswetter, bei dem Du oben auf dem Balkon in der Sonne liegen kannst – ich nehme wenigstens an, dass Dir dies angenehm wäre. Anständige Sonne wirkt ja oft Wunder. Und im Übrigen muss man wohl sich in solcher Lage eine sehr große Wurstigkeit zulegen und versuchen, sich so wenig als möglich zu ärgern über die Misere … Suse wird ja zweifellos eine ideale Pflegerin sein! Dass sie nun etwas reichlich viel um die Ohren haben wird, ist klar, und wir wünschen ihr von Herzen, dass es ihr gut bekommt. […]

Und nun will Lieschen, dass ich das Abendessen vorbereite … sie will lieber Briefe schreiben. Also, ich bin ja nicht so … Herzlichst

Heinz

Seht, so bin ich. Ich habe heute so allerlei Besorgungen in der Stadt gemacht, dann heute Nachmittag versucht, unserer kranken Unterwohnerin etwas Vernunft beizubringen – und nun bin ich eigentlich am Ende mit meinen Kräften* […]

Inzwischen bin ich so gestört worden, dass ich den Faden nicht wiederfinde. Heinz schreibt jetzt eine große Zahlentabelle, vor der ich den größesten Respekt habe; denn dazu gehört einige Energie, diese stumpfsinnige Arbeit zu machen. Er hat glücklicherweise den größten Teil hinter sich; die Familie ging sozusagen symbolisch auf den Zehen in diesen Tagen … »Kinder, seid still, der Vater schreibt seinen Namen!«, das ist ja sowieso ein beliebtes Zitat bei uns; aber mir fehlt es geradezu an einer schlagenden Steigerung, die dem Nichterfahrenen klarmacht, was für eine Rührmichnichtan-Stimmung dieser Tage auf der Umgebung der Schreibmaschine lag. […] Schluss, Gruß, Dank, gute Besserung! Und Grüße an alle andern und an den Garten …

Ibeth

* [Dazu auf dem oberen Blattrand von Heinz:] {O dieses Frauchen!!}.

Rudolf Ditzen – Carwitz

Am 29. April 1935.

Liebe Ibeth, lieber Heinz,

herzlichen Dank für Brief und Karte. […] – Was mich angeht, so hat sich in meinem Zustand noch kaum etwas geändert. Mal ein Tag gut, aber dann wieder Depressionen, die
schrecklich sind, dazu auch den unvermeidlichen Hofjungenärger, wie Reuter sagt, Geschichten, die mich ganz un-
verhältnismäßig erregen. Im Grunde sitzt die Quelle des
Übels, daran habe ich keinen Zweifel, genau da, wo sie bei
Dir, Heinz, sitzt: ich kann nicht mehr protestieren, Verzeihung, das war aber echter Freud, nicht mehr produzie-
ren, wie ich möchte. Da mir Erzählen wirklich Freude macht
und da man, um recht erzählen zu können, draufloserzäh-
len muss, ohne Gedanken an Publikum usw., so klappt eben
heute alles nicht mehr. Es ist sehr möglich, dass das Ganze
nicht mehr als eine Schlussangst vor diesem Roman ist,
den alle, die ihn kennen gelernt haben, so weit er eben fertig ist, mögen und der mich eben doch innerlich nicht viel
angeht. Er ist zweifelsohne viel besser erzählt als jedes frühere Buch von mir, aber das hilft nicht darüber fort, dass das
Herz nicht mitklopft. Das Herz muss dabei sein, sonst ist alles Schiet! […] – Unsere wirtschaftliche Situation ist augenblicklich und wohl für längere Zeit auch nicht berühmt.
Diese Woche hatte ich einen Steuerberater aus Berlin und
einen aus Neustrelitz da, diese Augurenversammlung war
aber etwas Groteskes! Alles, die einfachsten, greifbarsten
Dinge von der Welt zergehen den Leuten aus den Fingern,
unter den Fingern, alles löst sich auf, so rum, nein, wieder
so rum, und das Endergebnis steht doch schon am Anfang
fest: Zahlen! […]

Dies ist für die kurze Zeit, die ich auf sein darf, zwei Stunden, ein viel zu langer Brief geworden, aber bei Euch komme

ich immer ins Schwatzen, und bei Euch kann ich es auch, ohne Trauer, ohne Reue!

Herzliche Grüße von Euern beiden

[Ibeth]

Braunschweig, den 11. Juni 1935.

Lieber Rudolf, liebe Suse,

[…] Adelheid war in den Pfingsttagen nicht zu sprechen, sie las den Kleinen Mann! Ich hatte es ihr noch vorenthalten; aber als sie aus einer Theatervorstellung »Der Erbstrom« wiederkam und referierte –, da fand ich, dass ich nicht päpstlicher als der Papst zu sein brauchte, und erklärte sie für erwachsen genug … Sie hat das Buch verschlungen. […]

Heinz dreht die Kurbel der Rechenmaschine und segnet den Hayashi, wenn die Sache stimmt, und flucht über die Druckfehler, bis er sie gefunden hat. Und das ist nicht immer einfach … […]

Also haltet uns den Daumen, dass die Reichsanstalt bald mal Geld schickt – vielleicht zahlt sie erst Ende Juni – aber wir wagen ebenso wenig zu fragen wie Pinneberg – und dass die Forschungsgemeinschaft »ja« sagt. Und dass sie ein nettes Quantum auswirft für diesen Zweck – von dritter Stelle ist beantragt 250 RM. Aber bitte bitte, sagt Heinz, dies ist nur für Euch! Die Reichsanstalt sprach von 100 RM, »verbindlich«, aber von wann und wie lange?

So, jetzt Schluss. […]

Grüße von Haus zu Haus!
Ibeth

[Rudolf]

Carwitz, am 17.6.1935.

Lieber Heinz, liebe Ibeth,

nun kann ich schon mal wieder ein halbes Stündchen an der Maschine sitzen und Euch für all die Anteilnahme danken, die Ihr für uns gehabt habt. Auch für Euren heutigen Brief mit Feuerzeug und Wellentafel. Das Feuerzeug ist schon in Betrieb, vorläufig geht es ausgezeichnet. Tausend Dank!

Die erste Zeit wollte es hier noch gar nicht gehen, aber jetzt in den letzten Tagen geht es doch ständig vorwärts. Natürlich wird es noch eine Weile dauern, bis ich wieder voll leistungsfähig bin, aber ich weiß jetzt doch, dass ich dieses Mal noch den dunklen Gewalten entronnen bin. 14 Tage fehlen vollständig in meinem Gedächtnis, nur die Erinnerung an die Todesangst, die mich durch all meine Halluzinationen verfolgt hat, sitzt noch in mir. Im Sanatorium, wo Du mich, Heinz, besucht hast, habe ich ja nun eine ganz schwere Schlafmittelvergiftung gehabt, wie ich später gehört habe, bin ich wirklich an der Grenze gewesen wenn nicht des Lebens, so doch des Irrsinns. Wären Suse und Rowohlt nicht so wahnsinnig energisch gewesen und hätten mich ohne alle Rücksicht in die Charité gebracht, hätte die Schwester Monica, die jetzt noch hier bei uns ist, nicht so aufopfernd gepflegt, so wäre es wohl nichts mehr geworden. Über diese ganze Odyssee von Ärzteirrungen zu schreiben – aber ganz schuldlos war auch ich nicht – wäre brieflich viel zu weitläufig, vielleicht haben wir einmal Gelegenheit, mündlich davon zu erzählen. Jedenfalls habe ich etwas ganz Neues gelernt und werde nun sehr anders leben. [...] Meine Lieben, nun atjüs! Macht es gut, ich muss romanen! (Es ist wirklich Manie!)

Alles, alles Gute

Eure

Braunschweig, den 1.7.1935.

Lieber Rudolf, liebe Suse,

Auch ohne die Ankunft der hübschen Drucksache hätte ich heute geschrieben … Wir freuten uns so, dass Rudolf wieder selbst schreiben konnte, und wenn wir auch seine Schilderung mit den Gefühlen des Reiters übern Bodensee lasen, so sind wir doch sehr erleichtert. [...]

Heinz war inzwischen noch mal in Berlin-Dahlem; es ist aber alles noch im Fluss. Der Präsident hat ihm gesagt, dass er mit dem F.[orschungs]Stipendium sicher rechnen könne, freilich, es würde wohl noch eine Zeit dauern. Und das hörten wir hier auch; wir machen uns auf eine Wartezeit von etwa einem Vierteljahr gefasst. Erstens hat mans dann umso länger – und zweitens geht alles, wenn Land in Sicht ist. So kann ich ohne Sorgen ein bisschen in die Reserven greifen und umso dankbarer an die denken, die uns über die schwerste Zeit weggeholfen haben. Wie wir es ohne das hätten schaffen können, weiß ich wirklich nicht … [...]

Meine beiden grüßen vielmals.

Herzlichst
Ibeth

Ditzen's – Carwitz

Am 12. Juli 1935.

Liebe Ibeth, lieber Heinz,

es ist schon die schönste hochsommerliche Hitze draußen, seit Tagen Sonnenschein über Sonnenschein, aber wenn dann die Briefmappe gar zu sehr drückt und ganz besonders Euer Brief, so setzt man sich dann doch einmal eines frühen Morgens hin und tippt Antwort. Es wird auch nicht sauer – nur

133

habe ich augenblicklich – in Anbetracht der überstandenen Krankheit – so etwas wie einen Gesundheitsfimmel und möchte immer draußen sein. […] Also landwirtschaftlich sieht alles gut aus. Unsere Erdbeerenernte war fabelhaft, wir sind weit über vier Zentner gekommen – und ein bisschen tröpfelt es noch immer. […] Viel Arbeit, unendlich viel Arbeit, und wir können uns ja dieses Jahr doch nicht so viel Leute leisten wie im vorigen. Aber Spaß macht es doch. Unsere Futterrüben sind wieder eine Pracht, unser Kohl, dem die Karnickel, Drahtwürmer und die Trockenheit etwas zu viel nachstellten, sieht zwar noch etwas dürftig aus, erholt sich aber schon. Vielleicht wird er doch noch was. Der Garten fängt wirklich an Erträge zu bringen, im vorigen Monat ca. 150 Mark. D. h. das, was wir an andere geliefert haben, unser großer Eigenverbrauch mit Einmachen nicht gerechnet. Unser Ruhm als Gemüselieferanten fängt an sich zu verbreiten, das Dorf schickt schon ganz ungeniert nach Kohlrabi und Mohrrüben usw. Suse sagt immer: ich würde mich ja an Stelle von den Leuten schämen, wo sie zwanzigmal so viel Land haben wie wir. Aber sie schämen sich nicht, sondern kaufen – und das ist ja auch ganz schön.

Dass ich mit dem Roman fertig bin, schrieb ich wohl schon. Nun ruht er bei der B. I. und der Hamburger Illustrierten – aber die Aussichten für einen Vorabdruck, so angenehm er wäre, sind nicht günstig. Es ist auch gar kein Buch dafür, sondern ein richtiges Lese- und Erzählbuch – übrigens mein erstes Buch mit einem happy end. Sobald die Korrekturen anfangen einzutrudeln, werdet Ihr beliefert. […] Mit dem Ausland wird es diesmal auch schwieriger werden, die Reichsschrifttumskammer hat verfügt, dass jeder einzelne Auslandsabschluss ihr erst zur Genehmigung vorgelegt werden muss – ob das immer glattgehen wird, weiß man noch gar nicht. […] Aber darum wollen wir Euch doch nicht weniger herzlich alles Gute für die Arbeit, ihre ungestörte

Durchführung und für den Silberstreif wünschen. Dass Ihr nicht gar zu lange warten müsst! Eigentlich können wir nichts sagen als: Alles, alles Gute! Wir halten Euch den Daumen! […] Und nun noch einmal alles Gute, Dir heute besonders, liebe Ibeth, und den Deinen mit

Eure beiden

[Dete]
Binz – Haus Imperator

{Dienstag d. 15. [7. 1935]

Lieber Rudolf, liebe Suse,

eilig setze ich mich zum Schreiben – Mutti meldet, dass Ihr Euch Gedanken macht, ich hätte etwas »übel« genommen!! Na, Gott sei Dank, sind wir ja nicht so. […]

Hier in Rügen habe ich nun das »Kind« mit u. möchte schnell noch mal alles lesen, was auf Rügen Bezug hat. Es ist empörend, dass sie mit Deinen Büchern nicht mehr Tam-Tam machen – aber ich bin überzeugt, sie überdauern. Zu aller andern vielgepriesenen »neuen« Literatur des 3ten Reiches bekomme ich absolut keine Fühlung. Was früher nicht vorkam: ich bringe es einfach nicht fertig, manches zu Ende zu lesen: Blut u. Boden, Scholle u. erdgebunden usw. usw. habe ich wirklich satt. Aber ich versuche es immer wieder. Vor allem, um auch Fühlung mit den Kindern zu behalten; aber es gibt da viele Enttäuschungen. […]

Alle grüßen. Suse einen besonderen Gruß – Irene denkt gern an Carwitz.

Viel Herzliches.
Dete}

Rudolf Ditzen – Carwitz

Am 2. August 1935.

Liebe Dete, lieber Fritz,

herzlichen Dank für Eure mannigfachen Briefe. Unser Briefwechsel geht nur in längeren Absätzen vor sich, weiß der Himmel, dies soll nun der unbeschriebene Sommer sein, und ich sitze schon wieder den dritten Tag vor meiner Briefmappe, die sich nicht leeren will. Dazu immer noch Arbeit – Korrekturen usw., und heute Abend kommt auch noch ein Redakteur von Ullsteins, der meinen neuen Roman mit mir für die Berl. Ill. umarbeiten will. Leider bedeutet das noch keine Annahme, Ullsteins wollen erst abwarten, wie das Buch nach der Umdichtung aussieht. Hoffen wir, hoffen wir, wir können's brauchen. Haltet uns den Daumen. […] Herzliche Grüße von Euern beiden

Rudolf Ditzen – Carwitz

Am 2. August 1935.

Liebe Ibeth, lieber Heinz,

herzlichen Dank für Euern Brief, ich bin grade wieder einmal beim Ausmisten meiner Briefmappe, das schon drei Tage dauert, darum bekommt Ihr sofort Antwort. Also es ist hocherfreulich, dass Euch der Roman [»Altes Herz geht auf die Reise«] ein bisschen gefällt, ich habe ja kein gutes Gewissen, der Roman, den ich in dieser Zeit hätte schreiben mögen, ist es gewiss nicht. Aber erzählerisch ist es vielleicht ganz nett. Das scheinen auch Ullsteins zu denken, stellt Euch vor, Sie interessieren sich tatsächlich für einen Abdruck in der Berl. Ill. Heute oder morgen kommt ein Dr. Palitzsch, der den Text für den Vorabdruck mit mir umarbeiten soll. […] Man wünscht auch nur ein paar ganz kleine Änderungen, die ohne

Schwierigkeiten in 3 oder 4 Tagen zu erledigen sind. Weder Schliekers noch Gaus dürften *so* böse sein, Frau Schliekerin keine Epileptikerin, aber vielleicht mit einem Buckel? Es ist unmöglich, dass der Philipp solch »Psychopath« ist. Und noch viel unmöglicher, dass in Professor Kittguss die ernsten Bibelforscher verherrlicht werden – ausgerechnet heute, wie man mir schreibt. Also weg mit der Frömmigkeit! Und dann müssen die Kinder viel aktiver sein, und überhaupt muss jede Fortsetzung mindestens zur Hälfte reine Fröhlichkeit bringen.

Noch im vorigen Jahre hätte ich den Herrschaften was gesch...rieben! Aber in diesem Jahre ist es der einzige Weg, aus der Steuermisere zu kommen, und so muss der Bien. Weiß der Himmel, was da stehen wird, dann hinterher. [...] Irgendwas wollte ich noch schreiben, hab's aber vergessen.

Also, alles Gute

Eure

Rudolf Ditzen – Carwitz

Am 12. August 1935.

Liebe Ibeth, lieber Heinz,

[...] Grade habe ich die Umarbeitung überstanden, es ist alles wunschgemäß geschafft, und am Mittwoch, dem 14., soll nun bei Ullsteins die Entscheidung fallen! Haltet uns den Daumen. Bisher war ich ganz optimistisch, besonders auch, da der Ullsteinmann auf 99 % für Zusage tippte, aber seit gestern bin ich wieder pessimistisch. Gestern habe ich nämlich mit der Ufa abgeschlossen: ich soll mit Schünzel nach einem Roman von Romains einen Filmstoff bearbeiten, und da die Arbeit limitiert auf 14 Tage ist und da die Leute ohne die Spesen mir für diese 14 Tage 4000 (Viertausend Mark!) zahlen wollen, habe ich Ja gesagt! [...] – Unterdes habt Ihr nun das ganze Buch beisammen. Ich bin neugierig, was Ihr sagt. Das mit den Bibelforschern, Dank für den Ausschnitt, muss man sich ja wirklich überlegen. Bei mir ist er jetzt ein Professor des Altgriechischen geworden, der über Suffixe arbeitet. Die Veränderungen sind mir nicht sehr schwergefallen, es ging alles glatt. [...]

Herzliche, sehr herzliche Grüße von
Euern

Dr. H. Hörig
Braunschweig, den 17. August 1935.

Lieber Rudolf!

Deine gewünschten Urkunden sind bestellt, und Du kriegst sie, sobald sie eintreffen. Trotzdem schicken wir Dir anbei einen

beglaubigten Ahnenpass für Dich,

den Du jederzeit noch ergänzen kannst und den Du jedenfalls im Augenblick in Verbindung mit Deinem Geburtsscheine, den Du ja wohl bei Dir haben wirst, schon vorlegen kannst: unserer Ansicht nach *muss* dieser Ahnenpass unbedingt zum Abschluss Deines Vertrags genügen: für alle solche Zwecke, und wohl noch für viel schwerwiegendere, ist er ja von Amts wegen gedacht! Elisabeth hatte diese blendende Idee, auf Grund von Adelheids beglaubigtem Passe einen *für Dich* auszufüllen und ihn hier beglaubigen zu lassen, heute früh im Bette, als Deine Zeilen kamen. Wir bestellten also telefonisch beim Buchhändler dies Heftchen, selbiges kam per Motorrad eine halbe Stunde später an, wurde ausgefüllt und auf dem Rathaus liebenswürdigerweise (auf Elisabeths Ansuchen) auch sofort erledigt! Jetzt ist es 12 Uhr 30, und ich werde dies sofort eingeschrieben an Dich abgehen lassen. [...]

Herzlichst Dein
Heinz

Rudolf Ditzen – Carwitz

Am 4. September 1935.

Liebe Ibeth, lieber Heinz,

nun wird es aber allerhöchste Zeit, dass ich Euch für Eure Bemühungen um meine Ahnen danke. Ohne Euch wäre ich wirklich aufgesessen, so aber ging alles glatt. Die Idee mit dem Ahnenpass war wirklich glänzend. Übrigens ist das eine ziemlich unverschämte Geschichte, der Ton war höchst unerbaulich. – Ihr hattet recht, ich war in Berlin ziemlich durchgedreht, erstens war die ganze Stadt mit all ihrem Geschwätz und Gequatsch wie eine Lawine, dann aber war die Arbeit doch schlimm. Unendlich anstrengend, und was das Schlimmste war, ich hatte ständig Widerstände in mir zu überwinden, es war eben nicht mein Stoff, meine Sache. Dabei war der Schünzel wirklich ein entzückender Kerl, macht keinen Druck und ist voll Witz, aber Tag für Tag zehn bis dreizehn Stunden über eine Sache klönen, die einen einen Dreck angeht, das ist schon eine Marter.

Zum Abschluss haben wir dann noch die Eltern in Leipzig auf ein paar Stunden besucht, mit Kind und Kegel. Es war wirklich sehr nett, die Eltern rührend aufnahmebereit und ganz glücklich über ihre Enkel, auch verhältnismäßig frisch, wobei man allerdings nicht weiß, wie weit sie sich für diesen Tag zusammennahmen. Sie standen aber noch ganz unter dem Eindruck vom Besuch Tante Adas, die sehr »geschimpft« habe, selbst Papa war recht entrüstet. Alles nach dem Satz: »Wir sind ja auch nicht einverstanden, aber so sehr darf man nun doch nicht nicht einverstanden sein.« […]

Mir geht's gut, allen geht's gut. Suse hatte eine Gallenblasenreizung, aber auch schon wieder gut. Gruß Euer

[Dete]

Lieber Rudolf!

Nun schreibt eben Mutti, dass Du die *Fahnen* vom »Alten Herz« haben müsstest. Hoffentlich hast Du keine Schwierigkeiten, dass Du sie heute noch nicht in Händen hast. Nachdem Fritz und ich sie gelesen hatten, hat Irene sie erst einmal vorgenommen und hatte sie mir gerade vorgestern als beendet zurückgegeben. [...]

Ich habe den Roman in einem Zuge gelesen. Er ist viel »konventioneller«, oder wie ich es ausdrücken soll. Das Publikum wird nichts finden, was sie ernstlich beanstanden könnten, wie in den andern Büchern. Für mich persönlich fehlt allerdings etwas, was ich gerad sehr schätzte, aber das Gemäßigtere ist sicher das Bessere für die Kritik. [...] Den Professor finde ich ganz köstlich. Die Kinderszenen werden außerordentlich gefallen. Irene strahlte natürlich, wenn sie in Ortsbeschreibungen Carwitz erkannte. [...] Auf jeden Fall finde ich es außerordentlich flüssig geschrieben, und auch den »schnellen« Schluss, von dem Liat schrieb, finde ich gar nicht irgendwie störend – er ist so begründet und ist ja eben kein Ende, sondern ein Anfang für den nächsten Band. Sehr schön sind die Stellen, wo sich die Dorfjugend zusammenfindet mit dem Schwur für die heimatliche Erde – das ist außerordentlich passend und auch wirklich fein. Alles in allem glaube ich, dass es ein Erfolg sein wird. Nicht so wie beim »Kleinen Mann«. Es ist aber viel gleichmäßiger durchgearbeitet als z. B. das »Kind«, das ja viel ungestümer aufgebaut ist, mit herrlichen Stellen und dann wieder Längen dazwischen. Solch schöne Kapitel wie im »Kind« sind allerdings ja nicht zu finden, ich meine, gerade im »Kind« sind eine Reihe Schilderungen, die man aus dem Rahmen herauslösen kann und für sich als ein Meisterstück vorlesen. Natürlich ist die Geschichte mit dem Bauern Tamm köstlich und ganz was Ähnliches – aber schöner sind die Sachen aus dem »Kind«. […] Nun Deiner Suse und den Kindern viele Grüße. Und hoffentlich kommen die Fahnen nicht zu spät.

Immer
Dete

Rudolf Ditzen – Carwitz

Am 20. September 1935.

Liebe Dete,

herzlichen Dank für Deinen lieben, langen Brief, die Wurstbüchsen und die Fahnen. Sie kamen wirklich noch zur rechten Zeit – aber doch zu spät, denn mittlerweile ist ein Entscheid von der Reichsschrifttumskammer ergangen, dass ich als »unerwünschter Autor« anzusehen sei und dass der Vertrieb dieses Buches wie aller zukünftigen Bücher von mir ins Ausland verboten sei. Mit einem völligen Schreibeverbot für mich auch im Inlande muss man rechnen. Es ist natürlich ein schwerer Schlag für uns, denn in zwei oder drei Monaten werden wir ganz ohne Einnahmen sein. Anfang dieser Woche waren wir wegen Verhandlungen in Berlin, vorläufig sind erst einmal eine Reihe von Eingaben gemacht, deren Erfolg abgewartet werden muss. Viel Hoffnung ist nicht. Wer hätte wohl diese Wirkung des »Alten Herzens« erwartet, nachdem Blechnapf und Kind hingenommen worden sind! Nun, alles Klagen hilft nichts. Man muss sehen, was wird. Wir haben uns auch wegen der Schritte beraten, die man tun muss, wenn die Eingaben und Vorstellungen keinen Erfolg haben. Von sachkundiger Seite ist uns zur genehmigten Auswanderung, etwa nach England oder Dänemark, geraten worden, was allerdings Preisgabe alles hier Errungenen bedeutet. Da aber der Rowohlt-Verlag bereit ist, mich aus allen Verträgen zu entlassen (die er ja doch nicht mehr erfüllen kann), könnte ich sofort einen Vertrag über Weltrechte mit meinen dortigen Verlegern bekommen. Allerdings widerstrebt uns der Gedanke einer »Emigration« schrecklich. Es ist nicht nur Carwitz – es ist ja auch der Gedanke, was ich in einem fremden Lande eigentlich soll. Schließlich bin ich so deutsch wie nur möglich, ja, eigentlich habe ich mich zeit meines Lebens immer nur in Norddeutschland wirklich wohl gefühlt, und Suse geht es nicht anders. Nun, man muss abwarten, was wird. Übereilt geschieht jedenfalls nichts. Nun an Euch noch die Bitte, vorläufig nicht darüber zu reden, mit niemandem, da immer noch die Möglichkeit einer Rücknahme besteht, möchte ich nichts von Gerede. Auch die Frage des Vorabdrucks ist noch ganz ungeklärt. […]

Macht es gut, Ihr alle, und legt Euch in Euern Briefen an mich jene ernste Milde auf, die allen so bekömmlich ist!

Beste Grüße
Euer

[Ibeth]

Braunschweig, den 8. 10. 1935.

Lieber Rudolf, liebe Suse,

Wir denken so viel an Euch und halten Euch den Daumen …, aber zum Schreiben bin ich bis jetzt noch nicht gekommen. […] Wir hoffen, bald Gutes von Euch zu hören, und sagen doch, quält Euch nicht mit Schreiben. Ihr wisst schon, dass wir Anteil nehmen. Und wir hoffen doch, dass der Spruch: »dat kümmt all torech« zu Recht bestehn bleibt. Wie innig wir das hoffen …

Damit will ich für heute schließen. Alle alles Gute! Gruß von uns dreien an Euch vier.

Eure
Elisabeth

Rudolf Ditzen – Carwitz

Am 14. Oktober 1935.

Liebe Dete, lieber Fritz,

herzlichen Dank für Eure teilnehmenden Zeilen. Es hat ja nun wirklich etwas lange gedauert, bis wir antworten, aber das liegt nun nicht etwa daran, dass wir hier wie die verregneten Suppenhühner zusammensitzen, sondern ganz im Gegenteil, dass eminent gearbeitet wird. […] Aber zuerst werdet Ihr von der Entwicklung unserer »Sache« hören wollen. Nun, da ist eigentlich gar nichts zu melden. Viele Eingaben sind geschrieben, Vorbescheide, teilweise ganz menschlich, erfolgt, aber nichts Jewisses weeß man nicht, und vorläufig bleibt alles beim Alten, lies, beim Verbot. Man muss einfach Geduld haben, und dann, wenn nun endgiltig entschieden ist, handeln. Wie, das wird man ja sehen. Unterdessen arbeite ich ganz geruhig weiter. Ende September habe ich Reclam für seine Universal-Bibliothek ein Bändchen Kindergeschichten abgeliefert, teils schon bekannt, teils neu – sie werden Anfang des nächsten Jahres erscheinen. Ende dieses Monats bekommt Rowohlt etwas ganz Närrisches, ich weiß kein ander Wort dafür, ein »Märchen vom Stadtschreiber, der aufs Land flog«, etwas, von dem ich gar keine Ahnung habe, wie es wirken wird, das mir aber beim Schreiben unbändigen Spaß macht. Ich habe schon einen verdrehten Kopf, und die Schnacken und Schnurren, die darin herumburren, überraschen mich selbst immer wieder. Es geht etwas auf die E.-Th.-Hoffmann-Weis, aber nur stilistisch. Mal sehen, was Rowohlt damit anfangen kann, ich weiß ja gar nichts, wie immer, wenn ich schreibe. […] Liebe Dete, ist Euer Leben zu langweilig, manchmal, kann ich nur sagen, unsers hat eine etwas zu unruhige Note. Immer ist irgendwas los. Immer zittert man halb vor der Post. […]

Herzliche Grüße, meine Lieben, auch von der Suse, die gerade Ulis immer frisch perforierte Büxen stopft.

Ich bin *Euer*

Rudolf Ditzen – Carwitz

Am 29. Oktober 1935.

Liebe Ibeth, lieber Heinz,

ganz kurz habe ich Euch schon am Sonntag geschrieben, und nun will ich doch schnell Euern letzten Brief »erledigen«, und es wird wirklich Zeit. In diesem Monat hatte mich der Schreibewahnsinn wirklich hart gepackt, in 17 Tagen habe ich die Mär, die jetzt fortlaufend bei Euch eintrudelt, geschrieben und in weiteren 5 Tagen überarbeitet und getippt, diktiert, heißt das. Hoffentlich gefällt sie Euch, ich bin ja so gespannt, was Ihr sagt! Mir hat sie unmenschliche Freude gemacht. Ein sehr begabter junger Holzschneider macht nun wie wild die Holzschnitte dazu, es soll ein richtiges Bilderbuch werden, Rowohlt ist ganz glücklich über diese Idee. – Sonst geht es uns allen gut. Schwesterchen plappert jetzt schon eine ganze Menge, zwar nur einsilbige Wörter, aber man versteht schon vieles, sie hinwiederum versteht, wie man so sagt, »alles«! Uli wird immer besser, er spielt jetzt schon ganz recht und ordentlich mit ihr, ist überhaupt sehr erträglich und mehr als das. […] Im Übrigen sind wir ganz in Eurer Lage: wir warten. Es erfolgt gar nichts – und da die Reichsschrifttumskammer grade ihren Vorsitzenden gewechselt hat und aus Blunck Johst geworden, weiß man erst recht nicht, ob, was, wie, warum, wieso. Also wartet man. Für Euch ist es ja wirklich schade, dass Ihr in Ording so schlechtes Wetter gehabt habt! Aber erfrischt hat es Euch sicher doch. Dass diese Erfrischung ein wenig anhalte, das wünschen von Herzen Eure beiden

[Ibeth und Heinz]
                    Braunschweig, den 3. November 1935.

Lieber Rudolf, liebe Suse,

Wenn wir nicht umgehend auf Rudolfs Sendung geantwortet haben, so lag das daran, dass wir eine Nachricht aus
Berlin zu verdauen hatten; die ganzen Hoffnungen von fünf
Monaten hat fürs Erste mal der Reif gefressen, und das ist
nicht so leicht zu überwinden. Ich weiß nicht, ob Du noch
so viel Latein kannst wie: Quidquid delirant reges plectuntur Achivi?

Aber jedenfalls war uns in diesen Tagen der neue Roman
ein rechter Trost; wir haben viel Freude daran gehabt, und
sogar Heinz, der grundsätzlich Märchen sonst verachtet,
kann sich gelegentlich eines Schmunzelns nicht erwehren.
Und das müsst Ihr ihm schon hoch anrechnen. Er verlangte
schon als Kind immer eine wahre Geschichte – er war immer ein Illusioniste – denn die wahren Geschichten waren
meistens schlimmer gelogen als die Märchen. Aber er trös-
tete sich dann damit, dass sie doch hätten wahr sein *können*.

Ja, was ich dazu zu sagen habe, zu den Spatzen und den
Ohreulen und Uhus, das beschränkt sich auf ganz minime
grammatikalische und Ausdruckswünsche. Wenn ich dem
Autor daran rühren darf, an das, was er sich gewiss schon
überlegt hat: »ein gar rarer Artikel« ist mir beim Vorlesen ungefähr in der Kehle stecken geblieben, und die »schön ver-
söhnten Söhne« würde ich auch nicht lieben. Aber das ist Ge-
schmackssache. Nur: »anders wie« (Seite 32) geht mir
unbedingt gegen den Strich; ich habe gelernt: »mehr und anders als, ebenso wie«.

Und im Allgemeinen finde ich die Sprache der Personen
bei aller Gehobenheit und allem Stil sehr richtig und gleichmäßig; nur an ein paar Stellen habe ich das Gefühl der Gram-
matik: »Übungssätze zum Übersetzen ins Französische«. Ich

persönlich hasse den Genitiv. »Setze dich in den Winkel des alten Ledersofas.« – Ich kann's nicht näher ausdrücken, aber da sträubt sich mein Herz; es erinnert mich an einen Stil, der Informationen in Nebensätze presst. (Anfang des zweiten Kapitels.) So ungefähr wie im Satze vorher, »ehe sie der Frost wieder mit einer festen Decke überzieht«. Dagegen habe ich eine Idiosynkrasie, die vielleicht andern lächerlich erscheint. […] Heinz rechnet fleißig weiter. Ich behandle Ahnenpässe. Und Fotos. Aber dass mir in der letzten Zeit ein bisschen die Ruhe dafür fehlt, das könnt Ihr Euch denken. Ich habe auch allerlei mit Besorgungen zu tun. Dabei fällt mir ein, dass Ihr nach Leipzig Wurst geliefert habt. Es ist augenblicklich nicht immer einfach, die hier zu bekommen. Könnt und mögt Ihr uns ein Zehnpfundpaket schicken? Selbst wenn es etwas teurer sein sollte als hier, so spare ich doch die Bahnfahrten in die Stadt und die Zeit dazu. Gebt gleich Euer Konto an, damit wir umgehend überweisen können. Natürlich sollt Ihr das nur tun, wenn Ihr genug Vorräte habt. Wir wären Euch sehr dankbar dafür. Von Butter brauche ich nicht anzufangen, denn wir sind ganz auf Margarine eingestellt, und die habe ich fast ganz regelmäßig bekommen. Wenn Ihr aber inzwischen schon viel anderweitige Lieferpflichten übernommen haben solltet, so geht es selbstverständlich auch so. […]

Eure
Ibeth

Also: Lieber Rudolf! zuerst habe ich einen Schreck gekriegt, dass mein leibhaftiger Schwager nun unter die *Märchen*-Erzähler zu gehen beliebe. Wo ich doch von meiner elementarsten Jugend an a tu pri die Märchen gehasst habe – eben weil es welche waren und ich jede etwa erzählende Tante immer bat: »aber eine *wahre* Geschichte!!« Ja, un was is nu?? Der Fallada, der schreibt da ein *phantastisches* Märchen, was man ja weißesgott mit Vergnügen lesen kann … ich finde die Sache sogar ganz ausgezeichnet und vermute, dass ich als alter Tattergreis vielleicht noch in den Buchladen gehen werde und fragen: »Haben Sie ein hübsches Buch zum Lesen … so etwa ein Märchen von Fallada?« Dass meine Frau und sogar der Grünschnabel von Tochter egal was zu meckern fanden von wegen »als« und »wie« und »wie« und »als« – das finde ich ja nun direkt banausenhaft: so was muss der Fallada doch sicher viel besser wissen *wie* ich! und auch *wie* die Damens …

Womit dass ich in größtem Respekte verbleibe
Dein sich zum Märchen bekehrender Schwager
Heinz

[Ibeth]

Braunschweig, den 20. 11. 1935.

Lieber Rudolf, liebe Suse,

[…] Heinz war am 18. in Berlin und hoffte so allerlei. Aber es sind nur ganz allgemeine Vertröstungen herausgekommen wie: »in einem Monat kann das alles ganz anders aussehen«. Und eine vage Hoffnung, die so unbestimmt ist, dass ich sie aus dem Gesetz des Widerspruchs heraus schon beinah wieder für verwirklichbar (kann man das sagen?) halte. Jedenfalls sagte ich am Abend: zwei so gute Nachrichten an einem Tage – die gibt's nicht! Und so sind wir froh, dass gerade diese kam. Und danken Euch auch vielmals für das Speckpaket, das mich durch seine Größe geradezu erschreckt hat. Ich habe in meinen kühnsten Träumen an ein Päckchen gedacht! Damit reichen wir drei ja nun wohl bis Ostern. Habt herzlichen Dank; die Überweisung folgt morgen oder übermorgen, denn ich weiß nicht mal, wie der Speckpreis hier ist. Das muss Adelheid erst erkunden. Die Fleischerläden haben übrigens hier schon fast immer wieder auf, und es hängt auch wieder viel an den Haken. Und seit Heinz neulich sogar ein Schweinefilet(!) nach Hause brachte, mache ich mir keine Gedanken mehr. [...]

Lassts Euch weiter gut gehn, ich muss leider aufhören. Meine zwei grüßen mit.

Eure
Ibeth

[Heinz]
Braunschweig, den 10. Dezember 1935.

Liebe Suse!

Deine betrübliche Karte vom 5. wollte ich eigentlich sofort erwidern, aber es kam nicht dazu. Wie sehr uns Rudolfs Zusammenklappen leidtut, brauchen wir wohl kaum noch zu sagen. Hoffentlich gehts rasch und sicher wieder aufwärts. Man muss ja sagen, dass den Nerven im ganzen letzten Jahre allerhand zugemutet wurde und dass Rudolf doch wohl eigentlich überhaupt nicht zu einem Auskurieren gekommen ist, was er doch dringend nötig gehabt hätte. Ja, wir wünschen Euch also herzlich, dass es zu Weihnachten bei Euch wenigstens einigermaßen »gesundheitlich gebessert« aussieht. [...] Wir hatten heute wieder mal eine besondere Freude: Dahlem kann ab 1. 1. 36 mir nichts mehr zahlen, weil sie kein Geld mehr für solche Forschungsarbeiten bekommen. Der Präsident will sich beim Reichsforstamt für mich einsetzen – all die schönen Pläne wieder mal zu Wasser. Im Augenblick nehme ich es, wie immer in solchen Fällen, sehr ruhig – der volle Genuss der neuen Situation kommt bei mir dann erst einige Tage später. [...] Natürlich muss man sich nun mal wieder hinsetzen und einen »Bericht« machen über all das, was man bisher gekonnt hat – als Unterlagen für das Reichsforstamt. Was ich in diesem ganzen Jahre in solchen Angelegenheiten an der Schreibmaschine gesessen habe – das war wirklich und ehrlich zum Kotzen!

[…] »Womit dass ich verbleibe« Dein im Augenblick nicht gerade besonders erfolgreicher Schwager

Heinz

Dr. H. Hörig

Braunschweig, den 16. Dezember 1935.

Lieber Rudolf!

Mit lebhafter Anteilnahme hörten wir von Deinem Aufenthalt im Sanatorium. Ich muss ja sagen, nach all dem, was Du im Jahr 1935 durchgemacht hast, ist es wohl kein Wunder, wenn Du nochmal kuriert werden musst. Hoffentlich machst Du gute Fortschritte – wir wünschen es Euch herzlichst!

Über Leipzig hörten wir, dass Du Deine Bücher wieder nach dem Auslande verkaufen dürftest. Das ist doch sehr erfreulich und wird doch wohl auch auf Deine Erholung günstig wirken. – Mit großem Jubel wurde der Stadtschreiber bei uns begrüßt – hoffentlich wird er viel gekauft. Es ist ja aber doch etwas für Feinschmecker, also weniger für Massenabsatz. Die Bildchen sind zweifellos famos gemacht. Aber ich, als gänzlicher Laie in solchen Dingen, habe folgendes Gefühl: solche Bilder stören *die* Bilder, die sich der Leser unter Wirkung von des Autors Worten selbst macht, mir wenigstens geht es so. Mir sind die Bilder, die ich, losgelöst von dem Buch, durchaus als hervorragend bezeichne, zur Belebung des Gelesenen zu karikiert. Unter Deiner Erzählung wuchs mir ein ganz anderes Bild des Mönchens – und nun kommt der fremde Zeichner und setzt mir da was ganz anderes hin … usw. […]

Von uns ist nichts allzu Erfreuliches zu berichten. Vielleicht hat Dir Suse schon referiert, dass man leider in Dah-

lem ab 1. 1. 1936 kein Geld mehr für besondere Forschungs-
zwecke bekommt – und damit meine monatlichen 100 RM
unter den Tisch fallen. Das ist nach dem Misslingen der
Stipendiumssache eine recht hässliche Lage … Dabei kann
ich dem Herrn Präsidenten in Dahlem wirklich nicht den
geringsten Vorwurf machen; ich bin überzeugt, dass er es
ebenso bedauert wie wir – er kann einfach nicht. Er schrieb
mir, er würde sich beim Reichsforstamt für mich einsetzen. […]

Also: machs gut – auf dass Du recht bald in gewünschter
Verfassung zu den Deinen zurückkehren kannst. Wir halten
Dir gewissenhaft den Daumen!

Herzlichst Dein
Heinz

[Ibeth]

{26. 12. 35.

Lieber Rudolf, liebe Suse,

Heinz benutzt die Feiertage, um die Schreibmaschine in
Ordnung zu bringen. Also muss ich so schreiben, denn ich
möchte meinen, unsern Dank wirklich nicht länger aufschie-
ben. […] Wir danken Euch tausendmal für dies – und für
alles Vorangehende …; es macht es uns so viel leichter, ins
neue Jahr zu gehen.

Allerdings haben wir auch gerade vorm Fest noch die
Freude gehabt, dass die F. G. sich an Heinz direkt wandte
und von der Möglichkeit einer Bewilligung schrieb, wenn
das Thema enger begrenzt gefasst würde. Und ein ganz rei-
zender Brief des Antragstellers selbst, der auch kam, meinte,
dass es ein sehr gutes Zeichen wäre. Und dass die Bewilligung bald kommen könnte … Und dass sich wirklich viele
Stellen sehr um Heinz bemüht hätten. Die Ablehnung hätte

keinesfalls persönliche Gründe, der Wert der Arbeiten würde durchaus anerkannt; nur wäre nach den Statuten Heinz' Alter ein Hinderungsgrund. Außerordentlich scheint ja die Länge des in Aussicht genommenen Stipendiums zu sein. – Und da sehe ich eben, dass ich schon ganz optimistisch schreibe, als ob schon … und ich hatte mir doch fest vorgenommen, diesmal hart zu bleiben … […]

Damit will ich für heute schließen. Motto, Thema, Refrain: Dank. Und gute Wünsche fürs neue Jahr. Von uns dreien.

Eure Ibeth}

Rudolf Ditzen – Carwitz
z. Z. Sanat. Heidehaus – Post Zepernick
Am 22. Januar 1936.

Liebe Zittauer,

Ihr seid in letzter Zeit nicht grade mit Nachrichten von uns verwöhnt worden, ja, ich fürchte, wir haben Euch noch gar nicht für Euer Weihnachtspaket gedankt. […] Ja, das Weihnachtsfest mit besserer Gesundheit und strahlenden Kindern und Grüßen aus aller Welt war sehr schön, und dass Ihr auch dazu beigetragen habt, dafür seid herzlich bedankt! […] – Ich selbst hatte nach dem Fest einen recht bösen Rückfall, aber das alles scheint nun überstanden – ich hoffe, dass ich so Mitte Februar entlassungsreif sein werde. Dann freilich mit festem Schlaf ohne alle Mittel! Das ist es, was vor allem erreicht werden muss. Selbst das harmlose Aspirin ist wegen der gefährlichen Barbitursäure aus unserm Hause von nun an verbannt – und jeder muss sehen, wie er mit seinen Kopfschmerzen ohne alles fertig wird. – – Der Stadtschreiber hat uns rechte Freude gemacht. Er ist nicht nur recht gut gegangen – in den zehn Tagen vor Weihnachten 6300 Exemplare –, sondern hat auch ganz nette Besprechungen gehabt (mancher Kritiker weiß angesichts dieser neuen Seite des Verfassers gar nicht, was er sagen soll), er hat mir vor allem auch wieder einige spontane Briefe von Lesern unbekannterweise eingetragen – und das ist immer für mich der beste Beweis, dass das Buch den Leuten gefällt. […]

So – und nun will ich für heute erst einmal wieder Schluss machen. Noch einmal Dank für alles, Generalpardon und alles Gute

Euer

Ditzens – Carwitz

Am 10. Februar 1936.

Liebe Ibeth, lieber Heinz,

nachdem wir uns nun wieder im geliebten Carwitz häuslich eingerichtet haben, den auf der Reise angesammelten Möl beseitigt haben, gehen wir so langsam an die Erledigung der Briefmappe, die mal wieder an Blähsucht leidet. Im Vertrauen: Ihr seid noch lange nicht dran, es sind noch viele Januarbriefe zu erledigen, aber da Ihr doch so getreue Korrespondenten seid, so wage ich es, schiebe viele nach hinten und Euch in die Maschine … Ja, meine Lieben, nun sind wir wieder hier. Auch der Himmel meint es gut mit uns, Regen wäre wegen der noch immer ganz fehlenden Winterfeuchtigkeit auch gut gewesen, aber nun kommt der Frost! Heute strahlte alles nur so, es hatte über Nacht geschneit, mit der Schwester, die mich noch den Februar über betreut, und mit Uli gehe ich am Zansen entlang nach dem Hullerbusch, Plischi tobte um uns – es war herrlich. Hinterher hielt ich 3 Stunden Nachmittagsschlaf – solche Märsche sind noch ungewohnt. Also, der natürliche Schlaf ist wieder da, ich bringe es doch auf meinen 9 Stunden am Tag, heißt in summa in

24 Stunden, und ohne jedes Hilfsmittel. [...] Was mich nun allerdings angeht, so habe ich mir geschworen, überhaupt keine Kritiken mehr zu lesen, also auch keine über den Stadtschreiber, ich habe also nichts Nennenswertes gesehen und kann Euch also weder was erzählen noch senden. (Mein Kritiken-Abonnement ist abbestellt.) Der Kleine Mann geht ganz regelmäßig mit etwa 1000 Stück im Monat, das Kind dagegen ganz schlecht, 100 werden im Monat verkauft und 100 remittiert. Es ist ein Kreuz, den Gäntschow haben alle lieben Leserinnen in den falschen Hals gekriegt und denken, ich propagiere diese Art der Frauenbehandlung. Diesen Donnerstag wird ja nun wohl der erste Abdruck von »Ein Herz geht auf die Reise« (Ullsteintitel – da stehst du machtlos visavis) in der B. I. erscheinen. [...] – Im Garten ist trotz Frost viel los. Wir bauen grade einen schönen Bootsschuppen, für Motor- wie Paddelboot, der zugleich die Pumpe für die Gartenbewässerung birgt – Wasser aus dem See. Die Sprenganlage im Garten ist schon ziemlich fertig. Die Leute heben Baumgruben aus, 23 Pflaumen, Reineclauden, Mirabellen, Süß- und Sauerkirschen sollen gepflanzt werden. Schmidt fährt seit Tagen ununterbrochen die schönsten Steine vom Acker in den See, ich bekomme eine ganze Felsenküste! Die Leute haben Wochen gebuddelt und ungeheure Steinnester direkt unter der dünnen Ackerkrume bloßgelegt. Da kann freilich nichts wachsen! [...]

Herzlichst, fröhlichst, hoffnungsvollst!

Eure

Rudolf Ditzen – Carwitz

Am 11. Februar 1936.

Liebe Dete, lieber Fritz,

jetzt muss ich mich aber beeilen, Dir zu schreiben, sonst

bist Du schon in Leipzig zu Muttis Geburtstag – denn die neue Donna hat sich hoffentlich weiter gut gemacht! – und erfährst alles aus der andern Quelle! Ja, nun sind wir alle hier wieder in Carwitz versammelt – und sehr vergnügt, das kann ich Euch nur sagen! Mit meiner Abreise ging es ja etwas plötzlich, aber das Kranksein war mir plötzlich über, und als dies Gefühl stark genug war, ging es auch plötzlich. Körperlich bin ich natürlich noch ziemlich auf dem Hund, ich habe ja nicht nur eine, sondern gleich ein paar Rosskuren hinter mir (wochenlang allabendlich nicht etwa Schlafmittel, sondern richtige Narkosen, da ich sonst um keinen Preis schlafen konnte), aber die Stimmung ist doch wieder recht gut. Ich bin sehr vorsichtig, die reizende Krankenschwester, die wir hierher mitgenommen haben und die mich noch durch den Februar betreuen wird, passt im Verein mit Suse wie ein Schießhund auf mich auf und lässt z. B. auch jetzt, da ich an der Maschine sitze, kaum einen Blick von mir. Werde ich wieder »grün«, wird mir die Schreiberlaubnis entzogen. Im Ganzen aber liegt es, wie Du sagst, nur an einem bisschen Glück. Allzu vielem Ärger, zu vielen Sorgen bin ich nicht mehr recht gewachsen, dazu kommt mein leider irrsinniges Arbeitstempo, das ich nie recht bremsen konnte. Aber nun bin ich ja der besten Vorsätze voll, und wenn mir das Glück nur einigermaßen lächelt, wird es schon wieder eine Weile gehen. Uli ist ja sehr dafür, dass wir die Schwester Sophie hierbehalten, und als wir ihm bedeuteten, dass sie doch gelernt habe, Kranke zu pflegen, und das wieder in einem Krankenhaus tun müsse, meinte er: Ach, Papa, werde doch wieder ein bisschen krank! […]

Alles Gute, die besten Grüße
von Deinem

[Ibeth]

{14.2.36.

Lieber Rudolf, liebe Suse –

Er gellt, der Jubelschrei! Eben bekommen wir die Nachricht, dass zunächst für ein halbes Jahr, mit Aussicht auf Verlängerung bis zu 2 Jahren, 300 RM monatlich bewilligt sind, offizielles Schreiben kommt in ein paar Tagen, es läuft ab 1.2. … dass der Fußboden von den Zentnersteinen nicht durchgekracht ist, ist ein Wunder (nämlich von denen, die auf dem Herzen lagen). [...]

Ich soll aufhören; Heinz grüßt mit mir und A. auch. [...]

Herzlichst

Ibeth}

[Rudolf]

Carwitz, am 17. Februar 1936.

Liebe Ibeth, lieber Heinz,

hier gellt er auch – der Jubelschrei!!! Gesegnet sei die Notgemeinschaft deutscher Wissenschaft, alle ach so zögernden Gönner, Freunde, Berater, gesegnet sei der liebe Gott – aber vor allem Ihr! Ach, Kinder, ist das schön, tut das gut! Endlich ein Lichtblick, Sonne für Euch! Wir sind so glücklich mit Euch, und am liebsten hätten wir Euch gestern Abend angerufen – nur, dass Suse wie ich augenblicklich grade eine fast unüberwindliche Telefonscheu haben. [...] Macht es gut, Ihr drei, freut Euch – und dass der endgiltige Brief bald komme! Und dass es verlängert werde, immer weiter, bis das Buch fertig wird und Heinz ein großer Mann ist!!! Hipp, hipp, hurra!!! [...]

Eure Mitglücklichen

Rudolf Ditzen – Carwitz

Am 4. März 1936.

Liebe Ibeth, lieber Heinz,

[…] Warum wir aber so zögernd geschrieben haben, d. h. gar nicht, weiß ich selbst nicht. Allzu viel mache ich noch immer nicht, ich pussele so rum, aber grade wenn man eigentlich gar nichts macht, hat man nie Zeit. Zeit hat man nur, wenn man viel Arbeit hat. […] Die mich pflegende Schwester ist nun am Sonntag abgereist, sie war eine rechte Wohltat, immer guter Laune, lustig, geduldig – ein Prachtmensch. Sie kommt auch noch in einer guten Woche wieder, um für etwa vierzehn Tage Suse zu vertreten, die dann wegen einer kleinen Operation nach Berlin muss. Eine Blasensache, die nicht weiter bedenklich, aber so sehr lästig ist. Wir hoffen, es wird ihr nicht nur durch die Operation, sondern vor allem auch durch die Ruhe guttun, sie ist doch nach all den Attacken sehr herunter. […] Hoffentlich schaffen wir nun auch dieses Jahr das zu Zahlende. Es sieht etwas faul aus, wir setzen unsere Hoffnung auf die Verfilmung vom Alten Herzen. Interesse ist dafür da, nur mögen die deutschen Firmen nicht gerne recht was anlegen – und eigentlich sind wir vom Kleinen Mann her vor billigen Verkäufen kuriert! Nun, das muss man abwarten. […] Herzlichst *Eure*

[Dete]

Zittau, den 11.3.36.

Lieber Rudolf,

nun bin ich dieses Mal sehr in Deiner Schuld, denn ich glaube, es liegen gar zwei Briefe von Dir da, die noch nicht beantwortet sind. Die beiden Nachrichten enthielten ja dauernd Besseres, und so hoffe ich, dass Du nun wieder im

156

Schoße Deiner Familie Dich gesund an allem freuen kannst. Das war wieder eine böse Zeit, aber sie war eben auch verständlich durch die vielen Aufregungen. Jetzt ist nun der »Stadtschreiber« inzwischen so gelungen, »Das alte Herz« läuft und – das Entzückendste von allem: die Kindergeschichten müssen meiner Meinung nach ein Bombenerfolg werden. Ich habe Dir schon immer geschrieben, dass ich so sehr viel von Deinen kleinen Skizzen halte, und diese Auswahl Reclam finde ich ganz entzückend. Ich gab sie gleich einer Freundin hier, auf deren Urteil ich viel gebe und die das regste Interesse an Dir hat – übrigens eine Berlinerin –, und sie bittet mich, Dir ganz besonders zu sagen, dass sie in diesen Kindergeschichten »erst das wahre Bild des Dichters Hans Fallada vor sich hätte und des Menschen!!!« […]

Inzwischen war ich nun in Leipzig und fand die Eltern wieder etwas hilfloser und unsicherer. […] Papa sagte mir ja, als ich von ihm Abschied nahm: »Ich werde dich wohl nun nicht wieder sehen. Du weißt das nicht, wie das ist, wenn man immer schwächer wird jeden Tag.« – Sehr große Freude hatten die Eltern durch die Nachricht aus Braunschweig, das war ihnen wirklich zu gönnen. Gleich wurde es den Freunden erzählt, die zum Geburtstag kamen, und Du kannst Dir nicht denken, wie rührend die Anteilnahme war. Sie haben doch noch eine ganze Reihe liebe Menschen da, für ihre Kräfte meiner Meinung nach ganz genug. […]

Viel herzliche Grüße Dir und Suse und den Kindern – Suse gilt der Brief natürlich wie Dir.

Immer *Dete*

Rudolf Ditzen – Carwitz

Am 27. März 1936.

Liebe Hörigs,

ich will Euch doch rasch für Euern Brief danken und berichten, dass die Operation selbst nach allem, was ich höre, gut verlaufen ist. Sie war natürlich viel umfangreicher, als wir annahmen und als uns erzählt worden war, und Suse hat tüchtig aushalten müssen. Sie soll aber nach Berichten bei Besuchern recht guter Stimmung sein. Das einzig Beunruhigende ist der Gedanke einer Wiederholung der Thrombose. Es wird wahnsinnig aufgepasst, die Herztätigkeit soll gut sein – hoffentlich geht also dieser Kelch an uns vorüber. Ich fahre morgen zu ihr und will mir mal selbst das Hühnchen beschauen. Hoffentlich finde ich alles in Ordnung. Euern Brief nehme ich ihr mit, sie ist für so etwas sehr empfänglich. […] Unser Bedarf an Krankheiten scheint mir aber für einige Zeit gedeckt, und ich segne bloß den Schöpfer, der's mir eingab, die Schwester Sophie als Mummi-Vertretung zu behalten. Mit meinen jungen Hühnern hier wäre es mir doch Angst und Bange geworden! […]

Herzlichst
Euer

[Ibeth]

Braunschweig, den 10. 4. 1936.

Liebe Suse, – und vielleicht auch gleich lieber Rudolf –

[…] Allerdings gehe ich mit dem Gedanken um, einen neuen Beruf zu ergreifen: nämlich den des Sippenforschers. Es ist mir jetzt mehrfach geraten worden. Natürlich muss ich zuerst organisiert werden, aber das ist wohl nicht so ganz einfach. Augenblicklich habe ich mich mal wieder auf unsere eigene Ahnentafel geworfen – Rudolf darf ruhig grinsen und Du auch; über den »großen Bastard von Burgund, Anton von Wacken und bei Bevern« habe ich eine Verbindung gefunden zu allem, was gut und teuer in der Geschichte ist. Friedrich Barbarossa und Heinrich der Löwe und Wilhelm der Eroberer und Harald von England, Karl der Große und Wittekind, alles ist vorhanden, und zwar meistens in mehreren Auflagen. Vielleicht stammt unsere innere Zerrissenheit daher, dass wir so viele erbitterte Gegner unter unsern Vorfahren haben?????????????? Mildernder Umstand, nicht wahr? […] Alles Gute von uns dreien, Dir und den Deinen.

Deine

Elisabeth = Ibeth

[Heinz]

Braunschweig, den 8. Juni 1936.

Lieber Rudolf!

Seit ungefähr 14 Tagen schon wollte ich Dir schreiben – auch Elisabeth wollte es tun, aber es war einfach nicht zu machen: ich habe dringendst zu tun, da im Juli ein »Zwischenbericht« an die Forschungsgemeinschaft fällig wird, von dem es mit abhängen wird, ob man mir weiter das Nötige zuschicken wird. Nun sind die Aussichten zwar ganz gut, aber es will geschafft sein … […]

Wenn ich Dir nun, zur Abwechslung, etwas von uns erzählen soll, so knüpft das natürlich wieder mal an die Holzwissenschaft an. Gestern vor acht Tagen war Herr Prof. Kollmann aus Eberswalde einen Vormittag bei uns (auf einer Dienstreise), und es war mir eine große Freude, dass er entzückt war von 360 »s_{ik}-Transformationskurven«, die ich in letzter Zeit unter sehr erheblichem Arbeitsaufwand berechnet und auf mm-Papier gezeichnet hatte … Man kann in der

Tat allerlei hochinteressante Eigenschaften der Hölzer zur Kenntnis nehmen – wenn man sich die Mühe macht, diesen Dingen etwas auf den Grund zu gehen. Im Anschluss daran zeichne ich jetzt allerlei Bildchen, die das elastische Benehmen des Holzes darstellen, wenn die Holzfasern in gewisser extravaganter Richtung laufen. Wie ich das allerdings dann für die F. G. referieren soll, auf wenigen Seiten, mit Betonung der praktischen Seite, das ist noch eine Frage für sich, die mir mehr und mehr Unbehagen verursacht. Du weißt es ja äußerst gut, wie es ist, wenn man »gehetzt« ist und sich nicht so viel Zeit nehmen kann, wie man möchte. Dabei habe ich ja selbst den Wunsch, so rasch als möglich weiterzukommen, da mir dann tatsächlich, wenn ich Kollmanns Bemerkungen vertrauen darf, ein Rüfchen nach Eberswalde zu winken scheint. Aber wenn ich mir überlege, was ich alles noch zu machen habe, ganz abgesehen vom eigentlichen Zusammenschreiben des Buches (mit x Zeichnungen!), dann wird mir weißesgott mitunter ganz jämmerlich zumute. […]

Herzlichst Dein
Heinz

Das kleine Lieschen lässt vielmals grüßen. Zum Selberschreiben ist sie heute leider nicht in der richtigen Verfassung, es geht ihr ziemlich dreckig.

Rudolf Ditzen – Carwitz

Am 28. Juni 1936.

Liebe Ibeth, lieber Heinz,

nun sind doch wieder drei Wochen vergangen, ehe ich dazu komme, Euch auf Heinzens langen Brief zu antworten. Aber es war so unendlich viel zu tun, dadurch, dass ich mich wieder einen Monat im Heidehaus gesielt habe, war ich mit

1 Im Büro des Wirtschafts- und Verkehrsvereins, Neumünster 1929

2 Kuhberg, Neumünster, 1920er Jahre

3 Anna (Suse) und Rudolf Ditzen, 1929

4 Sohn Uli, am 14. März 1930 geboren

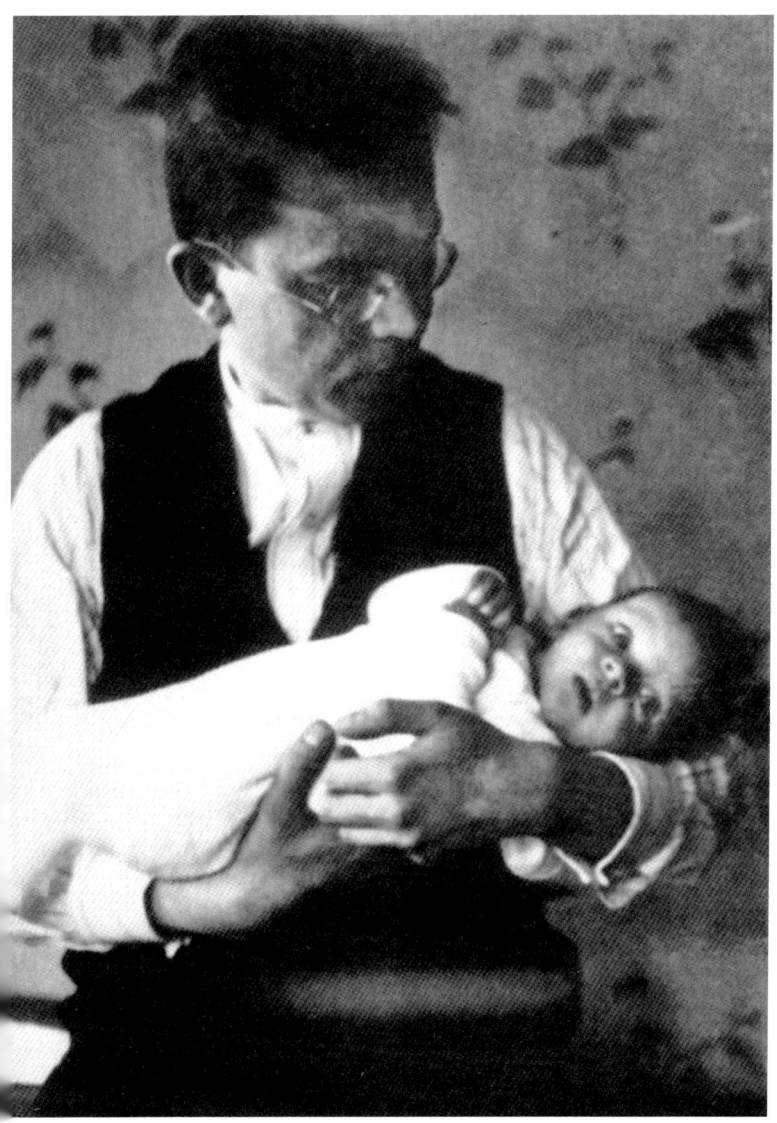

5 Familienglück in Neuenhagen b. Berlin

6 Elisabeth (Ibeth) und Heinz Hörig, um 1930

7 Fabrik hinter der Wohnung der Hörigs in der Hamburger Str. 249, Braunschweig

Celle
Breitestrasse

8 Umzug der Hörigs im Februar 1938 nach Celle in die »idyllische Ruhe«
der Breitestraße

9 Zeichnung von Ibeth, Weihnachtsgeschenk für den Bruder

10 Suse, Zeichnung von George Grosz, 1932

11 Erster Familienurlaub in Kölpinsee auf Usedom, August 1932

12 Urlaub nach dem Erfolg von »Kleiner Mann – was nun?«

13 Die Eltern am 80. Geburtstag des Vaters, Leipzig, 5. August 1932

finden, aber Lämmchen verliert nicht den Kopf.
Lämmchen schreibt an Pinnebergs Stiefmutter, die in
Berlin lebt, und legt der unbekannten Schwiegermutter
ihre Lage dar. Das ist nicht im Sinne Pinnebergs, der
von seiner Stiefmutter nicht viel hält und am liebsten
mit seiner Verwandschaft nichts zu tun haben will.
Aber Lämmchen zerstreut seine Einwände, Lämmchen
nimmt die Sache in die Hand, und Lämmchen hat Erfolg.
Mia Pinneberg schreibt
aus Berlin, lädt ihre
Kinder ein und teilt
ihnen mit, daß sie für
den Jungen im Kon-

14 Über die Verfilmung von »Kleiner Mann – was nun?« (1933) im
»Illustrierten Film-Kurier«

15 Ernst Rowohlt in Grünheide, 1933

16 Das Haus der Sponars in Berkenbrück/Spree

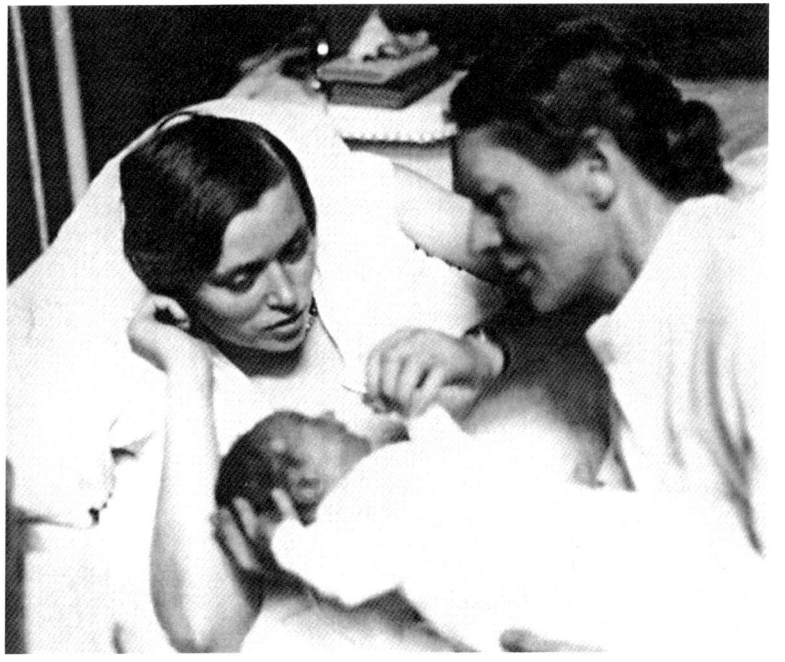

17 Suse mit Lore (Mücke) und einer Ärztin am Tag nach der Zwillings-
geburt, 19. Juli 1933

18 Das 1933 neu erworbene Anwesen in Carwitz

meiner Übersetzung aus dem Amerikanischen ganz in Rückstand gekommen, am Mittwoch, dem 1. muss sie abgeliefert
werden – nun, ich habe es jetzt beinahe geschafft und will
also den ersten freien Sonntag benutzen, Euch wenigstens
kurz von uns zu berichten.

Was nun zuerst Uli angeht, so habe ich in letzter Woche
unsern Freund Burlage hier gehabt. Zu unserer Freude erklärten sich die ständigen Temperatursteigerungen letzter
Zeit durch eine harmlose Mandelschwellung, und seine Ata-
xie war fort oder wenigstens fast fort. Uli ging aus den Händen Burlages als ein fast gesunder Junge hervor, und die Se-
ligkeit, mit der er von dem liegenden Dasein in ein laufendes
überging, ist kaum zu beschreiben! Er strahlt nur so und lässt
die Sonne seiner Huld über Gerechte und Ungerechte scheinen. […]. – Schwesterchen wie immer strahlend vergnügt,
ständig wacher, schon (wenn die andern nicht da sind, die
aus dem Dorf nämlich) ein Spielgefährte für Uli. […] – Was
nun mich angeht, so denke ich wirklich, aus dem Gröbsten
heraus zu sein. Wichtigstes Ergebnis meines letzten Heide-
haus-Aufenthaltes ist jetzt, dass ich irgendwie innerlich kapiert habe, dass das beste Sanatorium, der rührendste Arzt
und die längste Schlafkur einem nicht helfen, die schwieri-
geren Lebensprobleme zu lösen. Die findet man hinterher
wie vorher recht hübsch auf einen wartend, nein, hinterher
meistens unangenehmer als vorher. Bin ich erst mit meiner
Übersetzung durch, will ich mich – auch im Interesse meines ständig wachsenden Bauches – der Gartenarbeit widmen.
Hoffentlich wird es was Vernünftiges, leider bin ich ja faul!

Wirtschaftlich wäre der Ausdruck bescheiden leicht übertrieben. Es geht gar nicht mehr, viel mehr Remittenden als
verkaufte Exemplare, und der Silberstreif eines möglichen
Films ist längst verblasst. Ende der nächsten Woche will Rowohlt mal kommen, und wir wollen sehen, was zu machen
ist. Viel wird's nicht werden. […] Das Finanzamt war so

freundlich, in dieser Misere noch mit einer Forderung von 12 000 RM hineinzuplatzen, von denen es nur sieben gliktens haben wollte. Diesmal haben wir uns nicht fremden Leuten als wie Steuerberatern, Wirtschaftsprüfern usw. anvertraut und sind selbst in die Höhle des Löwen gegangen. Wir sind sehr angenehm überrascht worden. Mehr Verständnis kann man wirklich nicht verlangen. Achte wurden gestrichen, und der Rest ist in Raten abtragbar, die ich hoffentlich irgendwie schaffe. Dann habe ich aber klaren Tisch und überhaupt keine Steuerrückstände mehr, auch keine frischen. Mein guter Steuerberater, dem ich hinterher das Ergebnis mitteilte, schüttelte nur sein Haupt und sagte: Das dürfen die ja gar nicht! Gottlob, dass ich, ohne ihn zu fragen, hingegangen bin, nach seiner Miesmacherei hätte ich nicht mit solcher Überzeugung reden können. […]

Herzlichst
Eure

Ditzens – Carwitz

Am 15. Juli 1936.

Liebe Ibeth, lieber Heinz,

von Briefschulden verzehrt! Zu nichts Zeit! Hetzen und jagen! Grade gestern Abend haben Suse und ich Betrachtungen über unser Organisationstalent angestellt, sintemalen wir nämlich im arbeitsarmen Winter drei hilfreiche Feen im Hause hatten, jetzt aber zur Einmache- und Gartenzeit nur noch eine! So kommt es, dass Suse eigentlich von morgens bis in die Nacht in der Küche steht, immer in Hast, und ich bin, wenn ich auch tüchtig im Schotenauspahlen und Johannisbeerabstreifen bin, ja auch kein voller Mädchenersatz. Wie das so kommt? Ich meine, mit der Hilflosigkeit. Weil wir einesteils mit unserm Gelde völlig alle sind, auf der andern Seite aber eine zweite Fee, die wir doch noch genommen hätten, durch keine List nach Carwitz zu locken ist. […] – Darum sind wir aber nicht die Spur bedrippst, im Grunde macht es Suse einen Riesenspaß, Ihr kennt ja die Gründlichkeit und Genauigkeit, mit der sie alles macht – nur wenn die Hatz gar zu schlimm wird, die Kinder zu sehr toben und lärmen oder die Galle wieder einmal anpocht, oder morgens die Müdigkeit zu bleiern ist und ein ganzer endloser Tag mit tausend Aufgaben lauert, oder die Füße zu sehr schmerzen, sagt sie manchmal: beständig möchte ich es doch nicht so haben. Was nicht einmal ich ihr verdenke. – […] Der neue Bootsschuppen steht herrlich in der Landschaft, wie man so sagt. Auf diesem Gebiete ist also nicht zu klagen, und mit der Gesundheit der Kinder ist es auch in Ordnung. Uli tobt wie ein Wilder, als sei er nie krank gewesen, zankt sich kräftig mit Schwesterchen, die sich erfolgreich mit Gebrüll wehrt, manchmal gegen Übergriffe, die *sie* vornahm, und kleine Temperatursteigerungen, die noch immer da sind, sollen nach Burlages Ansicht ignoriert werden. […] – Burlage ist übrigens ein wundervoller Kerl geworden, er hat etwas Langsames und Gütiges, was wundervoll zu seiner Seeelefantenfigur passt, er wiegt 2 Ztr. 34 Pfund, wie wir gelegentlich einer Fresserei hier feststellten. Nach dem Essen wog er genau vier Pfund mehr als vorher! Rowohlt brachte es nur auf drei und verlor dadurch eine Wette. Mit Rowohlt sieht es nicht gut aus, unsere Beziehung sind leider trotz guten Willens auf beiden Seiten ständig getrübt. Es ist ja nun so, dass er einmal älter geworden ist, dann finanziell ganz von Ullsteins abhängig ist, dazu hat er völlig die alte Kampfeslust verloren, auch der Wagemut ist dahin – am liebsten möchte er, dass ich ständig weiter Bücher schreibe, die in der Berl. Ill. vorabgedruckt werden und möglichst zu verfilmen sind. Dem widerstrebt in mir alles. Ein Erfolgsautor zu werden, leichtesten Kalibers, scheint mir ein großer Misserfolg. An einem Ausruhbuch, wie es das Alte Herz trotz allem ist, muss es nun genug sein.

Mein Plan, einen 8-bändigen Roman aus dem Mittelalter zu schreiben, die Geschichte eines Schalksnarren, bleibt unverändert. Der erste Band ist druckfertig, aber Rowohlt will nicht. Mag nicht. Hat keinen Mumm. Das Buch sei zu derb. Schließlich bot er mir für die dreijährige Arbeit an diesem Buch – das mein bestes sein wird – 100 Mark pro Monat. Worauf ich prompt explodierte. Schließlich hat in den letzten vier Jahren der Rowohlt-Verlag fast nur an mir gut verdient, jedem kleinen Autor gibt er bereitwilligst Vorschüsse, aber ich bin verdammt, weiter gut zu verdienen. Nun habe ich ihm noch eine Nachdenkefrist bis zum 1. 8. gestellt – und denke ununterbrochen darüber nach, was ich tue, wenn er sich nicht besinnt. Denn schließlich hält er den Daumen auf dem Beutel, und ohne Geld ist wenig zu machen, kein 8-bändige Roman wenigstens nicht zu schreiben. Nun, kommt Zeit, kommt Rat. Bis in den November noch halten wir durch, bis dahin kann einiges geschehen. Dieses unter uns zur Orientierung. Die Übersetzung aus dem Amerikanischen war ein Schmarren, ganz netter, harmloser Spaß, aber doch sehr dünn. (Clarence Day: Life with father.) […]

So, und nun ist Schluss! Eigene Geburtstagswünsche mag ich nicht mehr äußern, ist ja doch viel zu spät. Und ich habe auch keine. Die ersten Pfifferlinge sprossen, ich will mit den Lütten noch in den Hullerbusch oder auf den Konower Werder, mal nachsehen. Alles, alles Gute

Immer *Eure*

[Ibeth]

Braunschweig, den 19. 7. 1936.

Lieber Rudolf – und liebe Suse,

[…] Dass es mit Väterchen nicht mehr so schön und ideal und glatt geht wie dunnemals, ist wirklich betrüblich. Ich möchte wohl wissen, ob sein Urteil: zu derb! mit dem veränderten Zeitgeschmack zusammenhängt. Mit dem andern Leserkreis, auf den er ja doch rechnen muss. Oder nur mit abnehmendem Mute. Ich habe ja so viel über Deine andern Bücher gehört, und fast immer hieß es: Ja, wenn die und die Stelle nicht drin wäre! Man ist ja leider wieder so öte geworden, dass auch die einfachste Schilderung gleich für sittlich verwerflich gehalten wird, wenn sie nicht gerade für den Cäcilienverein passt. Und da fragt es sich eben, ob man es sich leisten kann oder auch dazu verpflichtet ist, gegen Prüderie anzugehen. Das Angebot von R. finde ich auch hochgradig mit Nitroglyzerin ausgeschmückt. […]

Eure alte (noch immer nicht ganz 48-jährige)
Ibeth

Rudolf Ditzen – Carwitz

Am 3. August 1936.

Liebe Ibeth, lieber Heinz, hoffentlich habt Ihr nicht schon gar zu sehr nach einem Brief von uns ausgeschaut, es hat diesmal wieder lange gedauert. Dabei haben wir oft an Euch gedacht, fleißig den Daumen gedrückt und von Euch gesprochen: ist schon Nachricht da wegen der Verlängerung des Stipendiums? Hoffentlich ja, hoffentlich JA – und nun sagt bloß mal, wie oft sind denn diese Zwischenberichte und Anträge und das Hangen und Bangen eigentlich notwendig? Dies scheint mir ja eine ganz vertrackte Geschichte. Als einfacher Landmann möchte ich sprechen: wenn man eine Arbeit macht, macht man doch nicht nur den Anfang. Wenn man ein Haus baut, bewilligt man doch nicht nur die Gelder für die Grundmauern?! […]

Was mich angeht, so habe ich so langsam wieder zu arbeiten angefangen. Ich will sachte machen, zumal ich auch alle

Zeit von der Welt habe. Mit Väterchen lasse ich erst einmal alles ruhen. Halte ich es nur aus, weiß ich, er wird mir schon kommen. Zum Herbst werden wir wahrscheinlich das Land bis auf den Garten verpachten, schmerzlich, aber es hilft nicht, Löhne machen über 50 % unseres Etats aus – das muss runter! Also, meine Lieben, alles Gute. Ganz auf der Höhe bin ich heute nicht, d. h. ich habe keine Lust, lange Briefe zu schreiben. Das nächste Mal besser.

[Ibeth und Heinz]

Braunschweig, den 25. 8. 1936.

Lieber Rudolf, liebe Suse,

Also das Herz ist hier eingetroffen und mit *großer* Freude begrüßt worden. Ich habe es mit großem Vergnügen noch mal gelesen; es ist doch merkwürdig, wie anders es im Buch und in den Fahnen wirkt! […]

Ich bin sehr froh, dass von Leipzig wieder etwas bessere Nachricht da ist; zuerst klang es doch recht bös. Der arme alte Herr muss doch schlimme Schmerzen gehabt haben. Und bei seinem Alter ist eben Ruhe eine gefährliche Medizin. Jetzt scheint es doch einigermaßen zu gehen. Was für ein Glück, dass die Eltern jetzt Radio haben. Ich wünschte ihnen ja, dass sie einen besseren Apparat hätten, mit dem sie nicht nur auf Leipzig angewiesen wären. Denn so sind sie doch sehr beschränkt im Programm. Aber wenn sie dann mal wieder was ganz besonders Schönes gehabt haben, dann freuen sie sich – und vor allem Papa – drei Wochen lang hinterher. Er liegt dann mit den Noten im Bett, und die Tränen laufen ihm die Backen runter. Und er braucht sich nicht zu genieren wie im Konzert.

Ich bin mit meinem Ausweis zur Sippenforschung jetzt schon in dem Stadium, dass er bei der Reichsstelle für Sippenforschung liegt; ich erwarte nun täglich den Fragebogen und hoffe nur, dass er nicht erst nach unserer Abreise kommt. Denn ich kann doch nicht mein ganzes Material mitnehmen! Übrigens hat neulich auch mal wieder ein Vetter mit Begeisterung von der Lorenz-Ahnentafel Gebrauch gemacht … und dass Tante Ada nun über Buddhismus übersetzen darf, da sie die ihre vorlegen konnte, ist mein Stolz … […]

Lassts Euch gut gehn! Eure
Ibeth

Braunschweig, den 3. September 1936
{ab 5. 9.: *Ording* bei Sankt Peter – Nordsee
Haus Waldeck}

Lieber Rudolf, beste Suse!

Der Brief blieb einen Tag liegen – und ich möchte die Gelegenheit benutzen, noch einen Schreibegruß hinzuzufügen. Am Sonnabend geht es also *endlich* wieder mal nach Ording. Ich bin ziemlich auf dem Hund: schon seit rund einem Vierteljahr bin ich so herunter, dass ich unbedingt mal richtig ausspannen muss. Die Ungewissheit, wie es mit der D. F. G. weitergehen wird, trägt natürlich erheblich zu mangelhafter Beschaffenheit bei. Aber schließlich ist ja alles ziemlich plausibel: wenn so ein Aktenstück erst durch x Referenten behandelt werden muss – dann dauert es natürlich lange, und nur der Umstand, dass man den Nichteingang von Zahlungen gelinde gesagt überaus peinlich empfindet, erschöpft die Elastizität. Dabei soll man doch immer mit höchstem Nutzeffekt arbeiten … […]

Ich muss noch Ordnung schaffen vor der Abreise, daher Schluss.

Mit herzlichsten Grüßen Euer
Heinz

Rudolf Ditzen – Carwitz

Am 4. September 1936.

Liebe Ibeth, lieber Heinz,

mit der Antwort auf Euern Brief ist es diesmal nicht so schnell etwas geworden, so muss er nach Ording wandern, wohin Ihr ja hoffentlich morgen programmmäßig abfahren werdet. Wir wünschen Euch für diese ersehnten und so notwendigen Ferien das beste Wetter von der Welt, netten Umgang – nicht zu viel – und einen hoffentlich bereits eingetroffenen Bescheid der F. G. […]

Uli ist nun also Schulkind, und gerne geht er hin. Leicht wird es ihm ja nicht, besonders darum, weil er ja ziemlich gehetzt das versäumte Vierteljahr nachholen muss, während die andern immer weitermarschieren. Aber er ist überraschend willig und geduldig, auch bei seinen Schularbeiten mit dem leicht erregbaren Herrn Vater. Zur Schule rennt er immer Trab, und man braucht ihn immer nur einmal zu rufen, so gerne geht er. Denke ich an meine eigenen Schülerzeiten zurück, kann ich mich darüber nicht genug freuen und nur wünschen, es bleibt dabei. Der Lehrer, Herr Schwoch, oder wie Uli meistens sagt, Onkel Schwoch, ist ein recht vernünftiger, duldsamer Mann, der Sinn für Uli hat und ihm seine Wippchen, die sich der Bengel natürlich nicht spart, mit Humor durchlässt. Uli erkundigt sich ungeniert im Unterricht nach der Zeit, äußert den Wunsch nach einer Pause, steigt auf die Schulbank, weil ich und Schwesterchen vor der Türe stehen, und erklärt: »Wirklich, da ist der Papa und auch die grüne Gurke« – (neueste Bezeichnung für Schwesterchen, um ihren flammenden Protest hervorzurufen) – kurz, er nimmt die Schule völlig noch als Spiel und überrascht und bewegt mich nur immer wieder, mit welchem ernsten Eifer und Bemühen er seine Schularbeiten und Buchstabierübungen erledigt. Für Zahlen ist er entschieden besonders begabt, da hat er noch nicht einmal etwas für zu Hause aufbekommen, das behält er alles spielend. – Schwesterchen gedeiht und wächst, räbbelt unermüdlich und redet jeden von Sinn und Verstand.

Was nun mich angeht, so arbeite ich wieder täglich, nicht zu viel, aber mit Konsequenz. Ich arbeite ausgesprochen für die Schublade, ohne jeden Gedanken an Veröffentlichung in absehbarer Zeit, und leiste mir so manche Extratour, die ich bei anderer Lage nicht mir erlauben würde. Nebenbei schreibe ich an einem Bändchen Geschichten für Kinder, Geschichten, die ich so Uli erzähle, die aber auch bei Großen scheinbar Anteil finden. Wer weiß, vielleicht wird das noch einmal ein Erfolg. (Aber auch für die Schublade.) Es ist wunderbar, so zu arbeiten und zu wissen: alles hat Zeit. Geldlich wird es schon irgendwie gehen, habe ich erst den Oktober mit den allerletzten bösen Steuerterminen überstanden, wird es schon klappen. Es sieht aus, als ob ich die nötigen Gelder für diesen Termin zusammenbekomme. Dann ist der Haushalt auch so reduziert, dass wir mit sehr wenig leben können. Das Land ist ab 1. 10. an Gemeindevorsteher Schmidt verpachtet, der Schimmel wird nach Kohl- und Kartoffelernte verkauft, die Kuh folgt im Frühjahr nach dem Kalben, ein Mann – vielleicht Siebrecht – bleibt und ein Mädchen. Dann haben wir nur noch den Garten, der tragen wird, was der eigene Haushalt braucht, und werden schon hinkommen. Wie Ihr seht, große Veränderungen, aber es wird wohl richtig sein. [...]

Tjüs, tjüs, gute Tage

Eure

Rudolf Ditzen – Carwitz

Am 15. September 1936.

Liebe Ibeth, lieber Heinz, schönen Dank für Eure Karte – und hier habt Ihr endlich die gewünschten Bücher. Manchmal kommt man eben zu nichts, und wir haben augenblicklich wirklich viel vor. Ich arbeite sehr schön gleichmäßig, zwei Sachen habe ich – zum ersten Mal in meinem Leben – gleichzeitig in Arbeit, es macht mir viel Spaß, sogar der Roman [»Wolf unter Wölfen«] dann und wann, trotzdem er der schlimmste Wälzer werden wird, den ich je schrieb. Mit Rowohlt stehe ich sehr freundschaftlich-vorsichtig, wir sind beide überaus liebenswürdig und schweigen konstant beide über das, was uns beschäftigt. Im Übrigen bin ich je länger, je mehr der Ansicht, dass die Aussicht, in absehbarer Zeit nichts zu veröffentlichen, meiner Arbeit sehr guttut: man schreibt ungehemmter. [...] Übrigens ist es mir nun wirklich geglückt: ich bekomme eine Hypothek auf Carwitz und bin damit erst einmal aus dem Steuer- und Ärzterechnungen-Schlamassel. Jetzt wird eisern gespart, dass »Alte Herz« scheint wirklich ganz gut – für die heutigen Zeiten und für diesen Autor – zu gehen, 6000 sollen immerhin weg sein. [...]

Aber ich will nicht ins Schwatzen kommen, sondern sehen, dass ich an diesem schönen Herbsttage noch einmal herausgehe!

Herzlichst!

Rudolf Ditzen – Carwitz

Am 19. September 1936.

Liebe Dete,

vielen herzlichen Dank für Deinen Brief, der diesmal viel von Euch erzählte. [...]

Wir leben hier geruhig weiter und ziehen uns sogar noch immer weiter in die Ruhe zurück. [...] Das ist umso besser, weil ich früher als in andern Jahren mich in meine Arbeiten gestürzt habe und jetzt schon wieder fleißig dabei bin. Ich habe sogar schon eine ganze Menge geschafft. Ich arbeite gleichzeitig an einem Roman und an einem Band Kindergeschichten [»Geschichten aus der Murkelei«] – eines löst das andere ab, eines ist so verschieden vom andern, dass die Kreise sich nie stören, sondern dass eher das eine eine Erholung vom andern ist – und so macht es im Ganzen Freude. […] Grüße den Fritz schön, er soll sich nicht so sehr plagen, grüße Deine Kinder schön […], sei selber am allerschönsten gegrüßt und schreibe auch einmal wieder

Deinem

[Ibeth]
Braunschweig, den 2. 12. 1936.

Lieber Rudolf, liebe Suse,

Eigentlich hatte ich, obwohl Euer letzter Brief nun schon über einen Monat alt ist, nicht mal die Absicht zu schreiben, ich habe so ein bisschen Schreibmaschinenscheue, warum eigentlich? Ich weiß es nicht. […] Aber nun kommt ein äußerer Anstoß: es handelt sich um ein gemeinsames Weihnachtsgeschenk für die Eltern. Und dazu muss ich erst ein bisschen weiter ausholen.

Also erstens! Papa hat während des Schallplattenkrieges, der ja nach den letzten Nachrichten erneut ausgebrochen ist, sehr die Plattenkonzerte im Rundfunk vermisst. Er erzählte mir, als ich in L. war, ganz begeistert und wehmütig davon. Und da ich ja weiß, wie sehr die Eltern finden, dass zu wenig klassische Musik im Rundfunk kommt, und da sie ja fast nur Leipzig hören können, da fiel mir ein, ob wir Kinder den alten Herrschaften nicht, sozusagen als Vorschuss auf die goldene Hochzeit, einen Plattenspieler mit einigen guten Platten schenken könnten. Ich habe mich nun mit Dete in Verbindung gesetzt, und sie ist im Prinzip einverstanden.

Zuerst dachte ich natürlich, das Ganze würde unsere Kräfte weit übersteigen, denn ein neuer Plattenspieler, der ja, wie Ihr wisst, an den Radioapparat angeschlossen wird, und der die Platten eben elektrisch wiedergibt – ein neuer Apparat ist ziemlich teuer [dazu auf dem Blattrand: {z. B. 86 RM Telefunken: »Bayreuth«}]. Und ich habe ja eigentlich nicht das Recht, große Geschenke zu machen, es sieht zu sehr danach aus: Du gabst sie mir, ich gebe wieder. Aber ich habe jetzt gerade eine alte Uhr von mir, die ich mal in der Inflationszeit als Anlage gekauft habe – natürlich mit Schaden – verkaufen können (aber sonst wäre das Geld ja auch flöten). Und davon will ich 40 RM stiften. Natürlich sollte den Eltern nicht etwa eine Aufstellung überreicht werden: x % hat der, y % hat die gestiftet. Sondern wir machen es auf jeden Fall zusammen. Nun hat die ganze Sache wirklich nur Zweck, wenn die Eltern gleich mehrere gute Platten dazubekommen; wenn man immer nur ein und dieselben wieder hört, dann kriegt mans über. Nun möchte ich Dich fragen, ob Du vielleicht auch eine Platte stiften möchtest? […] Ich habe hier nämlich einen Plattenspieler aufgetrieben, der zwar alt, aber gut ist und zufällig gerade 40 RM kostet; d. h. es ist ein altes Grammophon mit einer guten neuen Schalldose (pick-up) und elektrisch angetriebenem Motor. Der Apparat ist schon gekauft, denn Dete macht auf jeden Fall mit. Mit wie viel, das steht allerdings noch dahin. Sie sagte auch so etwas in ihrem gestrigen Briefe, dass sie unter ihren Platten nachsehen wollte, ob etwas für Papa drunter wäre; aber davon werde ich abraten, und ihre Familie scheint sich auch ungern zu trennen. Denn Papa ist doch recht anspruchsvoll, was Musik angeht … […]

Herzlichst
Ibeth

Rudolf Ditzen – Carwitz

Am 6. Dezember 1936.

Liebe Ibeth, lieber Heinz,

wir hatten schon etwas nach Briefen von Euch ausgeschaut, das Ausbleiben bei Euch beunruhigte doch. […] Ich
tippe jetzt jeden Tag Roman auf der Maschine, noch 2 gute
Monate mindestens, mit einem täglich gesetzten Mindest-
quantum, da wird man auch maschinenmüde und schränkt
alles andere nach Möglichkeit ein. Also, es geht wenigstens
gut bei Euch – Heinz' Stoßseufzer über die wachsende Arbeit verstehe ich vollkommen – mir geht es auch nie anders,
der Stoff wächst unter der Hand. Da habe ich ganz unschul-
dig diesen Inflationsroman angefangen, dessen ersten Teil ich
jetzt tippe – dieser erste Teil, ein einziger Tag, ist genauso lang
geworden wie B.B.B.! Dann kommt der 2. Teil, wahrscheinlich ab Mitte Februar, wiederum mindestens ebenso lang
– Zeitraum – ein Vierteljahr – und dann, hoffentlich!, der
dritte nur kurze Schlussteil – wie ich hoffe, nur 50 Seiten.
Das Ganze ein zusammenhängender Roman, nicht einzeln
lesbar! Bitter – auch für Rowohlt, der noch gar nichts von
seinem Glücke ahnt. Aber mir macht's Spaß, trotzdem ich
auch manchmal Angst habe, ob Arbeitslust und -kraft auch
ausreichen werden. – Das Kinderbuch ist unterdes druckfertig gemacht – ich habe aber keine Ahnung mehr, was ich mit
Dir, Ibeth, für ein Kinderbuch auf dem Seerosenteich besprochen habe. Dies sind so Geschichteles für Kindlein, groß
und klein. Es bleibt aber liegen, ich möchte nicht in den Ruf
eines »liebenswürdigen« Autors kommen! Das könnte denen
so passen – erst mal bin ich wieder ganz pampig! Kritiken
lese ich gar nicht mehr, will nicht, mag nicht, vertrag ich
nicht und wäre dankbar, dass auch Nachrichten über erscheinende mir nicht gegeben würden. Leider habe ich gar kein
dickes Fell und werde es auch nicht bekommen. […]

Meine Lieben, alles alles Gute. Seht Ihr Adelheid zu Weihnachten? Großartig, dass sie sich so gut macht und mit solchem Eifer dabei ist!

Grüße und was sonst gewünscht wird!

Eure

[Dete]

Den 18.12.36.

Lieber Rudolf, liebe Suse!

Einen sehr schönen Gruß zu Weihnachten und dazu eine ganz bescheidene Gabe! Ich habe mich – wir haben uns an Muttis Geschenk beteiligt und schicken Euch nun von den Handtüchern 3 Stück. Hoffentlich sind sie nach Geschmack gewählt, ich mache ja Mutti manchmal solche Besorgungen zu Weihnachten. Außerdem ein Gruß aus meiner Küche: ein sächsischer Stollen, aber nur eine kleine Kostprobe davon. Ich hatte dies Jahr, nach beinah 25-jähriger Ehe, den Rappel, mal selbst so was im Gasofen zu backen, und siehe, es machte mir viel Spaß. Da habe ich gleich einen kleinen für Carwitz geformt. Auch für die Kinder habe ich kein Spielzeug oder dergl. ausgesucht, denn ich denke mir, dass sie übergenug davon haben, da müssen sie eben den Stollen mit kosten.

Ich selbst habe eine Bitte; wenn Ihr Fett und Speck in nächster Zeit übrig habt, sind wir gern Abnehmer dafür. Mit Butter geht es noch so einigermaßen, aber Fett und Speck ist so gut wie überhaupt nicht zu haben, nur immer ⅛ oder ¼ pfundweise. Eure andern Erzeugnisse nehmen wir auch immer gern mal ab, als da sind Wurst usw., es sei denn, Ihr hättet schon einen festen Abnehmerkreis in der Nähe. Also, wenn Ihr uns da mal, wenn für Dich, Suse, der Weihnachtstrubel vorbei sein wird, so was schicken würdet, wären wir Euch dankbar; ich überweise dann auf Euer Konto. […]

Verlebt vor allem ein gesundes Fest und seid von uns allen herzlich gegrüßt.

Dete

[Heinz]
Braunschweig, den 19. Dezember 1936.

Liebe Suse, lieber Rudolf!

Bei den Klängen des Gestimmtwerdens meines Flügels ergreife ich die Maschine …

Mit großer Freude ist Euer Beitrag zur Plattenspielsache für Leipzig verwertet worden – und die Eltern haben sehr gute Miene zu dem für sie wohl etwas überraschenden Spiele gemacht, sie schrieben riesig nett darüber, sodass wir glauben, dass wir im Grunde doch das Richtige getroffen haben. Elisabeth hat eine sehr schöne Auswahl von Platten (9 Stück) getroffen, die sicher Papas musikalischem Geschmack gut Rechnung tragen werden. Was nun »Zittau«, doch aus eigenen Beständen, noch hinschickt, weiß ich im Augenblicke nicht, es waren aber, soviel ich weiß, zwei grundsätzlich gute Platten. Nach einigen Verhandlungen, die auch wir mit Schmunzeln genossen, haben sich Becherts auch mit 25 M beteiligt. […]

Mit sehr herzlichen Weihnachtswünschen
Euer
Heinz

Rudolf Ditzen – Carwitz
Am 19. Dezember 1936.

Liebe Ibeth, lieber Heinz, liebe Adelheid,

nun auch Euch zum Fest unsere allerbesten Wünsche! Der

Vater stelle seine Maschine ab, die Mutter forsche weder nach Ahnen, noch lese sie viel, Adelheid sorge für gute Laune und Geschichten aus dem Schatze ihrer milchwissenschaftlichen Erfahrungen – der Weihnachtsmann habe rechte Spendierhosen angehabt – also, seid vergnügt und munter Ihr drei, wie wir es hier zu vieren oder vielmehr fünfen, denn Suses Mutter wird auch hier feiern, zu sein hoffen. Was wir zu diesem Feste beitragen, ist ja diesmal etwas schäbig. Ohne die Schweinerei wäre es so gut wie nichts, aber die söhnt Euch hoffentlich ein bisschen aus mit diesem wohl schweren, aber nicht inhaltreichen Paket! […]

Die Kinder sind von einer Fidelität und Fügsamkeit, die nicht nur durch das Weihnachtsfest zu erklären ist – ich lege keinen Wert darauf, den Zusammenhang zwischen Artigkeit und Geschenken gar zu sehr zu betonen. Sie müssen sich einfach wohl fühlen. Uli ist im Allgemeinen von einer herzerfrischenden Nettigkeit. Manchmal allerdings betäubend laut, auch färbt die Sprache der Dorfjugend mit 20 Fudern Mist und noch ganz andern Dingen auf ihn ab. Im Ganzen ist er ja doch die komischste Nuss, die man sich nur denken kann. Er verblüfft auch mich immer wieder, weil er fast stets das tut, was man nicht von ihm erwartet, sich über das freut, was ihn unserer Ansicht nach ärgern müsste, das wünscht, was uns gar nicht wünschenswert erscheint. Und das kann nicht etwa bloßer Widerspruchsgeist sein. Wenn z. B. die Familie nach Feldberg geht oder vielmehr im Auto fährt und Suse und die Kinder sollen wie gesagt fahren, während der Vater aus Platzmangel erklärt, gehen zu wollen – wenn dann also Uli erklärt, auch gehen zu wollen, und dies nicht nur einmal, sondern mehrere Male, trotzdem ihm dabei seine Füße weh tun, trotzdem er ein Autobesessener ist – so muss ich sagen, das versteh ich nicht. (Dass er etwa, um mit *mir* zu gehen, dass Gehen vorzieht, das kommt nun allerdings als Lösung gar nicht in Frage!) […]

Macht es gut, macht es sehr gut, grüßt die Adelheid und seid auch von uns herzlich gegrüßt

Eure

Ditzen's – Carwitz

Am 20. Dezember 1936.

Liebe Dete, lieber Fritz – nebst Gemüse,

wir haben eine Ewigkeit, wie uns scheint, nicht mehr voneinander gehört – aber zu Weihnachten trifft man sich ja denn doch wieder, seufzt ein wenig über die Flut der Briefe, freut sich aber hoffentlich doch auch ein wenig. Also, meine Lieben, von den Ditzens in Carwitz die allerbesten Wünsche für einen fröhlichen, gesunden, einträchtiglichen Verlauf des Festes! […]

Wegen der nahrhaften Beilagen von Suse habe ich kaum Bedenken, obwohl sie in diesem Jahre die allein Verantwortliche bei der Schlachterei war, was Ihr aber zu meinen Erzeugnissen sagen werdet, darüber bin ich ganz ungewiss. Nun, ich zeichne ja kaum voll verantwortlich dafür, bin so mehr am Rande der Dinge beschäftigt gewesen, und der Clarence Day scheint ja sogar ein wirklicher Erfolg zu werden. So was scheinen die Leute heute lesen zu mögen – der Erfolg in den angelsächsischen Ländern ist ganz groß, also scheint das Bedürfnis nach dem Beschaulichen nicht nur bei uns ungeheuer! […]

So, meine Lieben, und nun nochmals unsere allerbesten Festwünsche! Vergnügt und gesund, Ihr wie wir,

das wünschen sich und Euch

Eure

Zittau, den 29. 12. 36.

Liebe Carwitzers,

für Eure herrliche Sendung habt recht schönen Dank! Wir waren hocherfreut, und unter Hallo wurde alles ausgepackt! [...] – Aber das andere Buch mit den Holzschnitten von Kiwitz finde ich schrecklich! Da geht mir wahrscheinlich irgendein künstlerisches Empfinden ab, aber ich bin gewöhnt, ganz offen meine Meinung zu sagen. Schon die Art der Holzschnitte zum Stadtschreiber gefiel mir ganz und gar nicht, aber da wurde alles durch den liebenswürdigen Inhalt des Märchens gemildert. Hier bilden die Holzschnitte selber den Inhalt zu dem ganzen Buche, und ich finde alles scheußlich, verzeih, bitte! Schade, dass Du dazu Dein Vorwort hast geben müssen! Übrigens bin ich mir über die Sage von den Enaksöhnen nicht ganz im Klaren, wir sahen im Lexikon nach und fanden zu wenig darüber. – Also, nichts für ungut, tausend Dank für alles! Gut, dass die Geschmäcker verschieden sind. [...]

Alles Gute Euch vieren zum Neuen Jahr!

Dete und so weiter.

[Ibeth]

Braunschweig, den 29. 12. 1936.

Lieber Rudolf, liebe Suse,

[...] Mit dem größten Vergnügen haben wir uns den Enak angesehen; ich war schon ein paarmal auf die Anzeige des Buches gestoßen und hatte mich gewundert, was das wohl sein könnte. Und ich muss sagen, dass diese Holzschnitte mir wirklich gefallen haben, während mir die zum Stadtschreiber nicht immer in die Stimmung zu passen schienen. Mönchen, das liebe Mönchen, war mir doch etwas zu vamphaft. Aber dieser wilde Enak ist wirklich famos. (Und die Vorrede ist gut!) Auch dafür vielen Dank; wir stellens zu den übrigen Werken! […]

Dass Du einen Inflationsroman geschrieben hast, war mir sehr interessant, und ich bin wie immer gespannt auf ihn … Aus der Zeit selbst sind mir zwei Dinge besonders in Erinnerung: erstens, dass Tante Töbing eine Erbschaft erwartete, aber einige Wochen hindurch vergaß, ihre Post bei der Bank abzuholen, wie aus Ersparnisgründen verabredet war; und als sie den Brief bekam, war das Geld, das sonst ihren Lebensunterhalt ganz gesichert hätte, vollkommen wertlos. Und das andere: in Danzig, wo zuerst eine Festwährung eingeführt wurde, haben die Herren Assistenten im physikalischen Institut bei Auszahlung ihres ersten Guldengehalts alle mit den Geldstücken gespielt und wie die kleinen Kinder Türmchen gebaut und Figuren gelegt … […]

Und dass wir Euch allen nun das Allerbeste für das neue Jahr wünschen und wirklich mal wieder leuchtende Sterne – das wisst Ihr. Es dürfen auch ganz bescheidene Privatsterne sein. Wenn sie Euch nur leuchten. Heinz grüßt mit.

Eure alte
Ibeth

Ditzen's – Carwitz

Am 2. Januar 1937.

Liebe Ibeth, lieber Heinz,

tausendmal danken wir Euch für Eure guten Briefe, für die Wünsche und die mancherlei Gaben Eures Paketes. […]

Das bringt mich auf den Enak, der Euch nun also auch gefreut hat. Ich fand ihn wirklich witzig und reizend, hatte aber aus Zittau einen geradezu empört protestierenden Brief. Scheußlich war noch milde, und ich wurde bedauert, dass ich die Vorrede hätte schreiben müssen. (Wovon natürlich gar keine Rede sein kann.) Sie sind dem Buch so hilflos gegenüber gewesen, dass sie sogar die verschiedenen Konversationslexika über Enak konsultiert haben, um ihm auf seine Streiche zu kommen, na … usw. Dies unter uns zu unserm Privatvergnügen. Wenn jemand reinfällt, freut man sich doch noch immer herzlich. Ich wenigstens sicher. […] Die Weihnachtsfeiertage habe ich dazu benutzt, meine Bücher neu zu ordnen, was hauptsächlich darin bestand, dass ich sie in die verhassten Doppelreihen stellte, in denen man nie etwas findet, außerdem habe ich Mädchen- und Fremdenzimmer mit ihnen gefüllt. Aber was ich jetzt in meinem Arbeitszimmer stehen habe, freut mich alles und macht mir neuen Leseappetit, der manchmal gering ist. […]

Wir wünschen Euch alles alles Gute, Arbeit ohne Hatz und Gesundheit, um sich an allem zu freuen, und eine allerwege vergnügte Adelheid

Eure

Ditzen's – Carwitz

Am 2. Januar 1937.

Liebe Dete, lieber Fritz,

[…] Wir haben uns ein sehr schönes, stilles Fest zubereitet, ohne viel Besuch, nur die Oma aus Hamburg, Suses Mutter, war hier. Schwesterchen, die grade eine Grippe gehabt hatte, war am Abend grade wieder so weit, ein Stündchen auf sein zu können, so wurde herrlich mit einem ungeheuren Kaufmannsladen gespielt, den Freunde aus München geschickt hatten. Alles spielte mit. Dete hat ganz recht: Spielzeug gibt es immer viel zu viel für die Kinder, und da unsere Kinder ja ausgesprochene Draußenkinder sind, liegt es meistens, wenn das Wetter nicht ganz schlecht ist, unbenutzt in

180

der Stube. Dass der Day und die Würste guten Boden gefunden haben, freut uns, dass aber der Enak so entrüstete Ablehnung gefunden hat, überrascht mich eigentlich. Der gute Kiwitz, der wirklich etwas kann, steht doch ganz in der Tradition von Bruegel her über alle guten Vlamen hin (Masereel, Timmermans, er selbst ist vom Niederrhein), mir hat das Buch sehr viel Spaß gemacht, und von allen Seiten höre ich schmunzelnde Freude. Ich habe natürlich mit höchstem Vergnügen die Einleitung geschrieben, von einem Muss kann da gar nicht die Rede sein. Mit dem historisch-sagenhaften Enak hat er natürlich gar nichts zu tun, sondern ist einfach eine Fortsetzung der Figur aus dem Stadtschreiber. Aber wie Du schon sagst, Dete, über den Geschmack lässt sich nicht streiten, wir wollen es auch gar nicht, sicher findest Du mal jemanden, dem das Büchlein doch Spaß macht – dem schenk's! […]

Das Weihnachtsgeschäft ist in Deutschland sehr schlecht gegangen, und die Hoffnungen auf ein Autochen, auch ein gebrauchtes, sind zerstoben. Und das Ausland ist auch nur schwach. Mit den Unsummen, die an Büchern verdient werden, namentlich an Auslandsbüchern, ist es nur schwach. All das wird immer überschätzt. Selbst in U.S.A. rechnet ein amerikanischer Verleger ein mit 10 000 Exemplaren verkauftes Buch schon als gut verkauft. Da der Autor durch das Zwischenschalten von amerikanischem und deutschem Verleger, womöglich auch noch einem Agenten, einem Übersetzer und durch das Abziehen der Income Tax seinen Buchgewinn in sehr viele Teile gehen sieht, bleibt für ihn nicht viel, sagen wir im besten Falle, 10 Pfennig am Exemplar – an einem deutschen Exemplar habe ich ungefähr 40 Pfennig. Das sind aber nur die reichen Länder. Ärmere wie Ungarn, Lettland usw. zahlen nur eine Pauschale von, sagen wir, 250 bis 300 Mark. Dazu kommt die Geldentwertung und der Ausfall der Länder, die Devisenverrechnungsstellen haben. Italien z. B. hat nicht nur entwertet, sondern auch seit 2½ Jahren nicht bezahlt, Polen noch nie was. In Polen und Holland muss man klagen, die Prozesse müssen ja vorläufig auch bezahlt werden – ach, in der Nähe besehen, liebe Dete, sind die Unsummen sehr kleine Beträge [...]. Wir wünschen Euch das Allerbeste, danken noch einmal und sind mit den schönsten Grüßen für alle Becherts, die sich nun wohl schon wieder zum Teil über Deutschland verstreut haben,

Eure

[Ibeth]

Braunschweig, den 14. 3. 1937.

Lieber Rudolf, liebe Suse,

mit Schrecken sehe ich auf Eurem letzten Briefe das Datum, aber seid froh, dass ich nicht geschrieben habe, die Stimmung war ziemlich miserabel. Schwamm drüber, jetzt ist ja die Sorge um Papa wirklich wichtiger. Wir sind sehr in Sorge, Mutti wird Euch ja wohl kurz geschrieben haben, dass er böse, sehr schmerzhafte Brust- = Herzkrämpfe hat, nur noch im Stuhl sitzt und fast nicht mehr schlafen kann. Was wohl morgen früh die Post bringen wird? Vielleicht ist Dete inzwischen zu Muttis Hilfe gekommen, jedenfalls kommt Tante Gretchen morgen. [...]

15. 3. 1937. 19.30   Eben hat mich Dete aus Leipzig angerufen, sie musste nach Zittau zurück. Papa ist heute in die Klinik gebracht [...]. Jedenfalls fahre ich morgen nach Leipzig; Dete meinte, die beiden, Mutti und Tante Gretchen, säßen nun schrecklich einsam zu Hause ... Vielleicht können wir, Du und ich, uns auch ein bisschen ablösen? Dass Du kommst, wenn ich einige Zeit dort gewesen bin? Zu viel darfs Mutti ja natürlich auch nicht werden ... Es muss doch schrecklich für Mutti gewesen sein, dass Papa noch fortmuss – ich bin aus dem kurzen Telefongespräch nicht klug

geworden, ob sie ihn noch besuchen kann oder es tun will.
Sie ist ja seit Jahren nicht aus der Wohnung gegangen ... [...]

In Eile Eure
Ibeth

[Dete]

Zittau, den 27.3.37.

Lieber Rudolf,

ich nehme an, dass Du zu Ostern wieder zu Hause bist,
und möchte Euch doch einige Worte schreiben. Es ist sehr
schade, dass wir uns gerade in Leipzig versäumt haben. Damals, in den ersten Tagen der Krankheit, als ich da war, hatte
ich eigentlich auch gleich mit Dir telefonisch sprechen
wollen, aber ich ließ es, weil der Arzt ausdrücklich sagte, es
sei – soweit man das in dem Alter überhaupt sagen kann –
keine akute Lebensgefahr. Außerdem hatte Mutti den
Wunsch ausgesprochen, dass Ihr Ulis Geburtstag noch ohne
beunruhigende Nachricht feiern solltet, und zum Dritten
glaubte ich bestimmt und wohl mit Recht – dass Du gleich
gekommen wärest, und das hätte Papa, der sowieso sehr
schwer von zu Hause wegging, stark beunruhigt. Auch Mutti
hatte Angst vor zu viel Unruhe. Und so ist es nun sicher das
Beste gewesen, dass wir drei Geschwister uns bei unsern beiden alten Eltern abgelöst haben und jeder versucht hat, den
beiden so jäh Getrennten irgendwie zu helfen. Ich glaube, es
hat beiden sehr wohlgetan. [...] Auch Du hast wohl allerlei
mit ihm besprechen können. [...]

Ach, wie gern hätte ich Papa einen schnellen Tod gegönnt!
Ein langes Leiden in dieser Form ist grausam. Aber letzten
Endes werden wir ja alle nicht gefragt, ob es uns passt. [...]

Viel Herzliches zum Osterfest Euch vieren

Dete

Rudolf Ditzen – Carwitz

Am 31. März 1937.

Liebe Dete,

schönen Dank für Deinen Brief. Du möchtest sicher recht bald Nachricht haben, verzeihe, wenn sie heute etwas kurz ausfällt, ich habe hier einen Wust von unerledigten Dingen vorgefunden. Es macht sich doch immer bemerkbar, wenn der Hausherr eine Woche weg ist. [...]

Ich habe mit Dr. Patzki, Dr. Hörhammer und der Stationsschwester gesprochen. Das Wort »Krebs« ist mir nicht genannt. Es stand aber deutlich genug zwischen den Zeilen. Aus einer Bemerkung der Schwester entnehme ich, dass man »solche Sachen« bei so alten Herren nicht mehr operiert, selbst wenn die Operation gut verliefe, stellten sich nachher so viele Nebenerscheinungen ein (Nachblutungen, Nichtheilen), dass nichts gewonnen wäre. Damit ist das mangelnde Interesse der chirurgischen Klinik an Papa geklärt. Man hat ihn eigentlich gar nicht »behandelt«, die Versorgung beschränkt sich auf Anlegen und Reinigen des Katheters und medikamentöse Behandlung. Man hat ihn, zu Deutsch gesagt, einfach loswerden wollen. Er war ihnen uninteressant.

Wenn ich meine Einstellung zu der Sache geben soll, so ist es die. Papa hat ein unoperierbares, sehr schmerzhaftes Leiden, das unbedingt zum Tode führt, über kurz oder lang. Meiner Ansicht nach muss die Familie alles tun, um ihm diese Auflösung möglichst schmerzlos zu machen, selbst wenn es für uns alle schmerzlich ist, ihn in ein dauerndes Dämmern versinken zu sehen. Erziehungsabsichten, wie ich sie angedeutet hörte: er wird sich schon mehr an die Schmerzen gewöhnen, man muss nicht immer gleich eine Spritze geben, finde ich abstrus. Papa hat bis dato so minimale Dosen bekommen, dass da noch unendliche Reserven liegen, und es ist wirklich belanglos, ob er als »Morphinist« stirbt oder als nicht daran Gewöhnter. [...] Ich habe in dieser Richtung – besonders auch bei Mutti – getan, was ich konnte. Natürlich bin ich nicht sehr diplomatisch, aber ich hoffe doch, einiges erreicht zu haben. [...]

Herzliche Grüße Euch dreien [...]
von Euerm

Ditzen's – Carwitz

Am 2. April 1937.

Liebe Ibeth, lieber Heinz,

[...] Papa ist sich sicher nicht klar über seinen Zustand. Ich habe es schon mehrfach beobachtet, und jeder Arzt wird Dir das bestätigen, dass bei Krebskranken eine merkwürdige Verblendung über ihren Zustand eintritt, je kränker sie werden, umso fester glauben sie an ihre baldige Genesung. Diese Illusion ist für die Angehörigen, die die allmähliche Auflösung ansehen müssen, sehr schwer zu ertragen – aus diesem Grunde bin ich – abweichend von Tante Ada – der Ansicht, dass Mutti nichts von »Krebs« hören darf. Ich fürchte, in einem unbeherrschten Augenblick würde sie sich das Wort entschlüpfen lassen. Da die Dinge so liegen, wie sie liegen, müssen wir Kinder darauf dringen, dass mit Papa keine Experimente mehr gemacht werden, keinerlei Kraftkuren mit Ertragen der Schmerzen und Furcht vor Morphinismus. [...] Im Übrigen hat Papa den so sehr wichtigen Glauben an die Spritze, er bekam so geringe Dosen, dass da ungeheure Reserven liegen, und im Übrigen ist er unverändert der Mann, der immer sein Gesicht wahren, Haltung behalten will – er nimmt sich unmenschlich zusammen. Dies zur Erläuterung meiner Einstellung. Sind wir d'accord, würde ich Dich bitten, im gleichen Sinne einzuwirken. [...]

Suse macht Beete und sät, sie lockt auf diese Weise den Frühling!

Heil uns allen!

[Heinz]

Braunschweig, den 15. April 1937.

Lieber Rudolf!

Wir haben eine Bitte an Dich: würdest Du so gut sein und einen Kranz besorgen, ich gebe es Dir dann in Leipzig wieder. Gerade da Elisabeth nicht mitkommen kann, möchte er recht würdig und schön sein. Ich ahne die Preise dort nicht (8 M?), überlasse Dir die Wahl. Ich denke, ich werde Sonnabend ½ 12 in der Kronprinzstraße sein. –

Herzlichst Dein
Heinz

Rudolf Ditzen – Carwitz.

Am 25. April 1937.

Liebe Geschwister,

ich bin leider mit einer kleinen Depression von Leipzig zurückgekommen, habe mich hier gleich ins Bett legen müssen und habe eine Schlafkur gemacht, die der neue hiesige Landarzt, von Burlage telefonisch unterstützt, recht geschickt durchgeführt hat. Seit gestern stehe ich wieder auf, bin leider aber noch nicht ganz mittelfrei. Suse hält es für möglich, und ich kann ihr leider nicht widersprechen, dass ich mich in diesem Zustand, der ja in Leipzig schon latent war, mehrfach nicht ganz richtig benommen habe. Sollte ich also Dir gegenüber, lieber Heinz, irgendeinen Bock geschossen haben und Deine Gefühle irgendwie verletzt haben, so verzeih das bitte. Du weißt genau, eine wie große Achtung und wie viel Verständnis ich für Deine schwierige Arbeit habe – jede persönliche Animosität hat mir ganz ferngelegen. Vielleicht habe ich die Sorge für Muttis Auskommen etwas übertrieben. […]

Papas letzte Einkommensteuererklärung lautet auf ein Brutto-Einkommen von 11 500 RM, Pension und Zinseneinnahmen ineinandergerechnet. Mutti wird ein Einkommen von etwa 6500 RM haben – dabei ist die kleine Rente von 40 RM, die ich bereits beim Reichsgericht beantragt habe, eingerechnet. Genaue Zahlen lassen sich natürlich nicht geben, denn die Einkünfte aus landwirtsch. Hypoteken schwanken stets. Aber mit diesem Betrag wird Mutti sicher rechnen können. Nun haben die Eltern die obigen 11 500 RM stets ganz verbraucht. Sie haben nicht etwa Ersparnisse gemacht, wenigstens keine wesentlichen. […] Die Sage, die Eltern seien sooo sparsam, erweist sich eben als Sage. Die Eltern sind verhältnismäßig bedürfnislos gewesen, aber die Wünsche, die sie hatten, haben sie sich auch erfüllt. Außerdem waren sie immer großzügig mit Geschenken an Kinder und Verwandte. Davon können wir auch ein Lied singen. Es handelt sich also für Mutti darum – worüber sie noch gar nicht klar sieht –, einen Betrag von 5000 RM jährlich einzusparen. Dass Papa nicht mehr lebt, wird ihrem Etat keine große Erleichterung bringen […]. Rowohlt war gerade in meinen kranken Tagen drei Tage hier und hat die ersten 600 Seiten meines neuen Romans gelesen. Hochbegeistert! Er soll Anfang September erscheinen –. Wir haben unsern Frieden gemacht. Der Verlag ist in schlimmer Situation, er muss unbedingt ein Buch bringen, das Umsatz macht, sonst … Also habe ich nicht länger geschmollt, einige kräftige Wahrheiten gesagt, aber mir den Roman entsteißen lassen. Morgen muss ich wieder an die Arbeit, gesund oder ungesund, zum 15. 5. muss ich fertig sein. Gott segne mein Werk!

Ich grüße Euch herzlich, in alter Liebe! Muttis großer Kummer war es doch immer wieder, dass unser Ibethchen nicht da war. Und meiner und Suses auch. Werde bald wieder munter!

Dein

[Heinz]

Braunschweig, den 26. April 1937.

Lieber Rudolf!

Habe vielen Dank für Deinen Brief vom 25. 4. Ich möchte Dich vor allem erst einmal beruhigen: es ist gar kein Gedanke daran, dass Du mich in irgendeiner Weise irgendwie verletzt hättest. Im Gegenteil, ich war mit Dir in jeder Weise einverstanden und nur erfreut, dass wir offen über alles reden konnten. […] Im Übrigen kann ich nur sagen, dass ich Dich, lieber Rudolf, restlos bewundert habe, mit welcher überlegenen Ruhe und Sicherheit Du alles erledigtest! Auch Deine Art, mit Mutti zu sprechen, hat mir sehr viel Eindruck gemacht. Du musst eine ungeheure Selbstbeherrschung zur Verfügung haben. Ich könnte so etwas nie. […]

Für Deine Arbeit wünschen wir Dir alles Gute. Möge es ein glatter Erfolg werden. Ich meinesteils leite gerade Kristallsysteme ab – Rechnungen, die sich die Lehrbücher immer schenken und die ich doch im Interesse des reibungslosen Verständnisses »meiner« Leser ausnahmsweise in anständiger Form darbieten möchte. Auf diese Weise kriegt man so nebenher allerhand junge Hunde!

Mit besten Grüßen von uns beiden

Euer

Heinz

Ditzen's – Carwitz

Am 14. Mai 1937.

Liebe Ibeth, lieber Heinz,

Heinzens Brief, der mir so gutgetan hatte, ist unverdient lange unbeantwortet in meiner Briefmappe liegen geblieben. Ich war, genau wie Heinz, nach dem Leipziger Aufenthalt ziemlich bedrippst, und so hatten mir Heinzens Worte doch sehr gutgetan. Ich habe mich dann auch wieder ziemlich rasch aufgerappelt und an die Arbeit gesetzt. Am Dienstag bin ich nun mit der Niederschrift fertig geworden, es sind also wirklich 1400 Seiten. In nächster Woche kommt eine Tippeuse, mit der ich in einem Monat den zweiten Teil tippen will. Dann kommt Streichen, Umarbeiten usw. und dann der Satz. Am 25. 9. wollen wir raus – gebe Gott, dass es gut gehe, in jeder Beziehung können wir es brauchen. Es ist sicher – für mich – kein so zu Herzen gehendes Buch wie das »Kind«, aber es ist ein richtiger Roman, spannend wie ein Kriminal-Roman, unendlich viel Handlung, interessante Gestalten. Das also läge wieder hinter mir! Auf ein Neues! Ich habe viel Pläne, muss aber wohl ein wenig verpusten, denn der Schlaf – mein Warnungssignal, wird immer weniger. Nachdem ich seit anderthalb Wochen morgens um 4 aufgestanden bin, war es heute ½ 3 – ein schrecklicher Zustand! Aber wir werden schon durchkommen, ich sehe, ich fange mit einem öden Krankheitsbericht an – ohne doch krank zu sein. […] Nun lasst es Euch gut gehen, und wenn Euch einmal so ist, schreibt mal wieder

Euern

Rudolf Ditzen – Carwitz

Am 24. Juni 1937.

Liebe Ibeth, lieber Heinz, diesmal hatten wir doch schon sehr nach einem Brief von Euch ausgeschaut. [...] – Dass ich nicht einmal nachbohrte, lag daran, dass auch ich stark beschäftigt war, der Roman ist nun schon eine ganze Weile fertig diktiert, ist auch schon von einigen Leuten vom Bau gelesen worden und bekommt jetzt seine letzten Überarbeitungen. Übermorgen trifft der neue Lektor des Verlages hier ein, um mit mir einiges zu besprechen, der Entschluss, das Buch herauszubringen, steht aber fest. Es ist – ganz unter uns – etwas heikel, ein Gutachten, das ich dieser Tage las, schließt etwa mit den Worten: »Wenn der Verlag über diesem Buch platzt, so ist er über einer Sache geplatzt, die es wert ist«.

Wir haben alle diese Dinge jetzt sehr und nachdenklich besprochen, der Rowohlt war hier 4 Tage mit seiner Frau. Er wollte den Feiern seines 50. Geburtstages aus dem Wege gehen und hat ihn hier in aller Stille verlebt. Er war doch gewaltig down, die Schwierigkeiten werden von Monat zu Monat größer, er sagt, er gilt als der Kulturfeind Nr. 1, und die Folgen sind in jeder Hinsicht schlimm, wirtschaftlich, gesellschaftlich, menschlich. »Trotzdem: ich bin nie feige gewesen, und ich bringe das Buch unter allen Umständen!« Dies die Situation. An der Gesamthaltung meines Buches lässt sich natürlich nichts ändern, was ich ändere, sind unnötige Schärfen, Grobheiten usw. Mit 95 % Wahrscheinlichkeit rechnen wir aber doch, dass es gut geht! (All dies ganz unter uns.) [...]

Doch nun genug von der Literatur! Von Suse werdet Ihr über Mutti gehört haben. Es ging ihr ja gar nicht gut, dann war sie in Berlin, ein Magengeschwür wurde via Röntgen festgestellt, eine sehr strenge Kur unter Aufsicht einer Schwester hier durchzuführen wurde festgesetzt. Suse ergab sich wegen der peinigenden Schmerzen in ihr Schicksal – und nun begann die Komödie! Weil wir nämlich nicht sofort eine Schwester bekamen, wurde der Kurbeginn hinausgeschoben, Suse freute sich, Atempause, aß alles Verbotene, arbeitete, wie es ihr Spaß machte, die Schwester kam noch immer nicht, und das Magengeschwür meldete sich überhaupt nicht mehr! Suse nahm keine Medizinen mehr, Suse lebte nicht mehr Diät, Suse schonte sich nicht mehr – Suse ging es immer besser. Heute Abend kommt nun die Schwester, unsere altgewohnte, geliebte Sophie. Mit betretenen Gefühlen sehen wir ihrem Kommen entgegen: Suse, die sich nun für 6 Wochen strenge Diät und Bettruhe von der Welt zurückziehen soll, geht es so gut wie nie in den letzten 6 Monaten, sie ist seit Wochen vollkommen schmerzfrei. Was hierbei herausbrät – darauf sind wir beide neugierig! Hoffentlich nicht mehr als eine recht erholsame Ruhezeit für unser aller Mutter! […]

So, liebe Ibeth und lieber Heinz, plötzlich überkommt es mich, dass ich ja jetzt Schweine und Ziegen füttern muss. Das mache ich nämlich seit 6 oder 8 Wochen, die ganze Viehbesorgung. Und es geht! […]

Lasst es Euch gut gehen! Schreibt mal wieder!

Eure

Ditzen's – Carwitz

Am 18. Juli 1937.

Unsere liebe Ibeth,

übermorgen ist nun Dein Geburtstag, und wenn wir richtig geknobelt haben, sogar Dein fünfzigster! Mit den allerherzlichsten Wünschen treten wir bei Dir an, meine Gute, und wünschen Dir vor allen Dingen die bessere Gesundheit, die immer bessere Gesundheit, viele fehlende Ahnen, die Du erfolgreich erlegen mögest – bei den andern einen guten Ording-Sommer-Herbst, einen sich weiter, immer weiter kämpfenden Heinz, bis zu irgendeinem fantastischen Erfolge, im oder gegen den Zug des Vierjahresplanes, eine weiter fidele, sich großartig entwickelnde Adelheid – und nicht zu viel Sorgen und Kummer um Adelheid. Wir hoffen, mit diesen Wünschen haben wir sozusagen Dein Lebensexistenzminimum geschafft – dass immer genug zu lesen da sein möge, das brauchen wir alle nicht zu wünschen, denn es ist immer genug da. Eine kleine Beisteuer dazu anbei. […] wir hoffen, Deiner Gesundheit geht es einigermaßen, irgendjemand erzählte, Du erklärtest Dich selbst für »durchwachsen« – was ja denn auch Deinen, unsern Jahren entspricht, wir dürfen nicht mehr das reine Fett und nicht mehr das schiere Fleisch erwarten! […]

Dete und Irene, die hier waren, sind gestern wieder abgedampft, Dete, um noch ein paar Tage mit Fritz in Karlsbad zu verbringen, Irene auf eine große Fahrt nach Hamburg–Helgoland mit dem B.D.M. Ich glaube, es hat den beiden hier wieder gefallen, sie werden sich jedenfalls erholt haben – sie mussten sich erholen auf jeden Preis, denn die Hausfrau lag immerzu im Bett und der Hausherr arbeitete entweder oder war in Gewitterstimmung. Hoffentlich sind sie nicht zu enttäuscht! Aber Detes Freundlichkeit, eine gewisse nüchterne Herzlichkeit haben uns doch alle erfreut. Im Umgang mit Kindern ist sie von einer nie erreichten Geduld und weiß immer etwas für sie.

So, meine Lieben, ich möt Swin faudern! Gehabt Euch gut, die Adelheid ist eingeschlossen, wenn wir rufen: Ibeth und die Ihren, sie leben hoch!

Hoch!

Dreimal hoch!

Eure

[Ibeth]

Lieber Rudolf, liebe Suse,

Dem männlichen Teil gratuliere ich zu seinem Geburtstage, dem weiblichen zu seinem dito. Ich will Dich, lieber Rudolf, aber nicht ein Jahr älter machen, wie Du es mit mir gemacht hast und worüber ich nach dem alten Schema Frau entsetzt, empört und entrüstet zu sein habe. Ich bin immer noch fünf Jahre und einen Tag älter als Du, genauso wie damals, als Du mir als verspätetes Geburtstagsgeschenk gezeigt wurdest. Ich war nämlich an meinem Geburtstag enttäuschend oberflächlich und nebenbei behandelt worden … Also ist mir die beruhigende Erklärung: ein kleines Brüderchen! sehr im Gedächtnis geblieben. Ich habe noch ziemlich genau in Erinnerung, wie ich mich über Dich beugte, und glaube genau das Zimmer in der Steinstraße zu sehen und wie Mutti zu uns dreien herübersah. (Denn Dete stand rechts von mir, am Fußende Deines Betts oder Wagens, da sie in dem Augenblick doch Nebenperson war. Sie hatte Dich eben nicht zum Geburtstag gekriegt!)

Was wir Dir also zum Geburtstage wünschen – das dreht sich jetzt natürlich alles um den Roman [»Wolf unter Wölfen«]. Zu den Gutachten sage ich nur: Mann o Mann! Das reine Spektrum – von der Grundtatsache ausgehend, dass alle Farben vom Licht abgeleitet sind. […] Alles Gute Euch allen. Und Dank! Wir leben viel in Gedanken an Carwitz

Eure alte

Ibeth

Ditzen's – Carwitz

Am 25. Juli 1937.

Liebe Ibeth, lieber Heinz,

[…] Ich nehme an, dass nun auch schon bei Euch über Tante Ada die Fahnen einzutrudeln beginnen, und bin natürlich gespannt, was Ihr dazu sagen werdet. Bitte, lasst Eure Gedanken nicht zu sehr von der Furcht beeinflussen, was die andern sagen werden! Die werden immer schreien, die haben ja sogar beim Alten Herzen geschrien! Das ist also egal. Ein Urteil erwarte ich erst nach Abschluss der Lektüre, gottlob kann ich Euch die ganze zweite Hälfte, die jetzt gleichzeitig von einer anderen Druckerei gesetzt wird, auf einen Schwung schicken. Umschlagzeichnung auf Einband, zu Eurer Beruhigung übrigens nicht von Kiwitz, der unaufschiebbar nach Kopenhagen verzogen ist, sondern von Professor E. R. Weiß. Meiner Ansicht nach ist der Weiß'sche Umschlag zum Blechnapf noch immer der beste. […] Aus einem Brief Tante Gretchens sehe ich, dass Tante Gretchen sehr dringend zu einem Umzug nach Celle geraten hat, sich zu jeder Hilfe erboten hat, dass Mutti sich aber ablehnend verhält, »weil wir Kinder dagegen wären«. Von Dete und von uns weiß ich, dass wir das nicht sind, im Gegenteil, wir sind sehr dafür. Von Euch glaube ich nichts anderes. Ich nehme an, Mutti grault sich einfach vor Umzug und Reise und verschanzt sich hinter einer derartigen Behauptung. […]

Mit der Wohnung kommt es ja entschieden nicht im rechten Augenblick, aber man muss doch sagen, es ist ein Segen, wenn Ihr von dieser Lärmhölle befreit werdet. Auch eine billige Miete kann zu teuer bezahlt werden! Hoffentlich gelingt es Euch, bei den Verhandlungen wegen vorzeitigen Auszuges eine hübsche Entschädigung herauszuschinden. Freilich traue ich Euren kaufmännischen Talenten ebenso wenig wie den meinen. Alles Gute dafür! […]

Eure

194

Braunschweig, den 22. 8. 1937.

Lieber Rudolf, liebe Suse,

Ich habe eigentlich ein halbes Dutzend Geschäftsbriefe – (wie das klingt!) – zu erledigen, aber der Brief an Hans Fallada liegt mir schon seit Tagen auf der Seele. Aber ich hatte nach Leipzig hier so viel zu tun, unter anderm in Sachen Entrümpelung, und war sowieso nicht auf der Höhe. […] Zuerst will ich offen sagen, dass Räder mir natürlich schrecklich war – und dass ich sehr ungern Spielergeschichten lese. Vielleicht, weil ich im Grunde meines Herzens selbst gern spielen möchte und nur zu feige zum Riskieren bin. So gehe ich von jeher sorgfältig – schon bei Multatuli – den Schilderungen von Monaco usw. aus dem Wege. Das ist natürlich eine ganz persönliche Marotte, und es soll Dir nur sagen, dass ich eben unglücklicherweise bei diesen Schilderungen Hemmungen zu überwinden hatte, die die Wirkung des Romans nicht rein sein ließ.

Aber davon abgesehen, mein Respekt! Es ist schon ganz richtig, wie Du an Mutti schriebst, dass der eine die Welt so sieht und der andere anders. Da darf man nicht rechten und sagen: wie darf der Verfasser so pessimistisch sein! Dass Du es dadurch schwerer hast als andere, die am liebsten alles durch die rosenrote Brille sehen, ist bedauerlich. Man kann Dir dann wenigstens keine Konjunkturliebelei vorwerfen. Ganz famos finde ich die einzelnen Menschen; und wenn sie auch zu meiner Überraschung immer anders handeln, als ich erwartete, so wird das schon stimmen; die Situationen, in die sie hineingestellt werden, sind ja auch immer anders, als sie selbst sichs gedacht haben. Und es ist wirklich ein bunter Bilderbogen dieser verrückten Zeit! […]

Aber entschuldige die Abschweifung, die ja nicht zu Deinem Roman gehört; aber er ruft unbedingt alle diese Fragen und Probleme wieder hervor. Ich freue mich über die köstlichen Menschen, den Elias, den guten Studmann, die nette Petra und die Lumpensammlerin; aber ich habe keine Lust, das ganze Personenverzeichnis abzuschreiben – wenigstens fast das ganze –, obwohl sie natürlich in ihrer Art alle *gut* sind – sogar sehr gut. Vom Schwiegervater bis zur Schwiegermutter und Amanda. Und Du hast keine Lust, das Namenverzeichnis nochmal zu lesen. Der arme alte Kniebusch! Schluss damit – der Roman ist gut, aber Du wirsts nicht leicht damit haben. Den Daumen halten wir Euch, wie üblich ... […]

Heinz grüßt mit mir, er liest jetzt gerade den zweiten Teil des Romans und kann gar nicht davon los, obgleich ihn sein Arbeitsgewissen häufig *sehr* zwackt.

Lassts Euch gut gehn! Wir halten den Daumen.

Eure

Ibeth

Rudolf Ditzen – Carwitz

Am 27. August 1937.

Liebe Ibeth lieber Heinz,

ich hätte Euch natürlich längst schreiben müssen, aber ich hatte wirklich bis an die Grenze meiner Leistungsfähigkeit mit den Korrekturen des Buches zu tun. Gottlob ist das nun alles überstanden, man fängt nun bald mit dem Druck an, und etwa um den 20. 9. herum wird das Buch erscheinen. In den letzten Tagen gab es noch einen ziemlichen Wirbel. Die Fabrik, bei der Rowohlt das Papier im April für Augustlieferung gekauft hatte, erklärte schlicht, nicht liefern zu wollen, sie habe unterdes Auslandsaufträge hereinbekommen, die im Zeichen des Vierjahresplanes inländischen Verpflichtungen vorgingen. Und es war wirklich so! Schließlich hat Rowohlt dann doch noch anderswo Papier aufgetrieben, natürlich viel teurer (ich habe mich wohl oder übel an dem Papierschaden mit 600 Mark beteiligen müssen) und so auftragend, dass man nun doch eine zweibändige Ausgabe (für 12,50 RM) machen muss. Lieblich, bitter, übel!

Was das Buch selbst angeht, so scheint es die ältere Generation namenlos zu schrecken. Mutti ist ganz verstummt, und Tante Ada schrieb auch nur mit stummem Schauder. Dabei habe ich das Gefühl, dass es nicht einmal so das Buch ist als das, was man fürchtet – von außen her. Wenn man aber an seine Berufung glaubt, kann man daran nicht denken und soll es auch nicht. – [...] Räder wird für niemanden grade eine sympathische Figur sein. Immerhin bin ich grade auf ihn besonders stolz, denn eine solche Type wirklich wahrheitsgemäß zu zeichnen ist kaum versucht worden. Natürlich ist er mit dem Smerdjäkoff aus dem Karamassoff verwandt, nicht weil er nachempfunden ist, sondern weil es der gleiche Typ ist. Übrigens werden die meisten den Räder missverstehen, siehe Riemkasten, der es unverständlich findet, dass ein so intelligenter Mensch sich zu Dienerdiensten hergibt. Er hat nicht einmal kapiert, dass ein Mensch für die Befriedigung seiner Triebe sehr schlau, im Übrigen aber horndumm sein kann. [...]

So, meine Guten, nun noch die herzlichsten Grüße

von Deinen, Euren

[Dete]

Zittau, den 9.9.37.

Lieber Rudolf, liebe Suse,

nun wird es aber wirklich Zeit, dass Ihr ein paar Worte bekommt, all die Tage stand es als Erstes auf dem Programm, aber immer kam etwas noch Wichtigeres! [...]

Für mich war es ja schade, dass mein Besuch bei Euch nicht

länger war, auch war ja durch Suses Krankheit doch allerlei aus dem Geleise. Ich denke, wir wiederholen das Zusammensein mal und ich bin dann überzeugt, dass es allerseits auch gut ausfallen wird. Für mich kam auch noch ein Punkt hinzu, den ich in meiner Harmlosigkeit mir erst spät klarmachte: ich war ja allen Hausbewohnern gegenüber eine *alte* Frau! […] Und dass es nicht so ganz wurde, wie ich gern gewollt hätte, und dass auch vielleicht Irene dadurch etwas reingezogen wurde, das liegt daran, dass den 3 Geistern in der Küche es natürlich lieber gewesen wäre, die alte Frau wäre nicht gerade die 14 Tage erschienen. Tüta in ihrer niedlichen Zutraulichkeit sagte – leider sehr am Schluss meines Aufenthalts: »Ick, wir haben ja sooooone Angst vor Ihnen gehabt!!!!!« – Na, also, das nur zur Erklärung und Entschuldigung für uns, nicht nur Dein »Wolf unter Wölfen« mit aller seiner Arbeit war daran schuld, wenn nicht alles so klappte.

[…] Wir haben das Buch verschlungen, es ist ja riesig geschickt geschrieben, im Aufbau tadellos, die vielen Personen stehen klar da für jeden Leser. An vielen Charakteren wird man auszusetzen haben, aber es war ja damals in der Inflation nicht anders, als dass alle nur irgendwie unter der Oberfläche schlummernden schlechten Eigenschaften zum Durchbruch kamen, in vielen Fällen durch die Kriegszeit vorher noch begünstigt. Gut für das allgemeine Publikum, dass der Schluss versöhnend ist! […] Am schlechtesten wird die hohe Kritik die kleine 15-jährige Weio verdauen, aber sie gehört wohl auch in das Bild hinein und ist ja ein wesentlicher Teil des Ganzen. Also gut Glück zum Erscheinen des Buches, es wird schon alles doch besser gehen, als man denkt. […]

In herzlicher Dankbarkeit Deine *ALTE* Schwester
Dete
Schwägerin.

Rudolf Ditzen – Carwitz

Am 17. Oktober 1937.

Liebe Dete,

herzlichen Dank für Deinen Brief – Du hast auf die Antwort ein wenig warten müssen. Aber ich denke, Du wirst alles Verständnis dafür haben, dass meine Briefmappe augenblicklich durch Briefe aus aller Welt wegen meines Wolfes ein wenig verstopft ist, und dazu kam auch noch die Heimkehr der Mutter, ein letzter hier einkehrender Gast – kurz, die Zeit war knapp, obwohl nichts gearbeitet wurde. Vorläufig geht alles gut mit dem Wolfe, um gleich mit diesem Thema zu Ende zu kommen, die Stimmen der Freunde klingen angenehm in unsern Ohren, die Absatzzahlen sind hocherfreulich (toitoitoi + + +), die erschienenen spärlichen Kritiken gut bis sehr gut. Freilich muss man sich darüber klar sein, dass dies die Ruhe vor dem Sturm ist, wir haben unsere Feinde dies Jahr ja etwas ins Hintertreffen gesetzt, dadurch dass wir ihnen keine Besprechungsexemplare gesandt haben, aber das ist nur Aufschub. Wir beten zu Gott und den Göttern, dass wenigstens bis Weihnachten kein Blitz aus dem Himmel in den Wolf schlagen möge – wenigstens bis Weihnachten noch nicht! Betet mit uns.

Also Suse ist nun schon eine Woche aus Leipzig zurück, und sie kam recht erfrischt und erholt wieder hier an. Liebe Dete, ich rede hier in Suses speziellem Auftrag, wenn ich Dir sage, dass Suse in Leipzig gar keine so schwere Aufgabe zu erfüllen hatte. An sich hat sie es ja viel leichter als Ihr Schwestern gehabt, denn sie ist ja nicht, wie Tante Ada gesagt hat, »vorbelastet«, Mutti hat sie nicht als Kind gekannt, und so ging alles leichter. Die beiden Guten sind einander recht nahegekommen, Mutti war wirklich ganz ausgehungert nach Teilnahme und Aussprache […], und so waren es für beide Teile gute Tage. Denn auch Suse hat sich erholt dabei […], und Mutti hat rührend dafür gesorgt, dass sie auch ein bisschen von der Großstadt mit Kino, Theater, Motette abbekommen hat. […] Wie nun alles werden wird, mit dem Umzug, mit Muttis Gesundheit, mit der Wohnung in Celle, mit dem Mitgehen Fräulein Käthes, das wollen wir alles vertrauensvoll oder misstrauensvoll (je nach Temperament und Stunde) der Zukunft überlassen, die schon für uns und unsere Überraschung sorgen wird. […]

Das Land ist grau, von den Bäumen tropft es immerzu, aber die Blumen blühen so schön wie fast gar nicht im Jahr, in allen Zimmern stehen Vasen mit Chrysanthemen, Astern, Dahlien, Montbretien – es ist sehr schön. Langsam kommt die Winterstille doch über uns, ich denke an neue Arbeiten, vorläufig kokettiere ich nur damit, aber ich fühle mich doch immerhin schon leicht geschwängert und weiß nur noch nicht, ob Junge oder Mädchen (oder vielleicht auch nur ein versetzter Wind?!). Die Mädel sind wieder in Ordnung, die Urlaube vorüber, bald wird es schneien, die Öfen sind geheizt – wohlan!

Herzliche Grüße
Eure

[Ibeth]

Braunschweig, den 17. 10. 1937.

Lieber Rudolf, liebe Suse,

[…] Also ich habe natürlich gleich am Abend der Ankunft das Buch ausgepackt. Es ist wirklich sehr schön in seiner äußeren Erscheinung, der Preis ist sicher für die gebotene »Lesemenge«, wenn wirs mal roh ausdrücken sollen, nicht zu hoch. Natürlich ist dieser Preis für viele Menschen ein absolutes Hindernis des Anschaffens. Aber wir leben ja in einer Epoche des wirtschaftlichen Aufschwungs, da müssen doch genügend viele Menschen da sein, die sich den Wolf zulegen.

Wir sind sehr gespannt, wie das Echo sein wird und wie der Verkauf; wir halten alle Daumen! Wir bitten um Gegendienste: diese Woche wird über die Wohnung verhandelt werden. Wenn auch mit Gewalt von Seiten des neuen Hausbesitzers nichts zu machen sein wird, so kann das Wohnen hier doch recht unangenehm werden. Die Fabrik hinten wird schon lustig umgebaut, der Staub ist dem durchaus entsprechend. Denn es fängt natürlich mit Abreißen an. Ein Glück, dass es in diesen Tagen sehr viel regnete. Dazu als besondere wonnevolle Beigabe: auf der Straße wird kanalisiert, und ein Petroleummotor läuft Tag und Nacht, um die Baugrube auszupumpen. Außerdem haben wir Kreistag in Braunschweig. Den Verkehr könnte Ihr Euch denken. […]

Wir haben übrigens in Ording diesmal ein Nordlicht gesehen – sehr merkwürdig: ein roter Feuerschein mit helleren, zum Teil aber auch roten Strahlen, wie von Scheinwerfern. Darunter ein hellgrüner Bogen – nicht Dämmerung –, der zuletzt verblich. Unsere Liste der Ordinger Merkwürdigkeiten ist wieder bereichert. Wir haben dort schon mehrmals die Sonne grün untergehen sehen, einmal einen dreifachen Regenbogen (der dritte entsprang den Fußpunkten des innersten und schnitt den äußeren), einen Mondregenbogen und ein Sternschnuppenfeuerwerk, das stundenlang dauerte und von den Resten eines Kometen herrührte, der im Laufe seiner Sonnenumkreisungen zerstäubt war. Das war wirklich großartig! Der Mittelpunkt lag ungefähr im Zenit, und von da spritzten dauernd nach allen Seiten die Funken … Ach ja, und ein Sonnenaufgang wird uns unvergesslich bleiben: Bodennebel, die Dünen, der Deich und die Häuser verschneit; sie sahen eben über den Nebel heraus, und die aufgehende Sonne brachte eine zitternde Opalfarbe über das Ganze, mit blauen Schatten und weißen Lichtern.

– Und die Stürme – ja die sind wie Stürme überall an der See. [...]

Herzlichst
Ibeth

Ditzen's – Carwitz

Am 28. Oktober 1937.

Liebe Ibeth, lieber Heinz,

wir waren ein paar Tage in Berlin, Suse und ich, dadurch hat sich die Antwort auf Euern leider etwas bedrippsten Brief recht verzögert. Aber wir waren doch froh, endlich wieder einmal von Euch etwas zu hören. Es ist doch ein Jammer, Ibethchen, dass Dir diesmal Ording, das geliebte, so wenig geholfen – trotzdem es Dir natürlich »innerlich« sehr gut getan haben wird. Und auch Heinz wird unter dem Druck der Wohnungssache nicht so ungehemmt haben genießen können wie wohl sonst. Hoffen wir nun nur, dass alles sich in Braunschweig erfreulich entwickelt, ein wenig glättet – wir halten Euch alle Daumen und danken für die Mitarbeit in unsern Angelegenheiten.

Bisher ist sie uns gut angeschlagen. Der Wolf hat es in vier Wochen trotz seines hohen Preises auf 7000 verkaufte Exemplare gebracht – das kann man wohl einen Erfolg nennen. Wir wollen aber versuchen, die nächste Auflage einbändig für 10 RM (statt zweibändig für 12,50 RM) herauszubringen. Kritiken sind auch schon eine ganze Menge erschienen, alle völlig positiv, aber ich kann mit all diesem Geschwätz wenig anfangen. Das Richtige sagen sie einem Autor nie. Für Propagandazwecke ist es aber natürlich sehr nützlich – aber auch da sind wir mit der Auswertung sehr vorsichtig, um nicht den Neid der Götter zu erregen. Wir werden darum auch nicht einmal die zweite Auflage anzeigen. Dass noch nichts geschehen ist, sagt gar nichts. Immerzu, immer feste weiter wohnt in der Wolke der Blitz. – Nebenbei wird wieder feste wegen der Verfilmung des Alten Herzens verhandelt, diesmal mit der Terra. Die Sache soll direkt vor dem Abschluss stehen, ich glaube aber nicht daran. Freilich wäre es sehr schön, dann bekäme doch Suse ihr Autochen, und wir könnten uns mal in Braunschweig behufs Familienklosserei sehen lassen. […]

Ich bin vorläufig noch faul, werde aber bald wieder an die Arbeit gehen. So ohne Tätigkeit fühle ich mich gar nicht glücklich. Aber es wird schon werden. Pläne habe ich genug.

Alles Gute. Tausend Grüße – und alle Daumen eingekniffen! So? So!!! Heil uns allen!!!!

Euer

[Rudolf]
Carwitz, am 11. November 37.

Liebe Ibeth,

ich komme eben aus Berlin zurück und finde Deinen Brief vor. Erlaube mir, dass ich Dir in möglichster Schleunigkeit erzähle, um was es sich jetzt wieder einmal handelt. Eigentlich wollte ich Dich anrufen, aber all dies lässt sich wohl klarer brieflich erzählen. Also: der Erfolg meines »Wolf« hat meine Gegner wohl nicht schlafen lassen, jedenfalls soll vor Kurzem im Völkischen Beobachter eine Notiz gestanden haben, es habe sich nun herausgestellt, dass der Fallada doch Jude sei … (Ich habe diese Notiz nicht zu Gesichte bekommen.) An sich ist das nun nicht tragisch, denn der Nachweis meines Ariertums ist weder bei mir noch bei Suse zweifelhaft. Aber im Augenblick ist eine solche Notiz natürlich unheilvoll, da ich den Nachweis noch nicht geführt habe. Wir haben schon bei den Filmverhandlungen wegen des Alten Herzens gemerkt, dass die andere Partei sich nach aussichtsreichen Verhandlungen plötzlich ohne Angaben von Gründen zurückzog. Jetzt habe ich in Berlin mit Jannings persönlich wegen eines großen Films [»Der eiserne Gustav«] verhandelt, es schien alles perfekt, aber ein in Aussicht gestellter Anruf unterblieb dann, und so sind die Verträge noch nicht unterzeichnet. Ob das nur eine Bummelei ist oder ob das wieder mit der obigen Sache zusammenhängt, wird sich erst in den nächsten Tagen herausstellen – man darf natürlich nicht drängeln. […] Es kommt nun alles darauf an, dass wir die Papiere, ob leihweise oder sonst wie, mit größter Schnelle zusammenbekommen, und wir bitten Dich da um Deine Hilfe. […] Es steht ja für uns wirklich sehr viel auf dem Spiel, wenn die Sache mit Jannings klappt, sind wir für lange aus aller Misere. […] Also, schreib und tu, Ibethchen, Du bist jetzt wirklich unser lichtbringender Engel! Ein bisschen zur Entschädigung lege ich Dir den Speech von Wieman sowie ein paar Kritikenauszüge bei, die ich mir aber bald zurückerbitte. […] Alles Gute, auch von der Suse!

Euer

[Rudolf]

Carwitz, den 14. 11. 1937.

Liebe Ibeth, lieber Heinz,

ich habe ja doch ein ganz schlechtes Gewissen, dass ich Dich, da es Dir so gar nicht gut geht, so einspanne. […] Vorgestern, liebe Ibeth, lieber Heinz, ist ein Vertrag mit der Tobis abgeschlossen, ich habe bis zum 28. 2. 1938 für Jannings einen verfilmbaren Roman zu schreiben, Stoff: Geschichte einer deutschen Familie von 1914 bis etwa 1933. Da muss ich mich gewaltig auf die Hosen setzen, und ich sitze auch schon darauf, denn die Zeit ist verdammt kurz, und es muss ja auch alles noch in dieser Zeit getippt werden! Ich rechne mit etwa 450 Druckseiten. Aber den Auftrag konnte ich nicht ausschlagen, erstens einmal ist er aus Prestigegründen unendlich wertvoll, dann soll es viel Geld geben. (Gut 20 000 RM! Wer kann da Nein sagen?) Der »Wolf« hat damit nichts zu tun, hat aber die Pforten geöffnet. Übrigens ist er seit dem 10. 11. vergriffen, die nächsten 7500 sind erst am 25. 11. lieferbar, für weitere 7500 jagt Rowohlt noch nach Papier, das kaum zu kriegen ist. Es sieht also mal heller aus bei uns, umso unerwünschter sind jetzt grade Querschüsse. Übrigens ist die ganze Sache im V. B. ein saudummes Missverständnis, im Roman da ist vom Juden Ratheau die Rede, und der wird als Märchen- und jüdisches Paradepferd Fallada bezeichnet, irgendein Sachbearbeiter hat das in den falschen Hals gekriegt und daraufhin Ermittlungen nach meinem Ariertum angestellt. Es ist grotesk! […]

Ich bin sehr abgekämpft, nur einen guten Nachtgruß noch!

Euer

[Dete]

Zittau, den 18. 11. 37.

Lieber Rudolf,

Ich habe gestern beinah geheult, als ich hörte, dass Dein Buch *so* gut beurteilt wird! Und erstens kommt es anders, und zweitens als man denkt. Wir haben alle ein bisschen gezittert und gebebt, obgleich wir alle überzeugt waren, dass das Buch fabelhaft war! Dass aber die Kritik so fabelhaft sein würde, das haben wir wohl alle – incl. Rowohlt, nicht zu hoffen gewagt! Nun kann Dir wohl niemand mehr an die Wimpern klimpern! Denn ich meine, wenn man im Rundfunk zur Woche des Deutschen Buches offiziell besprochen wird und wenn gesagt wird, dass ein »Gott dem Dichter die Hand geführt hat«, dass Dickens Dir über die Schulter sah – na, das hat einen Bart, aber hört sich immer wieder sehr gut an – und dass kein künftiger Geschichtsschreiber an diesem Buch wird vorbeikönnen – na, mein Herzchen, was willst Du mehr? Ich meine, das ist die größte Weihnachtsfreude für Euch. Bekannte wollen es sich gleich anschaffen, das Buch, ich denke, es wird trotz des Preises seiner Abnehmer finden. [...]

Euch alles Gute weiter. Bist Du schon hochschwanger mit dem nächsten Kind? Oder in welchem Monat?

Immer
Dete u. Familie

[Ibeth]

Braunschweig, den 23.11.1937.

Lieber Rudolf, liebe Suse,

der letzte Brief war ja so erfreulich, dass er gleich eine Glückwunschantwort verdient hätte, aber wir saßen so dick in der Wohnungsmisere mit entscheidenden Entschlüssen, dass ich nur zum Nötigsten kam. [...]

Die Wohnungssache steht nun so: Man will uns hier raushaben, hat uns Umzugskostenersatz und Entschädigung geboten, die sogar noch erhöht wurde, als wir in Celle eine Wohnung für 90 RM hatten. Die Wohnung ist zwar größer als unsere jetzige, aber doch nicht ideal. [...] Es ist verlockend, hier fortzukommen, denn das Wohnen ist hier schon jetzt kein Vergnügen mehr. Und wenn erst die Fabrik mit 800 Mann Belegschaft in Betrieb ist, wirds auch nicht ruhiger. Und sie wollen uns eben auf jeden Fall raushaben; und die Mittel der Schikane stehen ja zur Verfügung. [...] Aber so fest ich auf das Mieterschutzgesetz vertraue – es gibt immer Ausnahmen, und hier wird die Wohnungsnot allmählich beängstigend. Nun kommen, zu Industrie und Garnison, auch noch die Göringwerke in die Nähe. Die Stadt wächst rapide, beinah amerikanisch. […]

Lassts Euch gut gehen.

In Eile herzlichst

Ibeth

[Rudolf]

Carwitz, am 28. Nov. 1937.

Liebe Ibeth, lieber Heinz,

[…] Wir können uns denken, wie sehr Euch die Wohnungsmisere bedrückt. Aber alles scheint doch für Celle zu sprechen, oder nicht? Ich könnte denken, dass Ihr doch – nach den bösen Umzugstagen – aufatmen würdet. Im Grunde ist die Hamburgerstraße doch immer ein Alpdruck für Euch gewesen – und die Billigkeit der Wohnung war entschieden ein unzureichender Ausgleich für die Nachteile. Ich wünsche Euch alles Gute, ein starkes Herz, gute Nerven – es gibt so Schweine im Geschäftsleben, die reisen auf schlechten Nerven der andern. (Nicht einwandfreies Deutsch, aber Ihr versteht?) […]

Ich bin heute verquatscht, arbeite zu viel!

Alles Gute *Eure*

[Rudolf]

Carwitz, am 5. Dezember 1937.

Liebe Ibeth,

vielen schönen Dank für Euren Brief. Mit der Terminologie der Sippenforscher wird es mir wohl übel ergehen: der

Geist sieht die Notwendigkeit der ganzen Sache nicht ein und weigert sich darum, dies alles aufzunehmen. […]

Hier wird gewaltig geschanzt. Jeden Tag ächze ich unter der Last meiner 15 Druckseiten, schaffe sie aber immer. […] In der vergangenen Woche war Mathias Wieman mit seiner Frau für einen Tag hier, wir sind uns alle vier so nahegekommen, dass auf beiden Seiten die Hoffnung auf eine dauerhafte Freundschaft besteht. Er machte mir Filmvorschläge für die Ufa, in deren Aufsichtsrat er sitzt, leider werde ich wohl Ja sagen und nie aus dem Zustande des Überarbeitetseins herauskommen, aber man muss die Trauben pflücken, wenn sie reif sind, die Abstoßung unserer Hypothekenschulden etc. ist eine Aufgabe, die den Schweiß lohnt. […]

Vom Wolf sind jetzt 15 000 Stück weg, die 2. Auflage geht schon auf die Neige, und damit sind wir die Vorschüsse bei Rowohlt los. Ach Gott, meine Guten, es ist etwas Herrliches, und wir wünschen es Euch, dass es Euch auch einmal balde so ergehe. Heinz schuftet doch wirklich genug. Das, worüber ich seit ein paar Monaten seufze, das Arbeiten, ohne hochzusehen, tut er doch schon seit Jahren! Alles Gute! […]

Den Kindern geht es danke schön, Suse tobt in der Küche wieder ganz aufgelebt, und ich denke daran, dass ich heute noch einige Druckseiten hinter mich bringen muss. O Emil! O Jannings! Du warst ein Dukatenscheißer, aber jetzt ist mir richtig beschissen zumute, und beschissen ist beschissen, ob mit Schweiße oder Dukaten!

Nach diesem, wie der V. B. sagen würde, echt falladesken Schluss sage ich nur noch: von mir aus!

Macht's gut

Eure

[Ibeth]

Braunschweig, den 10. 12. 1937.

Lieber Rudolf, liebe Suse,

[…] Vorgestern habe ich mir Emil mal angesehen – zwar war ich hinterher sehr erledigt und muss mich noch schwer davon erholen – aber ich bereue es nicht, denn ich habe mich wirklich herrlichst am zerbrochenen Krug erfreut. In der Erinnerung haftet ja leider alles, was ein bisschen outriert, übertrieben und zu reißerisch war, stärker, als mir lieb ist und als mir beim Ansehen aufgefallen war. Aber im Ganzen ist es doch einfach entzückend, und ich habe allen Respekt vor der Leistung, den echten Kleist fast ungekürzt wiederzugeben. Die Typen fand ich sehr gut – nur Eve war zu sehr Filmdiva –. Ich will damit nicht sagen, dass sie schlecht war, sie passte nur nicht ganz zu diesem Ruprecht. […]

Also, wir haben in Celle gemietet und ziehen 15. 2. dort ein. Nicht ganz ungeteilten Herzens – alles Pro und Contra zu erzählen würde zu langweilig sein. Wohnungen sind eben nicht leicht zu bekommen, und vielleicht hätten wir bei etwas besseren Nerven etwas länger gewartet und etwas anderes gekriegt. So sind wir ganz in der Nähe von Mutti […], haben es dort sehr ruhig und einen grünen Garten und ein ganz niedriges Haus vor uns. »Im hässlichen Hause wohnen und auf die hübschen sehen« – das bezeichnete uns neulich eine Künstlerin als Ideal. […]

Und nochmals vielen Dank!

Eure

Ibeth

[Dete]

Liebe Carwitzer,

[…] Wir wünschen Euch ein sehr gemütliches Weihnachten, hoffentlich kann Hans Fallada ein paar Tage richtig sich der Familie widmen, es ist für die Kindheitserinnerungen unendlich eindrucksvoll, wie das Weihnachten verläuft.

Der »Wolf« scheint ja glänzend zu gehen. Wir selbst in unserm kleinen Kreis haben schon mehrmals gehört, dass man es sich nicht nur pumpte und las, sondern es sich kaufte, trotz des hohen Preises. Ich glaube, das ist für das Durchschnittspublikum ziemlich bezeichnend. Ihr könnt Euch gar nicht denken, wie sehr wir uns freuen, dass alles so fein geworden ist … In Berlin gibt es jetzt so viele übernächtige Gesichter. Was ist denn dort Besonderes los? Zu viel S. A.-Dienst oder so was? Nein, sie haben alle »Wolf unter Wölfen« gelesen. Und dass man da mindestens eine Nacht drangeben muss, das wird im Laufe des Buches noch jedem klar. – Man kann sich dabei übrigens plastisch vorstellen, wie sehr sich der Autor beim Schreiben verausgabt hat!! […]

Dass Mutti wieder Pläne und Lebensinhalt hat, freut uns zu sehr. Sie schrieb nun schon wegen des Umzugs. Ich habe ihr folgenden Vorschlag gemacht: Ich fahre zum 18. 2. zu ihr zum 70. Geburtstag, damit sie nicht allein ist. Bei der Gelegenheit spreche ich alles wegen des Umzugs mit ihr durch, und zwar so, dass ich sie dann möglichst nicht mehr brauche. […]

Dass Liat nun auch nach Celle zieht!!! Hoffentlich, hoffentlich erholt sie sich! Adelheid will beim Umzug mit helfen und in Celle Tante Gretchen. […]

Immer Eure Euch herzlich alles Gute wünschende

Dete
und Familie

Ditzen's

Carwitz, am 20. Dezember 1937.

Liebe Ibeth, lieber Heinz,

es ist vielleicht nicht ganz das richtige Geschenk, wenn ich Euch heute mit meinem neuesten Bilde gegenübertrete. Nehmt es nicht für übel: es soll nur ein Gruß sein. Und noch einmal der Wunsch, dass Ihr Euer Fest recht gut, gesund und vergnügt feiert, die Presslufthämmer werden ja nun wohl schweigen, die große, selbständige Tochter wird wenigstens ein bisschen Jugend zu Euch Alten tragen, und dann winkt ja Celle mit Grün und Stille und Mutti – wir begrüßen eigentlich doch Euern Entschluss! Darf ich Euch auch gleich ein recht, recht gutes Neues Jahr wünschen. Mögen einige Blütenträume reifen! […]

Ich arbeite wie ein Irrer für den großen Emil. Übrigens ist da schon wieder eine Komplikation eingetreten: der betr. maßgebende Herr soll in einer Rede von dicken Leuten, die ihren Arsch fotografieren lassen und für Devisen ans Ausland verkaufen, gesprochen haben. Nun schmollt Emil und will nicht aus Österreich heim. Übrigens soll der Gute sicherem Vernehmen nach 300 Mark Tagesspesen und 200 000 für jeden Film, den er macht, bekommen. Ganz hübsch! – Aber wie gesagt, ich schanze wie ein Affe weiter, befinde mich z. Z. zwischen Revolution und Frieden von Versailles, was keine gemütliche Gegend ist, und habe immerhin bereits 450 Druckseiten hinter mir (aber noch ebenso viel vor mir!). […]

Macht alles gute und nehmt diesen flüchtigen Brief nicht übel. Aber Ihr solltet doch nicht ohne Weihnachtsgruß sein.

Herzlichst
Eure

Ditzen's

Liebe Zittauer,

obwohl Euch dieser Brief zu Sylvester gar nicht in Zittau finden wird – da Ihr auf dem Jeschken seid –, lässt es mir doch keine Ruhe: wir möchten Euch doch gleich für Euer so wohl gelungenes, so besonders nettes Paket danken. Wir haben es mit ganz großer Freude ausgepackt [...].

Wir haben ein sehr schönes Fest gefeiert, obwohl Uli mit Halsschmerzen im Bett lag, Suse etwas vergallt war und ich alle Tage weiterarbeiten musste. Aber wir haben es uns doch sehr gemütlich eingerichtet, hatten viele schöne Stunden miteinander und waren sehr gerührt von all der Liebe, die wir von allen Seiten empfinden mussten. (Es war alles natürlich viel zu viel, aber was soll man da machen?) [...] Der Putenbraten – Gans wurde wegen Fettigkeit abgelehnt – hat ausgezeichnet gemundet, wir hatten und haben noch drei Besucher, unsere Oma aus Hamburg und zwei Berliner Schauspielerinnen, die jetzt mir zusehen, während ich dies tippe – und dabei ging es immer weiter mit der Arbeit, oben im Hofzimmer, das nun bald ganz mein Arbeitszimmer werden wird. Übrigens hatten wir auch noch eine kleine Festvorfreude, am 23. 12. wurde Vertrag mit der Ufa wegen Verfilmung des Alten Herzens abgeschlossen, viel Geld hat das zwar nicht gebracht, denn der Stoff hat zu lange schon auf dem Markt gelegen, aber sehr angenehm ist es doch. Alle andern Filmanträge habe ich erst einmal abgelehnt, ich sollte sogar für die Wessely ein Drehbuch arbeiten, wenn dies für Jannings überstanden ist, will ich erst einmal Ruhe haben. [...]

Und nun Atjüs. Hoffentlich habt Ihr auf dem Jeschken so schönen, reinen, unbegangenen Schnee liegen wie wir hier! Es ist wundervoll, aber der Winter scheint lang zu werden!

Alles Gute für 1938 und so weiter und so weiter … Sagen wir vorläufig bis 2000. Und nochmals unsern schönsten Dank

Eure

Rudolf Ditzen

Carwitz, am 6. Februar 1938

Liebe Dete,

wir haben lange nichts voneinander gehört. Du weißt ja aber, dass hier einmal Arbeitshochdruck herrschte und dass wir zum andern viel Sorgen mit den Kindern hatten. Teilweise war das ganze Haus krank, mich Gott sei Dank ausgenommen, der ich ja auch gesund sein musste, weil ich zum 28. pünktlich abzuliefern habe. Das wird, wenn nichts ganz Schlimmes dazwischenkommt, auch klappen, und dann will ich mir endlich Ruhe gönnen. […]

So, liebe Dete, das wäre für heute alles, hoffentlich schimpfst Du nicht. Im März wirst Du ja meinen Hausdrachen in Leipzig treffen, beschimpfe ihn dann bitte.

Herzliche Grüße, auch an Fritz und Irenchen,

Dein

[Ibeth]

Braunschweig – – – – – – –
nein, Celle, den 7. 2. 1938.

Lieber Rudolf, liebe Suse,

[…] Wir sitzen hier noch in ziemlicher Unordnung; immerhin nimmt das Chaos schon etwas Gestalt an, und wenn man nicht dauernd ein schlechtes Gewissen wegen der zu teuren Wohnung hätte, so könnte man sich schon sehr an ihr freuen. Vorläufig kommen wir uns noch vor wie in einem Hotel. Die Möbel sehen so ganz anders aus – wir haben natürlich allerhand Anschaffungen an Gardinen und Lampen und sonstigen Einrichtungen machen müssen. Aber dafür wird es wirklich hübsch bei uns, und wir sind erstaunt über die idyllische Ruhe, die in der Breitestraße herrscht. Und dabei liegt die Wohnung an einer Kreuzung! […]

Merkwürdig ist die »Kleinstadt«; man gewöhnt sich so schnell an die kleinen Entfernungen, dass man nach einer Woche den Weg zum andern Ende der Stadt für »zu weit« erklärt, bis man sich klarmacht, dass das in der Mammutstadt Braunschweig ein täglich zurückzulegender Weg war. Tante Gretchen hat uns rührend behaust und verpflegt während der ersten Tage; das Auspacken am Sonnabend geschah hier in der allergrößten Eile, damit die Leute ihren Sonntag hätten. So sah das Schlachtfeld am Abend trostlos aus. Heinz bedauerte nur, dass er keine Farbaufnahme davon machen könnte. Man hätte selbst für den feinsten Besuch keinen Kamm von der Butter nehmen können, so lag alles durch- und übereinander. Das Schlimmste ist, dass natürlich die Bücher trotz aller Vorsichtsmaßregeln ganz durcheinandergekommen sind; wenigstens sind unsere getrennten Büchereien getrennt geblieben und bei Heinz sogar die Regale. Aber bei mir – hoffnungslos. Das dauert noch Wochen. Erst will ich mich mal darauf beschränken, die Bücher, die auf dem Kopf stehen, würdig aufzustellen. […]

Der Abschied von Braunschweig war gar nicht einfach. Ich hatte es mir leichter gedacht. Die wenigen Menschen, die ich dort hatte, habens mir schwer gemacht. Heinz ist viel leichter dort weggegangen und freut sich hier aufs Arbeiten; vorläufig kämpft auch er mit einer Erkältung und handwerkert ersparenderweise im Hause herum. Wenn der Tischler einen Nagel einschlägt, dann haut er die Wand durch; da nehme ich mir dann den Physiker, der verstehts. Am Freitag hatten wir einmal 9 Handwerker im Hause. Aber nun liegt das Telefon (Celle 35 76), fast alle Vorhänge sind oben, der Klempner ist beinah fertig (wir zogen mit Öfen und Badezimmereinrichtung!), Maler und Tischler sind erst mal fertig, Glaser auch, nur der Schlosser wird noch erwartet. Es war heiter. Wie gesagt, die Wohnung wird wunderschön. Jetzt muss ich schließen – wir denken viel an Euch und grüßen Euch vielmals –; vor allem wünschen wir Euch und den Kindern alles Gute.

Sehr in Eile Eure
Ibeth

Rudolf Ditzen

Carwitz, den 13. Februar 1938

Liebe Ibeth, lieber Heinz,

wir können Euch gar nicht sagen, wie sehr uns in den letzten Monaten Eure regelmäßigen Briefe gefehlt haben. Wir haben ja alles Verständnis dafür, dass Ihr in den letzten Wochen und Monaten nicht recht in Briefschreibe-Stimmung wart, aber wie gesagt, gefehlt haben uns Eure Nachrichten doch. […]

Ich selbst diktiere jetzt an meinem neuen Buch rum [»Der eiserne Gustav«], das wirklich ungefähr ebenso lang geworden ist wie der Wolf. Wenn ich nicht vorher hinscheide, werde ich aber bis Ende des Monats fertig. Ich halte mich noch immer, von leichten, aber nicht alkoholischen Schwankungen abgesehen, senkrecht. Wenn dies aber überstanden ist, will ich endlich einmal meine Ruhe haben und gar nichts tun – außer ein paar Kleinigkeiten. Ich bin und bleibe ja doch der unverbesserlichste Idiot, mit dem ich je Bekanntschaft gemacht habe. Übrigens habe ich vor, wenn Suse Ende März Mutti gezogen hat (wobei ihr Gott beistehe!), zum Abholen meiner Trauten nach Celle zu kommen. Ich hoffe, wir werden dann eine richtige Familienklosserei machen, ich sehe mich schon wie einen kleinen Jungen auf meinem Stuhl sitzen, weise Worte hörend und genau wie ein kleiner Junge von dem Wunsch beseelt: nur raus! Na, Heinz wird mir dann ja schon die Gelegenheiten zeigen können. Bei den Cellenser Wohnungen soll das Klo ja meistens auf der halben Treppe liegen, das gäbe einen großartigen Vorwand zum Verschwinden! […]

Herzliche Grüße Euer kummergebeugter

Rudolf Ditzen

Berlin W. 15, am 2. März 1938.
Lietzenburgerstr. 48
Pension Stössinger

Liebe Dete,

[…] Suse lernt mit Eifer und gutem Erfolg das Fahren. Die Autoausstellung ist überwältigend. Wir schwanken für uns zwischen Audi und Ford, wollen aber jedenfalls erst den klingenden Erfolg der Janningsarbeit abwarten, ehe wir kaufen. Abgeliefert ist nun, gelesen wird schon, nun werden wir hören! Ich bin noch immer sehr abgekämpft, der Schlaf will noch nicht recht werden. Aber das kommt schon noch alles ins Lot! […]

Sei nicht bös über diese Kürze, gleich muss Besuch kommen, und ich muss mich noch kriegsbemalen!

Herzlichst
Dein

Rudolf Ditzen

z. Z. Berlin W. 15, am 2. März 1938.
Lietzenburgerstr. 48
Pension Stössinger

Lieber Heinz, liebe Ibeth, […] Suse lernt eifrig das Fahren. Es geht gut, wie ich nie anders erwartet habe, und sie wird wohl Ende dieser Woche ihre Fahrerprüfung machen. Wir haben uns nun auch schon einen Wagen gekauft, einen 8-Zylinder-Ford, 90 PS, bis zu 140 Kilometer fahrend, was Suse kaum ausnützen wird, 5-sitzig – eben was ganz Schönes. Wir freuen uns mächtig. Der Kauf ist dadurch möglich geworden, dass die Tobis, der ich pünktlich geliefert hatte, auch pünktlich bezahlt hat, was sehr angenehm ist. Das MS ist unterdes von Rowohlt, seinem Lektor, Suse, Rowohlts Frau, einem Direktor der Tobis gelesen, und zu meiner Verblüffung lautet das allgemeine Urteil: noch besser als der »Wolf«, noch spannender, ausgezeichnet. Wieder ein Beweis dafür, dass der Autor keine Ahnung von seinen eigenen Werken hat. Denn ich habe und hatte das Gefühl, dass ich einen direkt kompromittierenden Mist geschrieben habe und dass eine Buchveröffentlichung nie in Frage kommen würde. […]

Es ist schön, dass Euch Celle schon ein bisschen zusagt. Arbeiten unterbrechen ist immer eine Schweinerei. Ich habe davor auch stets eine Heidenangst, man bringt das Hirn so schwer wieder in Gang, grade an der abgebrochenen Stelle weiterzudenken, weigert es sich strikte. […]

Herzlichst *Eure*

Rudolf Ditzen

Carwitz, am 19. März 1938

Liebe Hörigs,

herzlichen Dank für Eueren Brief vom 9. ds. Mts. Ihr werdet ja unterdes über Mutti schon gehört haben, dass ich nun, da die Kinder annähernd gesund sind, Suse ins Krankenhaus habe bringen müssen. Sie scheint jetzt über den Berg zu sein, muss sich aber gründlich erholen, und so werden wir unsere Mummi für über ein Vierteljahr nicht zu sehen bekommen. […] – Dass Uli definitiv nach Ording kommt, habe ich Euch ja schon geschrieben. Ich habe auch schon Preisforderung von dort bekommen und zugesagt. […] Ich habe zwar sehr schön Geld verdient, aber bei diesem Ansturm auf Sanatorien, Ärzte und Krankenhäuser geht es fast schneller dahin, als es einkommt. Gott segne die Haut, in der wir stecken, ich kann es nicht. […]

Herzliche Grüße Euch beiden und allen anderen Cellensern

Euer

Rudolf Ditzen

Carwitz, am 5. April 1938.

Liebe Ibeth, lieber Heinz,

ich habe es ein bisschen lange anstehen lassen mit der Antwort auf Euern Brief, und das Material für die Ahnenpässe schicke ich noch immer nicht mit, einfach weil ich zu umständlich dazu bin, alles herauszusuchen. Ihr werdet ja von Mutti gehört haben, dass ich auch wieder einen Kollaps hatte, nur ganz kurz. Aber einmal bin ich doch wieder recht down durch die schweren Schlafnarkosen, die ich dann immer bekomme, dann ärgert es mich, dass ich so leicht bei häuslichen Miseren zusammenklappe, und schließlich ängstet mich die

Aussicht auf viel mehr Arbeit, als selbst ein gesunder Mensch leisten könnte, alles keine produktive Arbeit, die Spaß macht, sondern Umarbeiterei, Filmarbeit, Kürzungen, Umdichtungen für Vorabdrucke, auch eine Übersetzung. Suse hat sich recht gut erholt, muss aber endlich wirklich etwas für sich tun und will so nach Ostern nach Mergentheim. Damit das Heim (und seine Herrin) ruhiger sei, fahre ich mit. Heute, an unserm 9. Hochzeitstag, hat sie ihre erste Probefahrt hier im eigenen Wagen gemacht, noch einen Fahrlehrer an der Seite, aber es ging doch ganz schön. Sie will jetzt mit Gewalt an das Fahrenlernen, soweit es die Kräfte nur erlauben, denn wir haben vor, nach Mergentheim im Wagen runterzufahren. Das Bad liegt so nah bei Heidelberg, Rothenburg und andern schönen Plätzen, dass ich mir das herrlich denke. [...]

Herzliche Grüße

Eurer

Dr. H. Hörig – Celle
Breite Straße 29

Celle, den 5. Mai 1938.

Lieber Rudolf, liebe Suse!

Im Augenblick superponiert sich bei mir den Spiegeldrehachsen, drei zweizähligen und vier dreizähligen Symmetrieachsen, den Fragen der hemimorphen Hemiedrieen des rhombischen Systems bei Anwendung auf ein Stück Holz etc. pp. die viel gewichtigere Frage: mit welchen Eindrücken und Gefühlen sind Rudolf und Suse von Sankt Peter an der Nordsee wieder abgefahren?

Denn, wohlverstanden: aus diesseitigen Berichten ist eine Klarheit über das Vorzeichen (!) Eurer Eindrücke für uns bislang nicht feststellbar gewesen. Tante Gretchen versicherte mir, es hätte Euch, Eurer Karte nach, alles ausnehmend ge-

fallen … Ihr hättet alles mit Hörig'schen Augen gesehen …
kurz, Note Ia mit dem *. Die regierende Fürstin indessen
meint gedehnt: »… sie haben *versucht*, alles mit Hörig'schen
Augen zu betrachten … nun ja …« Da die Karte selbst, was
ich grundsätzlich wegen des Prinzips von actio et reactio recht
lebhaft begrüße, uns nicht vorgelegt wurde, so muss ich also
sagen, dass unsere diesbezügliche Spannung bisher keinerlei
Minderung erfahren hat und wir sehr froh wären, wenn wir
mal von Euch etwas Richtiges, was Hand und Fuß hat, zu
hören bekämen. Wir hoffen sehr, dass es Euch beiden einigermaßen gut geht und dass die Kur Mergentheim alle nur
denkbaren Wunder tun wird. […]

Euer

Heinz

Ditzen's

Bad Mergentheim, am 11. Mai 1938.

Kuranstalt am Frauenberg

Liebe Ibeth, lieber Heinz, unser Briefverkehr ist etwas eingeschlafen, nur so hat es kommen können, dass wir vergessen
haben, Euch selbst über unsere Ordinger Reise Bericht zu
machen. Also: es war herrlich. Dass wir landschaftlich auf
unsere Kosten kommen würden, das war klar, denn wir sind
ja beide Wassermenschen. Wir haben alles, soweit man das
eben kann, in den zwei Tagen richtig genossen, sind so viel
herumgelaufen, dass uns beiden die Füße weh taten. Natürlich haben wir uns auch im Wattenmeer verlaufen, schließlich standen wir vor einem Priel, und da wir nicht zurück-
wollten, sind wir hindurchgewatet, hoch geschürzt, und eine
Külle war das! Ich habe noch hinterher die dollsten Schmerzen in den Füßen von dem eisigen Wasser gehabt. […]
Unsere Fahrt hierher war unbeschreiblich herrlich. Die

Autobahnen sind was Wundervolles, sie lassen auch den Fahrer zum Genuss der Landschaft kommen. Und nichts von Monotonie, immer abwechselnd, bergauf und bergab, lange Kurven, so dass man immer Neues sieht. – Hier selbst haben wir es ganz ausgezeichnet getroffen. Essen, Unterbringung, Arzt, Wetter, Kur – alles befriedigend. Was wir seit Jahren nicht gehabt haben, wir haben mal Zeit, im Liegestuhl in der Sonne zu liegen. Ich immer nur ein Stündchen, denn ich muss ja fleißig schanzen, aber doch wenigstens ein Stündchen. [...] Gestern waren wir in Stuppach, haben uns die stark restaurierte, aber immer noch schöne Madonna Grünewalds angesehen, als nächstes Ziel winkt Wertheim. Dann soll Creglingen, der Altar von Tilman Riemenschneider, drankommen usw. usw. Man könnte jeden Tag ein anderes Ziel wählen, aber wir wollen auch nicht zu viel vornehmen. [...]

Die herzlichsten Grüße an alles Grüßbare, speziell aber an Euch

Eure

[Ibeth]

Celle, den 3. 7. 1938.

Lieber Rudolf, liebe Suse,

[...] Gestern habe ich den Anfang des Eisernen Gustav gelesen. Sehr vielversprechend! Ich hoffe, dass ich diesmal richtig hintereinanderlesen werde; beim Wolf war ich durch meine Reise nach Leipzig so mit den verschiedenen Fortsetzungen durcheinandergekommen, dass ich jetzt, bei der zweiten Lektüre (d. h. richtigem Lesen, hintereinander, und nicht nur Naschen) zu meiner Überraschung manche Zusammenhänge ganz anders gesehen habe. [...]

Heute Mittag war ich mal wieder mit Heinz bei Mutti; sie

war wie immer rührend freundlich, gar nicht mehr so wie oft früher gereizt und zu Widerspruch geneigt. Vielleicht bin ich auch vorsichtiger geworden und kann daher besser mit ihr auskommen. […]

Das Zusammensein mit Euch war sehr schön, und wir bedauern nur, dass es nicht länger war. Aber leider ist erst mal nicht an einen schönen Carwitzausflug zu denken. Bald kommt dann Tante Ada, und dann muss die Zeit bis Ording ausgenutzt werden. Auf Tante Ada freue ich mich sehr. Und Heinz auch. […]

Tante Franziska hat noch eine schöne Familiengeschichte erzählt: Ein Bruder von unserm Urgroßvater Teichmann, der Oberförster im »Holzhof« bei Hannover war, hat unter andern Kindern eine sehr schöne Tochter Ida gehabt, die sich am Hofe (ihr Onkel war Hofkommissar) »ins Herz des blinden Königs« hineingesungen hätte; aber der biedere Oberförstervater hat dem König nicht gestattet, zur äußersten Konsequenz zu schreiten … und wurde also strafversetzt. Die Tochter wurde zu ihrem Bruder nach Bremen entfernt. (Siehe Teichmannbrunnen zwischen Rathaus und Dom. Der Bruder hat ihn gestiftet.) […]

So, für heute Schluss. Freut Euch Eurer Ernte; die Schätzung der Obsternte für Deutschland sieht ja trübe aus! Hier war heute Kreistag der Partei; die Großkundgebung auf dem Saarfeld (hinter der Pfennigbrücke) ist in Gewitter untergegangen, und gestern Abend gab es in den Läden kein Obst, kein Gemüse mehr. Oder sagen wir vorsichtig und richtiger: in den von uns besuchten Läden. […]

Lassts Euch gut gehen und seid nochmal bedankt für die schönen Tage! Heinz grüßt mit.

Eure
Ibeth

[Dete]

Lieber Rudolf,

auf Eure freundliche Karte hin sollt Ihr nun gleich den schon *sehr* lange geplanten Brief haben. […] Ich habe ja von Euch immer mal gehört und Eure Wege verfolgt, die Ihr durch Deutschland gemacht habt. Mergentheim wird Suse gutgetan haben, der volle Erfolg soll sich ja immer erst später zeigen. Ihr seid unterdessen die Verwandtenstraße gezogen und habt gleich die sehr großen Annehmlichkeiten des Wagens kosten gelernt. […] Ich selbst habe all die Wochen sehr wenig über Euch gehört, Mutti berichtete, aber nie über Deine Arbeit. Nun höre ich, dass in Carwitz selbst das »Alte Herz« gedreht wird. Ihr könnt Euch nicht denken, *wie* mich das freut; erstens für die Sache selbst, denn wenn ich auch weiß, dass dies Buch nicht ein »echter« Fallada war, so ist er doch ganz besonders populär, und ich bin überzeugt, dass der Film ein sehr großer Erfolg werden wird. Wenn ich nur schon etwas Näheres davon erführe! Ich bin gespannt wie ein Regenschirm! Wer spielt die Rolle der Kleinen? Wer den Professor? Macht Wieman den Dicken Tamm? Oh, es wird wirklich herrlich, und man wird hinlaufen wegen verschiedener Sachen wie damals im »Zerbrochenen Krug«, wo man der herrlichen Anfangsszene wegen hauptsächlich hinging. […]

Unser Leben verläuft sehr ausgefüllt, Fritz hat einige Wochen jetzt die Kanzlei allein und sehr viel um die Ohren, aber die Arbeit macht ihm meist Freude, er wird sehr geschätzt als Anwalt mit kaufmännischem Verständnis und bekommt da ganz besondere Sachen, die ihm auch liegen. […] So kann er mal ohne Karlsbad auskommen, was auch immer weniger angenehm wird wegen der politischen Verhältnisse, nur die Quellen bleiben eben die gleichen. Ein paar

Wochen haben wir hier auf dem Pulverfass gesessen, haben uns aber dadurch nicht sehr stören lassen, waren sehr erstaunt, dass man uns aus dem Innern Deutschlands Zuflucht anbot »vor den kommenden kriegerischen Wirren« – na, wir selbst hatten es gar nicht so ernst genommen. So haben Fritz und ich uns vor 14 Tagen persönlich überzeugt, dass man ruhig rübergehen kann, dass sie einem nichts tun und auch die Waldwege – wenigstens die meisten – wieder frei sind. [...]

Immer
Dete

Ditzen's

Carwitz, am 15. Juli 1938.

Liebe Dete,

ich danke Dir vielmals für Deinen langen Brief. Ich habe alles Verständnis dafür, wenn nicht sofort geantwortet wird [...]. Und der Film – ich halte mich möglichst zurück, denn ich will mich ja nicht an einem etwaigen Misserfolg beteiligen, aber ein bisschen klönen tut man doch mit den Leuten, und von Montag an, wenn die eigentliche Dreherei losgeht, wird man sich auch manches ansehen. Ich weiß nur von Besetzungen, dass Bienert den Schlieker spielt und – nun habe ich den Namen des Kittguss-Spielers doch wieder vergessen! Das Drehbuch sah erst sehr gut aus, ist dann aber völlig umgebaut und nach unsern Begriffen, auch des Regisseurs Junghans, ein vollkommener Mist geworden. Aber der Mann hat gute Absichten mit der hiesigen Landschaft, und da die wirklich unerschöpfliche Möglichkeiten bietet, kann es vielleicht doch noch etwas Gutes werden! Der Jannings-Film, der erst im Herbst gedreht wird, ist eine ganz andere, sehr große Sache. J. rechnet ziemlich sicher auf den Staatspreis – während dies mehr ein Durchschnittsfilm wird (immerhin soll er 600 000 RM kosten!). […] Also alles Gute für Euch

von Euren

Ditzen's

Carwitz, am 17. Juli 1938.

Liebe Ibeth, wir haben uns den Dank für Deinen langen Brief, boshaft und faul, wie wir nun einmal sind, so lange aufgespart, dass wir ihn zusammen mit den Wünschen für Deinen Geburtstag verbinden können. […] – Unser kleines Angebinde wird Dir von Mutti überreicht werden. Vielleicht irre ich mich, aber mir war, als hätten Deine Augen etwas gelblich aufgefunkelt, als Du diesen Apparat in Suses Händen sahst. Und da man nicht unnötig nebenbuhlerische Gefühle züchten soll … […]

Hier ist es immer noch wild zugegangen. Die Berliner Tischler haben Möbel eingebaut, eigentlich sollte das drei Tage dauern, aber durch alle möglichen Hemmungen haben sie dazu zwei Wochen gebraucht. Da sie am Tisch mit aßen, war das manchmal eine rechte Belastung. […] Aber es ist alles doch sehr schön geworden, Ihr werdet Euch wundern, wie sehr! Besonders mein Arbeitszimmer oben ist fabelhaft, ganz hell in Esche. […] Aus Berlin von Rowohlt haben wir noch keine neuen Nachrichten. Jetzt wird erst einmal der Deutsche Verlag, geb. Ullstein, eingespannt. Aber es wird alles nichts helfen. Die sind nicht so dumm, so etwas zu machen, ehe sie sich nicht vollständig den Rücken gedeckt haben. Bitter, bitter – ich lese die von Rowohlt geschickten Verlagsverzeichnisse der Deutschen Verlagsanstalt in Stuttgart, um mich allmählich an den Gedanken zu gewöhnen. Das ist sicher alles sehr schön, viel größer, sehr viele gute

Autoren, aber es ist eben doch nicht das … Wird's auch nie wieder werden! […]

Und wie gesagt, Ibethchen, den alten Wunsch des alten Rowohlt:

HEIL, Sieg UND FETTE BEUTE!

Deine

[Ibeth]

Celle, den 19. 7. 1938.

Lieber Rudolf,

Heute wirst Du als Geburtstagskind erstmal allein angeredet. Wir wünschen Dir das Übliche: *Alles Gute* im neuen Jahr und in allen folgenden Jahren – die Spezialisierung auf das im Augenblick Erwünschte musst Du dann schon selbst vornehmen. […]

Eigentlich dürfte ich ja nun noch nicht wissen, was Ihr mir zum Geburtstag zugedacht habt, oder müsste doch wenigstens so tun, als wüsste ichs nicht; aber ich sage es doch schon heute, dass ich mich schrecklich drauf freue! Und ich bin nicht mal geknickt, dass ich meine Augen funkeln ließ; denn ich unterscheide genau zwischen »Missgönnen« und »Auchhaben-wollen« und fühle mich nur für das Erlaubte verantwortlich. (Wenn das nicht ganz klar sein sollte, bitte ich um Entschuldigung.)

Der Eiserne Gustav gefällt mir sehr. Ich kann mich sehr in Deine Schwierigkeiten hineindenken: Immer steht man vor einer Situation, die man gerne ausmalen möchte – und dann muss man schleunigst einen Sprung über zwei Jahre machen, um die ganze Familie dem Jahre 28 näher zu bringen – und der Leser möchte doch so gerne noch etwas Näheres über Tutti hören. […]

Um noch einmal auf den Roman zurückzukommen: Da

ich mich also glücklicherweise nicht um Druckfehler zu kümmern brauche, möchte ich nach etwas anderm fragen: Gab es 1914 schon den Ausdruck: »Meckern«? Ich habe ja nun in Stuttgart gewohnt, und vor der Zeit des Rundfunks verbreiteten sich solche Worte sehr langsam; aber ich glaube mich genau zu erinnern, wie ich nach dem Kriege, etwa 21 oder 20, diesen Ausdruck als funkelnagelneu vorgesetzt bekam von jemandem, der gerade mal in Berlin gewesen war. 1914 war er mir sicher unbekannt. […]

Herzlichst Eure dankbare Ibeth

Rudolf Ditzen

Carwitz, am 30. Juli 1938.

Liebe Ibeth, lieber Heinz,

rasch, ehe die Brandung wiederkehrt, einen guten Gruß an Euch und vielen Dank an Euch für die guten Geburtstagswünsche und Grüße. […]

Wir waren zwei Tage in Berlin, ich habe die ganze Zeit mit Jannings und seinem Regiestabe konferiert. Gestern Abend war ich völlig erschlagen, heute habe ich wieder etwas mehr Mut. Das Kurze und Lange der Sache ist, dass der Film gedreht, auch von höchster Stelle gewünscht und ideell wie materiell unterstützt wird, dass aber die ursprüngliche Janning'sche Idee des Droschkenkutschers usw. fallen muss. Auch der Titel Der Eiserne Gustav ist abgelehnt. Also, zu Deutsch: ich muss in Eiltempo ein Drittel des Romans mindestens neu schreiben, alles wird anders. Der Satz ist gestoppt, die Propaganda ist gestoppt, mein Hirn ist leider auch noch gestoppt. Sühnetod der Eva, Erbmasse der Hackendahls etc. etc., das wirbelt alles durch meinen Kopf! Weiß der Himmel was wird. Zum 15. 9. muss ich allerspätestens fertig sein. Morgen nehme ich noch einmal frei, dann geht's los! Etwas

Geld habe ich noch dabei rausgeschunden, aber viel zu wenig, unbefriedigend wenig. […] Rechnet nicht auf Briefe von uns – alles muss jetzt Zeit haben!

Herzliche Grüße
Euer

(Geld wird NICHT bei Tage verdient!
Nacht muss es sein …)

Rudolf Ditzen

Carwitz, am 28. August 1938.

Liebe Dete,

schönen Dank für Deinen Brief mit der Konfektsendung, die wir gebührend würdigen. Verfressen bin ich nun doch einmal, trotzdem ich in letzter Zeit viel abgenommen habe, und Suse schleckert auch gerne einmal. Ich kann Dir heute nur in aller Kürze antworten, denn heute Abend kommt eine Stenotypistin, der ich den neuen Schluss zum Eisernen Gustav, dessen Titel aber jetzt auf höheren Wunsch »Ein Mann hält aus« lautet, diktieren soll, und ich habe ihn noch nicht einmal fertig. Muss also eiligst weiterschanzen. […] – Mutti ist in Celle sicher recht gut aufgehoben. Für Ibeth ist es zweifelsohne nicht immer ganz leicht, sie muss oft vermitteln und ausgleichen, aber sie wird es schon schaffen. Sie ist ein ausgesprochen mutiger Mensch – allen schwierigen Lagen gegenüber.

Nun noch alles Gute Euch allen von uns allen

Deine

Ditzen's

Carwitz, am 7. Oktober 1938.

Liebe Hörigs, Ihr revanchiert Euch immer in einer Weise – wir fürchten, Ihr habt alle Eure Bernsteinvorräte der schönsten Perlen beraubt. Aber Suse freut sich wie ein Stint! Und dann das Werkzeug! [...]

Als kleine Revanche senden wir für Euch in der Anlage einen Andruck zu den Bildern der Murkelei, die ich entzückend finde. Der Druck ist wirklich hervorragend, die Farben schön – Vater Rowohlt hat das wieder mal vorzüglich gemacht. Leider kann ich Euch nicht zum Behalten der Bilder auffordern, ich habe Rowohlt nur diesen einen Satz entsteißen können. Ihr kriegt sie ja dann noch im Buch. Zeigt sie, wie die Bogen, Mutti und schickt sie mir dann zurück. [...] Die nächsten Korrekturbogen werden länger auf sich warten lassen, die Leute haben keinen Satz mehr, müssen erst ausdrucken. Erscheinen soll die Murkelei schon Ende dieses Monats, ich bin da skeptisch.

Wir waren gestern in Berlin und haben vieles gehört, aber wenig Gutes. Am Montag schreibe ich den endgiltig letzten Schluss für die Buchausgabe, der Film ist völlig Hekuba geworden. Die andere Gruppe soll gesiegt haben, und ich bin wohl wieder unten durch. Es war bloß ein kurzes Aufatmen. Dies aber wirklich ganz unter uns, da die Schwankungen sich so rasch und überraschend ereignen, dass man nie nichts Jewisses wissen kann. [...]

Es ist wieder herrlich in Carwitz, nur gar keine Hilfen zu bekommen, da das ganze Dorf Kartoffeln buddelt. Suse arbeitet ein bisschen mehr, als ihr und mir lieb ist. Aber wir hoffen, dass es in der nächsten Woche schon anders werden wird. Die Kinder sind strahlend, so gesund und vergnügt wie selten. Uli entschieden leichter zu lenken und jedem Zuspruch zugänglicher als früher. Mein Schlaf scheint auch ein bisschen besser geworden seit St. Peter. Es waren eben doch gute Tage. Auch dank Euch. Wir sind sehr froh gewesen, dass wir wieder ein bisschen miteinander zusammen sein konnten. Alles Gute, tausend Dank von *Euren*

Ditzen's

Carwitz, am 24. Oktober 1938.

Liebe Ibeth, lieber Heinz,

[...] Vorgestern kam nun die definitive Nachricht, dass die Deutsche Verlagsanstalt den Rowohlt-Verlag erworben hat, Rowohlt ist ausgeschieden, bleibt aber noch bis zum 31. 12. als Berater, ohne das Recht, auch nur Briefe zu unterschreiben. Am 1. 1. wird der Verlag nach Stuttgart übersiedeln, firmiert noch eine Weile nach außen weiter, ist dann aber schon in die D. V. übergegangen. Der junge Ledig (Rowohlts vorehelicher Sohn) ist zum Geschäftsführer bestellt. Was aus Rowohlt wird, ist ganz unklar, auf all seine Eingaben und Gesuche hat er auch nicht eine Antwort bekommen, nicht einmal eine Empfangsbestätigung. [...]

Es tut uns leid, liebe Ibeth, dass Du, gemäß Nachrichten von Mutti, recht deprimiert zu sein scheinst. Nimm nicht zu schwer, was Du doch nicht ändern kannst, was Du nur ertragen musst. Hör auch möglichst wenig davon. Es hat ja keinen Sinn. Ich fürchte, wie wahrscheinlich auch Du, dass die große Auseinandersetzung nur aufgeschoben ist, aber man kann doch nicht ununterbrochen in der Angst leben, der Blitz schlägt ein. Vielleicht, hoffentlich schlägt er doch nicht ein! Lasst es Euch gut gehen. Wir hoffen, Heinz ist mit seinen Arbeiten, trotz des verkürzten und unruhigen Urlaubs, wieder gut in Gang gekommen! Grüßt Mutti schön!

Wir sind immer Eure

[Dete]

Zittau, den 28. 10. 38.

Lieber Rudolf, liebe Suse,

das ist nun eine ganze Weile her, seit wir voneinander hörten. Ehe ich nun nach Celle fahre, und das soll Anfang November sein, will ich doch die Verbindung mit Euch noch mal aufnehmen! […] Wohl aber hat Liat doch sehr schön Fühlung mit Euch bekommen, zu schade, dass der Aufenthalt an der Nordsee nun so schnell abgebrochen wurde, wenigstens habe ich Mutti so verstanden, dass Ihr eher abgefahren wäret wegen der kritischen politischen Lage.

Wie steht es mit Deiner Schreiberei, Rudolf? Ich habe inzwischen den »Eisernen Gustav«, oder wie er jetzt wohl heißt, gelesen, so weit wie er umlief. Ich freu mich schon sehr auf den Film. Wie er inhaltlich ansprechen wird, hängt natürlich ganz von der politischen Lage ab. Augenblicklich würde er sicher sehr gut am Platze sein und allen mal wieder einflößen, was es bedeutet: Krieg!! Ich muss sagen, dass mich das alles damals wieder sehr packte, denn wir waren doch so ganz jung verheiratet und all dem, was dann kam, fassungslos gegenüber, d. h. wir waren ja äußerlich ruhig, aber wir haderten doch mit dem Schicksal, das auf unser frisches Familienglück so einen Hauch – ach, wie schrecklich ausgedrückt!! Ich bin nicht ganz mit den Gedanken bei der Sache, höre mit halbem Ohr nach der Tür, da ich alles für eine Einquartierung fertiggemacht habe, Offizier, aus Sudetenland zurückkommend. Vielleicht wartet man wieder vergebens. […]

Sonst ist der Sommer so hingegangen mit dem immer sich mehr umwölkenden Himmel. Kaum kann man es glauben, dass es erst 4 Wochen her ist, wo bei uns alles so gefährdet war. Viele waren aus unserer Ecke schon geflohen. Nun muss sich alles mit der neuen Grenze erst wieder eingleisen. Zunächst ist der Übertritt noch streng gesperrt – auch richtig, denn drüben ist nichts in Ordnung mit der Verpflegung usw. Fritz darf Montag zu einem Klienten nach Reichenberg. Im Übrigen sind wir natürlich doch drüben gewesen, und zwar über die »grüne Grenze«, und haben uns die Bunker angesehen. Es war hochinteressant, und ich kann es noch heute nicht verstehen, dass die Tschechen solche Befestigungen, an denen sie monatelang gearbeitet haben, fast kampflos verlassen haben! Die ganze Grenze entlang Stacheldraht, Gräben, Bunker nach einem raffinierten System. Was wir sahen, im Moment fertig geworden, anderes noch nicht ganz fertig! Das hätte eine niedliche Schießerei gegeben! Wir schämen uns auch nicht, zu sagen, dass wir Wintersachen schon fortgeschickt hatten, auch unsere liebsten Fotoalben, ein paar kostbare Marken, etwas Silber. Dann waren wir ruhig. […]

Ilse hatten wir aus dem unruhigen Zittau etwas früher nach Marburg geschickt, sie hatte viel bei der Flüchtlingsfürsorge geholfen, und das strengte doch ungemein an. Die Flüchtlinge erzählten auch viel Schauergeschichten, die die Kinder aufregten. Es war ja auch unheimlich: dieser dauernde Strom von Flüchtlingen, einmal 48 Stunden lang Tag und Nacht durch die Stadt, sie mussten sich erst auf der Polizei melden, wurden dann ins Parteihaus geführt, wo sie dann Essen u. Kleider bekamen und Reiseverpflegung, und dann wurden sie so schnell wie möglich weiterverfrachtet, meist mit Bahn, dann aber, als die Bahnen wegen der Truppen nicht mehr konnten, mit Lastwagen. […]

Irene sitzt über »Facharbeiten«, Vorträgen usw. Sie fangen jetzt erst richtig mit Arbeiten an, haben durch all diese unruhigen Zeiten viel versäumt, die Hauptlehrer – 3 gerade von ihr waren wochenlang beim Grenzschutz eingezogen. Der Grenzschutz hat übrigens Hervorragendes geleistet, es sind meist Ältere gewesen – Fritz gehörte eigentlich auch noch hinein –, die durch ihre Ruhe an der Grenze viel vermieden haben, bis unsere Truppen dann kommen durften. Der

Grenzschutz ist bei uns schon seit Jahr und Tag organisiert, nur durfte man nicht davon reden. […]

So, nun einen schönen Gruß, liebe Carwitzer, gern sähe ich mal bei Euch ein, aber ich kann ja auch nicht so ohne weiteres weg, und das ist ja auch gut so.

Dete

Ditzen's

Carwitz, am 31. Oktober 1938.

Liebe Dete, lieber Fritz,

[…] Wir können uns sehr wohl denken, dass Du nach all den aufregenden Monaten eine Ausspannung, auch ein anderes Milieu brauchst. Hoffentlich hast Du recht gute Tage bei Mutti, besonders Ibeths Gesellschaft wird Dir wohltun. Sie ist ja immer noch – trotz all ihrer Molesten – einer der anregendsten und gütigsten Menschen, die ich kennen gelernt habe. Sie hat es sicher oft in Celle nicht leicht, aber dass Mutti Celle so sehr gut gefällt und so guttut, das liegt zu einem gar nicht geringen Maße an Ibeth. Sie hat eine unbeschreibliche Geduld! Grüße sie herzlich von uns! […] – Was das literarische Programm angeht, so kommt in den nächsten Tagen schon der neue Day, der ja todlangweilig ist, aber seltsamerweise wieder ein kleiner Erfolg zu werden verspricht, dann am 12. mein neues Kinderbuch und am 22. der »Eiserne«. Wie alles gehen wird, weiß kein Mensch, die Verkaufsaussichten sind gut, dagegen ist der Gewogenheitshimmel wieder mal arg bewölkt. Aber das war er vor dem »Wolf« auch, danach kann man sich nicht richten. Der Film wird mit 99 % Wahrscheinlichkeit nicht gedreht, es ist gegen mich Einspruch erhoben. Über eine halbe Million ist da verbuttert! – Das alte Herz dagegen wird als Film im November herauskommen, was ich an Filmfotos gesehen habe und was Du

233

davon in Celle sehen wirst, ich sende sie morgen an Mutti, erlaubt noch kein Urteil. Die Hersteller sollen nicht ganz unzufrieden sein. – Uli hat sich körperlich rausgemacht, ist wirklich sehr in Form, dabei und dadurch magisch frech. In der Schule geht es so lala mit ihm. Man merkt natürlich sehr das Dreivierteljahr Fehlen, zumal der Lehrer, auf seine Gaben vertrauend, ihn nicht hat sitzen lassen, vielleicht kommt er zurecht. Aber ein Jahr, bis zu seinem zehnten, muss er doch noch auf die Dorfschule gehen, ich habe es nicht so eilig mit dem Gymnasium, was bei uns ja Fortgeben aus dem Hause heißt. – Mücke ist ein mächtig robustes Frauenzimmer geworden, das ist ja nun wirklich eine Wonne, sie zu sehen und zu beobachten. An Frechheit gibt sie bestimmt Uli nichts nach, aber bei ihr muss man meistens lachen, während man bei Uli oft geärgert ist. […]

Deine

[Rudolf]

Carwitz, am 23. November 1938.

Liebe Dete, lieber Fritz,

[…] Der Day wird Dich ziemlich enttäuschen, ganz wie Tante Ada komme ich mir wie ein Hochstapler vor, dass ich diesen langweiligen Bockmist übersetzt habe bzw. überarbeitet. Aber die Geschmäcker der Menschen sind sehr verschieden: auf Rowohlts Arbeitstisch sah ich neulich ein eigenhändiges Schreiben von Börries von Münchhausen, in dem er ihm zu diesem reizenden Werke gratuliert. Und der große Balladenmann ist sehr sparsam mit seiner Anerkennung! – Mein Kinderbuch werdet Ihr nun endlich dieser Tage bekommen, der »Eiserne«, auf den auch Fritz gespannt ist, kommt erst Anfang Dezember. Die ganze Produktion war von fast allen Verlegern während der sudetendeutschen Tage abgestoppt, nun sitzen die Druckereien und Bindereien so voll von Aufträgen, dass sie sie nicht bewältigen können. Mit der Stuttgarter Verlagsanstalt werde ich schon noch ins Reine kommen. In der letzten Woche war Rowohlt mit dem Generaldirektor Dr. Kilpper hier, wir haben einen neuen Vertrag entworfen, der im Allgemeinen noch günstiger ist als der bisher vorgesehene. […]

Alles Gute, Euch allen

Eure

[Rudolf]

Carwitz, am 19. Dezember 1938.

Liebe Zittauer,

hier ist nun also unser ganz fleischlicher und fettlicher Weihnachtsgruß, Euch hoffentlich willkommen, nur die Butter glänzt durch Abwesenheit, erstens infolge der Kälte, zweitens durch sonstige Über-Inanspruchnahme glänzt unsere Kuh durch Butterknappheit. Aber es geht hoffentlich auch so. Und wohl schmecke es Euch allen! Wir haben keine Ahnung, wer diese »Alle« sind, wieweit die Familie zum Feste zusammenströmt, aber wie gesagt: allen ein gutes Fest! […] Was ich bisher vom Verkauf meiner Bücher gehört habe, klingt alles recht erfreulich. Man muss nun freilich abwarten, wie man sich »offiziell« dazu stellt. Zum Privatvergnügen und um Wieman, der sich vor einem Jahr sehr für den »Wolf« einsetzte, eine Freude zu machen, habe ich grade eben eine kurze Filmgeschichte geschrieben [»Das Abenteuer des Werner Quabs«] – vielleicht wird das was. Am »Alten Herzen« drehen sie immer noch, machen Ergänzungsaufnahmen und schneiden, schneiden, schneiden, da der Film viel zu lang ist. Irgendwann wird er dann ja wohl auch mal fertig werden oder auch nicht, beim Film weiß man nie. Dass aus dem Janningsfilm nun doch nichts wird, schrieb ich Euch wohl schon. […]

Also nun noch einmal alles Gute und ein frohes Fest und gutes Neues Jahr Euch allen.

Eure

[Ibeth]

Celle, den 22. 12. 1938.

Lieber Rudolf, liebe Suse,

Nun sollte ein recht netter Weihnachtsbrief folgen, denn ich fühle mich sehr in Eurer Schuld; ich wollte so von allerlei erzählen … und nun ist das Gehirn wie eingefroren, oder es ist eingeschlafen. Ich bin noch nie sooo spät mit meinen Weihnachtsvorbereitungen nicht fertig gewesen wie dies Jahr. […] Aber vor dem Fest kann ich anscheinend nicht richtig rechnen, dass 7 + 7 = zwei Wochen sind. […]

Die Ahnenpässe befinden sich augenblicklich auf dem Standesamt, wo ich sie mir Mitte nächster Woche abholen darf. Leider sind noch ein paar Schönheitsfehler darin, aber Ihr habt recht, Ihr müsst solche Sachen im Hause haben. […]

Für das neue Jahr wünschen wir Euch – ach, Ihr wisst schon. Alles alles Gute. Heinz tut natürlich das Gleiche. Er hat in den letzten Tagen die Wohnung abgedichtet, sich auf den Finger gehauen und ist reichlich abgekämpft. Kälte bekommt ihm gar nicht. Habt Ihr es denn warm?????? Grüßt den Gänsewerder, den See, den Garten, das Haus und alle, die drin sind.

Eure alte
Ibeth

[Rudolf]

Liebe Ibeth, lieber Heinz,

so, nun wäre das Fest vorbei, die Geschenktische sind schon abgeräumt, die Bücher – teilweise – eingeordnet, zum andern Teil aus dem Wege gestopft, und das alte Leben kann beginnen. Das wie immer in der Zeit vor Neujahr dem Aufräumen und Aufarbeiten gewidmet ist, damit ich am ersten Tage des Neuen Jahres schuldenfrei etwas arbeiten kann. Diesmal kommt nun mein kleiner großer heiterer Roman [»Kleiner Mann, großer Mann – alles vertauscht«] … Ich freue mich darauf, und nur leise verdüstert sich meine Stirne, wenn ich daran denke, was ich noch alles in jeder Hinsicht für das liebe Finanzamt zu erledigen habe …

Übrigens war das Fest wirklich reizend. Nur die Oma aus Hamburg war als Gast hier, wir waren also ganz unter uns. Die Kinder, von denen Mücke zur Bescherung zum ersten Male aufstehen durfte, waren ganz reizend, mit großen, strahlenden Augen, und restlos glücklich. (Uli baut sehr intelligent mit dem Märklin! Das war das Richtige!) […] Dann gab es, nach dem Abendessen, bei schlafenden Kindern, ein wenig Sekt, nur so viel, dass jeder grade in Stimmung kam, Tanzplatten wurden gespielt, und sogar Suse tanzte und sogar die alte Oma und sogar der verlegene Onkel Räder mit der Chefin und nur ich nicht. Aber das war grade nett! Also nicht Weihnachten nach Ditzen'schem altem Stil, aber ein sehr befriedigendes Weihnachten! […] Mutti hat uns einen ganz reizenden Brief geschrieben, da scheinen wir ja jedenfalls das Rechte getroffen zu haben. […] Könntest Du sie nicht dazu bekommen, etwas von den Tatö-Briefen zu retten? Du schauderst vielleicht nicht bei dem Gedanken, wenn ich Dir verrate, dass sie doch ein schönes Grundmaterial für das Leben einer Mutter um 1900 abgäben? Es wäre vielleicht für späte Zeiten, wenn man alt geworden ist, reizvoll, ihr Bild zu zeichnen?!

[…] Unsere lütte Lilo, auf die wir so sehr gerechnet haben, ist zwar außerordentlich tüchtig und willig in der Arbeit, wenn auch noch sehr unerfahren, aber was für ein Strohkopf! »Wenn ich Soldat werden könnte, das wäre mein Schönstes … Nein, dies Buch ist nichts für mich, es schildert ja nur westische Menschen (es spielt im Schwarzwald), das ist eher was für Friedel (die vom Niederrhein ist), ich bin aus Luckau … Nein, so ein Leutnant ist schick … Kakaolikör ist mein Höchstes … Ich finde ihn einfach süß …« Pausenlos, wenn man sie nicht bremst … Und leider mit einer deutlichen Bummelneigung und Neigung zum Suff … Man muss sehen … […]

Alles Gute zum Neuen Jahre, die herzlichsten Grüße, vielen Dank

Eure

[Rudolf]

Carwitz, am 28. Dezember 1938.

Liebe Becherts,

wir danken Euch sehr schön für Euer Weihnachtspaket, das jedem einen Gruß brachte. […] Noch ist Uli zu überhäuft mit Geschenken, um sich mit seinem Büchlein schon befreundet zu haben – vor allem liest er jetzt. Er hat acht Bücher bekommen, darunter das Knabenbuch unseres Bruders Uli, das er jetzt grade liest!

[…] Was wir noch nie erlebt haben: alle Seen sind schon zum Weihnachtsfest zugefroren gewesen, auf der Bucht vor unserm Haus liefen die Kinder eifrig Schlittschuh. Jetzt liegt dafür zu viel Schnee. Auf dem Vogelfutterplatz vor meinem Fenster ist Großbetrieb. Hunderte von Vögeln kommen dann jeden Morgen, die Kinder werden nicht müde, dem Getriebe zuzuschauen: hauptsächlich alle Arten Meisen und viele Buchfinken haben wir als Gast. Manchmal kommt auch ein großer Specht aus dem Walde und versucht, eine Speckschwarte zu holen. Die Elstern und Raben werden kurzgehalten.

Nach dem Sturm vor den Feiertagen mit Krankheit, Vorbereitungen und Schlachten herrscht jetzt Ruhe, nach alter Tradition wird nicht einmal gewaschen. Suse hat einen Ausschlafmorgen gehabt, ich zu viel Fresserei, so dass ich, um endlich das Fülle-Gefühl im Bauch loszuwerden, mir zwei Löffel Rizinus einverleibt habe – mit sehr geringem Erfolg. Ich glaube, ich werde es einmal mit weniger Essen versuchen müssen! […]

Alles Gute Euch allen zum Jahre 1939 und den schönsten Dank

Eurer

[Dete]

Zittau, den 28. 12. 38.

Liebe Carwitzer,

die erste ruhige Stunde seit den Festtagen gleich ein paar Briefe. Ich habe eben schnell an Mutti geschrieben, von der ich hoffe, dass sie doch eine nette Feier hatte. Von Liat hatte ich übrigens damals doch den Eindruck, dass ihr manchmal die Besuche bei Mutti recht viel wurden, es ist eben das, dass Mutti diese Besuche täglich erwartet und das ihr natürlich sehr viel ist. Andererseits wieder, wenn Mutti sich Telefon zulegte, würden die persönlichen Besuche sehr nachlassen, und damit hat sie sicher recht. […] Und nun zu Euerm Paket: Herrlich und aberherrlich! Brägenwurst und Fett und Wurst und was nicht alles! Herzlichen Dank! Die Speisekammer ist wohltuend gefüllt, und wir werden des Öfteren der

Spender gedenken. Es ist eine richtige »Handarbeit«, die Ihr damit gearbeitet habt! Und dann die Bücher! Ich bin bei dem Schluss vom »Gustav«, Fritz ist bei den Märchen, und die Dame Day wird uns auch amüsieren. (Ganz gegenteilige Ansichten darüber.) Die Märchen sind ganz entzückend, ich denke mir, sie werden ein großer Erfolg. Und für eine ziemlich lange Spanne des Kindesalters geeignet. Auch wir erwachsenen Kinder haben ja unsere helle Freude daran! Wirklich ganz reizend. Habt Dank für alles! […]

Mit recht vielem Dank für geistige und leibliche Genüsse von der ganzen Familie Bechert zeichne ich für alle

Dete

[Ibeth]

Celle, den 30. 12. 1938.

Lieber Rudolf, liebe Suse –

Als wir Euer Paket unter dem Weihnachtsbaum auspackten, das mit Notadresse gekommen war, stellten wir hochbeglückt einen leiblichen Teil fest, der uns das Wasser im Munde zusammenlaufen ließ, und als geistigen Teil die Murkeleien und Hoppelpoppels. Und waren also aufs äußerste überrascht und entzückt, als am Mittwoch (oder war es schon Dienstag?) der geistige, rein geistige Zwilling ankam. Ich habe selig ausgepackt und schwelge in Vorfreuden. Also seid herzlichst bedankt! […]

Tante Töbing hat uns mit der Aufbewahrung von Muttis Briefen wirklich einen großen Dienst geleistet.* Mutti hat bis jetzt nur einen Brief vernichtet, nämlich den, der über Onkel Karls Tod, der ihr sehr nahegegangen ist, berichtet. Sonst ist sie geradezu glücklich über die Briefe und erzählt fortwährend aus ihnen. Sie hatte sich immer gewundert, dass Trudi Briegleb-Karbe immer so viel von den Kindern erzählt in ihren Briefen; solche Kindermutter bin ich nie gewesen!,

240

meinte sie noch vor kurzem. Nun sieht sie zu ihrer großen Überraschung, dass *wir das* Thema sind. Mutti ist überhaupt in einer ganz rührenden Stimmung; ungeheuer friedlich und fürsorglich. […]

Anbei nun erst mal die Ahnenpässe für Suse und Uli. Mückes behalte ich hier, um die Lücken noch auszufüllen. Auf dem Standesamt hatten sie erst eine ganze Gruppe zu beglaubigen vergessen und die Beglaubigung auch nicht immer richtig vorgenommen. Suse wird erstaunt sein, zu hören, dass sie in Wesermünde getauft ist. Das gibts doch erst seit ein paar Jahren. Der Beamte ist auch ziemlich ruchlos mit Streichungen und so weiter umgegangen, aber da steht man machtlos visavis. Dabei hatte ich ihm alles tadellos zurechtgelegt und mich zu jeder Erklärung bereit erklärt. Er war aber hocherhaben, nur kannte er seine eigenen Vorschriften nicht. […]

Lassts Euch recht gut gehen im Jahre 1939 und den
folgenden!
Ibeth
* {Du hättest also Material für eine Lebensbeschreibung, die ich mir sehr reizvoll dächte.}

Rudolf Ditzen
Carwitz, am 6. Januar 1939.

Liebe Ibeth, lieber Heinz,

schönen Dank für Eure beiden letzten Briefe, die uns sehr wohlgetan haben. […] – Schönen Dank auch für die Ahnenpässe, das muss ja eine grauenhafte Arbeit gemacht haben. Mich schüttelt es ordentlich, wenn ich das sehe – und so was machst Du nun zu Deinem Steckenpferd. Ich finde, es ähnelt verdammt den Lohnsteuerkarten, Arbeitsbüchern, Arbeitsfrontbüchern, Invalidenkarten, Krankenkassenlisten, die ich grade innerlich verzweifelnd für das alte Jahr meiner Leute abschließe und für das neue Jahr vorbereite. Und denn steht in einem Arbeitsbuch 5 minderjährige Kinder und auf der Lohnsteuerkarte 2 minderjährige Kinder, und wie soll ich Steuer abziehen, auf 5 oder 2, oder muss ich ermitteln, wo Herr Maurer Güldner mit seinen 3 Kindern geblieben ist, wie gesagt, eine Wichse! Aber umso mehr gewürdigt, dies muss ich doch hinzusetzen! […] – Der Verlag ist nun wirklich umgezogen, am Neujahrstage wurde ich ein letztes Mal aus Berlin angerufen – die nähere Umwelt kommt mir wieder einmal leerer vor! Aus Stuttgart hört man noch nischt, wahrscheinlich richten sie sich noch ein. Ein Gefühl, als sei ich völlig solo in der Luft aufgehängt!

Mehr heute nicht als einen guten Gruß an Euch und an Mutti

Euere

Ditzen's

Carwitz, am 13. Februar 1939.

Liebe Dete, dieser Brief an Dich hat mir schwer auf der Seele gelegen. Du hast wohl unterdes gehört, dass ich wieder einmal drei Wochen krank war […] …

Es geht mir wieder einigermaßen, ich schlafe schon ganz erträglich. Es ist diesmal milde abgegangen, trotzdem die eigentliche Insulinkur mit mir missglückte. (Ebenso die mir zugemutete Rohkost, die ich einfach nicht essen konnte. Als wollte ich Komposthaufen essen …) […] Es ist aber nun entschieden, dass Uli zu Ostern wegkommt, und zwar zu Burlages, die ihn sehr gerne haben wollen. Er ist da einmal unter ärztlicher Aufsicht, zum andern sind die Schulen in Berlin besser, zum dritten können wir ihn verhältnismäßig häufig sehen. Von Carwitz bis zu Burlages fahren wir nur noch knapp 2 ½ Stunden. Suse wird immer schneller und sicherer, auch im Stadtverkehr. […]

Sei nicht bös, wenn ich jetzt schon Schluss mache, es ist so sehr viel zu erledigen. Grüße die Deinen von den meinen, auch Dich von mir

Dein

[Rudolf]

Carwitz, am 18. Februar 1939.

Liebe Ibeth, lieber Heinz,

wir haben Euch schändlich mit Briefen behandelt, unser einziger Trost ist, dass Ihr ja durch Mutti ein wenig über unsere mannigfaltigen Krankheiten auf dem Laufenden gewesen seid und dass wir also wohl Eures Pardons ziemlich sicher sein dürfen. […] – Vielen herzlichen Dank noch für Deine Korrekturliste zum »Eisernen« – ich finde das Ergebnis gar nicht schlimm, da habe ich wirklich ganz brav Korrektur gelesen. Muttern und Vatern im Nominativ, Du hast ganz recht, das geht nicht, trotzdem es der Berliner dann und wann wirklich sagt. […] Mir selber kam diesmal die Attacke ganz überraschend, ich habe gar nicht so recht an ihren Ernst geglaubt und alles noch dadurch kompliziert, dass ich mich strikte weigerte, in ein Sanatorium zu gehen, weil ich glaubte, es allein zu schaffen. Da war dann alles erst recht schwierig. Aber nun ist es ja wieder einmal ausgestanden, und ich will nur hoffen, dass es ein wenig vorhält. Ich habe mich entschlossen, noch mehr Einsiedler zu werden, noch weniger Menschen zu sehen und vor allem Fahrten nach Berlin usw. nicht mehr zu machen. […]

Wir grüßen Euch sehr herzlich, plagt Euch nicht mit Schreiben, wenn es Euch nicht so ist, und lasst es Euch besser und gut gehen!

Eure

[Ibeth]

Celle, den 11.3.1939.

Liebe Suse,

[…] Mutti ist sehr mit der Lektüre ihrer Briefe aus den Jahren 1890–1916 beschäftigt. Der Rest ist bis jetzt nicht gefunden, aber Mutti hat schon Verfügung darüber getroffen. Sie sollen vernichtet werden, wenn sie bei Auffindung nicht mehr lebt, sonst zur Sichtung an sie gehen. Leider hat sie auch aus den älteren Briefen sehr viel vernichtet; ich bin froh, dass ich aus der Greifswalder Zeit durch Zureden noch einiges erhalten habe. Es war da nichts zu machen, und Tante Gretchen mit ihrem Vernichtungsprinzip (»Durch Aufbewahren richtet man nur Unheil an, und indiskret ist es auch«) hat eben im Gegensinne gewirkt. Dabei sind die älteren Briefe wirklich interessant als Milieuschilderung. Ich schlug mal vor, dass Mutti die neueren Briefe erst versiegeln möchte und erst später lesen; sie stände dem Ganzen noch zu nahe; aber darauf wollte sie nicht eingehen. […] Und sie will wohl nicht länger warten, weil sie sich nicht besonders gut fühlt, oder besser gesagt, noch schlechter als gewöhnlich. […]

Herzlichst, mit Grüßen an alle

Deine Ibeth

[Rudolf]

Carwitz, am 18. März 1939.

Liebe Ibeth, lieber Heinz,

namens meiner beiden Geburtstagskinder danke ich recht schön für die guten Wünsche zu diesen beiden Tagen […]. Wir haben diese Tage wirklich sehr vergnügt gefeiert – nur Euch gestehen wir, dass wir aus Zeitmangel die Beethoven'sche noch immer nicht gehört haben. Am Abend hören wir immer Nachrichten, bis ich in die Badewanne gehe, am Tage ist nie Ruhe für so was, und so ist sie für morgen, den Sonntag, aufgespart, wir freuen uns aber richtig darauf! […]

Wir haben uns sehr über die guten Nachrichten von Adelheid gefreut, auch über eine vergnügte Karte von ihr aus Wetzlar. Tante Ada ist doch immer rührend, und wie sie, trotz aller spitzen Zunge, ihre Sonne echten Gutseins über uns allen leuchten lässt, jetzt auch unermüdlich über Ilse, ist doch wirklich wunderbar! Sie ist eben Trumpf! […] – Übrigens scheint es ja Tante Ada auch recht püttjerig zu gehen. Das Alter scheint überall einzuziehen, nur das mutige Herz bleibt.

Wir sind hier sehr betrübt über den wieder eingezogenen Winter. […] Das Wetter hat nur den einen Vorteil, dass ich vorläufig noch gerne hinter meinem Schreibtisch sitze, das neue Buch [»Kleiner Mann, großer Mann – alles vertauscht«] naht seinem Ende. Ich glaube, schon in der kommenden Woche werde ich mit der Niederschrift fertig. Es ist aber für meine Verhältnisse nur ein kleiner Roman, etwa Umfang des Kleinen Mannes. Ob er wirklich freundlich-fröhlich geworden ist, weiß ich nicht. Ich fürchte, er ist nicht intensiv, konzentriert genug. Schwach, wie das Alte Herz schwach ist. Aber ich will nicht unken.

Beim Verlag geht alles schief. Nichts klappt, alles wird verwechselt, der Absatz geht katastrophal zurück usw. usw. An allem ist der junge Ledig natürlich auch nicht schuld, aber man sieht doch, dass der alte R. die Seele vom Geschäft war. Er hat's natürlich schwer, sich gegen die große D. V. A. durchzusetzen, aber immerhin – ich fühle mich in der Luft hängen. Rätselhaft wird immer bleiben, warum der Wolf mir so viel Sympathien und der Eiserne einen so eisernen Hass eingetragen hat. Eigentlich mehr noch als der Blechnapf. Die Folgen fangen erst an, das fette Jahr ist schon mal wieder vorbei, und die Sorgen kommen … Aber man kann nichts machen. Irgendwie habe ich doch das Gefühl, man wird eines Tages alles überdauert haben, bloß durch geduldiges Warten. So sehr wie

früher schmerzt und erregt es uns beide nicht mehr. Allerdings lesen wir nie ein Wort von all den Angriffen, erfahren nur indirekt oder durch ihre Wirkung von ihnen. [...]
Tausend Grüße, alles Gute für Gesundheit und Arbeit

Eure

Ditzen's

Carwitz, am 2. Mai 1939.

Liebe Dete,

vielleicht kommen unsere Glückwünsche zu Deinem Geburtstage etwas zu früh – aber das ist immer noch besser als gar keine. Und vielleicht seid Ihr noch gar nicht von Eurer Italienreise zurück, und der Brief muss auf Euch warten [...]!

Wir hätten beinahe Lust, es Euch nachzumachen, nachdem unsere Ostpreußenfahrt wegen des polnischen Korridorvisums ziemlich fraglich geworden ist. Aber vorläufig satteln wir den Wagen erst einmal zu einer kürzeren Fahrt. Übermorgen fahren wir nach Celle. [...] Wir wollen Mutti mal für ein paar Tage besuchen. Aus ihren Briefen muss man schließen, dass es ihr gar nicht recht gut geht, abgesehen von den voraussehbaren Mädchensorgen. Auch Ibeth ist scheinbar gar nicht recht auf dem Damm. [...] Dann wollen wir noch einen kleinen Ausflug zu Tante Ada machen, der es ja auch recht schlecht gegangen ist. [...] Für Marburg sind etwa anderthalb Tage vorgesehen, worauf wir durch Thüringen gemütlich heimwärts fahren wollen. Am 15. 5., wenn die Spargeln anfangen zu gedeihen, müssen wir wieder hier sein. Wir freuen uns sehr auf diese Fahrt, hoffentlich ist das Wetter etwas besser als grade jetzt.

[...] – Herzliche Wünsche Dir nochmals und die besten Grüße Euch allen

von den

[Heinz und Ibeth]

Celle, den 21. Juni 1939.

Lieber Rudolf, liebe Suse!

Wir möchten Euch doch lieber mitteilen, dass es Mama leider recht schlecht geht. Sie hat gestern und heute beim Aufstehen sehr schwere Herzanfälle gehabt, die zweifellos, allein schon wegen der Atmungsbehinderung, sehr gefährlich gewesen sind. Heute hat sie selbst den Arzt rufen lassen, und der scheint die Sache ziemlich ernst anzusehen.

Es kann sein, dass sie gut über dies Erlebnis wegkommt – aber es können natürlich irgendwelche zufälligen Kleinigkeiten im Wiederholungsfalle zu gänzlichem Versagen des Herzens führen. Wir werden Euch weiter Nachricht geben. […]

Verzeih, wenn ich nichts weiter schreibe – es handelt sich im Augenblick nur um dies. Mama scheint sich der Gefahr ziemlich bewusst zu sein, aber wir versuchen natürlich, sie abzulenken.

Herzlichst
Heinz u. Elisabeth

{Mutti meinte, sie hätte gedacht, es ginge zu Ende, und sie wäre ganz einverstanden damit gewesen.

Gruß Ibeth}

[Ibeth]

{28.6.39.

Lieber Rudolf, liebe Suse,

Dank für Eure Briefe – und für die an Mutti, der es doch besser geht. Natürlich ist sie noch sehr matt, aber es kommt mir doch so vor, als wäre sie wieder über den Berg. Während sie in den ersten Tagen widerspruchslos alles, Pflege, Medizin usw. über sich ergehen ließ, ist sie jetzt schon sehr energisch in der Auswahl dessen, was sie sich gefallen lässt. Leider hat sie gar keinen Appetit und fühlt sich sehr schwach, sodass sie sich auch noch nicht nach Aufstehen sehnt. […] Dass ich ein bisschen »ab« bin, werdet Ihr verstehen. (Du schreibst, Du hättest noch einige Dubletten; ich habe die Volksausgabe vom Kl. M. noch nicht und würde mich sehr darüber freuen, wenn ich sie noch bekommen könnte!!?) Lassts Euch gut gehn, wir grüßen vielmals!

Eure Ibeth}

[Dete und Fritz]

Zittau, den 5.7.39.

Liebe Carwitzer,

[…] Nun zu dem 2. Hauptzweck meines Briefes: Tante Ada. Sie wird am 27. Juli 80 Jahre. Ilse und Mutti hatten gemeint, dass man ihr einen Teppich schenkte, den sie in ihrem Zimmer wirklich braucht. Wollt Ihr mit von der Partie sein? Wie viel wollt und könnt Ihr beisteuern? Ich schlage vor, Tante Ada in ihrer Sommerfrische das Geschenk anzukündigen und, wenn sie wieder in Marburg ist, ein Geschäft zu beauftragen, eine Auswahl zu schicken. Ilse sagt, es gehört nur ein ganz bestimmter Stil ins Zimmer.

Unsere schöne Reise nach Italien liegt nun schon weit hinter uns. Es war alles so schön gelungen, und wir haben es riesig genossen. […]

Wir genießen unser schönes Sudetenland zu Fuß oder lassen uns auch mal von Freunden mitnehmen im Auto (Marke »Ala« Anderer Leute Auto). Wir haben auch die schönsten Autobusverbindungen nach allen Seiten, bis ins Riesengebirge und Isergebirge ohne Umsteigen, in die Sächsische Schweiz, in die Böhmische Schweiz, alles ist uns jetzt offen seit der Grenzänderung. Der Reiz der Billigkeit ist allerdings restlos verschwunden, es ist eher teurer als bei uns. […]

Viel Herzliches allen Carwitzern.

Dete und Fritz

[Rudolf]

Carwitz, am 10. Juli 1939.

Liebe Dete,

schönen Dank für Deinen ausführlichen Brief – von Zeit zu Zeit meldest Du Dich doch immer mal wieder. Wir können uns vorstellen, wie leer Euch Euer Haus ohne alle Kinder vorkommt, wir werden das früher erfahren müssen als Ihr – Uli schon fort, und mit Mücke dauert es auch nur noch 3 ½ Jahre, und wir müssen sie aus dem Haus geben. Wir denken oft mit Schrecken daran. Uli hat sich nach anfänglichem Heimweh gut in Berlin eingelebt, bei Burlages, und auch sein Lehrer ist zufrieden mit ihm. Das soll aber nur ein Übergang sein, hat er die Vorschule erst hinter sich, werden wir ihn wohl nach Templin ins Internat des früheren Joachimsthalschen Gymnasiums geben. Da haben wir ihn sehr viel näher und auf dem Lande – das Internat liegt an einem großen See außerhalb des Städtchens. Mücke entwickelt sich großartig, sie ist ein stämmiges, sehr lebendiges und sehr gutmütiges Mädchen. […] – Morgen haben wir einen großen Tag: ich mache mit meinem »Betrieb« und vielen Kinderfreunden der Kinder einen »Betriebsausflug« im Autobus nach Warnemünde. Es werden ungefähr 25 Personen zusammenkommen, und alle freuen sich drauf wie die Stinte. Hoffentlich ist das Wetter uns günstig. Wir haben ja jetzt eine ganze Menge Leute ständig in Carwitz arbeiten, vieles ist verbessert worden, sogar ein bisschen gebaut haben wir – ohne kontingentierte Baustoffe –: ein Bienenhaus und ein Grünfuttersilo, das dieser Tage fertig wird. Die Bienen sind schon eingezogen, sie stechen uns Große nur mäßig, die Kinder bis dato gar nicht (unberufen!). Ich musste sie haben wegen Befruchtung meiner Obstbäume. […]

Die herzlichsten Grüße

Eurer

[Ibeth]

Celle, den 10.7.1939.

Lieber Rudolf, liebe Suse,

heute nur eine kurze Nachricht über Mutti. Es bessert sich sehr sehr langsam mit ihrem Befinden, sie ist oft recht mutlos und fühlt sich gar nicht sicher. Sie meint, sie wäre noch nicht richtig über den Berg, sondern fürchte sich immer vor einem Anfall mit Herzschwäche. Das Dumme ist, dass sie keine Medizinen mehr nehmen will, die doch für Herz und Husten so unbedingt nötig wären – weil sie sich ihren Magen verdorben hat und dafür die verschiedenen Medizinen verantwortlich macht. Da fühlt sie sich dann doppelt elend und kommt nicht weiter. Dazu drückte es sie, dass sie an die Zukunft denken muss: wer soll sie pflegen, wenn Tante G. keine Zeit mehr für sie hat. […] Mutti versucht zwar, es uns allen möglichst leicht zu machen, aber was soll werden, wenn sie sich selbst nicht mehr helfen kann? […] Für meinen Geschmack ist es schlimm, dass die Unterwohnerin sehr viel bei Mutti ist; sie wimmert und barmt in einer Weise, die ich nur in Parodien für möglich gehalten hätte. Da der Süßstoff leider schon vergeben war […], haben wir sie die Wimmerlatten getauft. […]

Alles Gute Euch allen!

Immer Eure
Ibeth

[Rudolf]

Carwitz, am 13. Juli 1939.

Liebe Ibeth, lieber Heinz,

wir danken Euch vielmals für Euern ausführlichen Bericht über Mutti. Recht lebhaft können wir es uns ausmalen, eine wie schwierige Patientin Mutti ist, wie sie alles ablehnt, was ihr etwas helfen könnte, und wie sie mit größter Hartnäckigkeit alles ihr Unbequeme für unbekömmlich erklärt. […]

Hier geht alles gut. Unsern Betriebsausflug nach Warnemünde haben wir hinter uns, er war trotz recht mäßigen Wetters ein voller Erfolg. Die Leute waren rührend zufrieden, seltsamerweise hat ihnen die See, die wir prachtvoll bei Sturm sahen, kaum einen Eindruck gemacht, während sie die endlose, sehr langsame Autofahrt in einem uralten Bus mit vollen Zügen genossen und meinten, so könnten sie immer weiterfahren. […] Alles Gute, meine Guten, Ihr hört bald wieder zum Geburtstag von uns! *Eure*

[Rudolf]

Carwitz, am 17. Juli 1939.

Liebe Ibeth,

nun ist es so weit, und wir können Dir unsere allerherzlichsten Wünsche zu Deinem Geburtstage sagen! Du weißt, wie sehr wir Dir und Euch alles Gute wünschen, betreffe es nun Deine Gesundheit oder Heinzens Arbeit oder Adelheid. Gute Tage für Euch, gute Stimmung – wir wollen uns selbst davon überzeugen, am Montag sind wir in Celle und werden ausgiebig über alles schwatzen, was uns auf dem Herzen liegt. Es ist ja wieder so allerlei. […]

Hoffentlich machen Dir die beiliegenden Bücher ein wenig Spaß. Was Du nicht selbst verwenden kannst, verschenke

unbesorgt weiter. Die paar Wallace-Duplikate freuen Dich
hoffentlich. Ich selbst weiß, dass ich zum Geburtstag noch
13 geschenkt bekomme, dann sind es bei mir 98, 10 fehlen
dann noch, die auch der Verlag nicht mehr besitzt. Ich werde
sie antiquarisch jagen! [...]

      Noch einmal und noch einmal alles Gute!

Eure

[Rudolf]

      Carwitz, am 30. Juli 1939.

Liebe Ibeth, lieber Heinz,

    wir möchten Euch doch gleich sagen, wie sehr wir uns über
unser Beisammensein gefreut haben, wie glücklich wir sind,
Euch bei einiger Laune und Ibeth doch – trotz aller Molesten – in der alten Aufnahmefrische angetroffen zu haben. Es
waren gute Tage, wir denken besonders an das Beisammensein mit Euch gerne zurück. [...]

    Hier haben wir alles in alter Frische und Schönheit ange-
troffen. Wir baden mit Intensität, und Suse hat leider unendlich viel zu tun. Es ist komisch, wie sich der Leutemangel an allen Ecken und Enden auswirkt, so können wir z. B.
in diesem Jahre kaum Schoten loswerden, weil die Hotels
nicht genug Kräfte zum Auspahlen haben und lieber leichter zuzurichtende Gemüse geben. So sitzt Suse mit ungeheuren Massen Schoten daran. Sogar heute am Sonntag wird
eingemacht, und mir ist es streng verboten, Pilze zu sammeln,
die unendlich reich in den Wäldern sein sollen. Ich gehe gar
nicht hin, mir bräche es das Herz. Die Kinder sind sehr fidel
und möchten immerzu ins Wasser. [...]

    Tausend Dank (auch für den schönen Bernstein [...]) und
gute Wünsche

Euer

[Ibeth]

Celle, den 21. 8. 1939.

Lieber Rudolf, liebe Suse,

[…] Die Tage des Stützen-Engagements waren Groß-
kampftage; jeder Vorschlag war mit Dynamit geladen, Ekra-
sit oder was man sonst als Steigerung sich ausdenken kann.
Mutti ging es sehr schlecht; meinte man, sie sollte doch auf
alle *möglichen* Angebote erst mal eingehen, so fühlte sie sich
als Schurke, weil sie doch schon mit der jetzigen verhandelte
und weil es sie so namenlos anstrenge, diese Briefe zu schreiben (die andere Korrespondenz wurde wie immer erledigt) –
und als dann die jetzige erschien und zu moderne Haartracht
hatte, da war Mutti eben in der Zwangslage, sie nehmen zu
müssen, weil sie ja von den anderen nicht wusste, wann sie antreten könnten. […] Kannst Du Dir vorstellen, dass eine moderne Haarfrisur mit gebleichtem Haare krassestes Entsetzen
hervorrief, so ungefähr: was sollen die Leute in der Fuhsestraße von mir denken,* wenn ich sooo eine nehme???????*
  Sehr in Eile. Heinz grüßt. Eure
  Ibeth
* [Heinz:] {Wir haben lebhaft an Dich gedacht –.}

[Rudolf]

Carwitz, am 25. August 1939.

Liebe Ibeth, lieber Heinz,

[…] Nun seid Ihr also in Ording, und es ist doch ganz
schön, dass wir uns jetzt eine Vorstellung davon machen können, wie Ihr haust, auf die Sandbank geht und alles, alles genießt. Genießt es nur aus Euers Herzens tiefstem Grunde –
und hoffentlich recht lange, recht lange! Haltet aus! Haltet
aus usw. usw. Ich denke natürlich an das Vorjahr.

Hier geht alles seinen alten Gang. [...] – Von Uli aus Berlin keine Nachrichten, er war aber vorigen Sonntag zum Wochenende hier, die schöne Carwitzer Bräune war schon ganz blass geworden. Er tut uns immer leid, wenn es gegen die Stunde geht, dass er zurückmuss, wird er immer blässer, ihm wird übel – akutes Heimweh, noch während er hier ist! Er lässt es sich aber nicht merken, hat sich in sein Schicksal gefunden. [...]

Ich habe eben die Erzählung für die H. J. abgeliefert [»Süßmilch spricht«], will jetzt noch bis zum 1. 9. aufarbeiten und dann an den neuen Roman [»Der ungeliebte Mann«]. Es ist noch immer nicht die alte Frische da, und weil ich diesmal im Auftrage für die Berl. Illus. nach Maß arbeiten will, wird sie wohl auch nicht wiederkommen. Es ist schade, dass alles ein Handwerk wird und dass man nie wieder das empfinden kann, was ich bei B.B.B. und zum letzten Male ganz stark bei »Wir hatten mal ein Kind« erlebte. Man bekommt Routine, und die verdirbt alles, wenigstens das meiste, wenn ich auch zugebe, dass es beim »Wolf« manche gute Stunde gab.

Alles Gute, meine Lieben, für Euern Urlaub, Euch beiden die beste Erholung und guten Mut!

Eure

DIE KRIEGSJAHRE IN CARWITZ
1939 bis 1944

Aus den Briefen erfährt man zunächst wenig über die direkten Auswirkungen des Krieges auf das tägliche Leben der Ditzens, Hörigs und Becherts, abgesehen davon, dass Fritz Bechert zum Dienst in die Garnison seiner Heimatstadt Zittau eingezogen wird. Die Familien unterstützen sich gegenseitig, für Textilien, Brotmarken, Gemüsesamen für den Garten und den unentbehrlichen Tabak samt Zigarettenpapier revanchieren sich die Ditzens mit Naturalienpaketen.

Mit jedem Jahr wird der Krieg bedrückender. Das Geld wird knapp. Nach nur etwa anderthalb Jahren müssen die Ditzens das neu angeschaffte Auto wieder aufgeben. Hans Falladas schriftstellerische Existenz steht auf immer wackligeren Beinen: Das Papier für Bücher wird rationiert, auch Zeitungen und Zeitschriften, die für Vorabdrucke in Frage kommen, werden immer weniger. Bücher schreibt er, mit Ausnahme der Erinnerungsbücher »Damals bei uns daheim« (1941) und »Heute bei uns zu Haus« (1943), an denen er mit Freude arbeitet, überwiegend als Auftragswerke für Filmunternehmen. Als Ende 1943 der Rowohlt Verlag liquidiert wird, ist seinem Schreiben die wichtigste Grundlage entzogen.

Durch die schweren Bombenangriffe auf die deutschen Großstädte suchen Verwandte und Bekannte Zuflucht in Carwitz, darunter Suses ausgebombte Schwestern aus Hamburg. Selbst Kleinstädte wie Celle erscheinen nicht mehr sicher, auch Rudolfs Mutter Elisabeth Ditzen will ihre letzten

Lebensjahre in Carwitz verbringen. Unter dem Ditzen'schen Dach wird es eng. Der Schriftsteller findet für seine Arbeit keine Ruhe mehr.

Im Mai 1944 reicht Suse, die ihren Mann bald zwanzig Jahre unterstützt hat, die Scheidung ein, nach erneuten Alkoholexzessen, zahlreichen Klinikaufenthalten und wiederholten Affären ist das Maß voll.

Die dramatischen Entwicklungen schlagen sich nur teilweise in den Briefen nieder. Aus der sogenannten Heil- und Pflegeanstalt Strelitz, in der Rudolf Ditzen von September bis Anfang Dezember 1944 inhaftiert ist, weil er bei einem Streit mit Suse versehentlich einen Schuss aus einer Waffe abgegeben hat, gibt es keine Briefe an die Schwestern. Diese Zeit lässt sich in Falladas »Gefängnistagebuch 1944« nachvollziehen, das posthum unter dem Titel »In meinem fremden Land« erschienen ist. Aus dem Jahr 1945 ist nur ein einziger Neujahrsgruß seines Schwagers Fritz erhalten, jedoch weder Briefe aus den letzten Kriegsmonaten noch aus der chaotischen ersten Nachkriegszeit.

Rudolf Ditzen

Carwitz, am 27. September 1939.

Liebe Hörigs,

wir danken Euch sehr schön für die Besorgung der Umschläge und die Gold Flake, über die ich mich ganz besonders gefreut habe. Als kleine Gegengabe bitten wir das Beiliegende anzusehen, dass Ihr wohl mit Mutti teilt? Die Immortellen hatte sie sich von uns erbeten, für Ulis Bild. Macht ihr bitte begreiflich, dass wir dies Päckchen nur darum an Euch gesandt haben, weil wir nicht wussten, ob ihr der Empfang in eigener Wohnung, schon wegen Frau Sahl, recht wäre. Ob wir es wiederholen können, hängt davon ab, ob wir weiter die Milch der Kuh behalten dürfen, was sehr zweifelhaft erscheint.

Es hat uns sehr betrübt, dass es Euch gar nicht recht gut geht, vor allem Dir, liebe Ibeth. Auch die Stimmung scheint gar nicht gut, kann man da gar nichts machen? Wir möchten Euch gerne etwas fröhlicher wissen. [...]

Vielleicht hat Euch Mutti erzählt, dass wir zum Frühjahr, etwa Mai, ein neues Schwesterchen oder Brüderchen erwarten. Wir sind sehr glücklich, trotzdem die Zeit ja nicht ganz richtig gewählt ist. Leider hat Suse vorläufig sehr viel Beschwerden von ihrem Zustand, vor allem der Magen streikt ständig, obwohl sie eigentlich nur von Haferschleim und Knäckebrot lebt. Sie will bald mal nach Berlin zu ihrer Ärztin.

Ich scheine wieder zwei Erfolge erzielt zu haben. Die Verfilmung des »Dame-Romans« scheint so gut wie abgeschlossen, in wenigen Tagen wird wohl der Vertrag unterzeichnet. – Dann war ich gestern in Berlin und habe mich mit Prof. Carl Froelich über einen Film für die Zarah Leander unterhalten. Auch das ist so gut wie abgeschlossen, d. h. es liegt nur an mir, ich habe mir drei Bedenktage ausgebeten, da ich ja reichlich viel Arbeit habe (auch für die Terra muss ich mitarbeiten), und die Ablieferung ist wieder brandeilig, bis zum 15.11. muss ich fertig sein, also Hetze! Ich werde es aber doch wohl tun, denn diese beiden Abschlüsse ermöglichen es uns, trotz enormer Steuerzahlungen sämtliche Schulden loszuwerden, vielleicht sogar noch ein kleines Plus ins neue Jahr mit hinüberzunehmen. Wollt Ihr das Mutti erzählen und ihr auch sagen, dass ich für die nächsten Wochen Pardon in Briefsachen erbitte, ich werde wild schanzen müssen, und ganz kann ich die Landwirtschaft ja auch nicht vernachlässigen. Ihr seht aber, Gottes Wege sind wirklich wunderbar, noch vor einem Vierteljahr fast völliger Boykott, und nun kommt es so!

Macht es gut, ich muss Mais ernten und Äpfel sammeln!

Herzlichst *Eure*

[Ibeth]

Celle, den 3. 10. 1939.

Lieber Rudolf, liebe Suse,

Wir Scheusäler schwelgen nun schon seit einigen Tagen mit Hilfe Eurer Sendung und haben noch nicht mal gedankt – und zu allererst muss jetzt doch unser Glückwunsch für Eure überraschende Nachricht kommen! Mutti hatte kein Wort gesagt, sie hatte geschwiegen wie eine Auster und war höchstens entrüstet darüber, dass nicht sie es uns hatte mitteilen dürfen. Also alles Gute, und vor allem wünschen wir, dass Suse bald die bösen Anfangsstadien überstanden haben möge. Außerdem kneifen wir den Daumen für die Filme – dass man jetzt plötzlich in der Mehrzahl sprechen muss, ist ja wirklich merkwürdig. Aber das Kopfschütteln darüber hat man sich ja so ungefähr abgewöhnt und begrüßt die Wendung mit gemäßigt erleichtertem Aufseufzen. Dass auch wir erstmal erleichtert sind, wisst Ihr vielleicht; Heinz' Stipendium ist bis Ende März verlängert oder vielmehr erneut bestätigt worden. Dadurch ist seiner Arbeit für kriegswichtig erklärt worden. […] Die Spannung dieser Tage, wo man doch immer noch wieder hofft, dass es nicht zum Allerschlimmsten kommen wird – jedenfalls kann man ungefähr keinem Menschen begegnen, der nicht sagt: Vielleicht ist doch bald zu Ende –, kurz, diese Spannung ist sehr schwer zu ertragen. Und man handelt dauernd wie der Mensch, der mit dem Regenschirm ausgeht, damit Petrus nicht regnen lässt. So richten wir uns mit den Rationen sorgfältig für den Winter ein; mit allem kann man auskommen, nur die Knappheit der Zuckerration ist unangenehm, aber auch nicht mehr. Selbstverständlich wurde Euer Zuschuss begeistert begrüßt, aber Ihr müsst nicht denken, dass wir ihn nun dauernd erwarten; denn wir wissen selbst, wie Ihr dran seid. Adelheid versorgte uns mit einigen Kükeneiern – vielleicht können wir deshalb auch nicht richtig über die Größe der Rationen urteilen. Diese Woche gab es hier auf Marken ein Ei pro Kopf.

Da sehe ich, dass ich nun schon wieder, ganz wie im Weltkrieg, von Rationen usw. zu schreiben angefangen habe. Aber ehe ich auf Rezepte und Ersatz komme, will ich stramm davon aufhören. […]

Ording war wunderbar schön, und wir haben sehr viel und dankbar an Euch gedacht. Die 11 Tage, die wir dort hatten, waren so schön wie nie – der Kontrast zwischen Natur und Politik musste natürlich vergessen werden. Oder hätte vergessen werden müssen, denn natürlich ging das nicht; die vielen verlassenen Burgen auf der Sandbank erinnerten immer wieder daran, wie es stand. Man sah so deutlich, dass sie in Eile abgereist waren, die Besitzer; die Flucht aus Ording war noch hastiger als im Vorjahr. […] Am Tage unserer Abfahrt, am Sonntag, verschwand auch von der Station der D-Zug, der schwer bewacht dort gestanden hatte, und die Gerüchtemacher behaupteten, dass es das Personal der polnischen Gesandtschaft wäre, das man dort interniert hätte, bis alle unsere Leute aus Polen zurück wären. Das wurde übrigens laut und deutlich dort erzählt. Als wir dann am Nachmittag von der Kriegserklärung Englands hörten, war es zu spät, um den täglichen Zug noch zu erreichen; so fuhren wir am Sonntagabend im Dunkel nach Garding, gaben im schwarz verfinsterten Bahnhof unser Gepäck auf und segneten unsere in langen Jahren erworbene Ortskenntnis. Da fuhr gerade ein Zug nach Husum durch, und als wir bedauerten, nicht mitgekommen zu sein, hieß es: Der ist nichts für Sie! Also hat es vielleicht doch gestimmt mit der polnischen Gesandtschaft??? Im Dunkeln suchten wir uns den Weg zum Hotel – das kannten wir nicht. Im Dunkeln mussten wir uns im unbekannten Zimmer aus- und anziehen (das ganze Haus lag voll von Arbeitsdienst, der als Deutsche Grenzwacht fungierte), und am nächsten Morgen sind wir um 5 Uhr abgefahren. Die Fahrt war sehr interessant, die Luftschutzgräben in Hamburg sahen merkwürdig unwirklich aus. Sonst war aber wohl der Hauptansturm vorüber; wir kamen in langsamer, aber bequemer Fahrt nach Celle, wo wir um 4 ankamen und um 7 in den Keller mussten, wo natürlich nichts vorbereitet war, aber wir haben dann in den nächsten Tagen tüchtig zu tun gehabt, um ihn für den zweiten Alarm in Bereitschaft zu haben. […]

Nun wünschen wir nochmals alles Gute für beide Eltern und beide Kinder – dass Uli jetzt nicht bei Euch ist, ist gewiss schwer – und grüßen Euch vielmals. Heinz lebt nur noch in Drillung, entweder freier oder reiner, und entsprechender Biegung. *Die* Formeln solltet Ihr mal sehen – sie sind selbst mit Abkürzungen einfach gräsig!!!!!

Eure
Ibeth

[Rudolf]

Carwitz, am 7. Oktober 1939.

Liebe Ibeth, lieber Heinz,

schönen Dank für Euern langen Brief mit den beiliegenden Zigaretten, die sehr erfreuten! Ich bin jetzt schon so weit, dass ich mit 12 Gold Flake 2 Tage weit komme, allerdings drehe ich mir das andere selbst. Aber immerhin. […]

Alle Film-Träume haben sich noch nicht erfüllt. Die Terra, die den Kleinen-Großen Mann verfilmen will, hat sich die Option noch um 8 Wochen verlängern lassen, allerdings gegen Reugeld, erst dann entscheiden sie sich, ob nee, ob ja. Aber der Froelich-Film ist unter Dach, und ich schanze bereits wie ein Affe. […] In dieser Woche bin ich so tief gesunken, dass ich auch noch einen Hühnerstall habe bauen lassen, denn wir wollen Eierselbstversorger werden, und nun warten wir nur auf die Putteckens. Es scheint aber keine zu geben – vergebens war Inserat und Rumfragerei; es wäre ja schön, wenn wir einen Hühnerstall hätten, aber keine Hühner.

Uli hat seine Ferien gewaltig genossen, er war diesmal recht erträglich. (Unberufen – noch ein Tag liegt vor uns, und er kann in einem Tage ganz Hübsches leisten!) Er gehört zu den Egoisten, die am liebsten keine wären, das ist immer schlimm, denn der eigentliche Egoist hat ja keine Ahnung, dass er einer ist – als wie icke –, er aber weiß es sehr gut und leidet oft

263

recht darunter. Mückchen ist selig über den großen Freund ihres kleinen-großen Herzens, den Onkel Räder – augenblicklich bringt er ihr Radeln bei. […]

Und nun alles Gute, meine Liebe, wir hoffen noch immer, dass es wieder Frieden wird!

Herzlichst *Eure*

[Dete]

Zittau, den 2. 11. 39.

Lieber Rudolf, liebe Suse,

es wird nun wirklich Zeit, dass ich mal von mir hören lasse. Es hat sich seit dem letzten Voneinanderhören so vieles verändert in der ganzen Welt, dass man ja erst Atem holen musste und innerlich Stellung dazu bekommen. Ich selbst war im Anfang sehr verzweifelt, denn wir haben einen so schrecklichen Weltkrieg hier in unsern vier Wänden durchgemacht mit nachfolgender Inflation, mit den ganz kleinen Kindern, dass ich mich einfach nicht für fähig hielt, noch einmal so etwas zu bestehen. Ich lehnte zunächst eine Lebensmittelkarte ab und habe bitterlich geweint. Ilse musste alles für mich ausrechnen, was sie natürlich herrlich konnte. Aber man gewöhnt sich an alles, und ich persönlich sehe ja nun, dass für mich die Aufgabe viel kleiner ist als damals. […] Aber nun erst mal zu Euch. Mutti schrieb mir von Eurer Freude auf ein Drittes! Ihr könnt Euch nicht denken, wie ich mich mitgefreut habe. Alles alles Gute! Suse ist hoffentlich – den Umständen nach – bei bestem Befinden. Es ist wirklich eine sehr gute Lösung für Euch! Was hättet Ihr allein machen sollen, wenn dann auch noch die Mücke Euch verlassen muss! Das geht doch gar nicht. Also, die Frage wäre geklärt. Hoffentlich kommt Suse gut über den Winter. […]

Fritz, unser Vati, ist also doch endgültig zur Wehrmacht

geholt, nachdem er eine kurze Gastrolle in den ersten unruhigen Septembertagen in der Kaserne gab, wo die Herren
Offiziere mit der Arbeit nicht fertig wurden. Seitdem durften wir uns nicht länger von Zittau und vom Fernsprecher
entfernen. […] Vor 1½ Wochen kam die neue Beorderung:
die Aktiven kommen heraus, Fritz muss sich schnell einar-
beiten. Ein ganz anderes Leben: Die Lebensmittelkarte wurde
in der Kaserne abgegeben. Sehr zeitiges Aufstehen. Essen
draußen ohne die gewohnte Mittagsruhe!!!!!! Nach der durch-
gehenden Arbeitszeit Rechtsanwaltsberuf, abends gegen
8 Uhr todmüde nach Hause. Da bringt er einen Zippel Wurst
oder eine saure Gurke zum Abendbrot mit oder ein Kommissbrot, und wir machen es uns dann sehr gemütlich. […]
Er ist Adjutant im Wehrbezirkskommando, kämpft noch um
die einzelnen Uniformstücke, sieht aber schon ganz schni-
cker aus. […] Fritz bekommt Wehrsold, und zwar 2.70 RM
am Tage!!!!!!! Ist das nicht fabelhaft??? Dazu ein gewisses Klei-
dergeld, das aber auf viele Monate schon jetzt durch die drin-
gendsten Anschaffungen überschritten ist. Das Essen in der
Kaserne wird wahrscheinlich noch abgerechnet!!! Nun steht
in der Zeitung ein Langes von Unterstützungen! Ja, für uns
kommt das nicht in Frage, denn wir haben ja noch Erspar-
tes!! Außerdem ist die Kanzlei nicht geschlossen, Menzel arbeitet ja noch, aber der ist 67 Jahre!!! Wenn das Jahre gehen
soll, wäre es hervorragend. Aber nur den Mut nicht verlieren! Es soll sich niemand am Kriege bereichern. […]

Und wie ist es denn mit Euch finanziell??? Stimmt es, wie
Mutti schreibt, dass alles in Butter sei? Wo bleibt der Film
vom »Alten Herzen«? Ich würde mich soooo furchtbar
freuen, wenn der käme! […] Als Lektüre existiert seit Kriegs-
beginn für mich die Frankfurter Zeitung, die ich verschlinge
und die wirklich allerlei bringt, was die Wurstzeitungen nicht
bringen. Am meisten beschäftigt und bewegt mich die plötzliche Auswanderung der Baltendeutschen! Das ist ja eine Völ-

kerwanderung! Was geht da vor! Ganz schnell entscheiden, nur gewisse bewegliche Habe mitnehmen, die Heimat verlassen!!!! In Deutschland in Gastquartiere oder in die von den Polen leerstehenden Wohnungen des Korridors zunächst. Wie spielt sich da das Einzelschicksal ab!!!! [...]

Euch beiden viele Grüße. Fritz ist nicht erreichbar.

Auch telefonieren darf ich nicht.

Margarete

Rudolf Ditzen

Carwitz, am 7. November 1939.

Liebe Dete,

wir danken Dir herzlich für Deinen langen Brief. [...]

Was den Krieg angeht mit all seinem Drum und Dran, so hat er uns natürlich alle irgendwie erschüttert. Aber bei uns auf dem Lande, wo niemand von der Familie selbst bisher betroffen ist, sind die äußeren Veränderungen verhältnismäßig gering. Die Entbehrungen sind nicht der Rede wert, wenigstens nicht bei uns, der Leutemangel ist lästig für unsere Landwirtschaft, muss aber ertragen werden, die Besorgungen in Feldberg schwierig, aber das alles ist zu bewältigen. [...] Radio-Nachrichtendienst wird nur einmal abends eingeschaltet (Grundsatz!), und so hat man Arbeitsruhe, die auch notwendig ist, wenn man sein Scherflein zusammenkratzen will. [...]

Die eben erwähnte Arbeitsruhe hatte ich auch bitter nötig: ich habe für Professor Froelich – den Präsidenten der Reichsfilmkammer – einen Zarah-Leander-Film zu schreiben [»Dies Herz, das dir gehört«]. Natürlich war es wie immer beim Film brandeilig, sechs Wochen Lieferfrist bekam ich nur, aber gestern habe ich nun terminmäßig abgeliefert – hoffentlich gefällt es nun auch, denn dann gibt es Geld. Mit dem Geld ist es bei uns so, dass ich ja im Allgemeinen recht gut verdiene, aber es geht auch alles immer wieder gleich fort, und jetzt, wo die fantastischen Steuern etwa 60 % meines Einkommens direkt fortnehmen, ist es ja noch schlimmer. Immerhin wird aber durch all das Geld, was wir ausgeben, Carwitz immer schöner, auch brauchbarer. […] Daneben sehe ich, dass ich regelmäßig meine Bücherei ausbaue, jetzt fange ich schon an, wegen Platzmangel, die Eintagsfliegen auszumisten. Ich sammle im Allgemeinen nur Gesamtausgaben in schönen Ausgaben, bevorzuge deutsche Dichter, nehme dabei aber auch alles andere, was mich interessiert. In dieser Bücherei (reichlich 3000 Bände) steckt heute schon ein wirklicher Wert. […]

Mückchen wird nun schon ein großes Mädchen, nächste Ostern kommt auch sie zur Schule. Sie hat entschieden nicht Ulis leichte Fassungsgabe, aber einen sehr guten, gesunden Menschenverstand, auch viel Humor. Sie ist ein urvergnügtes Kind, meckert fast nie, ist meistens guter Stimmung und kann so herzlich lachen. […] Uli hat sich nun wohl in Berlin eingelebt. Er hat es ja sehr gut bei Burlages – aber Carwitz wird immer für ihn das Schönste auf der Welt bleiben! (So was hat uns als Kindern leider ganz gefehlt.) Er hat sicher viel Heimweh – was ich nie kennen gelernt habe. In Berlin hat er auch Freunde gefunden, ist viel im nahen Zoo und nimmt die Schule mit einer edlen Wurstigkeit. Er hat ein – an seinen Gaben gemessen – schauerliches Zeugnis nach Haus gebracht, alles Dreien und im Schreiben eine Fünf. Uns ist es ziemlich piepe, wenn er nur zu Ostern die Aufnahmeprüfung im Joachimsthalschen Gymnasium in Templin schafft. Der Ehrgeiz wird schon kommen, und wenn er nicht kommt, ist es auch noch so. Von den guten Schulkindern ist nicht unbedingt nur Gutes im Leben zu erwarten. […]

Und nun alles Gute, liebe Dete, Dir und den Deinen, von Suse und

[Ibeth und Heinz]

Celle, den 27.11.1939.

Lieber Rudolf, liebe Suse,

[…] Durch Mutti hörte ich, dass es Dir, lieber Rudolf, nicht gut gegangen ist – wir hoffen sehr, dass Du nun wieder auf dem Weg zur Besserung bist. Du hast gewiss* zu viel gearbeitet … Und wir hoffen auch, dass es Suse so gut geht wie möglich. Wir sind so viel mit unsern Gedanken bei Euch. […]

Also wir grüßen Euch vielmals und bitten um Entschuldigung wegen der Schreibfaulheit. Sie war unüberwindlich. Und wünschen Euch allen alles Gute!

Eure
Ibeth

* [Heinz:] {selbstverständlich!}

{Das kleine Lieschen wetzt den ganzen Tag – viel auch in Mannes Aufträgen – in der Stadt herum, in Sachen Lebensmittel usw. – und *kocht* (prima) selbst – und ist dann oft ganz erledigt (mit *Strike*stimmung, für die sie mein volles Verständnis hat –).

Herzlichst H.

1 besonderen Gruß an die verehrte Suse!}

Ditzens

Carwitz, am 4. Dezember 1939.

Liebe Ibeth, lieber Heinz,

nun sind wir wieder von Berlin heimgekehrt, Suse ziemlich erschöpft von ihren Besorgungen, ich von meiner Kur. Aber Carwitz hat uns bald wieder aufleben lassen, mein Schlaf ist jetzt recht befriedigend, und da Suse unendlich viel

268

Arbeit vorgefunden hat – eben hält sie große Wäsche, schlachtet auch noch diese Woche und hat unendlich viel Weihnachtsbäckerei vor sich –, hat sie auch noch die rechte Zeit nicht gefunden, sich klar zu werden, wie es ihr eigentlich geht. […] Wir oder vielmehr ich hatte mal wieder einen Anfall, dass ich Carwitz verkaufen wollte, um dafür irgendetwas anderes in der Nähe höherer Schulen wieder zu kaufen, damit wir die Kinder nicht so schnell loswerden. Carwitz hätte ich sehr gut – unter Ersatz meiner sämtlichen, auch der kleinsten Aufwendungen – verkaufen können, aber etwas Vernünftiges wieder zu kaufen, scheint unmöglich. Jeder, auch der kleinste Selbstversorger, hält fest, was er hat, und meidet die Stadt. […]

Die Froelich-Film-Leute haben mir bisher Anerkennung nur gedrahtet, aber ich bin jetzt um eine »Gefälligkeit« von ihnen gebeten, ich soll ihnen für einen andern Film »freundschaftlich« (lies: ohne Honorar) Titel suchen. Ich tu's – entgegen meinen Grundsätzen – sogar, ich möchte doch, dass der Film diesmal etwas würde, es wär ein erheblicher Prestige-Gewinn und Aussicht auf weitere Aufträge.

[…] Ist das umständlich geworden – das Leben! Suse hat sich entschlossen, morgen noch einmal zu Fuß nach Feldberg und zurück zu laufen, sie muss sehen, dass sie für den Familienzuwachs was kriegt. Offiziell ist das alles da und auch ohne Karten zu haben, in Wirklichkeit hat sie in Berlin nicht eine Windel, auch nicht aus Zellstoff, keine Nabelbinde, kein Einschlagtuch, kaum Hemdchen gekriegt usw. – wir hoffen nun auf die großen Läger in Feldberg. Und ich habe die schönste Gelegenheit, immer wieder zu sagen: Siehste! Hättste nicht alles verschenkt! Aber so biste! Und nun siehstes! […]

Tante Ada schrieb sehr trübe über Ilse, der es sehr schlecht gehe. »Hinterher werde ich sie dann wohl mit den Ärzten umgebracht haben – aber das erlebe ich hoffentlich nicht mehr.« Ungewohnte Töne bei unserer alten, unverzagten Familienführerin. […] Liebe Ibeth, wenn Du bei Deinen mannigfachen Besorgungsgängen versuchen würdest, dann und wann für Deinen Bruder ein oder zwei Päckchen Zigarettenpapier zu bekommen, wäre das sehr nett. Hier bekommt man nämlich gar nichts mehr. Also nur Papier, kein Tabak, keine Zigaretten Du kannst alles auf einmal gesammelt und später abschicken. Unkosten werden erstattet. In Berlin wurde mir erzählt, dass in Kürze die Raucherkarte käme, nur für erwachsene Männer, zehn Zigaretten pro Tag, entsprechend Zigarren und Tabak. Was daran wahr ist, ahne ich nicht, vielleicht gar nichts.

Und nun die herzlichsten Grüße, lasst es Euch recht gut gehen, soweit es die Zeiten erlauben!

Eure

Rudolf Ditzen

Carwitz, am 11. Dezember 1939.

Liebe Ibeth,

schönen Dank für Deinen Brief mit der Hilfsbereitschaft. Es wäre sehr nett, wenn Du uns bei unsern Babynöten etwas helfen könntest. Eine gewisse Schwierigkeit liegt noch darin, dass wir noch nicht bestimmt wissen, ob es eines oder zwei werden – das wird sich erst in einiger Zeit genau feststellen lassen. Vorläufig wollen wir erst einmal für eines vorsorgen. Suse braucht noch:

3 Dutzend Windeln

4 Einschlagtücher

6 etwas größere Unterlagen für Bettchen

8 Speitücher

4 Kinderbadetücher.

Was Du davon kriegen kannst, das nimm. Was fehlt, müssen wir sehen, woanders zu kriegen. Für Deine Auslagen lege ich einen Verrechnungsscheck über 100 Mark bei. Was Du nicht in Babysachen anlegst, das bringe in Tabak und Zigarettenpapier unter. Es kann nicht zu viel werden – als Tabak bevorzuge ich Olanda (50 Gramm 60 Pfennig), bessere Preislagen sind an mich fortgeworfen. Es hat alles keine Eile, hetze Dich nicht damit, wenn es erst später kommt, ist es auch gut. Und nun tausend Dank! […]

Ich habe so viel Briefe geschrieben, dass ich wieder mal ganz brief-unlustig bin. Also alles Gute und nochmals vielen Dank

Eure

[Rudolf]

Carwitz, am 13. Dezember 1939.

Liebe Dete,

schönen Dank für Deinen langen Brief! Da wir aber grade das Schlachten hinter uns haben und da wir am Freitag eine Fuhre mit nicht weniger als 19 Paketen und Päckchen nach Feldberg senden, musst Du uns schon erlauben, Dein Verbot zu übertreten und Euch wenigstens diesen kleinen Weihnachts-Schlachte-Gruß zu übersenden. Viel ist es doch nicht, und wenn alle Deine Kinder um den Tisch sitzen, wird es kaum zu einem Abendessen reichen! Also bitte keine Revanchegelüste! Aber ein fröhliches Fest Euch allen, es ist doch schön, dass Ihr wenigstens zusammen feiern könnt!

Bei uns werden schon die Lütten für die nötige Feststimmung sorgen. Die Mücke ist schon voll der schönsten Weihnachtserwartungen, und am Montag fährt Suse nach Berlin, um Uli zu holen und noch ein bisschen ihre Einkäufe zu ergänzen. Träume aber nicht davon, dass es etwa in Berlin besonders viel gäbe. Das denkt man immer von den andern Orten, aber es ist überall wohl dasselbe. Suse hat noch ein bisschen »Freies« wie Seidentaft erwischt, im Übrigen haben wir aber unsere Wünsche im Rahmen des Möglichen gehalten. Ich kriege eine fürchterliche Menge neuer Bücher, dann gibt es eine schöne echte Brücke und einen neuen Radio-Apparat – unsere großen Schallplattenwünsche sind leider an der Bestimmung, dass man für jede neue Schallplatte eine alte abliefern muss, gescheitert. Aber auch ohne all dies wird das Fest schon hübsch werden.[…] Ich bin jetzt heillos verquatscht, was Ihr wohl schon gemerkt habt. Das machen die vielen Weihnachtsbriefe. Darum nichts schneller als Schluss. Alles Gute Euch, ein vergnügtes Fest wünschen

[Adelheid]
{Neustadt-Dosse Bhf. den 18. 1. 40.

Lieber Onkel Rudolf!

Für heute nur kurz: Du kannst Gänseeier bekommen. Schreib doch bitte mal, wie viel. Es kann ja natürlich spät werden in diesem Jahr, da es so sehr kalt ist. Sind noch Küken gefällig? – Aber das hat wohl keinen Zweck wegen der Leber-Tbc, Frau Condereit, meine Chefin, sagte, es sei *sehr* ansteckend. […]

Euch allen recht herzliche Grüße
von Deiner Adelheid}

[Rudolf]
Carwitz, am 22. Januar 1940.

Liebe Adelheid,

wir danken Dir zuerst schön für das Päckchen, Mücke hat sich über die Vermehrung ihrer Puppenstubensachen sehr gefreut. Auch die Windel und die Creme waren willkommen.

Und am meisten freuen wir uns, dass Du noch an unsere Eierwünsche denkst. Wir nehmen sehr gerne Gänseeier, auch wenn es spät im Frühjahr werden sollte, wir werden schon eine Klucke kriegen. [...] Also, Kücken möchten wir nicht beziehen, die werden wir uns hier schon selbst aufziehen, es sei denn, Ihr habt dort eine ganz besonders gute und legereiche Rasse. Wie steht es damit? Auch abgehärtet gegen unser etwas raues Klima? Sprich ein Wort, mein gutes Kind, Du kannst doch Deinen alten Onkel nicht ewig fragen lassen! So was schickt sich nicht, hat Dir das Deine ehrwürdige Mutter nicht gesagt?! Etwas anderes ist es hingegen mit den Enten, nicht Eltern, wenn Ihr Enteneier abgeben würdet, würde mein Weib jodeln? Und wie ist es nun damit? Feste Zusage erwünscht, marsch ins Körbchen! – Kenntest Du Deinen Onkel besser, so würdest Du aus diesem Briefe sehen, dass er heute Abend rettungslos verdoft ist. Das hat aber auch seinen guten Grund, ich habe den ganzen Tag am Film gearbeitet (Zarahchen, dass süße Schmalreh!), und da bleibt eben nischt übrig. Außerdem ist es kalt, und Kälte gehirnt mir nie! So, mein gutes Kind, amüsiere Dich weiter mit Deinen Streptokokken, und gebe es Gott, dass Dein nächster Brief in eine bessere Stunde falle!

Deine Tante näht Windeln, ich nähere mich ihnen schon wieder! Heil!!!

Dein

[Adelheid]
{Köritz-Bhf. Neustadt-Dosse, den 25. 1. 40. Litzmannstr. 48.

Liebe Carwitzer!

Also, die Gänseeiersache geht in Ordnung! Ihr bekommt 6 Gänseeier! Und Enteneier kann ich Euch auch besorgen, wenn auch nicht von Frau Condereit. Besagte Enteneier sollen *sehr* gut sein. Schreibt mir, wie viele Ihr haben wollt, und Eure Nichte leitet die Besorgung in die Wege. Und Tante Suse Schmalreh wird jodeln können. Nun noch Thema Küken: Frau Condereit hat Wyandotten (ist das richtig geschrieben? – aber Hauptsache, dass Ihr versteht, was gemeint ist) aus erlesenster Zucht, widerstandsfähig, gutes Fleisch- und Legehuhn. Überlegt es Euch und sprecht Eure Wünsche aus. […]

Aus Celle habe ich nicht gerade die besten Nachrichten, aber das liegt schon eine Woche zurück, meiner ehrwürdigen Mutter muss es nicht gerade blendend gehen.

Im Übrigen wünsche ich Euch nicht zu viel Kälte und alles Gute!

Herzliche Grüße
Eure Adelheid}

[Ibeth und Heinz]

Celle, den 7. 2. 1940.

Lieber Rudolf, liebe Suse,

Ich habe wohl für zwei Briefe zu danken – Ihr habt auch viel zu tun und bringts doch fertig, Briefe zu schreiben … Aber die Grippe ist bei mir ganz gemein; ich denke immer: diesmal ist es ganz leicht, Du zwingst es in drei, in acht Tagen – und dann werden es doch wieder Wochen. Schluss damit. Mutti hat Euch vielleicht erzählt, dass wir so allerlei Wasserfreuden oder vielmehr Nichtwasserfreuden hatten, dass die Kohlen sehr knapp waren und sind und dass wir deshalb in der Dunkelheit leben wie die Morlocken in der Zeitmaschine von Wells.* Aber das ist alles unwesentlich. Sonst gehts gut. […]

Auch bei uns ist einiges verdorben – das Schlimmste war meine kostbare Eierreserve, die zu einem Block zusammenfror – und beim Auftauen sich bis zum letzten Stück als geplatzt erwies. So haben wir Rührei und Eierkuchen seufzendschwelgend vertilgt, und ich habe Nudeln gemacht. Jemand schlug Eier*likör* ** vor, aber woher Alkohol nehmen? Jetzt muss ich mich ranhalten mit dem Nudelnfabrizieren, denn die Dinger tauen in der Speisekammer auf … […]

Herzlichst
Eure alte Ibeth

* [Randbemerkung von Heinz:] {Rückfall-Prinzip! Rohrbrüche – Kohlenüberschwemmung – »Fantastische« Fensterdichtungsarbeiten – Dunkler Nachtgast auf Chaiselongue im Luftschutzkeller (Polizei muss eingreifen) – 0,x % Arbeitsmöglichkeit bei am 30. 3. ablaufendem Stipendium – wie gesagt: Sch…}
** [Randbemerkung von Heinz:] {Wer Sorgen hat, hat auch –!}

[Rudolf]

Carwitz, am 16. Februar 1940.

Liebe Ibeth, lieber Heinz,

gestern bin ich endlich mit der Umarbeitung des Leander-Films fertig geworden, da will ich doch gleich die Pause, ehe ich Montag an meinen so lange liegen gelassenen Roman gehe, benutzen, um Euch für Euern langen Brief und die Sendung zu danken. Es tut uns herzlich leid, dass Ibeth so grippegeplagt, auch sicherlich stark durch trübe Stimmungen bei Mutti belastet ist, Heinz dagegen so sehr viel Störung bei der Arbeit hat. […]

Die gestern hier eingetroffene Sendung hat sicher der Schwager Heinz verpackt. An dem Bindfaden, der nach alter Tradition nicht zerschnitten, sondern geknüppert wird, ver-

275

zweifelten wir erst alle beide, so fest waren die Knoten gezogen. Wir haben's dann aber doch geschafft oder vielmehr Suschen, die Gute. – Der Inhalt ist hoch erfreulich gewesen. Ich habe aber vergeblich nach einem Zettel gesucht, wie viel und wie teuer, und habe mir also folgende Aufstellung gemacht:

66 Päckchen a 50	33.--
3 à 60, 70, 80	2.10
25 Zig.	1.--
12 Zig.	-.60
200 à 15	30.--
	66.70
Kriegszuschlag	13.35
	80.05

Da ich einmal hundert RM gesandt und 12.06 RM per Nachnahme bezahlt habe, würden mir abzüglich des Portos noch etwa 30 RM verbleiben, für die ich gelegentlich wieder um Tabak bitte, aber nicht mehr um Papier, mit dem ich nun versorgt bin. Und vor allem tausend Dank! Du hast Dir sicher unendlich viel Mühe gegeben. […]

Wir haben hier heute wieder 17 Grad Frost, und es ist so unendlich viel Schnee gefallen, dass wir es für diese Woche aufgeben müssen, nach Feldberg zu kommen und unsere Lebensmittelkarten einzulösen. Es geht einfach nicht. Die Post ist immer noch durchgekommen, allerdings wird sie im Schlitten geholt und gebracht, und das dauert dann auch viele Stunden. […]

Also, meine Guten, macht's weiter gut.

Es grüßt Euch herzlich
Euer
und Eure

[Rudolf]

Carwitz, am 2. März 1940.

Liebe Ibeth,

[…] Dir, Ibeth, vor allem Dank auch für die Sendung von drei Platten – es wird seinerzeit Suse gebührend mitgeteilt werden. […]

Gottlob sind bei uns die aktuellsten Sorgen behoben durch den Filmabschluss »Kl. Gr. Mann« mit der Terra. Seit 8 Monaten wurde darüber unterhandelt, jetzt wollten sie wieder eine Prolongation haben, aber ich war nun hart und ließ lieber das ganze Geschäft zum Teufel gehen, als dass ich diesen Schwebezustand länger duldete. Und nach einigen Tagen bänglichen Wartens und auch Belittenseins der Herren drüben hat es geklappt. Es ist ein schöner Batzen Geld, der da eingeht, und ich kann stolz sagen: Nun kann ich wenigstens meine Steuern bezahlen – im ersten Halbjahr dieses Jahres, nämlich 17 000 RM. Und 17 500 kriege ich vom Film! Ist das Leben schön! (Natürlich ist in der Steuerzahlung ein Rückstand vom vorigen Jahr enthalten.) […]

Suse kam trotz Glatteis und sonstigen, namentlich Ernährungsnöten in der großen Stadt Berlin recht munter zurück. Alles ist in bester Ordnung, nur wird das Baby wahrscheinlich schon früher als erwartet eintreffen, etwa Ende dieses Monats. […] Alles Gute, meine Lieben, vor allem auch dem Heinz

Euer

[Dete]

Zittau, den 5. 3. 40.

Lieber Rudolf usw.

[…] Schallplatten: ja, Du sollst welche von uns haben, und wie es scheint, liegt Dir mehr an *alten*. Also werde ich in den

Vorrat steigen und welche aussuchen. […] Ich werde also einige Platten schicken, und wir würden sehr erfreut sein über Gegenleistung. Bohnen sind mit etwas Schwierigkeiten verbunden, weil sie für den Gallen-empfindlichen Fritz ziemliches Gift sind – aber bei Gott möchte ich nichts Essbares abweisen. Butter ist der begehrteste Artikel hier. Da ich selbst nicht die Gabe – auch nicht die Zeit und Kraft – habe, aufs Land zu pilgern und zu hamstern, so kommt also nur die Markenware zu uns ins Haus. Ich habe die Schrecknisse des Weltkrieges in Bezug auf die Ernährung noch so in den Knochen, als sei es gestern gewesen, und einfach nicht die Nerven, zu viel danach rumzulaufen. Mit anderen Sachen – also was nicht essbar ist – habe ich mehr Glück. […] Solche Besorgungen mach ich auch ganz gern, während jegliches Essbare mir 9 schreckliche Jahre wieder ins Gedächtnis zurückruft: 14 – 23. […]

Wir bekommen jetzt Kohlrabi das Stück für 40 Pfg. Ihr werdet dies Jahr ein blendendes Geschäft machen.

Immer
Dete

[Ibeth]

Celle, den 9. 3. 1940.

Liebe Suse,

Zuerst vor allem die herzlichsten Glückwünsche zum Geburtstag. Wir denken diesmal ganz besonders an Dich – der März soll wohl zum Geburtstagsmonat werden in der Familie Ditzen? […]

Was wir Dir fürs neue Jahr wünschen, weißt Du. Wir kneifen den Daumen. Uns allen wünschen wir, dass der Krieg so schnell zu Ende gehen möge, wie man es jetzt hier allgemein sagt, voraussagt und wünscht. Ich sah in den letzten Tagen hier Truppen marschieren, die mir einen ganz besonderen Eindruck machten. Einquartierung haben wir noch nicht gehabt, aber das kann Zufall gewesen sein. […]

Schönen Dank für die Anzeigen des Kleinen Großen Mannes. Ich freue mich nun auf das Buch. Hübsch waren die Winterbilder von Carwitz, die mir Mutti zeigte. Hoffentlich habt Ihr noch Kohlen, wir sind bei dem allerbesten Anthrazit angelangt, und der Kohlenhändler hat keinen mehr. Und unsere Öfen kriegen Magenbeschwerden und streiken, wenn man ihnen was anderes zu fressen gibt. […]Heinz grüßt und gratuliert mit mir.

Herzlichst Deine

~~Liat~~*

Ibeth!

* {auch eine Fehlhandlung!}

[Rudolf]

Carwitz, am 11. März 1940.

Liebe Dete,

es passt grade so, dass wir genügend von der Vaseline im Hause haben, dass wir Dir das Beiliegende fertig machen können, da will ich doch gleich ein paar Zeilen mitsenden. Viel wird es nicht werden, denn es sind heute 15 Druckseiten geschrieben, und dann bin ich immer erschossen … […] Der Film »Altes Herz« kommt nie, sintemalen er schon seit über einem Jahr verboten ist. Dafür habe ich in diesen Tagen die Verfilmung des Kleinen Großen Mannes abgeschlossen, auch ein Zarah-Leander-Film für Prof. Froelich mit dem wahrscheinlichen Titel »Zuflucht« ist, was meine Arbeit angeht, abgeschlossen. […]

Bei strengster Einteilung kommen wir mit unsern Kohlen wohl durch, wenn nicht der Winter noch gar zu lange dauert. Freilich graut man sich nun jetzt schon, ob man im Sommer wirklich genug Nachschub bekommt, um dem nächsten Winter gefasst ins Auge zu sehen, zumal unser Kohlenhändler noch in diesen Tagen wegen politischer Gründe verhaftet ist und man als neuer Kunde bei andern kaum auf Bevorzugung rechnen kann. Wir können ja nicht so wie die meisten andern ländlichen Haushaltungen selbst Holz werben. [...]

Und nun alles Gute, grüße den Fritz schön

Dein

[Rudolf]

Carwitz, am 26. März 1940.

Liebe Ibeth, lieber Heinz,

[...] Und wir wollen ja nur hoffen, dass Suse bald wieder auf dem Damm ist. Die Auspizien sind nicht schlecht, namentlich stimmungsgemäß geht es ihr doch viel besser als vor den Zwillingen. Auch die Ärztin ist recht zufrieden, freilich auch sie ist immer wieder verblüfft über den ganz außergewöhnlich ungeheuerlichen Umfang Suses. So was kommt nur ganz selten vor. Diese letzten Wochen sind natürlich schlimm für sie, keine Stunden ohne Schmerzen, weder Liegen noch Stehen noch Gehen noch Sitzen recht möglich. Ich brauche Euch nicht zu erzählen, wie sie es trägt. Gottlob sind die Wege jetzt so, dass ich sie bis Neustrelitz mit dem Auto fahren kann. So wird wohl alles glattgehen. [...]

Uli genießt seine Ferien nur mäßig, geteilt zwischen Karl May, Eisenbahn, Draußensein, Radeln und ganz ungeteilt der Meckerei und dem Sich-Langweilen hingegeben. [...] Die Aufnahmeprüfung hat er mit edler Wurstigkeit durchgemacht, das Jungenmaterial, das wir in Templin sahen, machte einen ganz ausgezeichneten Eindruck. (Übrigens

auch die meisten Lehrer.) Es hat mir alles wieder sehr gut gefallen, am 3.4. bringe ich ihn nun hin. Wenn er sich an die
Internatserziehung gewöhnt – was ich nach Ording glauben
möchte –, wird er dort gute und gedeihliche Jugendjahre haben. Gebe der Himmel, dass ich immer die Kosten aufbrin-
gen kann, alles in allem werde ich 3000 RM im Jahr für ihn
brauchen. Ein bisschen happig! […]

Über die Ostertage hatten wir meinen neuen Verleger Ledig mit seiner Frau hier. Er ist ja ein unehelicher Sohn Rowohlts, der Vater weiß nicht, dass der Sohn dies weiß, hat
aber vor seiner Abreise den Sohn noch als Nachfolger mit
Billigung der Deutschen Verlags-Anstalt und der Reichsschrifttumskammer eingesetzt. Der Junge – 32 Jahre – in Verlagen aufgewachsen, macht sich recht gut, hat vor allem den
angeborenen Verlegerinstinkt. Ist aber noch reichlich weich.
Frappierend ist seine manchmal fantastische Ähnlichkeit mit
Rowohlt, in Sprache wie Aussehen, nur seine Vitalität geht
ihm ganz ab. Er ist sehr zart. Wir haben ganz gute Tage miteinander gehabt, uns mal ausgequatscht, vor allem weiß ich
über die Konstellation in Stuttgart jetzt gut Bescheid. Der
Kleine Große soll nun endgiltig am 29.3. erscheinen, was
ich beinahe glauben möchte, denn 2 Probebände habe ich
schon hier. – Mein neuer Roman ist fertig [»Der ungeliebte
Mann«], freilich zieht ein neues Gewitter am Himmel auf:
Papier gibt es nur noch auf Bewilligung, und Bewilligungen
sollen nach drei Kategorien erteilt werden: parteiamtlich er-
wünschtes Schrifttum: Ja. Angenehmes Schrifttum: vielleicht
Ja. Unerwünschtes Schrifttum: Nein. Mehr zu sagen, kann
sich der Weise sparen. Übrigens sind jetzt vor Erscheinen
schon 8000 Kleine Große Männer verkauft. […]

Herzlichst *Eure*

[Heinz]

Lieber Rudolf!

Da Frauchen eines gehabten Dünnpfiffs wegen und aus Gründen einer z. Z. sehr gesteigerten Schreibmaschinenscheu entlastet werden muss, so will ich die Maschine ergreifen und Euch herzlich für den Brief vom 26. 3. danken. [...]

Was meine Sache mit dem Reichsforschungsrat angeht, so habe ich zunächst noch keine Antwort. Ich glaube aber, dass es bestenfalls auf eine mehr oder weniger stark verringerte Rate hinauslaufen wird – wenn überhaupt. Mein Vetter Marx, selbst Mitglied des R.F.R.s, war allerdings optimistisch. In gewissem Sinne bin ich ja wahrscheinlich tatsächlich dem R. F. R. gegenüber verpflichtet, alles daranzusetzen, die Arbeit fertig zu stellen. Aber auch abgesehen von diesem Gesichtspunkte, wäre es eine große Dummheit, jetzt aufzugeben. [...]

Nun aber Schluss. Wir halten Euch alle verfügbaren Daumen für Suses Wohlergehen.

Herzlichst
Heinz

[Rudolf]

Carwitz, am 9. April 1940.

Liebe Dete, lieber Fritz,

zuerst danken wir für Euer Päckchen, das gut hier ankam. [...] Und dann für Eure guten Wünsche zur Geburt unseres Achim. Ich war grade dabei, Uli nach Templin aufs Gymnasium zu bringen, als mich die Kunde erreichte, dass Suse von Burlages in die Klinik übergesiedelt war, dass es also losging. Templin war vordringlich von wegen Schulbeginn, in Windeseile erledigte ich dort alles und ließ Uli in einer ganz neuen, fremden Welt – doch immer ein Entschluss, wenn so ein Zehnjähriger sich ohne allen angeborenen Rückhalt zurechtfinden muss. Dann nach Berlin. Als ich dort ankam, war die Geburt grade zwei Stunden vorüber, ich fand Suse in glänzender Stimmung im Bett, sie hatte sogar ein bisschen Farbe. Der Knabe Achim hatte 8 Pfund gewogen, sieht völlig anders aus als unsere andern Kinder, nämlich mir täuschend ähnlich, mit der breiten Ditzen-Lorenz'schen Nase und genau meinem Mund. [...] – Ihr müsst mir dann mal schreiben, wie Euch der Kleine Große Mann gefällt, 12 000 Exemplare sind schon im Vorverkauf weg, leider haben wir nur Papier für 6000, und bei den heutigen Zeitläuften ist es nicht sicher, wann wir weiteres bewilligt kriegen. Das ist recht schmerzlich. [...]

Also alles Gute, auch dem vielgeplagten Hausherrn!

Schönen Dank *Euer*

[Heinz]

Celle, den 10. April 1940.

Lieber Rudolf!

[...] Mama geht es mäßig. [...] Meine Frau ist ziemlich mies imstande: die vielen Besuche bei Mama, so gern sie mit immer gleicher Ausdauer und meiner Ansicht nach mit bewundernswerter Virtuosität gemacht werden, strengen eben doch infolge der Krankenatmosphäre notwendig wahnsinnig an. [...]

Herzlichst
Heinz

[Ibeth:] {Tante Gretchen, selbst noch krank, fand heute, ich müsste mit Heinz zu Mutti ziehen, wenn die Stütze nicht bald gefunden würde. Müsste ich wirklich???}

[Heinz:] {• ▬ *Nie* ━━◀•}

[Rudolf]

Carwitz, am 14. April 1940.

Lieber Heinz und liebe Ibeth, (mal andersrum),

[…] Der Gedanke, zu Mutti zu ziehen, ist unmöglich, grenzt an Selbstmord, Ibeth würde ihr weniger helfen als jetzt bei ihren vielen Besuchen, die Art ihrer Haushaltführung würde Mutti immer wieder stören, kurz und gut, es ginge nie gut aus, und Heinzens Arbeit wäre darüber zum Teufel gegangen neben dem guten Verhältnis, das zwischen Mutti und Ibeth herrscht. Nie, und wenn Ihr auf den Knien angefleht werdet. Jeder Fremde kann dann nützlicher sein als Ihr. Ich beschwöre Euch! Ihr tut wahrhaftig genug! […]

Alles Gute Euer

[Rudolf]

Carwitz, am 23. April 1940.

Liebe Dete, lieber Fritz,

schönen Dank für Euern langen, ausführlichen Brief. Unterdes war ich nun wieder in Berlin und habe Suse und den Sohnemann heimgeholt. Es ging alles glatt, und nun residiert der Knabe hier seit zwei Tagen. Es ist wieder schön, immer wieder schön, so ein junges hilfloses rührendes Wesen – im Grunde muss man immer lächeln. Er soll mir phantastisch ähnlich sehen – was für den Vater immer beruhigend ist, besonders mit meinem geradezu süditalienischen Temperament! – und benimmt sich ganz normal. Die von Fritz in Aussicht gestellte Lungengymnastik betreibt er kräftig. Am begeistertsten ist natürlich das Mückchen, sie steht immer neben dem Wickeltisch, wenn er fertig gemacht wird, und ist nur Auge. Dann steht sogar ihr Mund still, was man sonst nicht behaupten kann. Übrigens geht sie gerne zur

Schule, augenblicklich ist sie richtig in ihrem Fett, fühlt sich sehr wohl. – Von Uli haben wir jetzt sehr nette Briefe aus Templin. Er scheint sich dort wohl zu fühlen, wohler als in Berlin, was wohl die ländliche Gegend macht. Natürlich rechnet er schon wieder mit den Pfingstferien, Carwitz bleibt eben immer doch Carwitz, für ihn das Schönste auf der Welt. […]

[Rudolf]

Carwitz, am 9. Mai 1940.

Liebe Adelheid,

ich benutze die Gelegenheit Dir den anliegenden Bezugsschein für die Gänseeier der Frau Condereit zu senden, um Dir auch gleich für Deinen Brief zu danken. Ich habe also in meinem Schädel vornotiert: Honig für Frau Condereit, falls es in diesem Jahre überhaupt welchen gibt, denn einmal fange ich ja mit meinen Bienen ganz neu an und will vor allem neue starke Völker heranziehen, zum andern ist bisher überhaupt noch kein rechtes Flugwetter gewesen, so dass ich sie immerzu mit Zucker füttern muss, dass sie bloß nicht verhungern. […]

Herzliche Grüße

Dein

[Ibeth]

Celle, den 19. 7. 1940.

Lieber Rudolf,

Ich weiß nun gar nicht, wohin ich meine Glückwünsche richten muss; ich fürchte ja, dass er, der Glückwunschbrief, Dich noch nicht zu Hause erreicht, sondern besser nach Zepernick geschickt wird. Es tut uns so leid, durch Mutti zu hören, dass Du nun doch noch mit den Folgen der Berliner Reise, wenn mans so nennen darf, zu tun hattest. Hoffentlich kommst Du bald darüber weg. [...]

Mutti wird Euch geschrieben haben, dass es mir nicht besonders gegangen ist; ich hatte mal wieder Grippe, bin noch heftig erkältet und durch die dauernde nächtliche Ruhestörung sehr angegriffen. Dabei haben wirs hier ja noch gut gegen all die, welche noch weiter westlich wohnen. [...] Auch am Tage gehts manchmal los. Ein Glück, dass Mutti das Ganze mit solcher bewundernswerter Ruhe nimmt. Uns wird ja gesagt, der sicherste Platz ist der Luftschutzkeller, und danach richten wir uns brav (während sehr viele sich lieber auf der Straße oder im Garten das Feuerwerk ansehen), aber Mutti muss eben oben bleiben. Glücklicherweise ist hier bis jetzt nichts passiert. Nur wird man allmählich nervös. [...]

Mein Sport ist das Sammeln von Kohle. Ich folge errötend den Schüttspuren der Kohlenwagen, freue mich, dass die Breite Straße ein schön holpriges Pflaster hat, und traure, wenn der Wagen Gummibereifung fährt. Da uns bis jetzt 20 Zentner bewilligt sind, während wir normal 110 brauchten, und im vorigen Jahr bei 63 – und Torf dazu – schön gefroren haben, freue ich mich diebisch über etwa 2 Zentner, die ich bis jetzt ergattert habe und die uns das Baden hoffentlich möglich machen werden. Auch Kienäpfel werden gesammelt – kurz und gut, mein Sammelfimmel darf sich austoben, soweit ich eben überhaupt ausgehen kann und nicht Besorgungen machen muss. Leider muss man schrecklich viel Zeit mit der Jagd nach Gemüse und Obst verschwenden. Ich habe übrigens dies Jahr wirklich schon etwas eingemacht –, aber einfach war das nicht! [...]

Falls Du mit Suse heute zusammen bist: viele Grüße an sie! Uli wird sich an Carwitz freuen, und Ihr habt dann zum ersten Mal Eure drei zusammen – mir ist das noch ganz ungewohnt. Ich habe »ihn« ja auch noch nicht gesehen.

Alles Gute!

Ibeth

Rudolf Ditzen

Carwitz, am 26. Juli 1940.

Liebe Ibeth, lieber Heinz,

Ihr wisst, dass es mir noch sehr mäßig geht, Ihr werdet also entschuldigen, wenn ich Euch heute nur ganz kurz antworte. [...]

Also Dank für Eure guten Wünsche, ich kann sie brauchen. Augenblicklich schmeckt das Leben gar nicht, nur die Kinder sind ein wahrer Trost – dazu die unerschöpfliche Geduld Suses. Eines Tages werde ich mich auch wieder aufrappeln, aber jetzt ist alles trübe. Übrigens hat das alles natürlich nichts mit der Berliner Reise zu tun. Depressionen kommen und gehen, ohne Ursach – wenigstens bei mir. [...] Ihr habt auch schlechte Zeiten mit ewig gestörtem Nachtschlaf, so könnt Ihr's Euerm Bruder nachfühlen, in welchen Zustand von Depression, Gereiztheit, Überempfindlichkeit man kommt, wenn man viele Wochen nur ein bis zwei Stunden und auch die nur ganz dünn schläft. Sauerei!, sagt mein Schwager Heinz, wenn ich mich nicht irre. Die Kinder sind großartig, wirklich eine Freude, trotzdem ich alle Tage mit Uli Latein ochse. Sehr verbessert.

Fritz schickt heute die beiden Anlagen betr. Grabstein. Er schreibt dazu: »Dort, wo das Grab von Tante Ada ist, darf man die Grabsteine nicht so wählen, wie man will, dort gelten besondere Vorschriften für die Größe und die Gesteinsart. Es sollen nur heimatliche Steine gesetzt werden, also kein Marmor. Ich dachte, dass dann heller Granit als

würdig in Frage käme, nicht Sandstein, der meist rasch unansehnlich wird. Was meinst Du zu dem Vorschlag? [...]«
[...]

Tausend Grüße, Bitte um Entschuldigung

Euer

[Heinz]

Celle, den 30. Juli 1940.

Lieber Rudolf!

[...] Grabsteinsache wird erledigt. Ganz Eurer Ansicht. Granit ist gut. Schade, dass das Kreuz obendrauf ist: nicht ganz der Geschmack Tante Adas, aber sie würde es in Anbetracht der Umstände wohl auch mit Fassung nehmen und sagen: »Kinder, wenn das der einzige Schmerz ist ...«

Von uns ist nicht Besonderes zu melden. Egal sitzt man nachts im Keller, ist früh müde und kommt mit der dringenden Arbeit sehr schlecht voran ... zum Kotzen (wovon man sehr schön schlank wird!).

Lieschen schuftet blödsinnig, rennt sich die Beine ab nach Futter und »macht ein«, was man sonst an ihr gar nicht kannte. [...] Es kann heiter werden in diesem Winter. Lieschen sammelt mit Schmiss die Koksstückchen, die von des reichen Mannes Wagen auf die Straße fallen, und schimpft über die Einrichtung der Gummiräder, die das Herabfallen wesentlich dämpfen. Man nennt das: Kampf dem Verderb.

Also: wir wünschen Dir recht baldige gründliche Besserung und grüßen Dich und die hochverehrte liebe Suse sehr herzlich!

Heinz

[Ibeth]

Lieber Rudolf, liebe Suse,

Wir haben schandbar wenig geschrieben, und die feurige Kohle von gestern brennt erheblich. Aber vielleicht hat Euch Mutti geschrieben, dass wir ja einigermaßen in Anspruch genommen sind. Am Freitag gingen wir 23.43 in den Keller, d.h. da wurden wir aus dem Schlaf geheult, weil wir jetzt früh in das Bett gehen – und entstiegen ihm am Sonnabend um 4.06; um 23.27 mussten wir wieder nach unten, wurden aber schon 2.51 erlöst. Der Rekord war bis jetzt vierdreiviertel Stunden, und die letzte Woche haben wir nur einmal Ruhe gehabt. […] Wenn man nicht Besorgungen macht oder bei Mutti ist oder einmacht – dann muss man Vorrat schlafen. Nächstens feiern wir den 50. Kellerbesuch, bei 46 sind wir schon, wenn wir den unnötigen nicht mitrechnen. Da schossen sie »Übung«, aber wir wussten es nicht und erfuhren es erst auf Anfrage von der Polizei. Anfang August hatten wir mal 5 Tage hintereinander Ruhe, das war schön. Allerdings schlafe ich deshalb noch lange nicht durch … […]

Den ungeliebten Mann habe ich mit Vergnügen gelesen; Du weißt, es liegt mir nicht, Kritiken zu verfassen. Aber ich habe meine Freude an dem Stillen Gastwirt gehabt, überhaupt an den vielen neuen Typen, die Du großartig und so überraschend durcheinandergewirbelt hast. […]

Nochmals vielen Dank und vergesst, dass wir soooo lange nicht geschrieben haben!

Eure Ibeth

[Rudolf]

Carwitz, am 7. September 1940.

Liebe Dete, lieber Fritz,

so ein übermäßiges Bücherpaket hat also doch sein Gutes, wenn es Euch wieder mal einen Brief herauskitzelt. Wir haben uns sehr gefreut, wieder einmal etwas ausführlicher von Euch zu hören, mit Celle funktioniert die Post besser. […] Mutti hat in der allerletzten Zeit, was Ihr vielleicht noch nicht gehört habt, wieder einmal einen Herzkrampf gehabt, hat ihn zum Entsetzen ihres Arztes im Lehnstuhl sitzend recht gut überstanden, die Stütze hat sich dabei ausgezeichnet gemacht, und am Nachmittag wurde trotz allem ein Kaffeeklätschchen zu sechsen abgehalten. Gott erhalte ihr ihren Appetit auf Menschen, mir unverständlich, aber nur gut! […] Hier in Carwitz ist noch alles still geblieben, trotzdem die von Berlin zurückfliegenden Engländer gerade auch unsere nähere Gegend häufig heimsuchen. Aber es wird doch alles schon strenger und auch nervöser, heute Nacht werden wir wohl einen überraschenden Probealarm haben, der mich dank eines wispernden Mäuschens nicht zu sehr überraschen wird, den ganzen Tag habe ich Luftschutz gearbeitet und gedichtet. […]

Geschäftlich geht's im Ganzen gut, nur werde ich immer mehr ausverkauft. Blechnapf, Kleiner Mann und Kleiner Großer Mann sind für absehbare Zeit nicht mehr lieferbar. Über die Neuaufführung des Films Kleiner Mann habe ich nur von ein paar Seiten gehört, ich weiß davon nichts Näheres, also auch nicht von der Rolle. Tantiemen gibt's ja nicht für so was. Also alles Gute, aber hoffentlich für den ersten neuen Friedenswinter *Eure*

[Dete]

Zittau, den 12. 9. 40.

Lieber Rudolf, liebe Suse,

anbei ein Windelhöschen. Ich äugte schon immer nach etwas, was Euch in dieser Zeit irgendwie von Nutzen sein
könnte. Achim braucht so etwas doch sicher. Man sagte mir
– und junge Mütter bestätigten es –, dass diese Dinger jetzt
sehr rar seien, seit Monaten war nichts dergleichen hier in
die Läden gekommen. Sollte es nicht so nötig sein und Ihr
etwa in Berlin gut erhalten haben, so nehmt es als eine Be-
mühung der Zittauer Tante für Euern Jüngsten. […]

Viele herzliche Grüße Euch beiden samt Familie. SOS!
(Schlaft ohne Sirene) In Euerm Keller kann ich es mir auch
nicht prima vorstellen! Oder geht ein Teil ins Badezimmer?
Wir haben einen getäfelten Raum sogar, aber viel zu klein
für die Mieterzahl, außerdem unsympathische Mieter. Aber
es wird schon gehen.

Immer
Dete

[Rudolf]

Carwitz, am 17. September 1940.

Liebe Dete, lieber Fritz,

wir sind aus Berlin zurück, und so will ich Euch doch
gleich für das Achim-Angebinde danken. Natürlich kann
das sehr gut gebraucht werden, nur kann ich Euch nicht
versprechen, dass er dabei grade besonders seiner Zittauer
Tante gedenkt. Also schönsten Dank! – In Berlin hatten wir
zwei sehr lebhafte, zwei stille Nächte. Aber auch in den
lebhaften haben wir das Bett dem Keller vorgezogen, trotzdem schwere Flak in allernächster Nähe die Trommelschläge

zu dem allgemeinen Konzert gab. Ich schlechter Schläfer habe es aber fertiggebracht, sogar die Entwarnung zu verschlafen. Mit Burlage habe ich am nächsten Tage auf der Fahrt durch Berlin einiges von den Schäden angesehen, man kann nur sagen: so schaffen es die Herren Tommies nicht. – In Carwitz ist natürlich an Keller und so was überhaupt nicht zu denken, bei uns flitzen die Flieger ja nur auf Hin- oder Rückflug durch, und ehe wir nur gewarnt sind, sind sie schon in Schwerin oder Hamburg. Nur die Verdunkelung muss wirklich erstklassig durchgeführt werden, und darin wird wieder mit Intensität in meinem Hause gearbeitet. Leider vielleicht zwecklos, denn die Bauern scheinen es nicht lernen zu wollen, dass auch ein erstklassig verdunkeltes Haus nichts nützt, wenn man dabei eine lange Stallfront unverdunkelt lässt! – In Berlin waren recht anstrengende Tage […]. Ich habe mich drei Tage lang in der Charité vollkommen untersuchen lassen, alles, was man überhaupt untersuchen kann, und es steht nun endgiltig fest, dass ich trotz meiner kleinen Laster der gesündeste Mensch von der Welt bin (Gott ist eben doch ungerecht, sagt Burlage) und dass mein Abnehmen auf psychischer Basis beruht, womit freilich wenig erklärt ist. Sonst habe ich aber auch geschäftlich einiges erreicht, z. B. einen Roman mit der Berl. Illus. abgeschlossen, der Ende dieses Jahres fertig sein soll. Versuche, mit einem neuen Verleger anzubändeln, werde ich nun wohl aufgeben, Rowohlts sind sie alle nicht, und da ist der Unterschied zwischen dem einen und dem andern nicht so erheblich. […]

Macht's gut! Herzliche Grüße und schönen Dank

[Ibeth]

Lieber Rudolf, liebe Suse,

Dies ist mindestens unser siebzigster Kellerbesuch – das muss gefeiert werden. Also sollt Ihr endlich mal eine Nachricht haben; ich habe schon lange ein schlechtes Gewissen. Ich habe mich noch nicht mal bedankt für das Bücherpaket, in dem ich einiges sehr Brauchbares gefunden habe, z. B. die Eroberung Sibiriens. […] Man ist sowieso dauernd unterwegs, kommt zu gar nichts anderm, wenn man noch das Einmachen bedenkt und die leider viel selteneren Besuche bei Mutti. Denn der im Keller versäumte Schlaf (Schießen in der Ferne) muss nachgeholt werden, sonst kann ich gar nichts leisten. Ich habs ja noch gut, ich liege warm eingepackt auf einem alten Diwan – wenn Tante Ada wüsste, wozu jetzt ihr Mantel gebraucht wird – und lese oder versuche zu schlafen. Frühester Abendalarm 0.40, längster 5 ½ Stunden; manchmal 2-mal am Tage. Manchmal ganz still, wenigstens von hier aus nichts zu hören, manchmal tüchtiges Geballer. Andere Leute erzählen von feenhaftem Feuerwerk, wir haben noch *nichts* davon gesehen. Wir sind zu brav … Mit uns im Keller ist nur noch eine Familie: Vater, Tochter, 2. Frau, Säugling (gestern 3 Monate alt); Letzterer ist musterhaft und schläft in dem Wäschekorb, in dem Adelheid in Stuttgart aufwuchs und der in den Keller wanderte, 1917/18 – lang lang ists her und doch wars gestern. […] Alle andern Leute kümmern sich nicht drum, glücklicherweise – sonst wäre der Keller viel zu klein. – Heinz konstruiert jetzt die Heizung für den Winter, und ich lerne in einem Zwangslaienhelferinnenkursus, wie ich Knochenbrüche zu schienen habe und Gaskranke behandeln müsste… […]

1:15: Schlafsand – es ist ein langweiliger Brief, aber ich

kann nicht schlafen. Und schließlich muss doch einer wach bleiben, um die Entwarnung nicht zu überhören. (Sogar Heinz schnarchte eben in unbequemster sitzender Stellung. Der Liegestuhl für ihn muss erst noch erfunden werden.) [...] Heute ist nun der 15. 10. [...] Es ist uns gestern wieder energischst eingeschärft, man hätte in den Keller zu gehn, sonst bekäme man keine Entschädigung und wäre außerdem Meuterer und wir Laienhelferinnen hätten überhaupt die Pflicht usw. In der Hitze des Gefechts versprach er sich und nannte uns Führer des Soldaten – Soldaten des Führers. Und er hat uns erzählt, dass Napoleon 1806 so schnell die Festungen eingenommen hat, weil er wusste, der deutsche Michel hat nicht entrümpelt. Nur Kolberg [...], das hat er nicht gekriegt, denn da hatten Nettelbeck und Gneisenau entrümpelt!!!! Schööön, nicht wahr?? [...]

16. 10. 40. Heute Nacht nur etwa 3 Stunden Alarm. Ein langweiliger Brief – entschuldigt!

Herzlichst Ibeth}

[Dete]

Zittau, der 8. 12. 40.

Liebe Carwitzer,

[...] Schrecklich lange habe ich nicht direkt von Euch gehört, aber das liegt eben an mir selbst. Nun zu Weihnachten soll die Verbindung wieder aufgenommen werden, als sei keine Pause gewesen. Ich schicke ein kleines Päckchen an die Familie Ditzen, hoffentlich findet alles seinen Abnehmer. [...]

Bei uns jagt das Jahr so hin. Jetzt am Sonntag sitzt Fritz gemütlich da und »lernt« Bestimmungen über die Unabkömmlichkeit, damit er morgen die Leitenden der Stadt Zittau schulen und aufklären kann. An sich arbeitet er gern in der Kaserne, aber auf die Dauer wird es ihm auch ein wenig zu lange. Der Zivilberuf muss dann noch einmal neu aufgebaut werden. Aber bezahlt wird er wenigstens seit dem Sommer, das beruhigt doch sichtlich. […] Ich selbst habe viel vor, jetzt treiben wir in einem netten Kreise zusammen Italienisch, später, wenn Frieden ausgebrochen ist, soll es zusammen nach Italien gehen. Bis dahin hatte man nämlich Kunstgeschichte vorgehabt, und da nun der Leiter einberufen ist, hat man sich auf die Sprache des Landes geworfen. […]

Viel viel Herzliches!

Dete

[Ibeth und Heinz,
Schmucktelegramm mit Weihnachtsmotiv]

23. 12. 1940
13.03 Uhr

Wir wünschen Euch Carwitzern ein recht gutes Weihnachtsfest, Gesundheit für den Hausherrn, viel Freude an und mit den Kindern, vielen Dank für Eure Päckchen, das unsrige habt Ihr hoffentlich erhalten. Alles Gute fürs neue Jahr.

Herzlichst

Eure *Hoerigs*

Ditzen's

Carwitz, d. 6. Januar 1941

Liebe Dete, lieber Fritz,

nun wird es aber an der Zeit, Eure Briefe zu beantworten und für Eure Weihnachtsgeschenke zu danken. […] Ich finde immer mehr, dass man jetzt überhaupt keine Pläne, nicht einmal für die nähere Zukunft, machen kann: es kommt doch alles anders, und man muss etwas Fatalist werden. Immerhin bewundere ich Detes Energie, die jetzt Italienisch für eine Italienreise lernt, und Fritzens Ergebenheit, mit der er seinen Kasernendienst erträgt. […] In den nächsten Tagen erwarten wir aber einen sehr interessanten Besuch: mein alter Verleger hat sich von Brasilien her als Heizer durch die Blockade geschmuggelt, um wieder Kriegsdienste zu tun. Vorläufig gehört er zur Marine, früher Feldartillerist: mit unserem Bruder Uli in einem Regiment, er wird viel zu erzählen haben. In diesen stillen Wintermonaten ist solch Besuch immer recht erfrischend und dieser ganz besonders. Dass Fritz – und einer ganzen Reihe anderer Leute, wie ich aus Briefen sehe – der Ungeliebte besser gefällt als der Kleine Große Mann, überrascht mich eigentlich sehr. Ich halte den Ungeliebten entschieden für mein schwächstes Buch, und er ist es auch. Aber wenn Ihr und recht viele anderer Ansicht seid, umso besser! Leider kommt der Verlag wegen der Papierzuteilung nicht annähernd den Nachfragen nach: fast meine sämtlichen Bücher sind vergriffen und können z. Z. nicht neu aufgelegt werden. Das wird sich in diesem Jahr bitter bei meinen Einnahmen auswirken.

Nun noch die herzlichsten Grüße von uns allen und nachträglich die besten Wünsche fürs Neue Jahr,

Eure

Ditzen's

Carwitz, d. 8. Januar 1941

Liebe Ibeth, lieber Heinz,

nun wird es aber wirklich allerhöchste Zeit, dass wir Euch für Euern wunderbaren telegraphischen Weihnachtsgruß und für das Paket danken. Eben habe ich mich für die vier Stunden, die ich täglich außerhalb des Bettes schon zubringe, erhoben und diktiere nun Suse diesen Brief an Euch. (Das Selber-Tippen geht noch nicht.) Achim ist, wie ich annehme, fidel in seinem Zimmer, und Mücke spielt mit einer Freundin. Uli dagegen ist am Montag wieder nach Templin zurückgekehrt, diesmal ohne erheblichen Trennungsschmerz, denn er hat sich dort schon eingewöhnt, und vor allen Dingen hat er einen Freund gefunden, was wohl das Meiste zu dieser Eingewöhnung getan hat. […] Wir verstehen wohl, dass Heinz bei den vielfachen Störungen und Anforderungen ganz verzweifelt über den langsamen Fortgang seiner Arbeit ist. Mir geht es ganz ähnlich, seit fast einem halben Jahr habe ich nichts Vernünftiges mehr gearbeitet und werde immer kribbeliger bei dem Gedanken, wann ich nun eigentlich wieder anfangen soll. […] Sehr verspätet, aber nicht minder herzlich wünschen wir Euch wie uns vor allem in diesem Jahr den Frieden und weiter alles Gute in Arbeit, Gesundheit und Familie,

herzlichst
Eure

[Ibeth]

Celle, den 8. 1. 1941.

Lieber Rudolf, liebe Suse,

seht bitte das Datum nicht zu genau an – es ist unerhört, dass ich erst jetzt schreibe. Aber die Zeit mit Adelheid sollte bis aufs Letzte ausgenützt werden, usw. usw.

Zuerst sollt Ihr allerherzlichsten Dank für das Paket haben, das wirklich sehr schön und äußerst willkommen war. Wir wissen schon, dass es nicht so sein kann wie im Frieden, und der wirkte bei der ersten Kriegsweihnacht doch noch erheblich nach. Das Fett streckt großartig die Butterration für Heinz, und der Speck ist eine schöne Reserve … […] Und die Konserve ist auch noch da für große Gelegenheiten, wenn alle Orden- und Ehrenzeichen angelegt werden. Also nochmals vielen vielen Dank! [...]

Die Tage mit Adelheid waren ganz wunderschön – Ihr werdet die Tage mit Euren dreien auch genossen haben. Adelheid kam hier mit einem Huhn an, das beinah zu einer Speisung der 5000 gereicht haben könnte. Angeschnitten haben wir es in der Fuhsestraße, und es war ein riesig gemütliches Mittagessen. Mutti hatte den 24. so nett gemacht, und sie hatte solche Freude am Bescheren ... Auch in den Feiertagen waren wir öfter da. [...]

Heinz grüßt mit mir.

In alter Treue

Eure Ibeth

Ditzen's

Carwitz, am 14. Januar 1941.

Liebe Ibeth, lieber Heinz,

unsere Briefe haben sich zwar gekreuzt, aber ich riskiere es und schreibe gleich wieder, schon um Euch zu zeigen, dass ich mich im Neuen Jahr wirklich etwas gebessert habe. Unsere sture Schwester ist entschwunden, mit ihr noch nicht Schlafmittel, die mir jetzt Suse verabreicht. Reichlich plötrig ist mir noch oft, aber es geht doch schon etwas besser. Morgen wird die Briefmappe leer, und übermorgen will ich mich dann an Kassenbuch, Jahres- und Steuer-Abschluss und wie alle diese Geschichten sonst noch heißen, machen. [...]

Es ist hocherfreulich, dass Euch die Tommies etwas mehr Ruhe gönnen. Im Keller muss es jetzt besonders bitter sein. Manchmal höre ich nachts die englischen Flieger über Carwitz fliegen auf ihrem Anmarsch nach Berlin, gottlob, ich hoffe es wenigstens, sind wir zu klein, um ihnen einen Abwurf wert zu sein. Außerdem sind wir jetzt ganz weiß in Schnee gepackt. […]

Alle grüßen, lasst es Euch gut gehen! Grüßt die Mutti, die Tante Gretchen und was sich sonst verwandt und bekannt schimpft!

Herzlichst *Euer*

[Adelheid]

{Köritz, den 10. März 1941.

Liebe Tante Suse!

Zu Deinem Geburtstag wünsche ich Dir von Herzen viel Gutes und Schönes. Vielleicht macht Dir das Skizzenbuch von Wilhelm Busch etwas Freude? –

Am letzten Freitag sind Condereits in Templin gewesen und haben Uli Grüße von mir gebracht. Sie haben sich beide sehr über Uli gefreut und fanden ihn sehr frisch, fröhlich. Herr Condereit fragte Uli, wie es ihm in Templin gefiele. Nur Latein und Suppe nicht, war die Antwort. Das hat Uli ganz ruhig in Gegenwart von Herrn Sauter gesagt. Frau Condereit hatte so allerlei für ihren Sohn mitgenommen und auch etwas für Uli. […]

Mit vielen herzlichen Grüßen und guten Wünschen für alle Carwitzer

Deine Adelheid}

Rudolf Ditzen

Carwitz, am 18. 3. 1941.

Liebe Ibeth, lieber Heinz,

lange, lange habe ich Euch nicht mehr geschrieben, nun will ich doch wieder einmal versuchen, eine Art Brief an Euch fertigzukriegen. Eigentlich sollte ich ja noch in Dresden in einem Sanatorium sein. Dort aber bin ich nach drei Tagen wieder weggefahren, es war nicht ganz der richtige Platz für mich, die übrigens sympathischen Ärzte gaben mir zuerst so viel Schlafmittel, dass in der dritten Nacht die Lungentätigkeit aufhörte. Die Armen haben samt meiner Schwester Blut und Wasser geschwitzt, ich habe nichts davon gemerkt. Nun aber verfielen sie in das andere Extrem und wollten mir überhaupt kein Mittel mehr geben, was mir auch wieder nicht gefiel. Worauf wir uns im Guten trennten und wir nun wieder auf unsere heimischen Künste angewiesen sind. […] Da ich aber seit vorigem August nichts Vernünftiges mehr gearbeitet habe, wird es allmählich zu einer Art fixen Idee bei mir: wann wird es nun endlich. Und was für eine Last ein ewig kranker Mann für Frau, Kinder, Haus und alles, was sein ist, bedeutet, könnt Ihr Euch ja auch denken. […]

Den Kindern geht's danke sehr gut. Achim ist ein unglaublich komisches Geschöpf, der wird noch mal der Hanswurst der Familie. Wenn ihn nicht grade seine Zähne plagen, ist er auch immer vergnügt lachend, mit solchen Schelmenlichtern in den Augen zu sehen. Er führt seltsame Tänze aus, mit dem Podex und den Beinchen, trotzdem er natürlich noch nicht stehen kann, augenblicklich ächzt er auf der Erde hin und her, zu meinen Füßen, die Frauen haben ihn mir überlassen, alle sind mit einer Riesenwäsche beschäftigt. […] Was die Gute in diesen Monaten geleistet hat, ist überhaupt nicht zu sagen, jetzt hat sie sich sogar an meine liegen gebliebenen Rohbilanzen gemacht – bald wird sie meine Bücher schreiben, und ich kann ganz im Bett bleiben. […]

So, meine Lieben, für heute muss es genug sein. Vergeltet nicht Gleiches mit Gleichem, sondern schreibt bald einmal wieder

Euern

300

[Ibeth]

Celle, den 9.4.1941.

Lieber Rudolf, liebe Suse,

Wir haben für mehrere Briefe und für Eure teilnehmenden Worte zu danken; ich hätte eher geschrieben, wenn ich nicht ohne jede Hilfe gewesen wäre. Da ja auch für Mutti »einige« Zeit übrig bleiben muss, war mein Tag so ziemlich ausgefüllt. [...]

Wir haben ja inzwischen auch mal richtigen Fliegerbesuch hier gehabt; im Ganzen hat die Stadt ein Schweineglück gehabt. Erstens sind es anscheinend nur kleinere Bomben gewesen, und wenn sie auch allerlei Sachschäden hervorgerufen haben, so hat es doch kein Menschenleben gekostet, was eigentlich ein Wunder ist. [...] Natürlich war die ganze Stadt am nächsten Morgen auf den Beinen und sah sich die Stellen an; einige Blindgänger sind nach ein paar Tagen entfernt worden. Wie gesagt: Dusel über Dusel. Aber wir haben sehr lange im Keller gesessen. Immerhin kennen wir jetzt unsern Keller fast nicht mehr. Hoffen wir, dass es so bleibt. Nach den heutigen Meldungen, die einfach großartig waren – bei Saloniki habe ich gejapst – versteigen sich die Hoffnungen ja beinah ins Himmelblaue [...].

Herzlichst Eure
Elisabeth

Rudolf Ditzen

Carwitz, am 21. April 1941.

Liebe Ibeth, lieber Heinz,

schönen Dank für Euern lieben langen Brief, der im Ganzen ja in recht guter Stimmung geschrieben zu sein scheint. [...]

Wir haben eine schlechte Woche hinter uns. Unsere liebe Olsch, in diesem Fall ist die Kuh gemeint, war immer schon ein bisschen wählerisch im Futter, im vorigen Jahre habe ich sie drei Tage lang hungern lassen müssen, ehe sie an den eingesäuerten Mais ging. In diesem Jahre hatte ich für sie Lupinen vorgesehen, die sie grün sehr gerne frisst – aber, hole es der Henker, alle Vorsorge half nichts: das alte Aas streikte wieder. Zuerst trösteten wir uns mit dem Gedanken: am dritten Tage gibt sie nach. Aber sie hungerte immer weiter, 4., 5. Tag, alle, die mit ihr zu tun hatten, wurden direkt krank und schliefen nicht mehr. Alle Listen wurden versucht: das Sauerfutter, das andere Kühe mit Begeisterung fressen, wurde gesalzen, mit Kraftfutter gewürzt, mit Kalk wurde die Säure gebunden. Ich fraß Probe und fand, es schmeckte etwa wie saure Gurke – alles half nichts. Unsere gute Melkfrau Benzien überraschte ich bei den schönsten Vorträgen an die Kuh: »Olsch, schick di doch, du mötst doch oock weeten, dat Krieg is! Der Chef hat doch keen anner Fauder för di! Fret doch, dat is doch nur een Mulvoll för di, wenn du dat alle hast, gibt's ja wat annert!« Alles half nichts. Als die Gute dann am sechsten Tage nicht mehr brüllte, sondern fast nur noch lag, als die Milch von 26 Litern auf 6 heruntergegangen war, habe ich nachgegeben und füttere das alte Biest jetzt mit teuren Speisekartoffeln, die auch nicht reichlich sind, und zerbreche mir den Kopf, was ich mit 80 Ztr. erstklassigem Sauerfutter anfange. Denn am Geld dafür liegt mir nichts, und Futter hat hier kein Bauer im Dorf mehr, und transportieren lässt sich das Zeugs nicht. So hat man seine Sorgen …
[…]
    Lasst es Euch gut gehen. Tausend Grüße

Eure

[Rudolf]

Liebe Ibeth,

entschuldige, dass Du in das Trommelfeuer meiner Schreibmaschine geraten bist! Plötzlich, nicht einmal über Nacht, sondern während meines Nachmittagsschlafes, ist mir der Gedanke gekommen, eine Art Jugenderinnerungen zu schreiben, etwa unsere Berliner Zeit. Ich habe mir schon eine ganze Reihe von Stoffnotizen gemacht, für etwa 15 Kapitelchen, und vorläufig reißen die Einfälle noch nicht ab. (Unberufen!) Am besten machst Du Dir einen Begriff von dem Geplanten, wenn Du an einen ins Fallada'sche übersetzten Day »Unser Herr Vater« denkst. Alles soll aber freundlich gehalten sein, nichts Düsteres, auch möchte ich dabei Papa, Mutti und vor allem auch Tante Ada eine Art Denkmal setzen. Genau an die Wahrheit werde ich mich nicht halten, sondern auch zuerfinden, pointieren usw. Also etwas Rosenrotes und Amüsantes, von dem Du aber beileibe Mutti noch nichts erzählen darfst. (Das fertige MS werde ich ihr freilich vor der Drucklegung vorlegen.)

Meine Anfrage geht nun an Dich, ob Du mich etwa mit Stofflieferungen unterstützen kannst. Was ich suche, sind aus unserm Verwandten- und Jugendkreis am besten das, was Papa Döneckens nannte. Ich habe Dich im Verdacht, dass Du schon einiges gesammelt hast. Willst Du mir das überlassen, würde ich Dir sehr dankbar sein. Du sollst das nun beileibe nicht pour le roi de Prusse tun, sondern wenn ich sehe, was ich verwerten kann, werden wir beide einen kleinen Vertrag miteinander machen, durch den ich Dich an den Einnahmen des Buches [»Damals bei uns daheim«] und des ev. Vorabdrucks beteiligen würde. Es kann sich da unter Umständen um recht erhebliche Summen handeln. Du brauchst mir ganz kurz – nur zur Gedächtnisauffrischung –

die Anekdoten mitteilen, die Sauce mache ich schon dazu. […]

Und nun wohlauf zum fröhlichen Jagen. Zum ersten Mal wieder seit langer Zeit eine Arbeit, auf die ich mich freue!

Herzlichst *Dein*

[Ibeth]

Celle, den 24. 4. 1941

Lieber Rudolf, eben bekam ich Deinen Eilbrief. Ich sage mit großer Freude ja und will schleunigst anfangen zu schreiben. Im ersten Augenblick war natürlich alles weg, aber es kommt schon wieder. Ob Du es dann freilich gebrauchen kannst, ist eine andere Frage. Aber Spaß wirds machen. Mutti hat einen großen Schrieb von Erinnerungen, aber ich weiß nicht, ich glaube, den lassen wir erst mal ruhen??? Tante Auguste kennst Du wohl beinah besser als ich, damit werde ich Dich verschonen, wenn Du es nicht anders bestimmst. Aber so einiges von Großvater, Großmutter, Onkel S., den Tanten hier (nur der hannoversche Dialekt ist zu beachten!), und ich denke, auch die Geschichten von einer höheren Töchterschule um 1900 werden vielleicht verwertbar sein. […] Gruß an alle! Auch von Heinz. Herzlichst Ibeth

[Rudolf]

Carwitz, am 26. April 1941.

Liebe Ibeth,

dies in aller Eile. Ich danke Dir herzlich für die Bereitwilligkeit, mit der Du auf meinen Vorschlag eingehst. Heute nur dies, um Dir zu sagen, dass Du Dich nicht zu sehr hetzen musst. Ich habe mir schon das Material für etwa 18 Kapitel notiert, und da der Stoff sehr ausgiebig ist, haben die beiden ersten Kapitel, die ich bereits geschrieben habe, schon über 40 Druckseiten Umfang. [...] Halte Dir bitte vor Augen, dass ich keine genauen Porträts geben will, sondern dass ich über Themen fabuliere, also über Eltern, Geschwister, Verwandte, ich stehle auch schamlos Kindheitserlebnisse von andern, pointiere, drehe um – ganz wie es der Fortlauf der Handlung und vor allem die Spannung verlangen. Bisher ist es mir gelungen, mir selber viel Freude zu machen. [...]

Alles Gute Euch beiden! Hier friert's und stürmt's, wir wollen bald Weihnachten feiern. Gute Heizung!

Euer

[Rudolf]

Carwitz, am 7. Mai 1941.

Liebe Ibeth,

[...] In den letzten gut zwei Wochen habe ich stramm gearbeitet, und etwa 160 bis 170 Druckseiten sind bereits fertig. Es macht mir noch immer Spaß, aber ein wenig lässt der Elan schon nach. Es ist immer wieder seltsam, wie sich ein Stoff verbraucht. Nach einer gewissen Zeit, die durch die Art des Stoffes bedingt ist, lässt die Lust an ihm nach. Ich hätte an sich noch Material genug, aber es fließt nun doch langsamer. Bei dem Wolf z. B. floss es länger.

Was nun die geschäftliche Seite unserer Beziehung angeht, so schlage ich Dir vor, dass ich Dir für die 20-seitige Arbeit ein Pauschalhonorar von 400 RM zahle. Sollte ich mehr verwerten, als ich jetzt annehme, und sollten die Erträgnisse aus dem Buch groß sein, werden wir uns über eine Nachzahlung unterhalten. Die oben erwähnten 400 würden bei Eingang des ersten Honorars aus dem Buch an Dich zahlbar werden.

Bist Du damit einverstanden? Wenn nicht, so sage es ruhig, ich lasse immer mit mir reden. [...] Übrigens hat dieser Krieg zur Folge gehabt, dass nun meine sämtlichen Werke ins Französische übersetzt werden. Auch der 2. Band des Wolf wird bald französisch erscheinen. Wenig Geld, viel Ehr.

Mit herzlichen Grüßen und vielem Dank

Dein

Elisabeth Hörig
geb. Ditzen
Celle, Breite Str. 29

Celle, den 18. 5. 1941.

Lieber Rudolf,

Natürlich wollte ich neulich, als ich Dein nobles Angebot bekam, gleich antworten, aber es wurde wie gewöhnlich nichts draus. Also herzlichsten Dank, ich finde Dein Verfahren rührend. [...]

Ich freue mich sehr auf Dein Buch; kannst Du noch den Onkel aus Amerika gebrauchen, der am Frühstückstisch ein Telegramm aufmacht (es ist hier in Celle passiert, als er auf einer Europaerholungsfahrt war) und es seiner Frau gibt mit der Bemerkung: Sieh mal, Emilie, wie unangenehm: Unser Haus ist vom Tornado zerstört ... Und erinnerst Du Dich an den andern Onkel, der aus der Westentasche ein paar richtige Goldnuggets hervorzog, die er in Chile selbst gefunden hatte? Ich sehe noch die Handbewegung, mit der er sie hervorholte; an ihn habe ich nicht die leiseste Erinnerung. Wir werden wohl gerade May gelesen haben.

Sonst nicht Neues. Lassts Euch gut gehn, so wie es in diesen weiß Gott hochgespannten Tagen möglich ist.

Herzlichst
Ibeth

Heinz grüßt auch [Zusatz von Heinz:] {und hätte
manches zu bemerken – –:}

[Dete]

Zittau, den 21.5.41.

Liebe Carwitzer,

schlimm ist es, dass ich erst heute für die Fett-Festgabe zum
5. Mai antworte, aber Ihr habt hoffentlich Verständnis dafür. Ihr müsst nicht denken, dass wir uns nicht darüber gefreut hätten! Herrlich war es, so einmal wieder ganz schwelgen zu können! Also viel tausend Dank dafür. Ihr habt uns
dadurch sehr erfrischt, das kann ich nur sagen. Und für den
begleitenden Brief auch sehr vielen Dank. Hatte ich vorher
auf das Bücherpaket schon geantwortet? In Gedanken sehr
intensiv! […] Fritz hat sich in den Brunngraber vertieft und
scheint wahrhaftig schon weiter als Seite 3 zu sein, geäußert
hat er sich allerdings nicht eingehend dazu, er meinte nur
kurz, dass es ein eigenartiges Buch sei. […]

In diesem Sinne vielmals dankend
Dete

[Rudolf]

Carwitz, am 26. Mai 1941.

Lieber Heinz,

ich habe diesen Brief an Dich adressiert, er gilt aber in der
Hauptsache meiner Mitarbeiterin:

Liebe Ibeth,

mit der gleichen Post sende ich nun an Mutti das fertige
MS meines neuen Buches und diesen Brief an Dich, damit
Du über alles unterrichtet bist. Der Einfachheit halber lege

ich Dir den Durchschlag meines Briefes an Mutti bei, den ich mir gelegentlich zurückerbitte. Eigentlich alles Nähere geht aus diesem Durchschlag hervor. Es ist ja ganz ungewiss, wie Mutti diese Arbeit aufnimmt. Da sie recht humorlos ist, wird sie vielleicht manches als Entweihung ansehen, was einfach ein Spaß ist. Aber wie gesagt, da ist kaum etwas im Voraus zu sagen. Im Allgemeinen glaube ich, kann ich wirklich vertreten, was ich geschrieben habe. Sollte es schiefgehen, so springt bitte nicht für mich in die Schanze, ich habe da schon vorgebaut, Ibeth weiß von nichts und hat von nichts was gewusst. Unsere Abmachungen bleiben ganz unter uns vieren. [...]

Natürlich bin ich auch gespannt, was Ihr dazu sagen werdet. Hoffentlich bekommt Ihr das MS rasch. An sich seid Ihr ja alle Partei, da Ihr bei fast jeder Geschichte die Pointe im Voraus wisst, da hat der Schreiber einen schweren Stand. Aber immerhin wäre das Buch missglückt, wenn es nur durch die Anekdoten wirkte. Übrigens für alle Fälle: Albine ist eine rein erfundene Figur, ich fand nur, das Buch musste einen Abschluss haben [...]. Ibeth bitte ich, das MS mit dem Bleistift in der Hand zu lesen. Ich brauche aber keine Hinweise auf Tippfehler, das stellt sich schon beim Satz richtig, aber ev. sachl. Unrichtigkeiten, womit ich nun wieder nicht die Richtigkeit der Anekdoten meine, sondern wirklich Unstimmiges. Z. B. ist mir nicht klar, ob ein Senat beim Reichsgerichtsrat aus 7 oder 5 Herren besteht. Auch ob mein Instanzenweg bei Onkel Alberts Prozess richtig oder doch wenigstens möglich ist. Derartiges. [...]

Gute Pfingsten, schönen Gruß auch an Frieda!
Eure Carwitzer

[Rudolf]

Carwitz, am 2. Juni 1941.

Liebe Ibeth,

(denn mit der Itzenplitz des »Damals« bist Du ja doch nicht ganz identisch!), also, liebe Ibeth, ich habe Dir für zwei Briefe zu danken, dazu für den Eifer und die Pünktlichkeit, mit denen Du Dich meines Manuskriptes angenommen hast. […] Also auch Dir hat es gefallen, das ist wirklich sehr erfreulich. Und auch Du findest Dich nicht in Deinen Gefühlen verletzt, dass ich so frei mit den Familientraditionen umgegangen bin und dass nun wohl auf unsere Nachkommen unrettbar ein völlig konfuses Bild unserer Ahnen kommt! Das ist alles sehr schön. […] Namentlich wirst Du, wenn erst ein paar Wochen verstrichen sind, klarer sagen können, was Dich etwa doch stört oder was Dir fehlt. Das letzte, besonders kurzgehaltene Kapitelchen wird kaum Anstoß erregen, ich denke jedenfalls nicht. Von der übertriebenen Prüderie ist man ganz abgekommen, Du siehst aus den ganz und halb ausgezogenen Bildern jeder Illustrierten, die es im Anfang nicht gab, dass da ein vollkommener Kurswechsel eingetreten ist. Freilich weiß man nie … und wenn einer gehängt werden soll, findet sich schon der Haken … – Du wirst vielleicht schon von Mutti gehört haben – oder nicht?!! –, dass sie das MS nicht nur in guter Form, nein, sogar mit einer gewissen Begeisterung aufgenommen hat. Es scheint ihr doch ein Stein vom Herzen, und besonders die Behandlung von Papa und ihr scheint ihr sehr wohl getan zu haben. Dass sie natürlich versucht, die Sparsamkeit mir zu erklären und Ähnliches, das ist ja unvermeidbar. Einzig an der Behandlung Großmutters scheint sie ernstlich Anstoß genommen zu haben und bittet mich, sie in eine Tante zu verwandeln. […] Ich behandele die Sache vorläufig dilatorisch – für eine so wichtige Person will mir die Tante nicht recht einleuchten.

Außerdem kommt Großmutter im ersten Teil doch vollkommen zu ihrem Recht […] – Ich selbst fange morgen mit einem kleineren Roman an, der für die Berl. Illus. gedacht ist, nach einem Plan der Herren dort – eine unerfreuliche Arbeit, da bestellt, aber notwendig von wegen Pinke-Pinke. Jetzt könnte man Bücher verkaufen, aber aus Papier-Setzer-Drucker-Einbandmaterial ist kaum etwas herzustellen, so ist man, nur um die Steuern zu zahlen, ganz auf Vorabdrucke und ev. Filmrechte angewiesen. Gott besser's. […]

Dein

[Ibeth]

Celle, den 10. 7. 1941.

Lieber Rudolf, liebe Suse,

[…] Vor allem vielen Dank für den letzten Brief nach Köritz. Ich hätte noch so einiges zu dem Manuskript zu sagen, das mir in der Erinnerung immer lieber wird, während sich bei Mutti leider immer mehr Angst und immer mehr Abneigung festsetzt. (Wenn es eine andere Familie wäre, wäre es reizend, aber so –!) Dazu fürchtet sie, dass Dete die Persönlichkeit Fiete sehr übelnehmen wird. Vielleicht kannst Du da im Vorwort usw.

Darf ich noch an eines erinnern. Du hast Papas Gerechtigkeitsstreben so schön geschildert; weißt Du noch, dass er uns immer und immer wieder einprägte: Eines Mannes Rede ist keines Mannes Rede, man muss sie billig hören alle beede! und dass er uns Mädchen in unsere Poesiealbums einschrieb: Was du nicht willst, dass man dir tu, das füg auch keinem andern zu. Das gehört für mich sehr zur »überlieferten Lehre«.

Dass Mutti die schöne Geschichte von der Leberwurst nicht versteht, ist klar. Aber von Tante Gretchen hörte ich noch von einem Prinzip von Großmutter, dass sie in ihrem wirklich arbeitsreichen Leben immer wieder befolgt und gepredigt hat: Erst die Menschen, dann die Sachen. – Wenn ich mir so manche Hausfrau ansehe, der wichtiger bleibt, dass die kalte Pracht gut geputzt ist, wenn die Kinder sehen müssen, wo sie sich Rat und Trost und Dresche holen, weil Mutter keine Zeit hat – dann denke ich an Großmutter, der das Menschliche über das Häkeldeckchen ging. […]

Dass Papa mal einen Kauf eines Grotrian-Steinweg-Flügels vermittelt hat, von der Firma die Vermittlungsprozente ins Haus geschickt bekam und ihre Annahme ablehnte, weißt Du wohl. Er schrieb der Firma: Ich sehe, Sie können den Flügel billiger liefern, bitte lassen Sie das der Käuferin zugutekommen. […]

Heinz grüßt vielmals. Ich auch.

Eure

Ibeth

[Rudolf]

Carwitz, am 14. Juli 1941.

Liebe Ibeth,

wie die Zeit rennt, in fünf Tagen ist schon Sonntag, und plötzlich bist Du wieder ein Jahr älter! Da muss ich mich eilen, hintennachzukommen, um wenigstens meine Glückwünsche – und die der Suse – rechtzeitig anzubringen. […]

Ich kann Dir die freudige Mitteilung machen, dass es mir am Schluss der vorigen Woche gelungen ist, »Damals bei uns daheim« zum Vorabdruck an die »Dame« zu verkaufen, nicht ganz so günstig, wie ich hoffte, aber immerhin – da es kein Roman ist … Du wirst mit Deinem Honorar spätestens Anfang August rechnen können, falls nicht bis zur Vertragsunterschrift noch irgendein Weltuntergang erfolgt. Also freibleibend … […] Ja, Muttis sinkende Stimmung dem Erinnerungsbuch gegenüber habe ich schon aus ihren letzten Briefen gemerkt. Erst war es Großmutter, jetzt ist es Papa, dessen Sparsamkeit ich nicht gerecht werde … […] Ich ändere natürlich nichts, mit der ersten Änderung könnte ich bis zum Weltuntergang im Ändern bleiben, und auch wenn sämtliche Gestalten der Familie zu reinen Engeln emporgeläutert worden wären, müsste immer noch weiter auf Glanz gearbeitet werden. So gerne ich jeden durch die Sache bedingten Änderungswunsch folge, so gleichgiltig lassen mich solche Albernheiten, wem's nicht schmeckt, der braucht's nicht zu essen! Das klingt sehr lieblos, aber ich bin überzeugt, dass Ihr mir doch recht gebt. […] – Noch eins: die Fiete meines Buches hat ja mit Dete kaum Ähnlichkeit, ich halte es für ausgeschlossen, dass Dete beleidigt sein könnte, wenn aber doch, wäre es nur ein Beweis gegen Dete, nicht gegen das Buch. […] Lieber Heinz, ich schreibe diese Anrede mitten in den Absatz, denn ich merke jetzt erst, dass ich Dich beantworte – lieber Heinz, der Suse geht's so lala. Du weißt ja, nicht nur die Galle, die jetzt wieder in Ordnung ist, sondern so die allgemeine Stimmung – gar zu erfreulich ist die Welt ja augenblicklich nicht, und der Mann ist auch meist deprimiert, d. h. immer, nur mal mehr, mal weniger, da ist alles nicht so fröhlich! Mein Schlaf ist mies, danke der Nachfrage, nachts bis zu drei, am Tage bis zu anderthalb Stunden. Gott besser's – sonst kann's keiner. – Der Achim ist ein wüstes Geschöpf mit einem Lockenkopf und Dickkopf und Brüllkopf und Lachkopf und Sabberschnauze! Er spricht nicht, er läuft nicht, aber er kann großartig die andern sprechen und laufen machen! Ich glaube, wenn er sich weiter so entwickelt, wie er jetzt sich anlässt, ist die Führerfrage in Deutschland für die nächsten 50 Jahre geregelt. – Mückchen ist wirklich reizend, kriegt ein langes, ernsthaftes Mädchengesicht, trotzdem sie alleweil vergnügt ist, bringt aber alle durch Schwätzen, Bummeln, Pomadigsein zur Verzweiflung. Suses Schwestern behaupten, Suse sei früher genauso gewesen, äußerlich und innerlich – da haben wir den Salat! Zwei solche Weibsen in einem Hause!

Macht's gut, Ihr beiden, feiert einen vergnügten Geburtstag, esst was Schönes und trinkt Euch satt

Eure

[Rudolf]

Carwitz, am 15. Juli 1941.

Liebe Dete und lieber Fritz,

es ist zwar noch nicht mein Geburtstag, aber auch ich nutze meine freie Zeit, wenn sie grade da ist, und so will ich Euch beiden für die guten Wünsche für das neue Lebensjahr herzlich danken. Ja, das verflossene war wenig erfreulich, namentlich gesundheitlich, aber auch sonst, und so wollen wir denn hoffen … trotzdem die Aussichten ja auch nicht grade berückend sind. Man empfindet den Druck nicht mehr ganz so stark wie im Anfang des Krieges, aber durch seine Dauer hat er doch an Schwere gewonnen. Das einzige Mittel ist die Arbeit, ohne rechts und links zu kucken, als säße man im tiefsten Frieden, und wenn dann auch noch die Gesundheit für diese Arbeit da ist und der Schlaf … nun also, wir hoffen. […] Du hast ganz recht, was die gesamte Lebenshaltung angeht, spüren wir noch nicht sehr viel vom Kriege, der große Garten, die Viehhaltung erleichtern vieles. Auf der andern Seite aber ist die Arbeit so, dass vor allem Suse kaum aus dem Hetzen kommt, immerhin sind bei uns drei Arbeitskräfte, also die Hälfte unserer Hilfen, ohne jeden Ersatz eingezogen worden. Aber Acker und Garten sind darum nicht kleiner geworden, die Viehbesorgung ist durch den Mangel an allen Futtermitteln sehr viel schwieriger, und so kann man dies

Lied immer weitersingen, machte es einem nur Spaß. Mit dem Vieh habe ich dies Jahr ausgesprochen Pech, mit allem, besonders aber mit den Kühen. Jetzt habe ich in vier Wochen die dritte Kuh, an sich vorzüglich, aber mit der Nachgeburt beim Vorbesitzer hängen geblieben, was er mir verschwieg, und nun quient sie herum, braucht ewig den Tierarzt, und der Milchertrag ist natürlich entsprechend. [...] – Ich bin augenblicklich auch ein wenig in Ungnade: nachdem Mutti zuerst meine Jugenderinnerungen (nicht Schulerinnerungen) mit wahrer Freude begrüßt und mit uneingeschränktem Genuss gelesen hat, sind ihr mit der Zeit immer mehr Bedenken gekommen. Sie rechnet, wie sie mir faktisch schreibt, mit vielen tausenden von Lesern, die das Buch nur deswegen lesen werden, weil sie Papa und Mutti gekannt haben, und vor denen es ihnen doch peinlich ist ... Außerdem möchte sie nun sämtliche Verwandte in fleckenlosem, engelhaftem Glanz, Papa z. B. ist nie sparsam gewesen, wenigstens nicht so sparsam usw. usw. Wie Ibeth mir schreibt, rechnet sie auch damit, Du würdest belitten sein, was wir beide für ganz ausgeschlossen halten ... Denn Du bist wirklich nicht mit der Fiete des Buches identisch, wie Du ja überhaupt merken wirst, dass unendlich viel erfunden ist ... [...]

Macht's gut! Herzliche Grüße
Eure

[Ibeth]

Celle, den 29. 7. 1941.

Lieber Rudolf, liebe Suse,

[...] Vor allem will ich jetzt vielmals für das schöne Paket danken; ich freue mich sehr auf und über den Dehmel und ebenso über die fremdsprachlichen Falladas. In das Kochbuch habe ich auch hineingesehen – so gern ich was Gutes esse, da erfasst mich doch manchmal das Grauen – die Mühe, die auf das Essen verwendet wird, erregt bei mir doch Kopfschütteln. In der jetzigen Zeit zumal, wo wir ja doch nach Tante Augustes Rezepten verfahren müssten oder einfach sagen würden: Nu segg ook noch Spickaal! (Und ich hau dir eine runter!) Mir ist auch noch, als ob etwas besonders Schönes bei dem Paket war, das ich gleich richtig eingeordnet habe – aber mein Gedächtnis langt nicht mehr. Also vielen vielen Dank! […]

Lassts Euch gut gehn – und hoffen wir auf das Beste. Wir sind mit den Gedanken sehr auf der Landkarte im Osten – und überhaupt und so. Die Wochenschau ist oft grausig –; neulich sah ich im Kino vor mir eine Dame sitzen, deren Mann ungefähr 1918 in Riga von Bolschewisten erschossen wurde (wenigstens hoffte man das) und die gerade noch (auf einem englischen Schiff) mit ihren Kindern nach Deutschland entkam. […] Und diese Frau sah, wie die Leichen der Ermordeten herausgetragen wurden, sah den Einzug in Riga. Und Mutti wundert sich, dass sie nicht gleichmäßig freundlich, liebenswürdig ist … […]

Eure
Ibeth

Rudolf Ditzen

Carwitz, am 2. August 1941.

Liebe Ibeth, lieber Heinz,

herzlichen Dank für Deinen Brief – meine verschiedenen Sendungen hast Du unterdes erhalten. […] Was nun die Lage im Osten angeht – nun, Suse kommt eben aus Berlin zurück, wo Mückchen an den Mandeln operiert wurde, nicht schlimm, aber doch schmerzhafter und eingreifender als erwartet, und berichtet von ihren Unterhaltungen mit

315

Row. und Burl., von denen der erste ein ganz großer Pessimist, der andere ein unerschütterlicher Optimist ist. Ich gehöre nun zu der Row.-Gesellschaft und Du zu den andern. Also reden wir nicht weiter über den Osten. [...] Und nun Schluss. Macht's gut, Ihr beide. Die Einführung der Raucherkarte, die wohl bald überall sein wird, ist schmerzlich. Ich denke auch daran, mich nun zu rationieren. Herzliche Grüße *Eure*

[Dete]

Zittau, den 3. 8. 41.

Lieber Rudolf,

eben habe ich Dein Manuskript fertig, ich habe es natürlich verschlungen, denn was da alles an Jugend aufsteigt! Du hast uns in der Familie damit ein großes Geschenk gemacht, und ich danke Dir vielmals! All meine kindlichen Tagebuchaufzeichnungen aus jener Zeit, alle noch so lebhaften Erinnerungen können nicht so den ganzen Zauber unseres Elternhauses festhalten. Die besten Kapitel sind natürlich die über die Sommerferien, über Weihnachten usw. Was natürlich der Fernerstehende dazu sagen wird, weiß man gar nicht! Wir stehen, wir aus der Familie, sicher viel zu nah alldem, um ein wirkliches Urteil abgeben zu können. Das Dinnerkapitel ist köstlich und wird sicher rasend Beifall finden. Du bist ein sehr guter Psychologe und hast Papa ein sehr sehr schönes Denkmal in seiner ganzen Güte und Liebe gesetzt! Aber das weißt Du ja selbst genau. [...] Also: nun kommt heute erst meine Nachricht über mein ev. Belittensein wegen der Fiete! Also nun habe ich ja alles gelesen – und von Gekränktsein natürlich keine Spur! Du kannst ja natürlich die Karten – sprich Charaktere – mischen, wie Du willst, aber natürlich habe ich mich bei der Fiete immer und immer wie-

316

der selbst gesehen und – ich will es einmal so formulieren: der Person, die an meiner Stelle in Deinem Buch steht, ist ein sehr unrühmliches Denkmal gesetzt, das ist ja natürlich wahr! Aber eins der Kinder musste ja die Sache mit den Blaubeeren machen – sie ist übrigens köstlich!!!! […] Papa ist so lieb gezeichnet, dass das bisschen Sparsamkeit wirklich ihm nicht schaden kann!!! Und er war es ja nun mal!! Ich selbst habe manchmal abends gebetet, dass die Eltern doch mit dem Geld auskommen möchten, und habe mir bis sehr spät immer ernste Sorgen gemacht. Wie Du es auch sagst: viele Wünsche äußerte man erst gar nicht!!!! […]

Es grüßt –
die grässliche Fiete.

[Rudolf]

Carwitz, am 6. August 1941.

Liebe Dete,

ich kann Dir kaum sagen, eine wie große Freude Du mir mit Deinem Brief gemacht hast! Ich habe zwar nie daran gezweifelt, dass Du die Fiete, mit der Du ja wirklich nicht die geringste Ähnlichkeit hast, mit Humor aufnehmen würdest, aber dass Dir meine so beiwegelang erzählten Erinnerungen so viel Freude machen würden, hätte ich doch nicht gedacht! Das ist sehr schön! […] Herzlichen Gruß

[Rudolf]

Carwitz, am 23. September 1941.

Liebe Ibeth, lieber Heinz,

grade bin ich aus Berlin heimgekehrt und finde hier Euern Brief aus Ording vor. Ich freue mich mit Suse, dass Ihr es doch wieder so gut in Ording getroffen habt, mit der Kost sehr und einigermaßen mit dem Wetter, und dass Euch Ording wieder das alte Glück und die rechte Erholung schenkt. Vor allem ist es doch sehr gut, dass sich Heinz zu dieser Ausspannung entschlossen hat: der Winter wird alle Kräfte brauchen, sehr erfreulich wird er bestimmt nicht. [...]

Dabei bin ich mit großen Arbeitsplänen aus Berlin heimgekommen. Meine Arbeiten im Justizministerium sind abgeschlossen, sie haben viel zu viel Stoff ergeben, das alles muss sich nun erst setzen, sondern, klären. Vielleicht wird dazu nicht viel Zeit sein, denn grade in den letzten Tagen tauchte ein großer Filmauftrag auf, der vielleicht schon in nächster Zeit feste Gestalt annimmt. Dazu möchte ich Deinen oder ev. Heinzens Rat. Es wird sich darum handeln, den Lebenslauf eines späteren Berliner Architekten von seinem 16. bis zu seinem 36. Lebensjahr zu schildern, er wird die Jahre von 1918 bis 1930 umfassen. Die Kriegszeit 14/18 wird ausgespart werden, kommt nicht vor. Wo finde ich einmal Literatur über den Werdegang eines Architekten in dieser Zeit, er kann ganz einfach anfangen, sagen wir als Maurerlehrling, müsste aber die Möglichkeit des Hocharbeitens haben. Zum andern: gibt es vielleicht irgendwelche Erinnerungen von Baumeistern, Architekten, die natürlich nicht genau aus dieser Zeit sein müssen, aber ungefähr eine solche Entwicklung schildern? Wenn Ihr versagt, wohin wende ich mich mit diesen Nöten? Alles ist natürlich an sich eilig, denn die Arbeit soll bis zum 31. 12. fertig sein. [...]

So, meine Lieben, und nun muss es erst einmal wieder Schluss sein. Auch ich möchte bald auf Pilze los, aber noch immer finde ich keine Zeit! Und es muss doch viele geben!

Herzlichst Eure

[Heinz]

Lieber Rudolf, liebe Suse!

[…] Ich denke mir, dass man abgesehen von der Dir vorschwebenden Literatur doch rein sachlich sich orientieren muss über die große Zahl verschiedener Arten von Baumenschen, die durch die verschiedenen Lehranstalten zurzeit ausgebildet werden. Für den Laien ist ja oft alles »*Architekt*«: der *Maurermeister:* Inhaber eines »*Baugeschäfts*«, der seinen Laden mit Hilfe eines jungen »Poliers« mit Technikums- oder nur »Baugewerkschul«-bildung schmeißt, der Herr »Regierungsbaumeister«, der, soviel ich weiß, noch vor Abschluss des *Hochschul*-Architektendiploms erworben wird oder wenigstens vor dem Kriege 14–18 erworben wurde, der etwa dem Technikum Mittweida oder Köthen entstammende »Architekt« oder schließlich der auf alle andern mit Verachtung herabblickende, allein wirklich technisch und künstlerisch (worauf er besonderen Wert zu legen pflegt!) ausgebildete Diplom-Architekt der Technischen *Hoch*schulen, der natürlich auch seinen Dr. und Gott weiß sonst noch erwirbt (Baurat, Geh. Baurat usw. usw.). Auf der Hochschule lebt er als »stud. arch.«, nach 4 Semestern als »cand. arch.«, falls er die Vorprüfung bestanden hatte … usw. Sich da so auszukennen, dass keiner der beteiligten Leser sich auf die Berufshühneraugen getreten fühlen kann oder geschwollen sagt: der gute Fallada hat davon aber keine Ahnung! … das scheint mir gar nicht leicht. […]

Der Bruder meiner Großmutter mütterlicherseits, der weltberühmte Baurat Oskar Mothes, baute im Alter von 18 Jahren seine erste Kirche in Sachsen. […] Sein »Baustil Mothes« hing mit seiner Ansicht zusammen, dass die Natur *viel*seitig in ihren Gestaltungen wäre. Dem König Albert von Sachsen rettete er mal dadurch das Leben, dass er ihn im letzten Moment von einem herabsausenden Fahrstuhl zurück-

riss. Er konnte es sich leisten, im Eifer der Unterhaltung an
der königlichen Tafel sich mit der Gabel durch die Haare zu
fahren … […] Im Alter renovierte er mit Vorliebe Kirchen
und betätigte sich bei der Auffrischung alter Gemälde höchst-
eigenhändig. Wenn er Ornamente zeichnete, so mit beiden
Händen gleichzeitig, links und rechts symmetrisch. […] Im
Augenblick: lebt wohl.

Herzlichst

Heinz

[Rudolf]

Carwitz, am 6. Oktober 1941.

Lieber Heinz, ich danke Dir sehr herzlich für Deinen langen
Brief mit seinen wertvollen Hinweisen. Ich weiß es sehr zu
würdigen, dass Du Deiner Arbeitszeit eine so lange Epistel
abgerungen hast – ich weiß aus eigener Erfahrung, wie solch
ein Brief einen stören kann. […] Entzückend ist ja Dein
Großonkel mit der Gabel in den Haaren, solch ein Zug ist
natürlich etwas für Fallada, leider verbietet der ernste und
gebildete Film solche Extravaganzen. – Im Übrigen habe ich
den Auftrag noch nicht, man will erst beim Propagandaministerium horchen, ob dort keine Bedenken bestehen. Bedenken deshalb, weil meine Auftragserteilerin, die einen re-
präsentativen Berlin-Film drehen will, ausgerechnet die
Wien-Film ist, und zwar nur darum, weil sie sehr verärgert
darüber ist, dass die Berliner immerzu Wien-Filme drehen,
ihr also ins Handwerk pfuschen. So kommen Aufträge zustande – aber lasst, meine Lieben, solange ich mein Gutes
davon habe, will ich mich nicht einmal wundern! […] Wir
grüßen Euch herzlich, alles Gute und keine nächtlichen Störungen – aus Hamburg haben wir Schlimmes gehört!

Mit Dank *Dein*

19 Ibeth und Heinz in Carwitz, August 1934

20 Margarete (Dete) und Fritz Bechert mit ihren Kindern Ilse, Horst und Irene, 1934

21 Suse und Ulis »Schwesterchen«

22 Uli, 1936

23 Ibeth und Heinz, März 1936

24 Besuch von Ilse Bechert (l.) in Carwitz, 1937

25 Lehrer Schwoch (2. v. l.) bei den Dreharbeiten zu »Altes Herz geht auf
die Reise«, Carwitz, 1938

26 Vorn Suse mit Hubert Räder, dem getreuen Freund und Gärtner, hinten Mücke zwischen zwei Haustöchtern, 1938

27 Adelaide Ditzen (Tante Ada), Marburg, Dezember 1938

28 Rudolf und das neue Bienenhaus, 1939

29 »Betriebsausflug« mit Angestellten und Freunden der Kinder im Autobus nach Warnemünde, 11. Juli 1939

30 Die Nichte Adelheid Hörig, 1941

31 Suse und Achim Ditzen, Gemälde von Heinrich Heuser, 1941

32 Achim und Mücke, Frühjahr 1942

33 Mücke, Uli und Achim, 1942

34 Rudolf, Achim und Suse in Carwitz, 9. Mai 1943

35 Passfoto von Rudolf Ditzen, 1946

[Rudolf]

Carwitz, am 13. Oktober 1941.

Liebe Ibeth, schönsten Dank für Deine Karte und die beiden Faustbücher, die gleichzeitig ankamen. Ich habe gleich mit Lesen begonnen und mir auch sicherheitshalber die beiden im Eckart-Verlag erschienenen bestellt, vielleicht findet man doch eine zu klauende Rosine. Am meisten freilich vertraue ich auf die hiesigen Maurer, die ich zu einem fröhlichen Umtrunk einzuladen beabsichtige: eine ganze Reihe von ihnen hat noch vor dem »Weltkrieg« – was dieser Krieg dann wohl ist?! – noch in Berlin gearbeitet. [...]

Liebe Ibeth, lieber Heinz, soeben bekomme ich die erfreuliche Nachricht, dass nach einer Besprechung mit dem Reichsfilmdramaturgen beschlossen worden sei, nicht einen Baumenschen, sondern einen Mann des Transportgewerbes zum Helden des geplanten Films zu wählen – also erst Kofferträger, Dreirad, Pferdefuhrwerk bis schließlich zum Besitzer von Hunderten von Fernlastzügen. Ein einleuchtender und häufiger Aufstieg. Dies ist nun eben der Film, und mir bleibt nichts, als Euch reumütig zu sagen: alles umsonst, von vorne anfangen. [...] Alles Gute, Euer leicht angebrochener

[Rudolf]

Carwitz, am 25. Oktober 1941.

Liebe Dete, lieber Fritz, [...] Wo sind die guten alten Zeiten hin, da Großmütter oder Tante, es konnten auch Taties sein, ein Heim behüteten?! Freilich fürchte ich, dass weder Großmütter noch Tanten den hiesigen Problemen gewachsen wären. – Was Du darüber schreibst, liebe Dete, zeigt nur, dass Du die Hauptseite des Problems ganz übersehen hast: dass wir uns nämlich in erster Linie von Carwitz darum trennen werden, weil wir keinesfalls all unsere Kinder schon mit 8 Jahren aus dem Hause geben wollen. Und das müssen wir hier, Mücke muss nun nächsten Sommer aus dem Hause, die Schulverhältnisse waren bisher unmöglich, und sie werden alle Tage noch unmöglicher. Hier lernen die Kinder überhaupt nichts mehr! Das ist der entscheidende Grund, alles andere kommt erst in zweiter Linie, wenn es auch wichtig genug ist. Es ist ein grundlegender Irrtum, anzunehmen, dass die Arbeitsverhältnisse nach dem Kriege hier auch nur ein wenig leichter werden. Da wird es so unendlich viel zu tun geben, dass all die jetzigen Beschränkungen in dieser oder einer andern Form weiterbestehen werden. Wir sind darauf angewiesen, mindestens 5 Arbeitskräfte fast ständig zu haben, davon 2 ständig im Haus. Schon bei diesen zweien hapert es, einmal vom Arbeitsamt aus, das diesem Haushalt höchstens nur eine Kraft zugestehen will – alles andere ist blasse Theorie, was uns »zusteht« usw., da tatsächlich hier auf dem Lande weit kinderreichere Familien ganz ohne Mädchen sind –, zum andern aber von den Mädchen aus, die sich nicht jahrelang in dieses verschollene Dorf setzen mögen, wo sie keine netten Männer, kein Kino, kein Theater, nicht die geringste Anregung von der Art, wie sie sie haben wollen, bekommen. Mit den Gartenfrauen ist es fast noch schlimmer. Ich bin nun einmal nicht im Reichsnährstand und werde mit meinem Betrieb nie hereinkommen, alles, was solchen Betrieben also zusteht, wie Kriegsgefangene oder Arbeitsmaiden, bekomme ich nicht. Das ist unabänderlich, wenn Du aber einen ziemlich intensiven Betrieb wie hier hast und Du musst wegen fremder Arbeitskräfte Bittgänge gehen, nicht einmal, sondern in mancher Woche fünfmal, während die Arbeit auf den Nägeln brennt, dann bekommst Du das, Jahre durch fortgesetzt, einfach über. Was wir erzeugen, ist in jeder Hinsicht zu teuer bezahlt, wir bezahlen die etwas bessere Ernährung einfach zu teuer. Das ist nicht mehr tragbar. Es ist auch auf die Dauer nicht tragbar, dass weder Suse noch ich kaum je eine freie Stunde haben. Ich gebe im Jahre über 7000 Mark für Löhne aus, und wir rackern immer, wenn unsere Leute nach Haus gehen, wenn unsere Mädchen sich in ihre Gemächer zurückziehen, dann geht es noch stundenlang weiter. Diese Abhängigkeit aber von fremder Hilfe ist, auf die Dauer gesehen, unerträglich. […] Meine liebe Dete, ich bin heute Morgen um 5 aufgestanden, habe Schweine gefüttert, mich um die Landwirtschaft bekümmert, Kassenbuch geführt, habe sieben Druckseiten geschrieben, und jetzt um neun ist seit drei Stunden meine Erholung, die liegen gebliebenen Briefe fortzutippen. Und Suse, die erst um 6 Uhr 15 aufsteht, hat Kinder und Küche besorgt, Gartenarbeit eingeteilt, Hühner und Hund zu versorgen gehabt – weil die Mädchen mit der Wäsche und dem Sonnabendreinmachen beschäftigt waren –, jetzt sitzt sie vor unendlicher Näherei und Stopferei, und sie wird noch länger sitzen als ich, der ich gegen zehn Schluss mache. […] – Entschuldige diese Philippika, Du merkst, sie ist nicht gegen Dich gerichtet, sie ist mir nur so aus der Maschine gerutscht. Es ist doch ganz klar, dass wir, die wir in acht Jahren Arbeit und Geldzuschusterei einen Betrieb wie Carwitz aufgebaut haben, der jetzt in der höchsten Bodenklasse der Gegend rangiert und der Rekordernten in allem bringt, dass wir nicht leichtfertig den Entschluss fassen, das hier aufzugeben. Wir wissen, dass wir hier ein bestes Stück unserer Arbeit zurücklassen, dass wir nie wieder mit einem solchen Elan und solcher Opferbereitschaft an eine neue derartige Aufgabe herangehen werden, aber das alles kann uns nicht abhalten, genau abzuwägen, und die Schale ist längst für Aufgeben gefallen. Wäre nicht Krieg, wären wir schon nicht mehr hier. Aber jetzt? Verkaufen kann ich sofort und zu Preisen, die mir alles, was ich reingesteckt habe, wiederbringen, aber was kaufe ich wieder? Und wie richte ich mich ein? Das ist der Punkt! […] Alles Gute *Dein*

[Ibeth und Heinz]

Celle, den 18.12.1941.

Lieber Rudolf, liebe Suse,

[…] Mutti hat uns heut ganz verzückt von einem Paket vorgeschwärmt, das bei ihr eingelaufen ist und an dem wir teilhaben sollen. Wir danken Euch im Voraus herzlichst, von »kleinem Päckchen« wäre wirklich nicht die Rede, meint Mutti. […] Übrigens: kannst Du, lieber Rudolf, normale Zigaretten (Salem oder R6) gebrauchen? [Randbemerkung von Heinz:] {Wenn ja, so verehre ich sie Dir gern!} Wir haben von einem Nichtraucher welche überlassen bekommen, [Fortsetzung von Heinz:] {aber der Umtausch in Zigarren gelang bis jetzt nicht, und ich rauche keine Zigaretten.}

[…] Ich tröste mich ja immer damit, dass alles viel viel schlimmer sein könnte. Und wider Erwarten gut verlaufen ist bis jetzt. Ich denke noch oft an den Sommer, als Ihr hier wart und mir ahnungslosem Engel ein Licht über Roosevelt aufstecktet – Ihr habt sehr recht gehabt … Er scheint doch Japan erheblich unterschätzt zu haben; die müssen ja fantastisch gearbeitet haben in Hawaii!!!! […]

Herzlichst Eure
Ibeth und Heinz

[Rudolf]

Carwitz, am 22. Dezember 1941.

Liebe Ibeth, lieber Heinz, zum Weihnachtsfest kommen wir zwar mit diesem Brief zu spät, aber zu Euerm Fest- und Ehrentag möchten wir doch Euch unsere allerherzlichsten Grüße und Wünsche senden, da wir nicht selbst kommen können. […] So begnügt Euch mit unsern guten Wünschen, 25 Jahre sind doch ein tüchtiges Stück Weg, was Ihr da miteinander gemacht habt, wir halten noch nicht auf der Hälfte. Adelheid wird feiern helfen, die Kochfrau wird hoffentlich was zu kochen vorfinden, und Mutti wird wie immer alles tun, um es ihren Gästen gemütlich zu machen, sie ist die geborene Gastgeberin. […] Heinz wird, wie immer in der Konfuhsestraße, mit der Unterhaltung zu kurz kommen, aber ich bin überzeugt, dass er sich schon so sehr in die Rolle des schweigenden Gelehrten gefunden hat, dass er sich selbst einbildet, keiner Unterhaltung zu bedürfen. Also, meine Guten, alles Gute von uns, und so viele weitere gemeinsame Jahre, wie Ihr Euch nur wünscht.

[…] Wahrscheinlich kommt in diesem Jahr unser alter Besuch, Frau Kenter, zum ersten Mal nicht zum Fest. Sie hat viel Sorgen: ihr Freund oder Verlobter ist seit über einem halben Jahr von der Gestapo festgenommen, er kommt wohl vor das Volksgericht. Sehr trübe Aussichten. […] – Ich kann alle Zigaretten mit größtem Dank gebrauchen, gleichgiltig welche Sorte, ich gehe schon mit dem Gedanken um, mir jetzt ein Vorratslager an Priem zuzulegen, den es noch geben soll. Ich fürchte nur Proteste von Suse gegen einen so duften Gatten. […] – Dass wir Euch je ein Licht über Roosevelt aufsteckten, ist mir weithin unbekannt, wahrscheinlich werde ich nur aus meinem allgemeinen Pessimismus heraus geunkt haben. Das kann ich jetzt noch viel besser, und ich muss gestehen, dass ich manche Randbemerkungen Ibeths zur Lage in ihren Briefen mit tiefer Verblüffung lese. Aber das ist ja wohl nur so meine angeborene Miesmacherei. Ich bin – außer bei Wallace – ein sehr skeptischer Leser. Ich weiß, wie's gemacht wird. […]

Und nun noch einmal alles Gute und Schöne, grüßt mir die Adelheid!

[Heinz und Ibeth]

Celle, den 25. Dezember 1941.

Lieber Rudolf, liebe Suse!

Eben kam Euer Brief vom 22., der nach echter Carwitzer Weihnachtsluft roch […].

Im Besonderen aber möchte ich Dir, lieber Rudolf, für Dein heroisches und im Übrigen so riesig verständnisvolles Geschenk sehr sehr herzlich danken. Das Kennerauge verspricht sich von diesem edlen Kraut höchsten Genuss – der aber natürlich erstmalig am 28. steigen wird. Du hast ganz das Richtige getroffen, und ich will nur wünschen, dass Deine eignen Bedürfnisse nicht allzu schwer dadurch zurückgedrängt werden mussten … denn ich kenne die Misere Rauchwaren nur zu gut und helfe mir mit kurzer Pfeife. Aber man kann sagen, was man will: die wirklich geistige Anregung habe ich *nur* von einer anständigen Zigarre, alles andere ist nur ein Maulstopfen! […]

Celle ist die Stadt der alten Tanten, daran lässt sich nichts ändern, und deshalb ist es für Mama der einzig richtige Ort, den sie mit klugem Instinkt gewählt hat. Für meine Frau ist das mitunter etwas störend, denn als mustergiltige wohlerzogene, immer dankbare und anständige Tochter muss sie mitunter erhebliche Energie aufwenden, um bei all dem irrsinnigen Blödsinn, den sie bei Mama tagtäglich erlebt, nicht – ihrem eigentlichen Temperamente entsprechend – wild in die Höhe zu gehen. […] Unbeschadet aller fundamentalen Herzensgüte, über die die regierende Fürstin auf jeden Fall verfügt und die sich gestern am Weihnachtsabend wieder in glänzendstem Lichte zeigte, hat sie aber doch eine fatale Neigung, Komplexe zu bilden, deren einer Dein prachtvolles »Damals bei uns daheim« ist, zur Zeit. […]

Herzlichst
Heinz

Lieber Rudolf, liebe Suse,

Wir waren erschüttert über das bescheidene Päckchen, das uns doch noch so vorkam, als stammte es aus dem Lande, da Milch und Honig fleußt. […]

Was den Schock von den Erinnerungen anbetrifft, so ist er leider in ein stationäres Stadium eingetreten, die Sache wird immer verzwickter. Aber es lohnt wohl nicht, Näheres darüber zu schreiben. Mutti erklärt den Bekannten, die ihr entzückt darüber schreiben, dass alles anders gewesen ist. Na ja. Ich glaube nicht, dass Dich Einzelheiten interessieren. […]

Also machts gut und im neuen Jahre … ein friedlicheres Weihnachtsfest?!?!?! Ob das möglich ist?

Herzlichst und dankbar
Eure alte
Ibeth

[Rudolf]

Carwitz, am 15. Januar 1942.

Lieber Heinz, liebe Ibeth (die Reihenfolge ist zu beachten!) – ich weiß es zu würdigen, dass mein so beschäftigter Schwager zweimal nun schon die Maschine höchstpersönlich ergriffen hat, um unser Weihnachtsgeschenk zu loben! Ich freue mich sehr darüber – wenn ich auch immer noch kein Zigarrenraucher bin, so hat doch das kleine Zigarrendepot, das sich mit der Zeit bei mir angesammelt hat und von dem ich Dir die Blüte sandte, doch in Gedanken als Reserve für die allerschlimmsten Zeiten eine große Rolle gespielt, und der Entschluss, sich zu trennen, war ein Entschluss! Nun aber freut er mich längst, und das Loblied, dass Du, Heinz, auf die Corrubia Sankt Felix Brasil singst, klingt meinen Ohren wohl – darf ich die Felix felix nennen?! (Ein Raub aus Kerr!)

[…] Jetzt hängen die Bilder übrigens, sie sind wirklich sehr gut, die meisten Einschränkungen habe ich bei dem Bild von Suse und dem Achim, nicht nur gefühlsmäßig – was verständlich wäre, sondern auch von der künstlerischen Seite. Die Farben bei Suse sind grade im Gegensatz zu Achim sehr erdig, ihr Hals sitzt in den Schultern, was der ganzen Haltung etwas Geducktes gibt, von dem ich Suse ganz frei weiß, schließlich sind die Augen in der Achse verzeichnet, der Blick liegt nicht parallel. Aber das ist nun nicht mehr zu ändern, der Maler hatte damals schon viel herumverbessert, es gelang ihm aber nicht anders. […]

Gestern habe ich die 1000. Seite an meinem Roman geschrieben [»Ein Mann will nach oben«], das ist, vom Fleißstandpunkt gesehen, sicher sehr löblich, aber allmählich beschleicht mich doch ein immer stärker werdendes Grauen: das ist nämlich die Grundlage für einen Film, und man kann schon mindestens 4 Filme daraus machen. Auch habe ich das Gefühl, dass der Roman eher gequatscht als gedichtet ist – dichten kommt von dicht machen –, und das wäre verheerend. Jedenfalls werde ich in den nächsten vierzehn Tagen zu einem Schluss kommen müssen, es gehe, wie es geh! Wie die Aufnahme bei der Film-Gesellschaft sein wird, darüber wage ich gar nicht nachzudenken, es stellt sich leider immer mehr heraus, dass mein Held gar kein Held ist – und das ist für den Film unmöglich. Sollte ich ein halbes Jahr Arbeit vertan haben, wäre ich niedergeschmettert, und zwar nicht nur finanziell. […]

Ich grüße Euch herzlich, für einen strammen Arbeitstag ist dies ein langer Brief.

Euer

[Rudolf]

Carwitz, am 8. Februar 1942

Liebe Dete, lieber Fritz,

[…] Ich bin dabei, meinen neuen Roman in die Maschine zu diktieren, und da er ca. 1100 Seiten Umfang hat und am 28. Februar abgeliefert sein soll, muss ich mit jeder Stunde geizen. Aber ich denke, Ihr nehmt auch einmal mit einem kürzeren Brief vorlieb. Wir freuen uns so sehr, dass Ihr eigentlich über all Eure Kinder gute Nachrichten geben konntet, besonders auch über Ilse, die dem Abschluss ihrer Doktorarbeit jetzt nahe scheint. Ich würde mich nicht mehr viel mit ärztlichen Diagnosen beschweren, Burlage sagte mir schon früher, dass eigentlich kein Mensch irgendetwas Genaueres über die multiple Sklerose weiß, weder wie sie entsteht, noch warum sie unheilbar ist, noch warum sie ganz von selbst oft wieder verschwindet. Ob es nun diese verdammte Krankheit war oder irgendeine andere, jedenfalls ist Ilse durch damit, kann arbeiten und hat wieder etwas Freude am Leben. […]

Herzliche Grüße und alles Gute!
Euer

[Ibeth]

Celle, den 10. 3. 1942.

Liebe Suse,

Heute soll der Brief Dir alles Gute zum neuen Jahre wünschen, und auf Einzelheiten brauche ich wohl dabei nicht einzugehen. Dass es Rudolf und den Kindern gut gehen möge, dass der Krieg nicht mehr zu lange dauern möge, dass Du selbst Gesundheit und Kraft behalten sollst – alles das versteht sich ja von selbst. […]

Jetzt freuen wir uns auf Rudolfs Besuch; wo Du wohl unterkommen wirst? Der Sandkrug ist Lazarett, die Union, wo wir so vergnügt (und gut) aßen, auch. […] Ob Du, lieber Rudolf, versuchen wirst, im Celler Hof unterzukommen? Allerdings wurden Schauergeschichten von zerrissener Bettwäsche erzählt, aber das Essen dort ist wohl noch »am besten« [hier und im Folgenden Randbemerkung von Heinz:] {was nicht mehr viel sagt!}. […] ab 1.4. muss ich für Heinz was tun, denn ihm soll vom Reichsforschungsrat eine »Schreibkraft« [Heinz:] {oder sonst so was Ähnliches: »Assistentin«!} gestellt werden, und die bin natürlich ich, wenigstens höchstwahrscheinlich. […]

Schreibt mal, wenn es bei Euch blüht …

Herzlichst

Eure Ibeth

{»Blühe, wachse und gedeihe –«, liebe Suse!

Herzlichst Heinz}

[Rudolf]

Carwitz, am 14. März 1942.

Liebe Ibeth, lieber Heinz,

einen kurzen Dank für Eure guten Geburtstagswünsche an Suse wollen wir Euch doch senden – nur einen kurzen, denn am nächsten Sonntag hoffe ich schon in Celle zu sein. Da kann man dann besser über alles reden. Ich denke ja doch, dass wir trotz der kurzen Zeit, die ich dort sein werde – etwa 2 Tage – eine gemütliche Plauderstunde miteinander haben werden, fern der Konfuhsestraße, da wird es denn mancherlei zu erzählen geben. […]

Vorläufig tippe ich diesen Brief noch von Frost starrend. Ich war eben nämlich mal eine halbe Stunde bei der Kreissäge draußen, die meine frisch geborgenen Holzberge – die

330

Heizung für zwei Winter! – zersägen soll, aber vorläufig noch nicht in Gang kommt. Es ist ein bitteres Geschäft bei dieser Külle, wir haben zwar heute nur –12 Grad gegen gestern –24 Grad, dafür aber einen schneidenden Ostwind, der uns noch weitere angenehme Kälte verspricht. […] Wir freuen uns, dass Ibeth eine Schreibkraft wird oder eine Assistentin, wir nehmen an, dass dies ein Dreh des Reichsforschungsrates ist, den Zuschuss doch noch weiter zu geben. Möge die Arme einen sanften Chef finden!

Und nun tausend Grüße und auf Wiedersehen!

Eure

[Ibeth auf Brief von Heinz]
Celle, den 22. März 1942.

{Liebe Suse, wir freuten uns sehr über Rudolfs Hiersein, wenn es auch nicht ganz einfach war für ihn. Er ist es eben nicht gewohnt wie wir. Und Mutti ist eben einfach krank, und manches ist dadurch zu erklären. […] Ich (und Heinz auch!) werden noch sehr lange an Dich denken! Herzlichst Ibeth.}

[Rudolf]
Carwitz, am 27. März 1942.

Liebe Ibeth, lieber Heinz,

wieder daheim – und die Etappe Stuttgart fiel nur kurz aus, denn Uli wurde schon am Mittwoch in Templin entlassen. Schade – es war ein wirklich netter Tag in Stuttgart, der neue Verlagsleiter des Rowohlt-Verlages, ein Herr Günther, ein wirklich sehr angenehmer, wohltuend altmodischer Herr, mit einer langen Silberkette um den Hals und reizenden Ironiefältchen um die Augen. Auch der GROSSE MANN, der Herr Generaldirektor Dr. h. c. Gustav Kilpper, der mich am Vormittag noch als Oberlehrergespenst wahrhaft erschreckte, war am Nachmittag in seinem Heim beim Tee ganz reizend, will mir schöne Bücher schenken und spielte entzückend mit seinem Hund. Von der ganz hoch gelegenen Villa sah man über die ganze Stadt fort, die in Sonne und leichtem Dunst lag – ab und zu blitzte der Neckar dazwischen auf. [...] – Hier der alte Friede und das alte gute Essen. Ich richte mich wieder ein in meinem Leben, mache Kassenbuch, schreibe Briefe und warte auf den Anruf des Films, um wegen der Umarbeitungen klarzusehen. (In Stuttgart, wo man von meinem neuesten Roman begeistert ist, haben wir noch einige Änderungen beschlossen, die ich mit denen für den Film verbinden will.) [...]

Herzlichst *Eure*

[Rudolf]

Carwitz, am 28. März 1942.

Liebe Dete, lieber Fritz,

einen recht schönen Dank für Detes langen Brief, den sie ihrem schmerzenden Arm doch noch abgerungen hat. Es muss sehr schwer für sie sein, zumal die Ärzte, scheint es, über allgemeine Redereien und die üblichen Mittelchen nicht hinauskommen. [...] »Damals bei uns daheim« wird erst ausgehändigt an den Buchhandel, da hast Du also alle Aussichten, wenn Du schon bestellt hast oder rasch bestellst. Die kleine Auflage wird ja rasch weg sein, in normalen Zeiten würde das Buch ein sehr großer Erfolg. Von allen Seiten bekomme ich die reizendsten Briefe, wahrscheinlich tut die Zeit auch ihr Teil dazu, grade solch ein leichtes Buch angenehm zu machen. Die Einzige, die streng ablehnend bleibt, ist unsere arme Mutti, die mit tiefer Betrübnis bei meinem Besuch in Celle mich vor meine Werke führte und sagte: »Ich liebe Deine Bücher alle so sehr (auch den Blechnapf?! auch B. B. B.?!) – aber das letzte, lieber Junge, das letzte, das hättest Du nicht schreiben dürfen …« Worauf ich ihr fröhlich die Hand schüttelte und sagte: »Also, Mutti, jetzt gehe ich zu Tante Gretchen!« Wir kamen nicht wieder auf das Thema zurück. [...] – Hörigs machten mir ein wenig Kummer. Er sehr versorgt aussehend, mit tausend Haushaltsmiseren kämpfend, die ihn ständig in seiner Arbeit hemmen. Ibeth mit unverändertem Appetit auf das Leben und mit vielen, zu vielen Steckenpferden, aber eine tüchtige Hausfrau – soweit es ihr Spaß macht. – Ich wünsche ihr und ihm, den ich sehr hoch schätze, dass ihnen zu Abend noch ein wenig die Sonne lächelt, sie sind beide so mutig und so fleißig, sie hätten es wohl verdient. [...] – Uli hatte ein sehr viel besseres Zeugnis, fühlt sich in seinem andern Haus sehr wohl, hat diesmal auch nicht abgenommen. Ein ausgesprochen netter Bengel, das Internat bekommt ihm in jeder Hinsicht gut. Mückchen kommt erst nach den großen Ferien fort, und zwar zu Suses Schwester nach Hamburg, derselben Schwester, die kurz nacheinander erst den Mann, dann den einzigen Sohn verlor. Es gibt da natürlich viele Bedenken, besonders wegen der Fliegerangriffe, aber es geht nicht anders, es ist ja niemand in der Familie, der sonst in Frage kommt. [...] – Achim wächst und fängt langsam an zu reden. Er ist ein erfreuliches Familienmitglied, mit unendlicher Lebenskraft und viel Dickkopf. Er ist in dem schönen Alter, wo Kinder so leicht wie Hanswurste wirken, man hat viel über ihn zu lachen. [...]

Und nun Euch beiden alles Gute, vor allem Gesundheit!

Herzlichst *Eure*

[Rudolf]

Carwitz, am 4. April 1942.

Liebe Dete, herzlichen Dank für Dein Päckchen, das grade recht zu Achims Geburtstag eintraf. […] Nun haben wir aber noch eine große Bitte. Für unser Gebiet hier wird in diesem Jahr kein Zwiebelsamen ausgegeben, der für die eigentlichen Zwiebelanbaugebiete reserviert bleiben soll. Zittau ist bestimmt solch Anbaugebiet. Willst Du wohl versuchen, für uns Zwiebelsamen zu ergattern. Jede Menge bis zu 100 Gramm ist uns lieb, wir nehmen aber auch Groschentütchen, am liebsten die Zittauer Gelbe, aber natürlich auch jede andere Sorte. Was Du also auch erreichst, alles ist uns recht. Ev. revanchieren wir uns zum Herbst in Zwiebeln. […] Herzlichst Dein

[Fritz]

Zittau, d. 7. 4. 1942.

Lieber Rudolf!

Zittauer Zwiebeln gibt es nur in Samenkatalogen. Hier werden weit und breit keine Zwiebeln gezogen. Trotzdem wirst Du Samen haben. Zwar gibt es hier auch keinen, eben weil hier kein Anbaugebiet ist; auch in Borna – Zwiebelborne –, wo ich durch Verwandte herumfragen ließ, kann der gewöhnliche Sterbliche ohne Bezugschein auch keinen Samen bekommen. Aber ich hatte in Voraussicht der Dinge, die da kommen würden, bereits vor Monaten für mich und für den Gärtner meines Vaters in Leisnig bestellt, u. z. mehr als ich brauchte. Meine Annahme, dass ich doch weniger bekäme, traf nicht zu. Gestern kam die Sendung. Nach 18 Stunden kam Deine Anfrage. Ob es sogen. »Zittauer« sind, ob »lang« oder »kurz«, weiß ich nicht. Du musst sie nehmen,

wie sie wachsen werden. […] Es lebe der dankbare Klient,
der mich nicht im Stich ließ! […]

Mit besten Grüßen allerseits!

Dein Fritz

[Rudolf]

Carwitz, am 1. Mai 1942.

Liebe Dete, nun wird es aber die allerhöchste Zeit, dass wir
Dir unsere Glückwünsche zu Deinem Geburtstag senden!
[…]

Hier steht alles unter dem Eindruck des furchtbaren Bombardements auf Rostock. Ich sprach schon Flüchtlinge. Praktisch ist die ganze Stadt zerstört, nur in den Außenbezirken
steht noch einiges. Die Bevölkerung ist auf der Auswanderung, die ersten großen Züge haben nun auch schon Neustrelitz erreicht, mit ein paar Kleidern, mit Koffern, in die in
der Hast grade die Dinge gepackt sind, die gar nicht gebraucht werden. Wir rechnen jede Stunde mit Einquartierung – auf lange Zeit, vielleicht auf Kriegszeit. In Rostock
soll nur bleiben, wer dort arbeiten kann. […] Alles Gute
Euch beiden *Eure*

[Rudolf]

Carwitz, am 13. Mai 1942.

Liebe Ibeth,

ich habe eine große und eilige Bitte an Dich. Zur Aufnahme Mückchens in Hermannswerder – Eure Adelheid hat
mir mal wieder den allerbesten Tipp gegeben, Heil ihr! –
brauche ich sofort einen Ahnenpass. Ich sende Dir in der Anlage den von Uli, dazu Mückchens Geburtsurkunde – das

wird Dir doch wohl genügen? Sei nicht bös, dass ich Dich damit so überfalle, hier am Ort ist es ganz unmöglich, in Feldberg unsäglich schwierig und zeitraubend, ganz abgesehen davon, dass ich von diesen Dingen nichts verstehe und dass mich jede Frage des beurkundenden Beamten zu Rückfragen bei Dir nötigen würde. [...] – Ich liege im Schlussrennen meines Erinnerungsbuches und habe das unsägliche Glück, dass ich am Sonnabend wieder eine Tipperin bekomme, auf 14 Tage, damit ist eine Last von meiner Seele. Diese mechanische Tipparbeit ist fast das Schlimmste für mich. [...]

Herzliche Grüße und sei nicht bös von wegen Überfall

Deinem

[Rudolf]

Carwitz, am 15. Mai 1942.

Liebe Ibeth, lieber Heinz, ich danke sehr für Ibeths langen Brief. Es bedrückt mich gradezu, dass ich Dir, die so überlastet ist und der es gar nicht gut geht, noch die Sache mit Mückes Ahnenpass aufgehalst habe, hoffentlich macht Dir das nicht zu viel Lauferei. Ich wusste mir wirklich nicht anders zu helfen. Augenblicklich bin ich nun auch ganz bewegungsunfähig geworden, bin gestern mit dem Rad gestürzt und habe einen sehr schmerzhaften starken Bluterguss im rechten Fuß, der jedes Gehen unmöglich macht. Ich hüpfe auf einem Bein wie eine lahme Krähe vom Bett zum Schreibtisch und zurück, mehr geht nicht. Morgen kommt eine Sekretärin, der ich das nun fertig gewordene »Heute bei uns zu Haus« diktieren werde. [...] – Adelheidchen hat uns einen ganz reizenden Brief aus Köritz geschrieben, sie macht sich rechte Sorgen um ihre beiden Eltern. Ich kann gar nicht oft genug sagen, wie sehr mich die günstige Entwicklung Adelheids freut, sie hat sich enorm rausgemacht, ist klug und dabei gar nicht kühl. Über ihre Liebesgeschichten wird sie schon nicht zu Fall kommen, ich habe eigentlich den Eindruck, dass so etwas ein gefundenes Fressen für unsere liebe alte Dame ist. Sosehr sie bedauert und beklagt, so interessiert ist sie doch auch, als hinge die Welt davon ab … Es ist ganz die Einstellung der alten Generation, der uralten, wo Liebe eigentlich etwas wunderbar Romantisches war, halb unanständig und halb in den Wolken. Das Erstere, wenn es schiefging, dass Letztere, wenn eine Ehe draus wurde … […] Übrigens, wer hat denn schon eine gesicherte Existenz? Ich bestimmt nicht, und ich kenne auch keinen, von dem ich das zu sagen wüsste. Wir sind in solchen Umwälzungen und stehen vielleicht vor noch viel größeren – wo gibt es da Sicherheit? Vielleicht ist Sicherheit auch gar nicht wünschenswert, ich finde die vorige Generation gar nicht so beneidenswert – wie alt das einen alles anmutet! Als sei es nie jung gewesen. […]

Herzliche Grüße
Eurer

[Adelheid]

{Köritz, den 31. 5. 42.

Liebe Carwitzer!

[…] Pfingsten war ich in Celle. Es war sehr schön, mal wieder zu Hause zu sein. Andererseits möchte ich auf die Dauer nicht in Celle sein, die Verhältnisse sind doch oft reichlich konfuhse. Wenn die Großmutter mir auch rührendst meine Wäsche stopft und flickt, so ist doch manches nicht leicht mit anzuhören. Und Mutti ist ja nun schon noch vernünftig geworden und geht nicht mehr so oft hin. Der Paps ist augenblicklich recht schlapp. Er klagt oft über seine

Augen. Wir haben, als ich in Celle war, uns bemüht, ihn dazu zu bringen, mal nach Hannover zu einem Augenarzt zu fahren, aber bis jetzt ist noch nichts daraus geworden, und Paps will auch nicht recht. Ich glaube, schon der Gedanke an das Fahrenmüssen spielt schon eine hemmende Rolle. Vielleicht kannst Du, Onkel Rudolf, mal ein bisschen gut zureden? Du hast bei ihm doch großen Einfluss, und ich wäre Dir dafür sehr dankbar. […]

Nun Euch allen recht herzliche Grüße

von Eurer Adelheid}

[Ibeth]

Celle, den 17.6.1942.

Lieber Rudolf, liebe Suse,

ich habe mal wieder für schrecklich viel zu danken und wollte es auch ja schon lange tun – aber – … Und eigentlich müsste ich jetzt abwaschen und meine zwei Pfund Stachelbeeren einmachen, aber ich bin zu müde. Also kommt der lange geplante Brief dran, und Ihr müsst schon entschuldigen, wenn er etwas minim wird. […] Ich komme im Augenblick zu nichts, denn ich bin nicht auf der Höhe, und wenn ich am Tage fünf bis sechs Stunden gelaufen bin, Schlange gestanden habe und mich in der Küche betätige, bin ich, sosehr ich mich [Randbemerkung von Heinz:] {sehr mit Unrecht!} schäme, das zu sagen, einfach erledigt. Von Berlin erhielten wir die Nachricht, dass die beantragten 180.– RM (200–10 %?) bewilligt werden würden und dass wir vom Forschungsrat Nachricht erhalten würden. Seitdem warten wir schon wieder einige Wochen. Es wird ja wohl kommen. […]

Gestern sah ich zum ersten Male russische Gefangene, die auf einem Auto durch Celle fuhren. Sahen sie wirklich unendlich hochmütig auf uns herunter, oder habe ich mir das eingebildet? Alles sah ihnen nach; Polen und Franzosen werden natürlich überhaupt nicht mehr beachtet. [...]

Von Fliegerangriffen sind wir hier unberufen bis jetzt verschont geblieben, hatten mal einen kurzen, friedlich verlaufenen Alarm. Wahrscheinlich wird Heinz das Amt des Luftschutzwarts übernehmen müssen ... Hoffentlich bleibt es eine Sinekure. [...]

Heinz grüßt auch.

Herzlichst Eure Ibeth

[Rudolf]

Carwitz, am 20. Juni 1942.

Liebe Ibeth sowie sehr lieber Heinz,

Suse und ich, wir beide haben uns herzlich über Ibeths langen Brief [...] gefreut. Ohne Euch zu Briefen nötigen zu wollen, betrübt es uns doch immer, wenn wir länger mal gar nichts von Euch hören, denn das ist doch meist ein Zeichen, dass es bei Euch nicht gut geht. Dann sind wir nur auf die Nachrichten von Mutti über Euch angewiesen, und die sind immer auf Trauermarsch gestimmt. [...] Bei dieser Gelegenheit möchte ich doch sagen, dass ich in einem Brief von Adelheid mit rechter Betrübnis gelesen habe, dass Heinz sehr über seine Augen klagt. Das Mittel von damals hat also seine Wirkung verloren!? Wäre es da nicht wirklich an der Zeit, lieber Heinz, einmal zu einem erstklassigen Augenarzt zu gehen!? Eigentlich müsste doch das nahe Hannover so etwas haben! [...] – Übrigens muss ich doch erwähnen, dass wir heute alle in Feststimmung sind: heute Nachmittag erwarten wir den alten Rowohlt, der frisch aus Athen kommt, nun doch schon zum Hauptmann aufgerückt. Er wird manches zu erzählen haben, und man kann sich mal aus Herzensgrunde ausquatschen und sich auch Rat holen. Die Situation wird für uns Schriftsteller ja langsam bedrohlich: kaum noch Papierbewilligungen für die Buchherstellung und der Abdrucksraum in Zeitungen und Zeitschriften immer beschränkter. Ich habe zwar zwei gute Eisen im Feuer: den neuen Roman »Der Sohn des Staubes«, der schon ein Vierteljahr bei der Berl. Illus. liegt, der dort positiv beurteilt wird, ohne dass die Herren sich aber doch zu einem Vertragsabschluss entschließen könnten – und zum andern meine neuen Erinnerungen »Heute bei uns zu Haus«, die wieder für die »Dame« in Frage kommen, bei denen man aber die Befürchtung hat, dass sie vielleicht doch zu »privat« sein könnten. [...] – In der Gegend hier wimmelt es von russischen Gefangenen, die aber als absolut minderwertig angesehen werden, während die Franzosen ausgesprochen beliebt sind und auch meist recht tüchtig und geschickt bei der Arbeit. Soviel ich höre, fühlen sich die Russen gar nicht hochmütig, sondern sehr jammervoll. Unser guter Hotop hat uns da mancherlei erzählt. [...]

Alles Gute. Heil, Sieg und fette Beute!

Eure

[Rudolf]

Carwitz, am 17. Juli 1942.

Liebe Ibeth,

[...] Unser Haus ist jetzt, morgens um 7 Uhr 5, schon in lebhafter Bewegung, alles rüstet sich für eine Fahrt in die Blaubeeren. Allein ich mit meinem kranken Flunk (der sich gar nicht bessern will) und der Achim und ein pips-malades Haustöchterlein bleiben hier und hüten das Haus. Trotzdem eben ein erfrischender Regen niedergegangen ist – es regnet jetzt, nach dem dürren Frühjahr, so willig in Carwitz wie noch nie und holt (leider) das Versäumte von sechs Mona-

340

ten im siebenten nach –, also trotzdem es grade geregnet hat, wird diese Expedition doch durchgeführt, denn von der Völkerwanderung, die dieses Jahr in die Wälder zieht, macht man sich nur einen unzureichenden Begriff. Alles, was noch Beine hat, wandert, und trotzdem die Blaubeeren kaum reif geworden sind, sollen sie schon so durchgesucht sein, dass nur noch wenig zu finden ist. Dabei wird nur regimenterweise ausmarschiert, denn die Wälder sollen voll entflohener Russen stecken. Man liest jetzt häufig auch in den Gazetten von Förstermorden, die sind wohl wegen Waffen und Ausrüstung ein besonderes gefährdetes Objekt. [...]

Das bringt mich auf den alten Rowohlt, der ja wieder ein paar Tage hier war. Suse hat ihn auch noch später in Berlin gesehen, wo er immer bei Burlages wohnt. Der alte R. strotzte nur so von Gesundheit und Übermut. Mittlerweile hat er es sogar zum Hauptmann gebracht und sitzt unten auf der Südspitze Attikas, auf Kap Sunion bei einem Fliegerkorps. Da treibt er irgendwelche Propaganda bei den Arabern und andern Vorderasiaten, fühlt sich sauwohl – säuft viel und badet noch mehr. Wie gesagt, die reine Lebenslust bei seinen 55 Jahren (wahrscheinlich auch Dein Alter), ist körperlich und geistig völlig auf der Höhe und ist dabei über den Endausgang von einem Pessimismus beseelt, den nichts erschüttern kann. [...] *Eure*

[Rudolf]
Carwitz, am 17. Juli 1942.

Liebe Dete, lieber Fritz,

herzlichen Dank für Eure guten Wünsche zu meinem Geburtstag, der am Dienstag steigen wird. Ich kann Euch aber schon verraten, dass er erfreulich aussehn wird, sowohl was die Bücher, wie was die Schallplatten angeht, wird er gar nicht kriegsgemäß sein. Und auch für Mückchens morgigen Geburtstag hat sich noch so einiges eingefunden, wirklich gut ausgerüstet, dampft sie in etwa 14 Tagen nach Hermannswerder – wie uns das Gör mit seiner Frechheit und Lebensfreude fehlen wird! Vorläufig haben wir ja noch Uli hier, der grade in die Ferien gekommen ist, zum ersten Mal mit einem wirklich guten Zeugnis! […] Achim macht sich glänzend, er sprüht nur so von Lebenslust, er ist – als das Kind alternder Leute – der Ungebärdigste, Übermütigste, Dickköpfigste von unseren dreien! […]

So, meine liebe Dete, für heute muss es mal wieder genug sein. Ich muss nötigst an meine Bienen. Dass sie gelinde mit mir umgehen! Und das Leben mit Euch! Alles Gute

Eure

[Ibeth]

Celle, den 19. 7. 1942.

Lieber Rudolf, liebe Suse,

Ehe ich nun zu Mutti gehe, bei der ich mich heute weitgehend wegen blühendsten Schnupfens entschuldigt habe, soll doch noch der Geburtstagsbrief an Dich, lieber Rudolf, geschrieben werden; denn zu Sonstigem langt es dies Jahr nicht. […]

Also Mückchen schwimmt nun bald nach Hermannswerder ab? Ich kann sie mir noch gar nicht so groß vorstellen. An Hermannswerder habe ich ziemlich starke Erinnerungen; einmal sind wir vier da gewesen, als Tante Tietzes Schwager dort Pfarrer war; mir machten die Riesentrockenböden mit den Aufzügen für die Wäsche einen großen Eindruck. […] Damals stöhnte sie über die schlechte Beköstigung, zu einer Zeit, als wohl nur zu weit getriebene Sparsamkeit von Seiten der Stiftung Grund war. (1911?) Aber gefallen hat es mir immer dort. Möge Mückchen sich dort so wohl fühlen wie Uli jetzt in Templin, aber ohne die schwere Eingewöhnungszeit. Wie schön, dass Uli so fein vorwärtskommt! Wir gratulieren zum schönen Zeugnis.

Nun zur Forschungsgemeinschaft. Ja, die ist jetzt umorganisiert, und der neue Pharao weiß nichts von Josef, wie mir scheint. Sie haben uns angeboten, dass ich 3 RM die Stunde oder 180 bei täglich dreistündiger, 240 bei täglich vierstündiger Arbeit bekommen soll. Das ist natürlich augenblicklich unmöglich. Immerhin unterhandeln wir gerade mit ihnen, und vielleicht lässt sich eine Hilfe vom Arbeitsamt herausschlagen; dann ginge es ja. Dass ich es nicht sehr gerne tue, wisst Ihr ja. Vielleicht sieht es nach Ording auch anders aus. […]

Also nochmals alle guten Wünsche
und vielen vielen Dank! Eure alte Ibeth

[Rudolf]
Carwitz, am 22. Juli 1942.

Liebe Ibeth, lieber Heinz,

[…] Bei uns ist unterdes das Goldschiff aus Berlin eingetroffen, und so kann ich Euch den Scheck gleich beilegen. Ich wünsche Euch recht erholsame, gute Tage in Ording, hoffentlich klappt es mit den Bescheinigungen. Ich glaube nicht, dass das so heiß gegessen werden wird wie gekocht, hier am Ort – und wohl auch in Feldberg kaum – fragt kein Mensch nach solchen Bescheinigungen. Immerhin – wenn Ihr Pech haben solltet, bringe ich Euch Carwitz in empfehlende Erinnerung. […] Ibeth wird es schon so nie leicht haben! Die Gabe, sich zu wehren, ist ihr nur in geringem Maße verliehen. – Ich muss gestehen, ich ließe die Forschungsgemeinschaft 240 Eier zahlen und täte, was ich lustig wär, d. h. was nötig wär zu ausreichender Ernährung usw. Skrupel hätte ich keine, aber Ihr Armen … […]

Ist's bei Euch auch so bescheiden kalt?! Bei uns ja!

Macht's gut und vielen Dank *Eure*

[Adelheid]

{Köritz, den 31. 10. 42.

Liebes Onkelchen!

Ich fragte heute Frau C., wie man am besten Kerzen macht. Das Schönste ist eine Holzform, in ein Brett werden Löcher von der erwünschten Dicke und Länge gebohrt, und dann wird das Ganze halbiert, dass man die Kerzen rausnehmen kann. Falls Du so etwas nicht bekommst, kannst Du die beiliegenden Röhrchen nehmen. Man bindet den Docht an ein Streichholz (ich würde den Faden erst ein wenig steif machen mit Wachs, dass er gerade drinhängt), dann gießt man das flüssige Wachs, das schon so eben wieder steif wird, hinein. Nach dem Erkalten taucht man das Röhrchen kurz in heißes Wasser, dann kann man das Licht am Streichholz rausziehen. – Ich habe die zwei verschieden dicken Röhrchen eingepackt zur Auswahl. Leider kann ich nicht mehr entbehren. Wenn Du aber ein ganz klein wenig Wachs für Deine »Schwester« Adelheid überhast, dann würde ich mir gerne ein paar kleine Lichte selber machen, denn Ihr habt ja sowieso reichlich Eure Beschäftigung. In Eile und viel Glück beim Kerzenmachen!

Es grüßt Dich und alle andern

Deine Adelheid

Die Röhrchen bitte zurück.}

[Rudolf]
Carwitz, am 4. November 1942.

Liebe Adelheid, Du bist tüchtig, und Frau Condereit muss eine wirklich glänzende Hausfrau mit Erfahrung und Ideen sein. Das mit dem Brett leuchtete uns sofort ein, ich werde mir so ein Dings von unserm Stellmacher bauen lassen. Als Dank und Belohnung sende ich Dir ein bisserl Wachs in der Anlage, für Deinen Privatgebrauch. Dazu die Röhren, die nun nicht gebraucht werden. […]
   Alles Gute, mein gutes Kind, und behalte immer im Herzen die Ermahnungen Deines wachsenden Stiefgroßvaters
Immanuel Knickbei.

Dr. F. A. Bechert
Zittau, den 11.11.1942.
Bismarckallee 12

Lieber Rudolf!
   […] Ich sammle weiter eifrig Zigaretten für Dich. […] Wie steht es bei Dir mit Pfeifentabak? Ich kann vielleicht etwas markenfrei bekommen. Hast Du Verwendung dafür?
   Die Entwicklung der Dinge in Afrika gefällt mir nicht. Aber wir haben ja die feste Zuversicht, dass auch hier alles nach Wunsch geht, denn der Führer sagte uns ja mehrfach, dass man alle nur denkbaren Konstellationen erwogen und bei unseren Plänen berücksichtigt habe, also natürlich doch auch, dass Amerika als unser alter Feind aus dem Weltkrieg sich auch jetzt auf die Seite unserer Gegner stellen würde. Da können wir ja völlig ohne Sorgen sein!
   Nun, ich denke, bis Weihnachten wird noch manches sich ereignen. […]
Dein
Fritz

[Rudolf]

Carwitz, am 5. Dezember 1942.

Liebe Ibeth, lieber Heinz, […] Ich lege wieder einmal ein paar neue Fallada-Ausgaben bei, die Ihr beliebig verwerten wollt, und dann, für unsern guten Heinz, ein Kistchen Zigarren zum Weihnachtsfest. Lieber Heinz, es sind Friedenszigarren, die ich noch immer für Dich gegen alle Attacken verteidigt habe, sogar Rowohlt bekam keine, weil ich immer an Dich und Dein Fest dachte. […] Ich selbst werde leider immer menschenscheuer und ungenießbarer, ich glaube, die Depression, in der ich schon lange lebe, eilt ihrem Höhepunkt zu, und ich werde mich über kurz oder lang wohl wieder einmal von meiner Familie trennen müssen. Für das Weihnachtsfest, überhaupt die ganzen Ferien mit den Kindern möchte ich noch gerne hier sein. Aber ob die Nerven so lange durchhalten. Schlaf ist minimal, einfach ekelhaft …
[…] Herzliche Grüße, tausend Dank *Euer*

[Ibeth]

Celle, den 9. 12. 1942

Lieber Rudolf, liebe Suse,

In der letzten Woche habe ich ja nun ordentlich Kräfte gesammelt – sieben ganze Tage hintereinander schwelgen, das ist schon außergewöhnlich! Das Tier war wohl ein belgischer Riesenriese? Jedenfalls tausend, tausend Dank! Die sonstige Wochenration steckte als Rehgulasch in zwei Dosen, und eine Erbsensuppe mit Rehbein hats auch noch gegeben am 8. Tag. Dazu abends nochmal als Extraeinlage für mich den Karnickelkopf – Kinder, Kinder, wie soll ich mich nachher an die mageren Jahre gewöhnen??? Im Ernst, es war einfach großartig! Und alles so ohne Mühe (so fein schon zurechtgemacht), auch das hat mir sehr gutgetan. Ich brauchte nur für das Gemüse zu sorgen (mit Schwarzwurzeln war das Frikassee sehr genießbar). Also, Euch müssen die Ohren geklungen haben. […]

Herzlichst Eure
Ibeth

Rudolf Ditzen

Carwitz, am 14. Dezember 1942.

Liebe Ibeth, lieber Heinz,

herzlichen Dank für Euern Brief. Eure Freude über das Karnutsch war ja rührend. Nein, es war kein belgischer Riese, die werden noch doppelt so schwer, aber für eine Mischrasse sind unsere auch ganz nett. Leider sind jetzt unsere Bestände so gelichtet, dass so bald an eine Wiederholung dieser schönen Sendungen nicht mehr gedacht werden kann. Nun muss es erst Frühjahr werden, und die Tiere müssen wieder kalben. Und wieder wachsen, fett werden, also: über's Jahr, über's Jahr, wenn man Träubele schneid't … Übrigens ist es erstaunlich, wie in diesem Jahre die einfache Viehzählung am 3. Dezember die Gemüter erregt und die stärksten Folgen nach sich gezogen hat … Alles hat aus Angst vor Ablieferung Geflügel und Karnickel abgeschlachtet, auf Deubel komm raus! Sehr gelichtete Bestände grüßten die Zähler … […]

Von [Lumperei und Gemeinheit] haben wir leider in letzter Zeit ein vollgemessenes Teil gehabt, so dass ich sogar recht down bin, aber auch Suse ist sehr deprimiert. Wir erwägen sogar den Gedanken, noch im Kriege Carwitz zu verkaufen und uns irgendwo in einer Stadt ganz klein und unerkannt zu behelfen, so über sind uns diese ständigen Anfeindungen … Mit Not und Mühe habe ich nun einen alten Polen vom Arbeitsamt ergattert, mit Zustimmung der Kreisbauernschaft, wie lange ich ihn behalte, steht auf einem andern Blatt, denn es wird ja sofort wieder Anzeigen geben … Übrigens ist dieser Herr, den eine unserer Haustöchter nicht schlecht wegen seines Aussehens Stalin getauft hat, recht schwierig in der Arbeit, er versteht nämlich nicht ein Wort Deutsch oder tut wenigstens so, was mir wahrscheinlicher scheint, und ich kann ja nun nicht den ganzen Tag bei ihm stehen und ihn anleiten … Mein Schlaf ist noch immer oberfaul, und meine Stimmung meistens unter null, aber morgen kommt erst einmal Uli in die Ferien, übermorgen die Mücke, da wird es schon heller werden … Ich nehme mich wenigstens zusammen, so gut ich nur kann, und habe diese scheußlichen Erregungszustände vorläufig noch vermieden – unberufen toi toi toi +++! Ich hoffe immer noch, ich krabbele mich wieder hoch … […]

Und nun wünschen wir Euch noch, mitsamt Eurer Adelheid, ein recht gutes Fest. Lasst es Euch gut gehen, meine Lieben!

Immer *Eure*

[Adelheid]

{Köritz, den 16. Dez. 42.

Lieber Onkel Rudolf!

Ich muss mal wieder meinem Herzen Luft machen, aber zuerst will ich mich doch für den Brief bedanken, den ich heute bekam, ich freue mich immer sehr, wenn ein Brief aus Carwitz kommt! – Also, heute Abend fragte mich der Chef, der gerade aus Ostfriesland zurückgekommen war, ob ich aus Kiel Nachricht hätte. Und dann sagte er sehr bestimmt, es klang fast unfreundlich, dass er mich nicht eher gehen ließe, ehe ich nicht Ersatz geschaffen hätte, er könnte mich nicht einfach gehen lassen. Da war's natürlich mal wieder aus mit meiner Fassung. […] ich heulte und sagte dann sehr schüchtern guten Abend und bin rausgegangen. Und wenn Du's Dir richtig überlegst, keinem andern Tierzuchtamt im Deutschen Reich ist eine Sonderkontrollstelle wie meine angegliedert, da geht's auch ohne. […] Aber andererseits sind meiner persönlichen, ganz unmaßgeblichen Meinung nach eine Menge meiner Untersuchungen völlig nutzlos, da sich die Bauern das Ergebnis mal ansehen, dann aber achtlos beiseitelegen. So ist es immer gewesen und wird's auch bleiben. Mein Idealismus in diesen Dingen, auf Vorposten stehen usw., hat sich lange gelegt. […] Ja und nun sehen mich die Bauklötzer für den Christoph mahnend an, die sollen an den Kanten noch glatt gemacht werden, sonst werden sie nicht mehr fertig zum Fest. […]

Und nun, trotz allem, wünsche ich Dir und allen lieben Carwitzern ein recht frohes gesundes Weihnachtsfest!

Es grüßt Dich recht herzlich

Deine Adelheid

Es ist doch schön, dass ich Dir immer so mal mein Herz ausschütten kann, dann kriegen's die Eltern nur halb so schlimm zu hören, denn ganz kann ich das Maul doch nicht halten. Aber nun ist mir schon wieder wohler, ich lasse jetzt die Klötzer Klötzer sein und gehe ins Bett, sonst finde ich morgen keine einzige Streptokokke raus. […]}

[Heinz und Ibeth]

Celle, den 17. Dezember 1942.

Lieber Rudolf, liebe Suse!

Vorgestern kam Euer Paket. Da man nie wissen kann, welche Folgen ein erst am 24. Auspacken haben kann, so haben wir uns sofort an die diversen gordischen Knoten gemacht und mit Begeisterung den Inhalt beschnuppert. Ich bin erschüttert und danke Dir, lieber Rudolf, sehr, sehr herzlich für das vielversprechende Kistchen, das ich nun aber wirklich mir erst nur von außen angesehen, nein, angestaunt habe. Dann habe ich es vorschriftsmäßig kühl gelagert! Es ist einfach rührend von Dir, diesen Juwel so lange für mich reserviert zu haben. Sei überzeugt, es kommt an die richtige Adresse: es ist wieder so ein Stimulans für schwierige Arbeitsstunden – und Dir ist ein Plätzchen im Himmel sicher für diese Spende, die ich als Dokument besonderer persönlicher Sympathie buche! Das wird ein Hochgenuss nach all dem namenlosen Scheiß, den man jetzt mit Todesverachtung raucht. Du siehst, dass ich zu diesem Dankesbrief auch mein bestes Briefpapier genommen habe, das ich nur für ganz prominente Zwecke mir noch reserviert habe! […]

Die täglichen Schweinereien von Carwitz erfüllen uns mit reger Anteilnahme – aber glaubt Ihr im Ernst, dass es anderswo besser sein würde? Ich mache da ein skeptisches Fragezeichen. Das ist immer nur im Anfang. […]

Also alle guten Wünsche zum Fest – und weit darüber hinaus – – bis zum Frieden!

Herzlichst

Heinz und Ibeth

[Rudolf]

Carwitz, am 18. Dezember 1942.

Liebes Adelheidchen,

das ist recht, dass Du Dein Herz ein bisschen bei den Carwitzern ausgeschüttet hast, und wir wollen denn auch so gut wie nur möglich versuchen, Dich ein wenig zu trösten. Sicher ist ja, dass Du vorläufig noch ein sehr weicher Mensch bist, das hat seine Vorteile, aber in einer Lage wie der bei Deinem Chef ist das natürlich sehr nachteilig. Manchmal ist es schon ganz gut, sich etwas zur Wehr zu setzen, und ich möchte den Chef sehen, der mich nicht innerhalb vierzehn Tagen vor die Tür setzte, wenn ich es wollte! Immerhin bin ich beinahe der Ansicht, dass so ein kleines Heulerchen und ein stummer Abgang auch ihre Wirkung tun, zumal bei einem so launischen Herrn wie dem Deinen! Das wirkt dann noch, und wenn das Barometer dann wieder anders steht, musst Du ein bisschen klug sein und sehen, ihm etwas Definitives abzulisten. Mit Verstandesgründen ist überhaupt wenig zu machen. Ob Dein Posten notwendig ist oder nicht, ob die Bauern die Ergebnisse brauchen oder nicht, das tut nichts zur Sache. Herr Condereit ist an Dich gewöhnt, und ehrlich gesagt, er ist doch trotz allem immer ein sehr netter Chef zu Dir gewesen, hat Dir erstaunlich viel Freiheit gelassen, war immer großzügig mit Urlaub usw. Und da er nun einmal an Dich gewöhnt ist, scheut er als Stimmungsmensch jede Änderung … […]

Ich, liebe Adelheid, würde auf die Zeit hoffen. Und ich würde ein bisschen weltklug sein. Dir geht's nicht gut, Du bist trübe gestimmt – nun, lass es ihn merken. Beileibe nicht muckschen oder schmollen, das wäre das Falscheste, was Du tun kannst. Aber so ein bisschen tränenbetaut wie eine Marlitt'sche Heldin, etwas Schmachtendes, verstehst Du Deinen schurkischen Onkel? Steter Tropfen höhlt den Stein – wenige Männer sind solchen Dingen gewachsen. […]

Die beiden Kinder sind hier in den Ferien, beide unbändig vergnügt, und Achim hat eine kleine Erkältung mal wieder überwunden und tobt mit den beiden nach Leibeskräften … Wobei ich immerhin diesen Brief getippt habe. In der Küche werden Makronen aus Haselnüssen gebacken, Mummi schickt sich zu einem Wege zu unserm Dorfkönig an, um die Karten für die Kinder zu holen – das Leben läuft also seinen alten Gang, alles wie immer … Und doch wird es eines Tages anders sein, alles anders … […]

Herzlichst *Deine*

[Rudolf]

Carwitz, am 19. Dezember 1942.

Liebe Ibeth, lieber Heinz, ich habe Euch zwar in letzter Zeit (Adelheid eingerechnet) reichlich viel geschrieben, aber ich möchte Euch doch danken für den heute hier eingegangenen Brief Heinzens, der in so großer Form mit bestem Briefpapier (und viel Zeit) mir für sein-mein Weihnachtsgeschenk dankt. Liebe, das Schenken an sich ist keine große Kunst, ich finde immer, dass Sich-nett-Bedanken ist eine viel größere Kunst. Ich habe da in der letzten Zeit gradezu rührende Zeichen von Freude erlebt. Und so freue ich mich auch ganz besonders, dem alten Heinz, der wirklich nicht zu viel mit Freuden gesegnet ist, eine Freude gemacht zu haben. […]

So, meine Lieben, für heute muss es erst einmal wieder genug sein. Ich will noch ein bisschen Korrektur lesen und dann einen jener verhassten Gänge ins Dorf antreten und um Stroh betteln, wohlgemerkt auf Bezugschein oder vielmehr Bedarfdeckungsschein, wie das so viel schöner und länger heißt, aber auch dann muss man betteln … Wie mich das ankotzt, alles!

[…] Macht es gut, meine Lieben,

immer *Euer*

[Heinz]

Celle, den 15. Januar 1943.

Lieber Rudolf!

Vor einer Stunde brannte ich mir eine Deiner bildschönen

Weihnachtshavannas an: um einen Fehler zu suchen in einer in mehrtägiger Arbeit sauber gerechneten Kurvensache – und siehe da, schon hatte ich ihn! Leider war die allererste Spalte der Rechnerei aus der falschen Unterlagenkiste entnommen ... reiner Nervositätsfehler im Eifer des Gefechts. [...] Mich hat der Neid gefressen, als ich Dein herrliches Kapitel über Falladas »Arbeit« las. Totale Konzentration auf die Arbeit und auf nichts anderes – das schafft! Man muss in Trance arbeiten können, das ist auch mein Ideal und das mir eigentlich adäquate System. [...]

Die Grippe haben wir so ungefähr überstanden, nur das kleine Lieschen hat wieder etwas Rheuma im linken Hüftgelenk [...]. Frauchen trug sich seit 14 Tagen schon mit einem Briefe an Dich, indessen langte bisher das Benzin immer nicht – es wurden nur Patiencen (mit Lektüre, anders gibts das nicht – und selbstverständlich noch Radiomusik dazu ...). Es war für uns ein Glück, dass Adelheid uns bekochte, aber das arme Schwein ist dabei doch mit ihrer eigenen Erholung etwas zu kurz gekommen. [...]

Heinz

[Rudolf]
Carwitz, am 21. Januar 1943.

Liebe Ibeth, lieber Heinz, [...] Ich bin eben aus Berlin zurückgekehrt, mit einem sehr erfreulichen dicken Auftrag, diesmal der »Woche«, in der Tasche, und nach meiner Ankunft habe ich mich sofort an die Arbeit gemacht, die mich sogar noch freut. [...] Gebe der Himmel, dass mir das Glück nur einigermaßen bei diesem Roman lächelt, dass ich ihn einigermaßen freien Kopfes und freien Herzens zu Ende führen kann! Außerdem hat E. O. Plauen drei Karikaturen von mir gemacht, von denen die eine wirklich ausgezeichnet geworden ist und wohl, wenn der Verlag meiner Ansicht ist, auf den Buchdeckel von »Heute bei uns zu Haus« kommen wird. Im Ganzen waren es ebenso angenehme wie anstrengende Tage in Berlin, es war erstaunlich, wie viel es noch zu saufen gab, ich bin eigentlich jeden Abend zugedeckt ins Bett gestiegen, und die ersten abstinenten Tage hier fielen mir recht schwer. [...] Also, meine Lieben, macht es gut. Und schreibt nur, wenn Ihr Lust habt! Herzlichst Eure

[Rudolf]

Carwitz, am 24. Januar 1943.

Liebe Dete, lieber Fritz, ich sitze in einer neuen und natürlich eiligen Roman-Arbeit (für die Woche), die ich mir aus Berlin mitgebracht habe. Eigentlich habe ich gar keine Zeit zum Briefeschreiben. Aber die Sorgen um unsere diesjährige Sämereienversorgung irritieren mich. Ihr werdet von der Neuregelung gehört haben, nach der ... aber ich kann ja keine zehn Seiten schreiben. Jedenfalls sollen wir kleinen Leute in diesem Jahre nicht bekommen: Zwiebel-, Tomaten-, alle Kohlarten-, Porree- und Selleriesamen. Wenn Euch da was möglich ist, gleich welcher Sorte und Menge, man wird es schon auspflanzen und aussäen, dann tut, was Ihr könnt. Wir werden uns in naturalitas revanchieren. [...]

Herzlichst *Eure*

[Rudolf]

Carwitz, am 15. Februar 1943.

Liebe Dete, lieber Fritz,
   ich bin grade aus dem Sanatorium zurück, wo es nicht sehr hübsch war, noch ein bisschen klapprig und vor allem mit

meinen Augen noch gar nicht zurechtkommend, aber ich möchte Euch doch gleich schreiben [...]. Wir freuen uns, dass es Euch allen wenigstens einigermaßen geht, Ihr werdet wie wir hauptsächlich mit der Jugend leben, das hilft über so vieles fort. Wenn man wie ich jetzt einige Zeit in Berlin gelebt hat, so kommt man immer mehr unter einen schweren Druck, die Leute scheinen so hoffnungslos ... Dann lieber hier in der Stille sitzen, gar nichts hören und seine Arbeit tun. [...] An sich sollte Suse auch zum 18. in Celle sein, mein früheres Zurückkommen aus dem Sanatorium, meine Pflegebedürftigkeit und der Wunsch der Ärzte, mich jetzt nicht allein zu lassen, haben ihr diese Reise leider unmöglich gemacht. Sie wäre sehr froh gewesen, Dete einmal wiederzusehen, die sie ja nun schon einige Jahre nicht mehr getroffen hat. [...] – Wir wünschen es Ilse so sehr, dass ihr das neue Gesetz über den Arbeits-Einsatz nicht störend in die Arbeit fährt, an sich ist sie doch noch in der Ausbildung, und man müsste auf sie Rücksicht nehmen. [...] Was mich betrifft, so bin ich theoretisch auch dran, praktisch glaube ich kaum, dass man mich holen wird. Aber bei der Einstellung der hiesigen lokalen Behörden zu mir kann man nie wissen ... Jedenfalls bin ich jetzt erst einmal bis in den Herbst für den Scherl-Verlag (Woche) beschäftigt, und da die Woche als kriegswichtige Zeitschrift bestehen bleibt, wird man mich wohl auch weiter bis dahin toben lassen. Und wie wird es im Herbst aussehen? Kein Mensch kann sich eine Vorstellung davon machen ... [...] Herzliche Grüße, von Suse auch

[Rudolf]

Carwitz, am 17. Februar 1943.

Liebe Ibeth, lieber Heinz, im Zuge der Entleerung meiner Briefmappen bin ich jetzt auch auf Euer letztes, etwas stärkeres Schreiben gestoßen – eigentlich wollte ich optimistischer schreiben. Aber von Optimismus kann ja wohl kaum die Rede sein, ich habe mir von jeher einen gesunden Pessimismus gelobt, er ist viel widerstandsfähiger als der rosenroteste Optimismus, Gefahren, die man sich einbildet, sind immer schlimmer als die der Wirklichkeit. Und was heißt hier überhaupt Pessimismus?! Ich bin ein paar Wochen in Berlin gewesen, und ich kann nur sagen, dass ich in Pessimismus ein reiner Waisenknabe und Anfänger bin! Was die sich leisten! Es ist zum pessimistisch werden, und dieses, dazu aber der wirklich unerhörte Fraß haben entscheidend mein Gesundwerden beschleunigt. Nun bin ich wieder unter Suses Obhut und Kochlöffel, und es bekommt mir, danke schön, ja. [...] Erst einmal arbeite ich meine Briefmappen leer, dann will ich mich so schnell wie möglich auf den neuen, leider unterbrochenen Roman stürzen! Leider kann ich den vorgesehenen Ablieferungstermin nicht innehalten, aber man wird ja wohl Geduld mit mir haben. Hoffentlich stirbt die »Woche«, für die dieser Roman ja bestimmt ist, bis dahin nicht auch wie jetzt so viele Zeitschriften. Dame und Silberspiegel atmen im März ihr Leben aus. [...] Aber ich habe etwas vorgebaut, bis in den Herbst hinein bin ich erst einmal für Scherl beschäftigt, vertraglich, und schon liegt in meiner Briefmappe eine Anfrage meines lieben Emil Jannings, ob ich ev. frei sei ... Auch eine andere Filmgesellschaft, die Prag-Film, hat Vorschläge. Ihr seht, an Arbeit kein Mangel – aber es ist nicht ganz leicht, unbefangen zu arbeiten, mit diesem Blick nach dem Osten. [...] Herzlichst Euer

Dr. F. A. Bechert

Zittau, den 21. Februar 1943
Bismarckallee 12

Lieber Rudolf!

Hurra, es ist geglückt! Ich habe eine ganze Sammlung Sämereien für den Garten oder das Land. Tomaten kannst Du für ein ganzes Regiment anbauen. Auch Kohl kannst Du in unglaublichen Mengen verzapfen. Porree und Zwiebeln, wenn Letztere auch nur in geringerem Umfange, als ich bestellt hatte. Aber ich denke, es ist doch allerhand, was daraus wachsen kann. […]

Viele herzliche Grüße an Dich und Suse. Hoffentlich hält die Wirkung Deiner letzten Erholung etwas an! Man kann ja jetzt eine Portion Gesundheit gebrauchen, wo wir nun endlich den längst versprochenen herrlichen Zeiten entgegengeführt worden sind.

Dein
Fritz

[Ibeth]

Celle, den 11. 3. 1943.

Liebe Suse,

[…] Dieser Winter war im Ganzen für uns doch leichter, es gibt noch immer Gemüse, wenn es sich natürlich auch auf Kohlrüben, Möhren, Rot- und Weißkohl und Rote Beete beschränkt. Immerhin ist das doch üppig gegen voriges Jahr! Allerdings spüre ich jetzt den Mangel an Fett. Wenn ich nicht jetzt ein altes Stück Palmin noch aus Friedenszeiten (um das ich in den letzten Jahren immer herumgegangen bin, weil ich es für mich nicht mehr genießbar hielt und höchstens als Paraffin zu verwerten gedachte), also wenn ich das nicht noch gehabt hätte, dann wärs sehr schwierig geworden. Es war aber wider Erwarten noch tadellos, und so habe ich ein bisschen Butter, d. h. ein Viertelpfund, auf die hohe Kante legen können. Und Heinz ist über seinen Tiefpunkt mit 52 kg [Randbemerkung von Heinz:] {51!} auch wieder heraus. Ich bin ganz stolz, dass er schon wieder 55 wiegt. Allerdings sagte unsere frühere Aufwartung neulich noch, er sähe »verboten« aus. […]

Detes Besuch hier war sehr nett, nur viel zu kurz. Man muss sich doch sozusagen erst verständigen über den augenblicklichen »Standpunkt«, über alles, was man inzwischen erlebt hat, und ehe man damit auch nur einigermaßen fertig ist, ist sie schon wieder weg. Wenigstens habe ich bei Dete immer das Empfinden, dass man sich doch auseinandergelebt hat. Sie nimmt ihr Leben für so absolut selbstverständlich, dass man sich erst verständigen muss, worüber man redet; ich weiß nicht, ob ich mich verständlich ausdrücke. […]

Eure

Ibeth

[Rudolf]

Carwitz, am 22. März 1943.

Liebe Ibeth, lieber Heinz,

im Namen meiner Suse soll ich Euch ihren besten Dank für die guten Wünsche zu ihrem Geburtstag sagen. Dass dieser Dank verspätet kommt, werdet Ihr verzeihen […]. – Ich diktiere dabei immer feste an dem neuen Roman, der Ende dieser Woche unter Dach sein wird. Er scheint meinen beiden ersten Leserinnen, Suse und der Sekretärin, besonders gelungen. Mir übrigens auch. Manchmal hat man eben doch noch seine guten Stunden, trotzdem die Zeit heiterer und ruhiger Arbeit ja nicht grade günstig ist (wovon Heinz am ehesten ein Lied singen kann). […] – Wir freuen uns, dass es Euch ernährungsmäßig etwas besser als im vorigen Winter geht, ich fürchte, ich würde ein Grauen bei Euerm Essen kriegen. Die vierzehn Tage in Berlin haben mir in dieser Hinsicht völlig gereicht. Über die Kriegslage sagt man lieber gar nichts und denkt auch nicht zu viel darüber nach, das muss eben ertragen und durchwartet werden. […] viele gute Wünsche für Arbeit und Befinden Eurer

[Rudolf]

Carwitz, am 23. März 1943.

Liebe Dete,

[…] In diesem Monat rauche ich mal wieder – unter Verleugnung all meiner guten Vorsätze – viel zu viel, da ist jeder Zuschuss doppelt willkommen. Ich arbeite aber auch ganz tüchtig, augenblicklich bin ich beim Diktat meines neuen Romans, mit dem ich noch in dieser Woche fertig werde. Er ist zum Vorabdruck in der »Woche« bestimmt und heißt vorläufig »Der Jungherr von Strammin«. […] Leider muss ich Mitte Mai für 2 bis 4 Wochen im Auftrag des Reichsarbeitsdienstes nach Frankreich, wahrscheinlich in den Süden, um die dortigen Arbeiten zu besichtigen und ev. darüber zu schreiben. Einer dieser Aufträge, denen man sich kaum noch entziehen kann. […]

Also Euch beiden alles Gute und nochmals vielen Dank

Eure

[Dete]

Lieber Rudolf, liebe Suse,

Mutti schreibt von dem Plan, den Ihr ihr entworfen habt wegen ihrer Zukunft. Sie denkt sich nun immer mehr hinein in den Gedanken, dass sie einmal bei Euch landen wird. Da möchte ich Euch doch ganz schnell meine Freude darüber aussprechen, dass Ihr Euch bereit erklärt habt und ihr dadurch eine große Ruhe gegeben habt. Selbstverständlich haben wir auch geschrieben, dass unser Haus ihr offen steht, und dass wir weniger Platz hätten, das ist bestimmt nicht der Fall, denn was Ihr grade aufgeben würdet, was den Platz anbetrifft, das weiß ich schon zu würdigen. Aber Mutti freut sich direkt ein klein wenig schon, sie kann dann nochmal ins Freie, meint sie, da Ihr ihr ein Zimmer zu ebener Erde einräumen wollt – sie kann sich an den Kindern, an Blumen und Tieren freuen. Für Muttis Leben wäre das ein ganz unvorstellbarer Aufschwung, und darum wollte ich Euch besonders danken. [...]

Recht herzliche Grüße Euch allen!

Dete

[Rudolf]

Carwitz, am 7. Mai 1943.

Liebe Dete, vorerst einen herzlichen, aber verspäteten Glückwunsch von uns zu Deinem Geburtstag. [...] – Herzlichen Dank auch für Deinen ungewohnt langen Brief. Ja, mit Mutti – versteh uns recht, wir nehmen sie gerne hierher, wenn es dort nicht anders mehr geht, aber nur dann. Es ist sehr gefährlich, so alte Leute in eine ganz neue Umwelt zu verpflanzen, wir haben das grade bei meiner Schwiegermutter erlebt, die erst in ein Heim, dann leider in eine Anstalt gekommen ist. Mutti hätte wenig Anregung durch Besuch, weil wir doch fast keinen Verkehr haben (und wenn, dann nicht den für Mutti geeigneten), Achim und Geflügel sind auf die Dauer auch nicht ausgiebig genug, und was mich angeht, so bin ich doch ein recht ungeduldiger Mensch und würde mir Muttis lange Geschichten nicht zum zweiten Mal anhören. […] Sicher ist, dass Mutti nicht noch einmal wieder in diesen Verlassenheitszustand kommen darf. Dann sind wir zu allem bereit. Aber vorher – nein, nur nicht. […] Mückchen fühlt sich in Hermannswerder recht wohl, sie wird dort besser beköstigt als Uli in Templin. Uli brachte es auf seinem letzten Urlaub hier aber auch immerhin auf 101 Pfund. Seitdem müssen wir Brot sparen.   Herzlichst *Euer*

[Rudolf]

Carwitz, am 11. Mai 1943.

Liebe Ibeth, lieber Heinz, herzlichen Dank für Euern Brief. Ihr verzeiht mir, wenn ich ihn nur in aller Eile und Kürze beantworte, denn ich sitze mitten in den Vorbereitungen zu meiner Frankreichreise, habe noch Manuskript fertig zu machen, tausenderlei Dinge zu erledigen, damit Suse einigermaßen freie Trift hat, und hetze mich von früh bis spät. […] Über das Kapitel Mutti möchte ich so wenig wie möglich sagen. […] Nun kennt Ihr ja auch hier unsere Verhältnisse, es wäre sehr schwierig, Suse müsste auf ihr Zimmer verzichten und in das kleine Kinderzimmer neben dem Klo ziehen. Und ich bin sehr schwierig und nicht sehr geduldig. Mutti wäre fast immer allein, in diesem Haus hat für Gedröhne keiner Zeit und soll sie auch nicht haben. Wir wollen das alles ertragen, wir wollen das sogar gerne tun, aber nur, wenn es nicht anders geht. Immer steigend scheint sich aber in Celle eine Begeisterung für C. Platz zu machen, die sehr gefährlich ist. Dete verstieg sich in ihrem letzten Brief dazu, Muttis Aufenthalt in C. als Krönung ihres Lebensabends zu bezeichnen! Was für ein Quatsch! [...]

Seid nicht bös, wenn es heute nicht mehr wird! Herzliche Grüße *Euer*

[Rudolf]

Carwitz, am 15. Juli 1943.

Liebe Ibeth, Suse und ich, wir sagen Dir zum kommenden Ehrentage unsere allerbesten Wünsche. Möge – aber hier stocke ich, man soll nur nicht so viel wünschen in diesen Zeiten. Also, machen wir es kurz, liebe Ibeth, möge der beiliegende Scheck dazu dienen, Euch eine Freude zu machen, sei es nun ein Ferienaufenthalt in dem geliebten und altgewohnten Ording (was wir am liebsten hören würden), sei es für Bücher für Vater und Mutter, sei es, für was es sei ... Dass wir Dir gute Tage wünschen, das weißt Du, dass wir Euch immer uns verbunden wissen, das weißt Du auch. Wozu also viel reden?

Es ist sehr still geworden in der letzten Zeit zwischen uns. Wir denken uns, dass Du all Deine Kraft wie so viele Menschen heute für Dein tägliches Leben brauchst, so dass wenig Neigung für alles Sonstige bleibt. Auch das schadet nichts. Wir wissen, wer der andere ist, dass wir zueinander gehören und dass wir bei jedem Wiedersehen miteinander sprechen können, als sei nie eine Trennung gewesen. [...] Außerdem ist auch bei uns alles sehr schwierig geworden, seit wir diese Rheinländer hier haben, die Platzfrage sehr diffizil, das Leben stark gestört. Diese Damen aus dem Arbeiterstande wünschen nur Bedienung, Mitbetätigung beabsichtigen sie nicht. Sie gehen so weit zu behaupten, man habe ihnen gesagt, sie seien hier Gäste des Führers und hätten nichts zu tun. Nun, diese Perle habe ich ihnen bereits aus der Krone gepflückt, aber unangenehm bleibt alles doch. Hoffentlich fahren sie bald wieder, sie haben sehr die Absicht. […]

Eure, Deine Dich grüßenden

[Rudolf]

Carwitz, am 26. Juli 1943.

Liebe Ibeth, lieber Heinz, meinen herzlichsten Dank für Eure guten Wünsche zu meinem 50. Geburtstag. Auch über den »Pegasus auf Reisen« habe ich mich sehr gefreut. Zufällig hatte ich das Buch grade eine Woche zuvor bei dem uns befreundeten Zeichner Plauen in den Händen, der empfahl mir so dringend seine Lektüre, es gebe kein tolleres Kabinett der lächerlichsten Künstlereitelkeiten und Selbst-Beweihräucherungen! Es schien mir aber aussichtslos, es noch zu bekommen. Und nun habe ich es – der Ibeth sei Dank! […]

Sicher sind Deine Kümmernisse mit den lieben Kollegen nicht in einen Topf mit meinen derartigen Erfahrungen zu werfen. Ich möchte nur hoffen, dass Du Dir, lieber Heinz, zu allem Kummer, der Dich schon so plagt, nicht auch darüber zu viel Beschwernisse machst! In diesen Tagen, da alles wankt … (Grade habe ich im Radio vom Rücktritt Mussolinis gehört, und eben verweigert mir das Postamt eine telefonische Verbindung mit Hamburg. Suse zittert um ihre Verwandten dort, meiner Schwägerin haben wir die Nachricht von dem schweren Bombenangriff noch vorenthalten können.)

[…] Ich glaube nicht, dass die Zeiten sehr bald leichter werden, aber ich glaube, dass die sehr harten Zeiten nicht mehr lange dauern werden. Herzliche Grüße von Suse und mir

Euer

[Rudolf]

Carwitz, am 31. Juli 1943.

Liebe Ibeth, lieber Heinz, wir sind in rechter Besorgnis über Euer Schicksal. Seit drei Tagen melde ich jeden Morgen ein dringendes Gespräch nach Celle zu Euch an, und nie kommt es! Celle liegt so verdammt nahe bei Hannover, überhaupt sehr im Gefahrengebiet. [...] – Meine Verwandten in Hamburg haben nach den letzten Nachrichten Schreckliches erlebt, wohnen nicht mehr in der Stadt, sondern in einem Hamburger Vorort, der mir allerdings auch nicht mehr Sicherheit zu bieten scheint. Sie werden wohl hierher zu mir kommen, da ich bereits drei Evakuierte im Hause habe, bin ich dann nur noch imstande, Mutti eine Heimstatt zu bieten. Auch Euch würde ich empfehlen, Euch schon jetzt nach Quartier umzuschauen [...]. Ich mache Euch darauf aufmerksam, dass auch die Berliner – ohne akuten Anlass – schon ihre Stadt verlassen und sich, wo es auch sei, einmieten. Kommt nicht zu spät, wartet nicht zu lange. Herzlichst
Euer

[Heinz und Ibeth]

Celle, den 2. August 1943.

Lieber Rudolf, liebe Suse!

Tausend Dank für Deine Zeilen. Elisabeth diktierte mir eben an Dich: »Lieber Rudolf, schönen Dank für Deinen Brief. Hier war bis jetzt alles bis auf sehr viele Alarme so ruhig, dass wir uns gar nicht klargemacht haben, dass man sich um uns Sorgen machen könnte. Wir sind resp. waren Raststelle für die Hamburger Flüchtlinge. Daher war hier viel Betrieb, auch Mutti hatte Einquartierung (alter Hamburger Schuhmacher). Wir werden uns überlegen, wo wir Quartier

machen können, glauben aber im Augenblicke nicht an eine direkte Bedrohung von Celle, obgleich man sicher sagen muss, dass wir auch noch drankommen können. Hertha Karbe wirkt seit Tagen fast ohne Schlaf am Bahnhof bei der Betreuung der Flüchtlinge. Erika Karbe ist am Freitag zum größten Teil per Rad aus Hamburg am Sonnabend hier angekommen, hat aber noch nichts Näheres erzählt, nur »Hamburg gibt es nicht mehr«. Das andere überlegen wir uns.«
Ibeth

[Rudolf]

Niemes/Sudetengau, am 5. August 1943
RAD-Abteilung 2/374.

Liebe Ibeth, lieber Heinz, ja, wir haben uns ziemliche Sorgen um Euch und um Mutti gemacht und waren froh, als wir endlich Euern Brief hier hatten. Suses Schwester mit Mann und der Käti, die im 6. Monat war, sind seit Montag vor einer Woche völlig verschwunden – und seitdem hat Hamburg 5 Fliegerangriffe gehabt! Wir hoffen noch immer, dass sie in der Stadt sind [...]. Nachrichten aus Hamburg selbst zu bekommen ist unmöglich, da die Stadt wegen Seuchengefahr zerniert ist. Ihr könnt Euch denken, mit welcher Sorge besonders Suse nach dort denkt, dass beide Schwestern ihr Heim völlig verloren haben, scheint nach Augenzeugenbericht gewiss. Es ist mir nicht ganz verständlich, dass Ihr nach diesen Vorgängen sagen könnt: Ihr haltet Celle nicht für bedroht. Was in Hamburg geschehen ist, kann bei Euch jeden Tag erfolgen. Ihr müsst fort. [...]
Alles Gute

Euer

[Adelheid]

Meine lieben Carwitzer!

[…] Ich bin Dir sehr dankbar, Onkel Rudolf, dass Du so an die Eltern geschrieben hast. Ich habe jetzt so viel um die Ohren seit dem Hamburger Angriff, dass ich kaum nach Hause schreiben konnte. Im Augenblick sitze ich neben dem Telefon und warte auf den Anruf der Bahn, wann der nächste Zug kommt, das nennt man denn Nachtdienst. Seit dem 26.7. haben wir ganz furchtbar viel zu tun auf dem Bahnhof, ich habe seitdem nur meine DRK-Tracht angehabt. Privatleben gibt's nicht mehr. Immer Turnier. In der ersten Woche war's am schlimmsten. Auch seelisch ist's nicht leicht zu ertragen. […] Und wie geht's den Hamburger Verwandten, sind sie alle noch am Leben? Die Schilderungen der Bombengeschädigten sind ja einfach gruslig. […]

Mit vielen Grüßen und guten Wünschen

Eure Adelheid}

RAD-Sonderführer Ditzen

Niemes/Sudetenland, am 11.8.1943.
Post Feldberg/Meckl.

Liebe Adelheid, schönen Dank für Deinen Brief. Ich kann es mir gut denken, dass Du viel um die Ohren hattest und hast. Wir sind mit schweren Sorgen losgefahren, denn wir hatten von Suses Hamburger Verwandten seit dem 2. Angriff gar keine Nachricht mehr, sie sind dann aber am Tage unserer Abfahrt – wir haben sie nicht mehr gesehen – in Carwitz eingetroffen. Sie haben ebenso wie Tante Tilly alles verloren, aber wir sind doch froh, dass sie noch ihr Leben haben. […]

Ja, mit Celle habe ich in letzter Zeit eifrig korrespondiert, und ich kann wohl sagen, es ist mit den Leuten dort ein Kreuz einschließlich, verzeih, mit Deinen guten Eltern. Aus irgendwelchen Gründen bilden sie sich ein, dass Celle nicht bedroht sei, nicht in Gefahr sei. Außerdem sehen sie immer tausend Schwierigkeiten, von denen 333 vielleicht vorhanden sind, aber überwunden werden müssen, wenn das Leben und zum Leben auch noch Hab und Gut gerettet werden soll. Es zeigt sich immer stärker, dass Dein Vater doch sehr weltfremd geworden ist, ich fürchte, er ist Auseinandersetzungen mit Behörden einfach nicht mehr gewachsen und wird Deiner Mutter eher noch Schwierigkeiten machen, statt sie zu unterstützen. Es ist schon ein Kreuz. […] Grüße

Deines

RAD-Sonderführer Ditzen

Niemes, am 13. August 1943.
Feldpostnr. 28 515

Liebe Hörigs, schönen Dank für Euern Brief. […]

Von Mutti hatten wir heute einen Brief, dass sie sich nun definitiv zur Übersiedlung nach uns entschlossen hat. Stützenmisere hat den Ausschlag gegeben. Ich weiß, was wir uns da aufladen, aber wir möchten doch, dass Mutti keinen gar zu schlimmen Lebensabend bekommt. (Von Suses Mutter haben wir keinerlei Nachrichten. Sie war aber schon bei den letzten Besuchen fast völlig umnachtet.) […] Ich halte Hertha, die ja an sich ständig mit den Behörden verhandeln muss, für die Geeignetste. Mutti muss natürlich vorher ein ärztliches und ein amtsärztliches Attest haben, sonst hat alles Reden keinen Zweck. Mit diesen Attesten und mit dem Zurverfügungstellen ihrer Wohnung, dem Freisetzen einer Arbeitskraft müsste zu operieren sein. Ich glaube nicht, dass man ihr ein Auto bewilligen wird, aber da kommt immer noch der Transport auf einer Bahre in Frage, das muss eben gehen. [...]

Herzliche Grüße
Eure

[Ibeth]

{15.8.43.

Lieber Rudolf,

Eben war ich auf der NSV; dort sagte man mir, dass die Evakuierung von Celle noch nicht anfinge und der Schein nicht gestempelt werden könne. Als ich eben anfing, den Fall darzulegen, tippte mir Hertha auf die Schulter, griff ein und trug den Zettel zum Chef, der den Fall kenne. Resultat: zuerst soll Carwitz stempeln, inzwischen besorgt sich Mutti das ärztliche Zeugnis. [...] Wir tun bestimmt, was wir können; Mutti graut es etwas vor dem großen Trubel, aber sonst ist sie einigermaßen gefasst, freut sich sogar etwas auf Euren Garten und auf Euch. Wir würden nach dem, was ich heute hörte, kaum die Erlaubnis bekommen, wegzugehen. Besonders da Heinz »Anführer« im Löschtrupp des Luftschutzstoßtrupps ist und ich Laienhelferin ebenda. Grotesk! [...]

Sehr in Eile, alles Gute wünschend,

Eure Ibeth}

[Rudolf]

Carwitz, am 19.10.1943.

Liebe Dete, wir danken Dir herzlich für Deinen Brief – Suse ist viel zu gehetzt und beschäftigt, um selbst antworten zu können. [...] – Die regierende Fürstin gewöhnt sich langsam, aber schwer ein. Es ist eben doch eine gewaltige Umstellung von einer Sechszimmerwohnung mit eigener Haushaltsführung bis zum kleinen übervollen Zimmerchen. Aber ich denke, es wird schon werden. […] Im Übrigen finden wir alle Mutti erstaunlich leistungsfähig. Sie macht täglich einen kleinen Spaziergang in Hof und Garten, man darf sie aber nur nicht daraufhin ansprechen, dann klagt sie, dass sie nicht zwei Stunden gehen könne, dass sie auch dies schon zu viel fände usw. […] Von Uli und Mücke haben wir gute Nachrichten. Uli hat noch immer keine Schule gehabt, sondern muss mit den andern auf großen Gütern Kartoffeln buddeln. Es macht ihm viel Spaß, da er dadurch um Griechisch und andere viel unangenehmere Dinge kommt. […] Wir grüßen Dich und die Deinen, vor allem den Fritz herzlich!

Deine

[Heinz]

Celle, den 6. Dezember 1943.

Lieber Rudolf, liebe Suse!

Man muss schon konstatieren, dass mit Mamas Umsiedelung (wenigstens auch dadurch) unser Briefwechsel etwas in Unordnung gekommen ist, was ich aber gern wieder in ein ordnungsgemäßes Gleis bringen möchte. […]

Frauchen hat in den letzten Wochen sich gar nicht auf der Höhe gefühlt, genauer: eine Erkältung löste die andere ab, sie ging natürlich immer wieder zu früh aus, und es war eine rechte Misere. Natürlich taten die recht reichlich bemessenen Kellersitzungen auch das ihre dazu. So immer hübsch 3 Stunden lang oder mehrmals am Tage – das macht Freude und ist der Arbeit sehr dienlich. Aber schließlich ist das alles ja zu ertragen, wenn es dabei friedlich abgeht. Wir wollen nicht meckern! – [...] Mehr kann ich nicht sagen. Doch, noch eines: vielen herzlichen Dank für Eure so außerordentlich freundliche Aufnahme unserer Tochter, die immer ganz begeistert von Euch beiden ist. –

Herzlichst
Heinz

[Ibeth]

Celle, den 8. 12. 1943.

Lieber Rudolf, liebe Suse,

Heinz hat ganz recht, und Ihr habt auch recht, ich muss mal an Euch schreiben. In Gedanken tue ich das oft, möchte Euch so allerlei erzählen und mir vom Herzen reden; aber meistens geht es einfach nicht. In dieser Zeit muss wirklich jeder, der es irgend kann, versuchen, mit sich selber allein fertig zu werden. [...] Wenn wir hier so bei Tisch zusammensitzen, der Heinz und ich, dann passiert es so oft, dass das Licht zuckt; und dann kucken wir beide uns schief an: Ob es wohl gleich heulen wird? Wir haben ja wahrhaftig nicht zu klagen, aber diese ewige Spannung reißt doch an den Nerven. Und man weiß eben nie ... Na, keine Angst, Rosmarie, es wird schon schiefgehen. [...]

In der Breitestraße, ein paar Häuser weiter, ist eingebrochen worden; ein Zuchthäusler, der dort gearbeitet hatte, ist in Wohnung und Luftschutzkeller des Staatsanwalts eingebrochen und hat sich verpflegt und neu eingekleidet ... Er ist noch nicht erwischt. Es sollen auch Engländer in Zivil abgesprungen sein.* Beim Angriff auf Hannover wurden solche Mengen von Fleischkarten abgeworfen (Reisemarken), dass alle Marken innerhalb eines Tages für ungültig erklärt wurden; glücklicherweise konnte man dann aufs Wirtschaftsamt gehen und sie sich abstempeln lassen. [...]

Vielleicht ist es doch sicherer, in diesem Briefe Euch allen ein gutes Fest zu wünschen – man wird bescheiden und wünscht Gesundheit und Ruhe. Wir halten Euch allen alle Daumen.

Eure alte
Ibeth

{*Einer von dreien gefangen.}

[Ibeth]

Celle, den 9. 1. 1944.

Lieber Rudolf, liebe Suse,

[…] Burlages Tod hat uns so leidgetan; bitte grüßt Frau Burlage vielmals von uns. Ich denke so oft an die Stunden, die wir im Jahre 40 in ihrem Hause verlebten; wer noch keine von den Verwüstungen gesehen hat, wie sie in Hamburg und Hannover und in Berlin sind, der kann sich ja gar nicht vorstellen, wie es jetzt dort aussehen mag. Dass das alles unwiederbringlich dahin ist und die Menschen tot – man versucht es zu lernen, aber man begreift es einfach nicht. Als Erika nach dem Angriff auf Hamburg hier ankam, meinte sie immer, das Gehirn weigere sich einfach, das neue Bild als endgültig hinzunehmen; die jahrzehntelange Gewöhnung stehe eben doch immer als die stärkere dahinter. […]

Die Wünsche fürs neue Jahr? Legion und doch nur: Gesundheit und Frieden …

Herzlichst Eure alte
dankbare
Ibeth

[Ibeth]

Lieber Rudolf,

Gerade habe ich von Mutti Deine Adresse bekommen und will Dir doch schleunigst mal ein Lebenszeichen geben. […] Hoffentlich ist nun die schlimmste Zeit überstanden. Du hast reichlich viel zu verdauen gehabt; leider wissen wir so gut wie gar nichts davon, denn die brieflichen Andeutungen sind eben nur Andeutungen, aus denen man nur mit großer Mühe sich ein Bild zu machen vermag. Dass wir immer mit teilnehmender Sorge an Euch alle gedacht haben, weißt Du. […]

Jetzt aber muss ich schließen. Wir wollen bei unserm Gemüsehändler eine Portion Rote-Beete-Salat (ohne!) organisieren. Und es wird bald dunkel. Hast Du irgendwelche Wünsche, die ich Dir erfüllen könnte? Dann schreibe bitte! Postkarte genügt, Du sollst Dich nicht zu etwas zwingen, was Du nicht kannst und magst.

Heinz grüßt mir mir.

Herzlichst Deine

Ibeth

Rudolf Ditzen – z. Z. Eisfeld/Thür. (15) – Oberend 35 bei Reich.

Am 2. März 1944.

Liebe Ibeth, lieber Heinz, lange habe ich Euch ohne eine direkte Nachricht von uns gelassen. […]

Ihr werdet es ja, vielleicht sogar durch mich noch, gehört haben, dass ich Anfang November meinen Verleger verlor, d. h. ich wurde zur Feier meiner 25-jährigen Zugehörigkeit zum Rowohlt-Verlag recht unsanft und unter erzwungenem

Verzicht auf alle meine Rechte vor die Tür gesetzt. […] Viele Kümmernisse resultieren aus dieser Trennung: bis heute, also nach reichlich 4 Monaten, habe ich noch nicht mit irgendeinem andern Verleger wieder abschließen können, ja, man macht einem solchen Abschluss deutlich Schwierigkeiten. Papier für meine neuen Bücher und für die Neuauflage der alten wird nicht bewilligt, so dass ich praktisch ohne Einnahmen dastehe. Und neuerdings scheint eine Tendenz vorzuherrschen, die mir jede schriftstellerische Tätigkeit untersagen will. […]

Die Wochen in Berlin werden wohl für immer zu den schwersten gehören, die ich bisher durchgemacht habe. Einen ganzen Berg ungelöster und kaum lösbarer Probleme in mir, dazu krank und schlaflos – und dann die Serie der Terrorangriffe, die das Schlimmste waren, was ich wohl erlebte. Noch heute, da ich in Thüringens Bergen in vergleichweiser Ruhe schlafe, träume ich eigentlich jede Nacht von diesen Angriffen, von den Bombeneinschlägen, von brennenden Häusern usw. Es ist dies freilich ein Träumen, was ich mit vielen, vielen meiner deutschen Mitmenschen gemeinsam habe. […]

Margarete Norweg, geb. Reich, bei der ich hier hause, d. h. eigentlich bei ihren Eltern, war einstens Haustochter bei uns. Sie war von hier ausgerissen, um der Bevormundung durch einen sehr rechthaberischen Vater, Autokraten der Handwerkerbranche im Hebbel'schen Maria-Magdalena-Stil, zu entgehen. […] Das Leben einfach und schlicht, donnerstags und sonntags gibt es die berühmten thüringischen Kartoffelklöße, die mir ausgezeichnet schmecken, zumal nach der wirklich ganz unzureichenden Kost Berlins. Ein sehr schönes Brot wird auch gebacken. […] Es ist ein bisschen sehr still um mich und in mir, Flaute, kein guter Wind weht mehr seit langen Monaten – aber wem geht es heute anders? […] Etwa 3 Wochen bleibe ich bestimmt noch hier, ob ich dann schon nach C. zurückkehre, weiß ich noch nicht. Alles Gute, auch Grüße an Tante Gretchen

Euer

Rudolf Ditzen – z. Z. Eisfeld/Thür. (15) – Oberend 35 bei Reich.

Am 3. März 1944.

Liebe Ibeth, es ist doch wirklich wieder einmal seltsam, dass wir beide nach so langer Zeit ungefähr gleichzeitig auf die Idee kamen, einander zu schreiben. Ich hoffe, mein gestriger Brief, der ja von allem Erzählbaren berichtete, ist rechtzeitig bei Euch eingetroffen, und dieser Zettel folgt nun nur, um ein nochmaliges Kreuzen unserer Schriebe zu verhindern. Schönen Dank für den Bericht über Euer Leben, die Einquartierung scheint ja nun abgewendet. Aber ich kann es dem Heinz nachfühlen, wie es mit dem Alarm ist. Mir in Berlin ging's ja ähnlich: kaum hatte ich meine Schreibmaschine aufgestellt, ging die Sirene, und man packte wieder ein, um ohne Arbeitslust nach einer halben oder einer Stunde dem Keller zu entsteigen. […] – Nein, liebe Ibeth, Dank der Nachfrage. Ich habe keinerlei Wunsch, den Du mir erfüllen könntest, es sei denn, dass Du mich grundsätzlich, auch schriftlich, mit Roten Beeten verschonst. Seit Berlin hat diese Erdfrucht, schon früher nicht übermäßig geliebt, bei mir etwas ausgesprochen Widriges. Dort gab es sie mindestens dreimal in der Woche zu fressen, am abscheulichsten einfach in Salzwasser gekocht, als Stammessen. […]

Alles Gute, auch dem Heinz

Dein

374

Rudolf Ditzen – z. Z. Eisfeld/Thür. (15) – Oberend 35
bei Reich.

Am 13. März 1944.

Liebe Adelheid, ich finde, es wird nun wieder an der Zeit,
dass ich auch Dir einen Gruß sende. Ich nehme ja an, dass
Du ab und an nach Carwitz einen Gruß geschickt hast – oder
bist Du ganz in Schweigen versunken. Dort, daheim, hat
man gestern den Geburtstag Suses gefeiert, hoffentlich recht
vergnügt, und morgen begeht Uli in Templin seinen 14. Geburtstag, wird also 14 Jahre alt – mir noch immer unfasslich,
dass ich einen so großen und alten Sohn habe! Dass es in
Templin am vergangenen Montag auch schlimm zugegangen ist, wirst Du wohl gehört haben. 40 Bomben sind von
abgedrängten Fliegern auf das kleine Nest geworfen, das arge
Zerstörungen erlitten hat, viele Tote verlor. Gottlob ist das
Gymnasium völlig verschont geblieben. Suse hat böse Stunden der Angst zugebracht, bis sie schließlich jemanden auf
dem Rade dorthin schickte, denn telefonisch war keine Verbindung möglich. […]

Herzliche Grüße
Dein

[Heinz und Ibeth]

Celle, den 20. März 1944.

Lieber Rudolf!

Das war ja wieder mal die Briefkreuzung in Reinkultur –
und es hätte nicht viel gefehlt, dass auch Deine Konstatie-
rung dieser Tatsache zu einer zweiten solchen Kreuzung geführt hätte. Wahrscheinlich hat mich aber dann irgendeiner
der leider jetzt sehr zahlreichen Alarme am Schreiben gehindert. […]

Was das kleine Lieschen anbetrifft, so müht sie sich mit großem Erfolg mit dem Ernährungsproblem ab, aber damit ist sie auch völlig erledigt. [...]

Ein Glück ist es, dass das kleine Lieschen noch immer wieder was Neues zu lesen findet und zu 80 (?) % in Büchern lebt – natürlich nach wie vor in Verbindung mit Patiencen und Rundfunkmusik. [...]

Mein liebes Leipzig hat ja nun auch recht viel Pech gehabt. Es muss ganz traurig dort aussehen. Bei meiner Schwester in Gautzsch (jetzt Markkleeberg) ist es auch ungemütlich gewesen: die Apotheke in ihrer Nähe: weg. Post: futsch, Bahnhof: brannte. Aber selbst ist es bei ihr mit zerbrochenen Fensterscheiben abgegangen, wofür sie Doppelfenster einhängen konnte. [...] Leider soll ja so ungefähr der ganze Buchhandel in Leipzig vernichtet sein. Das ganze Buchhändlerviertel soll schwerst betroffen sein. Hirzel zweimal! Mein etwa 80-jähriger Verwandter Carlsohn, Prokurist im Hirzel'schen Verlag, verlor selbst alles, baute provisorisch den Verlag wieder etwas auf – und schon kam wieder eine Bombe und vernichtete diese Neuarbeit. Er aber bleibt der unerschütterliche Philosoph. Allerhand Hochachtung vor solchen Naturen. [...]

Mit allen guten Wünschen Dein alter
Heinz

{Lieber Rudolf

Auch von mir viele Grüße. [...] – Ich genieße augenblicklich von Alexis: Ruhe ist die erste Bürgerpflicht; der konnte doch noch historische Romane schreiben! Die heutigen sind der Form nach meistens nur Geschichtsbücher für die reifere Jugend, in Gesprächsform gebracht; dem Inhalt nach der Nachweis, dass alle großen Männer seit Jahrtausenden Nat. soz.isten waren. Oder doch ähnlich ... Entschuldige! –

Ich gehe jetzt aus, um Brühwürstchen mit Gemüsezusatz,

für halbe Marken, und Kartoffeln zu holen. Interessante Tätigkeit.

Herzlichst. Ibeth}

Rudolf Ditzen – z. Z. Eisfeld/Thür. (15) – Oberend 35
bei Reich.
Am 24. März 1944.

Liebe Ibeth, lieber Heinz, noch einmal, eh' ich scheide … Nur noch ein paar Tage halten mich hier in dem in jedem Sinne *Eisfeld*, das ich wider Erwarten nun wohl doch nicht ohne Schnee und Eis erleben werde. […] Ich aber habe nicht umsonst wieder mal in Thüringen gelebt. Auch als Jüngling bin ich hier nach einem Unwetter untergekrochen und lernte es, dass die Thüringer den Windschatten, die stille Ecke vor dem Sturm »die Geduld« nennen. Er sitzt in der Geduld – ja, wahrhaftig, da sitzt er und wird warten, wenn es manchmal, namentlich auch von der finanziellen Seite her, nicht leicht sein wird. […] Mit Heyne in Dresden habe ich nun einen neuen Verlagsvertrag – statt des geplatzten Rowohlt – abgeschlossen, d. h. eben nicht, denn das ist verboten im Kriege, aber ich habe so was Ähnliches, na, das sind alles kaufmännisch so komplizierte Geschichten. – Übrigens den alten Rowohlt, der nun wirklich alt zu werden beginnt, habe ich in Berlin auch mal wiedergesehen, er hat unendlich viel Pech gehabt, viel mehr als ich, und hat sich jetzt in das winderfüllte Kampen zurückgezogen, auch in die »Geduld«. Warte nur, balde … […] Und nun noch herzliche Grüße, macht es weiter gut

Euer

Ditzen's

Carwitz, am 5. April 1944.

Liebe Dete, im Namen Suses möchte ich Dir recht herzlich für Deinen Brief danken. Wir wissen, dass Du immer – wie wir hier auch – viel um die Ohren hast, freuen uns aber immer, wenn wir auch einmal direkt von Dir hören. […] – Nun haben wir seit gestern auch Uli in den Ferien hier und sind regelmäßig elf Personen zu Tisch. Du wirst es Dir denken können, wie viel Arbeit und oft auch Kopfzerbrechen das macht. Aber bisher sind wir alle noch immer befriedigend satt geworden, und die Damens steigen auf die Waage mit mehr Angst vor Zunahme als vor Abnehmen. Kein Zeichen der Zeit. Uli hatte übrigens ein recht gutes Zeugnis nach Haus gebracht, er ist von keinem besonderen Ehrgeiz beseelt, hält sich aber geschickt in der großen Masse. Ohne Befragen oder auch nur Benachrichtigen der Eltern ist seine Schule mittlerweile aus einem humanistischen Gymnasium in eine SS-Heimschule umgewandelt. Man muss nun erst mal sehen, was dabei herauskommt. […] – Achim entwickelt sich wacker, ein strammer Bengel mit Humor, meist draußen beschäftigt. Der Geburtstagsmann hat ihm durch Bestellung beim hiesigen Stellmacher eine Schubkarre beschert, mit der legt er nun überall Häufchen an, da liegt Torfmull, da Steine, da altes Laub, dort Sand … […] – Und nun Euch allen alles Gute! Auf bessere Zeiten. Herzlichst *Eure*

Ditzen's

Carwitz, am 6. April 1944.

Liebe Ibeth, lieber Heinz, […] – Immerhin erfreuen einen hier die Kinder erheblich. Zwar habe ich eben dem Achim den Hosenboden versohlt, weil er entschieden mit dem linken Fuß zuerst aufgestanden und eine Pest für seine Mutter war, aber das hat als Ventil gewirkt, und jetzt steht er mit Uli am runden Tisch, Uli baut Türme aus Dominosteinen, die Achim mit heller Freude einbombt. Uli hat trotz seiner Größe eine ausgesprochen nette Art, mit seinem kleinen Bruder zu spielen, eine Gabe, die der Mücke ganz abgeht; sie will ihn dabei immer vergewaltigen und zu dem nötigen, was ihr Pläsier macht, während Uli wirklich mitspielen kann, d. h. sich selbst zur Freude. [...] – Unser volles Haus wird sich nun wohl bald stark leeren. Frau Burlage geht nach den Osterferien nach Berlin, um dort auf einer Presse in 2 Jahren das Abitur zu machen, ob es ihr mangels aller Vorkenntnisse in Mathematik, Chemie, Latein, Physik gelingen wird, scheint mir zweifelhaft; aber vorläufig hat sie eine Beschäftigung, die ihr über das Schlimmste hinweghilft. Und das ist wohl entscheidend. Wer kann heute Pläne für Jahre machen? – Suses eine Schwester, Tilly, siedelt schon morgen in die Gegend Hamburgs über, wo Aussicht auf eine Wohnung für sie, die Schwester und die Nichte bestehen soll. Wenn alles klappt, wollen die andern in etwa 6 Wochen nachkommen. Dann würden wir ein leeres Haus haben, aber die Tommies werden schon dafür sorgen, dass es wieder voll wird. Ich habe auf der Durchreise mir wieder Berlin angesehen, und etwas Deprimierendes als diese Ruinenstadt und ihre Bewohner kann es wirklich nicht geben. Wir grüßen Euch sehr herzlich. [...] Eure

Rudolf Ditzen

Carwitz, am 2. Mai 1944.

Liebe Dete, zu Deinem Geburtstag senden wir Dir unsere herzlichsten Glückwünsche. Sie werden zwar etwas zu spät kommen, wir hoffen aber, Du nimmst uns das nicht krumm.

Zu wünschen ist ja so viel, dass man lieber gar nicht erst mit dem Aufzählen anfängt. […] – Neben aller andern Arbeit schriftstellere ich auch wieder, arbeite an einem Roman, den mir das Propagandaministerium in Arbeit gegeben hat, einem antisemitischen Roman, der den Fall Kutisker zur Grundlage hat. Vorläufig lebe ich ganz im litauischen Ghetto und schlage mich vor allen Dingen mit rituellen Dingen wie Gebetsriemen, Talmud und Pessach herum. Es ist sehr schwer, diese Dinge lebendig zu machen. Ich schreibe den Roman natürlich so, wie ich ihn auch in normalen Zeiten geschrieben hätte, ob er dann hinterher an offizieller Stelle zusagt, ahne ich nicht, kümmert mich auch nicht. […] – Nun, meine liebe Dete, grüße Deine Lieben noch schön von uns, und lass es Dir so gut gehen wie nur möglich!

Herzlichst *Deine*

Die Scheidung
von Rudolf und Anna Ditzen

Rudolf Ditzen

Carwitz, am 25. Mai 1944.

Liebe Ibeth und lieber Heinz, ich danke Euch herzlich für Eure beiden freundschaftlichen Briefe. Ich glaube es wohl, dass Ihr jetzt ein sehr schweres Leben habt, und ich fürchte, die Zeiten sind so, dass es in nächster Zeit noch schwerer werden wird. Was mir Heinz von seinen Erlebnissen während der Alarme erzählt, habe ich ja aus dem Vollen in Berlin durchgekostet und habe selber an mir erlebt, dass bei diesem Ausbreiten der Arbeit, dem sich langsam Ingangsetzen,

dem dann prompt einsetzenden Sirenengeheul, dem hasti-
gen Zusammenpacken und Wandern in den Keller produktive Arbeit wirklich kaum noch möglich ist. […] Ich selbst
habe mich entschlossen, unter einem gewissen Druck einerseits, andererseits um überhaupt etwas zu arbeiten, den mir
vom Propami in Auftrag gegebenen antisemitischen Roman
in Arbeit zu nehmen. Es ist ein sehr schwieriges Thema, besonders im ersten Teil, der meines »Helden« Jugend im litauischen Ghetto und im zaristischen Russland bis zum Werden
der Bolschewiken schildert. Ich arbeite sehr langsam, und es
liegt eben auch bei uns so, dass alle Arbeitsvorhaben auch
nur für den nächsten Tag durch wirtschaftliche Ereignisse
umgestoßen werden. Die gesamte Frühjahrsbestellung habe
ich fast nur mit meinem dämlichen, kein Deutsch verstehen-
den Polen machen müssen, habe Mist gestreut, Kartoffeln
verlesen, Rübensamen und Mais gelegt etc. pp., oft über
meine Kraft. […]

Aus der Tatsache, dass Ihr in Euern Briefen Suses gar keine
Erwähnung tut, muss ich schließen, dass Ihr durch Adelheid
oder Mutti wisst, dass eine schwere Entfremdung zwischen
uns eingetreten ist. Ja, ich will es Euch lieber selbst sagen,
dass Ihr uns von nun an getrennt schreiben müsst, wir liegen in der Scheidung, und ich denke, in fünf oder sechs Wochen trennen sich unsere Lebenswege, die durch fünfzehn
Jahre miteinander liefen. Ich weiß sehr wohl, dass Ihr bei den
großen Sympathien, die Ihr beide für Suses menschliche
Qualitäten hegt, diese Nachricht mit Schrecken aufnehmen
werdet und dass Ihr Euch fragen werdet: muss es denn sein?
Ich selbst frage das mich jeden Tag, viele Male frage ich es
mich, und doch sehe ich keinen andern Ausweg. Ich habe
schwere Fehler begangen und Schuld genug auf mich geladen, aber das alles wäre noch auszugleichen, zu verzeihen gewesen (wie es schon früher verziehen wurde), ein wenigstens
freundschaftliches Verhältnis hätte sich führen lassen, schon

im Interesse der Kinder – wenn nicht die liebe Verwandtschaft und Freundschaft meiner Frau, leider auch Mutti gewesen wäre.

[...] Was ich in meinem eigenen Hause erlebt habe, war etwas ganz Strindbergisches, der Triumph des plattesten, dümmsten Bürgertums über den Geist, den sie hassen, immer hassen werden. Am besten wäre es gewesen, ich wäre ein kleiner Büroangestellter gewesen, der tagsüber aus dem Hause wäre, freilich mit Falladas Einkommen. [...]

Das alles hat sich etwas geändert, seitdem ich die gesamte Verwandtschaft inkl. Freundschaft aus dem Hause gesetzt habe. Seitdem herrscht Ruhe, seitdem hat es nicht einen Streit mehr zwischen Suse und mir gegeben. [...] Oft habe ich ein unendliches Mitleid mit ihr, wenn ich sie elend und so schwach sehe, immer auf die Meinung des Letzten horchend, der mit ihr spricht, schwankend, haltlos ... Was soll aus ihr werden ohne mich? Sie ist meine Gefährtin gewesen, es tut mir so bitter weh ... Oft liege ich lange und frage mich, wozu ich überhaupt noch lebe? Nichts freut mich mehr. Die Kinder sind rasch vergehende Lichtblitze in einem tiefen Dunkel. Mit dem, was ich an Inventar und Geld zurücklasse, würde Suse sie hochbringen können. Meine Arbeit freut mich nicht mehr. Ich bin sehr alt geworden, nicht nur äußerlich, ich bin lebensmüde. Was soll ich noch? Niemand scheint mich mehr zu brauchen. Der Traum, ein großer Künstler zu werden, ist ausgeträumt. Ich bin auch nur ein Bücherschreiber wie so viele. Vielleicht habe ich zu sehr nach Geld und Erfolg geschielt, ich weiß es nicht. Es waren ja auch oft schwere Zeiten, in denen ich lavieren musste. Alles ist aussichtslos, alles ist trübe, alles schmeckt nicht mehr. [...]

Immer *Euer*

[Heinz]

Celle, den 31. Mai 1944.

Lieber Rudolf!

Deinen Einschreibebrief bekamen wir am 27.5. […] Elisabeth aber, die dringend im Haushalt zu tun hat und Dir natürlich selbst schreiben will, wird wohl etwas später erst dazukommen. Sie lässt Dich grüßen. Es ist selbstverständlich, dass wir drei Euch beide sehr lebhaft bedauern und mit tiefem menschlichem Interesse Euren Schwierigkeiten zusehen. Lass mich schreiben, so wie es mir ums Herz ist. […]

Für mich steht eines fest: wenn Ihr Euch trennt, so werdet Ihr es beide sehr bald bedauern, denn die Gründe sind kriegsbedingte Unglücksfälle, die vergeben und vergessen werden, sobald die äußeren Umstände sich wieder beruhigt haben. Ich persönlich stehe sehr weitgehend auf dem Standpunkte »alles verstehen heißt alles verzeihen«. […] Ich bin felsenfest überzeugt, dass es nicht sein muss, denn ich glaube nach wie vor an den seltenen, hervorragenden Kern in Euch beiden. […]

Unendlich leid tut es mir, dass Du Dich so verzweifelt unglücklich fühlst. Aber Du darfst das Rennen nicht aufgeben! […] Aber ich meine: alles das ist reparabel, kann überwunden werden, und das, was jetzt ausschlaggebend erscheint, wird später als Belanglosigkeiten erkannt und bewertet werden können. […] Für Kreti und Pleti gilt das natürlich nicht – aber für Rudolf und Suse gilt es bestimmt. […]

Wenn ich die Gründe, die Suse jetzt vielleicht zur Scheidung geneigt machen – Hauptgrund sind zweifellos nur die versagenden Nerven –, nur in großen Zügen kenne, so bin ich andererseits auf das Bestimmteste davon überzeugt, dass Suse bei ihrer großen Herzensgüte auch den Mut und die innere Fähigkeit zu weiterem Zusammenleben zeigen wird. Der Gedanke an Eure Kinder wird sie darin bestärken. […]

In sehr herzlichem Gedenken Dein Schwager
Heinz

Rudolf Ditzen

Carwitz, am 7. Juni 1944.

Liebe Ibeth, lieber Heinz,

ich danke Euch herzlich für Eure Briefe, die mir sehr gutgetan haben. Vor allem Heinz bin ich sehr dankbar, dass er so lange und so ausführlich schrieb, dass er mir so viel von seiner kostbaren und knappen Zeit geopfert hat. Ich habe mit der Antwort einige Tage gezögert, denn an sich sollte unsere Ehe heute geschieden werden. […] Suse und ich, wir sind uns über alle wirtschaftlichen und vor allem auch über die Kinderfragen einig, wir werden unsere Abmachungen außerhalb des richterlichen Spruches notariell festlegen und hoffen, doch noch während der Kriegszeit wenigstens erträglich in Carwitz leben zu können […].

Dies alles zeigt Euch, dass es wirklich sein muss, dass es mit unserer Ehe wirklich zu Ende ist. Alles, was Heinz sagt, ist theoretisch sehr richtig, Du kannst aber nicht wissen, wie weit der Zerfall unserer Ehe fortgeschritten ist, dass Suse nur noch feindlich mir gegenübersteht. Adelheid hat ganz recht: ich weiß schon, was ich an Suse habe, aber leider weiß Suse nicht, was sie an mir gehabt hat. Unter dem unseligen subalternen Einfluss ihrer Verwandten sieht sie alles falsch, was ich tue und was ich getan habe. […]

Durch unsere Abmachungen zur Scheidung übernehme ich sehr schwere finanzielle Verpflichtungen, das wiegt umso schwerer, als ich seit dem Herbst vorigen Jahres praktisch wegen der Papiersperre keine Einnahmen habe. Ich allein habe für alle Kosten der Kinder aufzukommen, für die Kosten der hiesigen Landwirtschaft, für sämtliche Steuern, und ich verpflichte mich darüber hinaus, ihr eine Rente zu zahlen [...]!

Bei allen diesen Bemerkungen scheidet Suse ganz aus. Ich habe eine tiefe Anhänglichkeit an sie, wenn ich sie auch nie geliebt habe, worüber ich ja jetzt belehrt worden bin. Es tut mir noch heute in der Seele weh, sie so überarbeitet, ständig in der Hetze und elend zu sehen, und auch hier tue ich alles, sie zu entlasten. Und das soll auch so bleiben. Dass Suse im Augenblick völlig ungerecht gegen mich ist, das weiß ich. Sie lebt noch unter den fremden unheilbringenden Einflüssen. Leider ist sie ja kein Mensch, der selbständig denken kann. Früher war ich ihr Mentor, jetzt ist alles, was ich vorschlage, falsch, und die andern führen. [...] Lasst es Euch gut gehen. Wenn die Würfel gefallen sind, melde ich mich wieder.

Herzlichst *Euer*

Rudolf Ditzen

Carwitz, am 18. Juni 1944.

Lieber Fritz,

[...] Schließlich muss ich Euch noch eine betrübende Mitteilung machen. Ich habe keine Ahnung, was Mutti Euch über die in den letzten Monaten recht unangenehmen Zustände in unserm Hause geschrieben hat. Jedenfalls sind Suse und ich übereingekommen, unsere Ehe zu trennen, am kommenden Mittwoch werden wir geschieden, also in drei Tagen. Wir beide bleiben, bis nach dem Kriege auch eine räumliche Trennung erfolgen kann, noch in Carwitz wohnen. Ich bitte Euch aber, Eure Briefe von jetzt an nicht mehr an uns gemeinsam, sondern entweder an Suse oder an mich zu schreiben.

So, und nun noch die besten Grüße an Euch alle

Dein

Dr. F. A. Bechert

Lieber Rudolf!

Neulich schriebst Du von Eurer Scheidung, die wir natürlich sehr bedauern. Wir hatten immer den Eindruck, dass gerade Ihr beide sehr gut zueinander passt. Wenn man bedenkt,
wie viel Scheffel Salz Ihr beide zusammen ausgefressen habt,
so kann man nicht recht daran glauben, dass Ihr für immer
auseinanderlaufen wollt. Aber das müsst Ihr ja selbst wissen.
[…] Heute schrieb nun Mutti, dass der eigentliche Grund
zur Scheidung eine frühere Haustochter von Euch sei. Da ist
also bei Euch dasselbe Problem, das man nur mit veränderten Namen und Berufen immer wieder trifft. Ich besonders
als Scheidungsspezialist habe mindestens mit einem solchen
neuen Falle jede Woche zu tun, mitunter auch an einem einzigen Tag mit 2–3 Fällen – das ist etwas Alltägliches. […]

Du hast doch eine großzügige Frau. Sie hat manche
schwere Stunden mit Dir wegen Deiner Krankheiten verlebt.
Sie hat auch überlebt, wenn Du überarbeitet warst und dann
nicht gerade der liebenswürdigste Umgang für Deine Umgebung warst. Den größten Vorteil hattest Du selbst davon,
weil Suse Dich wohl von allen Menschen am besten verstand
und deshalb Dich am besten betreuen konnte und dies tat,
auch wenn es für sie nicht gerade ein Vergnügen war. […]

Mit herzlichem Gruße!

Dein Fritz

[Rudolf]

Am 8. Juli 1944.

Lieber Fritze, liebe Dete, herzlichen Dank für den langen
Schrieb des welterfahrenen alten Gebieters. Nun ist durch

Muttis gütige Vermittlung die Katze also doch aus dem Sack. Ich hatte gehofft, dass eine einfache Benachrichtigung über die erfolgte Scheidung genügen würde, denn ich stehe wie alle vernünftigen Leute, wie auch Ihr, auf dem Standpunkt, dass eine Scheidung wie eine Ehe eine Sache ist, die nur die beiden Partner unter sich abzumachen haben. [...]

Zur Sache selbst, da sie nun einmal angeschnitten ist, bemerke ich Euch, dass Mutti nur eine Teilwahrheit berichtet hat. In Wirklichkeit ist es so, dass es Freundinnen von mir eigentlich vom ersten Anfang unserer Ehe an gegeben hat. Von einigen hat Suse gewusst und sie nachträglich verziehen, von andern hat sie etwas geahnt, andere sind ihr verborgen geblieben. [...] Sicher bin ich immer ein schwieriger Ehemann gewesen, mit meiner Launischkeit, mit meiner Krankheit, mit meiner Arbeitswütigkeit. Aber, wie die Engländer sagen, man kann den Pudding nicht essen und ihn doch behalten: ich habe ja auch einige Meriten gehabt, ich habe in den Jahren unserer Ehe etwas hinter mich gebracht, was wenige geschafft haben, und Suse hat gesehen und erlebt und genießen können, was wenigen Ehefrauen geboten wird. Sie hat nie Geldsorgen gehabt, sie hat sich stets jeden Wunsch erfüllen können. Wir haben reizende, gut erzogene, nicht unbegabte Kinder... [...] Heute nur alles Gute und noch einmal herzlichen Dank für den freundschaftlichen Brief. Alles Gute Euch

Euer

[Dete]

{den 16. Juli 44.

Lieber Rudolf,

da wir hier in Jonsdorf keine Schreibmaschine haben, will Fritz Dir erst von Zittau aus für Deinen Brief danken. Er hatte aus vollem Herzen geschrieben, weil er dachte, es gäbe noch was

zu retten. [...] Letzten Endes ist alles auch eine Folge der Kriegs-
verhältnisse, denn ohne das überfüllte Haus und die sonstigen
sensationellen Erlebnisse dieses letzten Jahres hätte sich alles
nicht so zugespitzt. Ich bin Dir sehr dankbar für das »Nähere«,
das Du Fritz mitteiltest, denn meine Gedanken wären oft mit
dem »Warum« und »Wieso« beschäftigt gewesen. So werdet Ihr
nun alle einen andern Weg einschlagen u. ihn weitergehen. Für
Dich erhoffe ich eine Lösung der vielen Probleme. Wir werden
ja vom Schicksal in so manche Aufgabe hineingestellt und nicht
erst gefragt, ob wir damit fertig werden können.

Sei herzlich gegrüßt – vor allem zum 21. Juli, an dem ich
an Dich denken werde.

Immer
Dete}

[Ibeth und Heinz]

Celle, den 17.7.1944.

Lieber Rudolf,

Ich wollte, ich könnte diesen Geburtstagsbrief in etwas
fröhlicherer Stimmung schreiben. Aber das hilft ja nun nichts
– und so wollen wir Dir beide alles Gute, soweit das in diesen bösen Zeiten möglich ist, wünschen. Ruhe zur Arbeit,
etwas bessere Aussichten, einen modus vivendi mit der Außenwelt, ohne dass man sich aufreiben muss ... Ja, und Frieden ... Weiter versteigen sich die Wünsche ja wohl nicht,
wenn man die Gesundheit noch dazunimmt. [...]

Also, lieber Rudolf, wir beide wünschen Dir so viel Gutes wie
möglich in dieser schweren Zeit. Dass Du bald wieder etwas
ruhiger mit etwas Hoffnung in die Zukunft sehen mögest ...

In alter Treue Deine
Ibeth
Heinz

[Ibeth]

Celle, den 2. 8. 1944.

Lieber Rudolf,

Zuerst danke ich Dir vielmals für Dein viel zu üppiges Geburtstagsgeschenk, das ich natürlich ganz großartig gebrauchen kann, wenn wir auch nicht in die Sommerfrische gehen können wie einst im Mai. Wir können das Haus jetzt nicht allein lassen. […]

Du schriebst von Deinem neuen Roman; ich kann mir denken, dass das aus den verschiedensten Gründen eine schwere Arbeit gewesen ist. Ich bin auf jeden Fall sehr gespannt auf ihn; Du gabst mir mal eine Lebensbeschreibung eines orthodoxen Juden und meintest, die Sorte wäre die allergrößte Gefahr. Ich habe damals gestaunt darüber, was mit uns zusammen oder eigentlich neben uns in Europa wohnt; das schien mir wirklich eine fremde primitive Völkerschaft oder doch wenigstens so unverständlich wie Südseeinsulaner, bei denen man nicht nur einen Sprachdolmetsch braucht, sondern auch einen Seelendolmetsch. Einen Psychologen vom Fach … […]

So, jetzt muss ich schließen; Vorrat schlafen. Heinz ist mit Zeichnungen und Inventarverzeichnis in Sachen Luftschutz beschäftigt; wir haben morgen eine »Vorführung« in unserer Gruppe (weils das vorige Mal so gut geklappt haben soll), und so muss schleunigst alles Mögliche gemacht werden, was eigentlich unnötig ist. Oder längst da sein sollte. Ich habe meine Aufgabe schon intus: drei Telefonnummern der Ärzte! […]

Heinz grüßt mit mir. Herzlichst Deine alte

Ibeth

Rudolf Ditzen

Carwitz, am 8. August 1944.

Liebe Ibeth, einen herzlichen Dank für Deinen lieben Brief, nach dem ich schon ein wenig ausgeschaut hatte [...]. – Heute kommt nun wieder eine neue Sekretärin, der ich die Fortsetzung des Romanes nach 14-tägiger Unterbrechung diktieren will. Hoffentlich ist sie etwas tüchtiger als ihre Vorgängerin, die hier nur eine Woche residierte. Manche Manuskriptseite hat sie dreimal getippt, sie war hinterher aber nicht richtiger als vorher. Sie stand mit der Rechtschreibung auf schlechtem Fuße, Fremdwörter waren ihr Hekuba, und Jiddisch, selbst wenn ich es ganz langsam buchstabierte, wurde immer falsch. Außerdem hat sie mir bei ihrer Abreise Bücher geklaut, etwas, was ich aber *sehr* krummnehme. – Sonst geht es mir einigermaßen. Vielleicht habe ich schon wieder etwas, auf das ich mich jeden Tag freuen kann – mal sehen! [...] Macht's gut? Ihr beiden, immer Euer

[Ibeth]

Celle, den 19. 12. 1944.

Lieber Rudolf,

vorgestern noch lag das Fest in unendlicher Ferne, jetzt muss man schon jedem Menschen, dem man begegnet, ein gutes Fest wünschen, ein ruhiges Fest, eins mit möglichst wenig Alarmen und mit möglichst guten Aussichten. Ähnliches wünsche ich Dir; möge das vergangene Jahr mit allem Schweren bald überwunden sein! Dass Du mit frischer Kraft wieder an Deiner Arbeit gehen kannst. Man durfte Dir ja meistens nichts über Deine Bücher sagen, aber so, wie die Reihe dasteht, kannst Du doch *sehr* stolz darauf sein. Wir haben viel an Dich gedacht und tun es immer.

[…] Wir werden an das Kinderweihnachten in Carwitz denken, das gewiss schön sein wird. Allerdings wird es ja mit jedem Jahre schwieriger, etwas für Kinder aufzutreiben, und so habe ich ja für Deine eigentlich nur jämmerliche Kleinigkeiten gehabt. Und auch für Dich ist nur etwas bedrucktes Papier da; die Liliencronbiographie ist aber nicht ganz schlecht zusammengestellt. Am besten ist es wohl, Du benutzest sie als Geschenk im nächsten Jahre für jemanden anders…, das Buch soll nur ein Zeichen sein, dass ich »gejagt« habe. Heinz hab ich schon versprochen, ich würde ihm diesmal nicht zehn Schachteln Streichhölzer, kunstvoll aufgebaut, servieren, sondern er sollte sich freuen, wenn ich ihm den Inhalt von einer kunstvoll in Mustern arrangieren würde. […] {Aber dies bringt Heinz dann gleich zur Briefabgangsstelle. – Alles Gute! Möge uns allen das neue Jahr Frieden bringen.

Herzlichst Deine
alte Ibeth}

[Heinz]

Celle, den 20. Dezember 1944.

Lieber Rudolf!

Seit Tagen suche ich nach einer ruhigen Stunde, um Dir einen Weihnachts- und Neujahrsgruß zu schreiben – aber immer ist irgendwas los, was mich abhält, und so muss ich dann »ohne Ruhe« die Maschine in Bewegung bringen. Also, erst mal: alles alles Gute für kommende Zeiten bis 19XX. Im Besonderen aber noch ein privater guter Wunsch: möge Dir der Tabak nie ausgehen, denn dieser Zustand lausigster Beschissenheit ist was ganz Infames. […]

Na ja, im Übrigen muss ich bemerken, dass ich zu 50 % Transportarbeiter bin – egal x Koffer und sonstige Dinge aus der Wohnung in den Keller schleppen … kaum sitze ich mal an der Rechenmaschine, da heult es, und der ganze Kram muss runtergebracht werden. Nach Entwarnung will ich weiterrechnen, also die mindestens 16-kg-Maschine (etwa ⅓ meines derzeitigen Selbstgewichts!) muss wieder nach oben wandern und ein schwerer Aktenkoffer, ohne den ich nichts machen kann, dazu, vom »Gehirn« ganz zu schweigen. Na und überhaupt und so. Aber schließlich ist man ja Gott-froh, wenn alles harmlos bleibt trotz der 535 bis jetzt gehabten Vollalarme, wovon etwa die Hälfte auf das Jahr 1944 kam. Uff. Manchmal drei- oder viermal pro Tag, das schafft!

Das kleine Lieschen, das ihrem Namen nach wie vor alle Ehre macht und selbst bei gladrigstem Bombenrasseln in der Ferne stets an der Lektüre (oder den Patiencen) festhält, ist etwas schlanker geworden und hat doch recht oft empfindliche Herzstörungen. Im Ganzen aber geht es. […]

Lieschen kocht mit großer Virtuosität, und ab und zu schnappen wir in gewissem Tausch auch mal noch ein Kommissbrot, leider nur selten; wir essen mit Zollstock! Kartoffeln werden im Hause des Physikers täglich abgewogen, damit keine Überraschung eintritt im Jahre 1945. […]

… so, hier musste ich zwei Stunden unterbrechen. Sei mir nicht böse, wenn ich daher jetzt Schluss mache, ich hoffe, dass ich bald mal mit mehr Ungestörtheit schreiben kann. Sehr erfreut sind wir über die deutsche Westoffensive – möge es recht gut weitergehen. Man merkt an solch erfreulichem Bericht doch, wie schwer alles auf uns lastet. Von allem andern abgesehen hat aber mein technisches Herz doch sehr viel Vertrauen zur kommenden Wendung des Kriegsblattes. Die ganze bolschewistische Schweinerei ist ja einfach ein grotesker Wahnsinn, der jedenfalls den Todeskeim in sich trägt – fragt sich nur, wann das allgemeine Erwachen kommt bei denen, die so irrsinnig mit dem Feuer spielen.

Leb wohl für heute und sei sehr herzlich gegrüßt, mit vielen, vielen allerbesten Wünschen!

Dein alter Schwager
Heinz

[Fritz]

Zittau, d. 6. 1. 1945.

Lieber Rudolf!

[…] Uns geht es hier so, wie es einem in der mädchenlosen Zeit gehen kann. Margarete hat nicht eine einzige Minute auch nur die geringste Hilfe im Hause. Vom Schneeschippen auf der Straße bis zum Reinigen und Bettmachen im Zimmer der Einquartierungen, vom Kohletragen bis Verdunkeln auf der Treppe hat sie alles allein zu tun. Ich selbst bin meist nicht zu Haus, sodass meine Hilfe nur ganz gering sein kann und sich im Allgemeinen nur auf das Wochenende beschränkt. Da auch in meiner Kanzlei die nötigsten Schreibkräfte und jeder Botengänger fehlen, ist es auch dort nicht die reine Freude.

Nun, wir warten sehnsüchtig auf den Tag, an dem der Sieg den Beginn der schönen Zukunft bringt!

Mit vielen Grüßen!
Dein Fritz

EIN NEUER ANFANG?

1945 bis 1946

Im Februar 1945 heiratet Rudolf Ditzen Ursula Losch. Ulla oder Uschi, eine junge, wohlhabende attraktive Witwe und Mutter einer kleinen Tochter, ist vor den Bomben aus Berlin in ihr Feriendomizil nach Feldberg geflohen; Rudolf zieht bei ihr ein.

Im Mai, unmittelbar nach dem »Zusammenbruch«, wird er von der Roten Armee zum Bürgermeister für Feldberg und die angrenzenden Gemeinden ernannt; er gewinnt durch diese Tätigkeit, die ihn restlos überfordert, keine Freunde. Sein Kommentar: »Ich bin der gehassteste Mann in Feldberg.« Der körperliche Zusammenbruch ist die zwangsläufige Folge.

Er und seine junge Frau gehen kurz darauf nach Berlin. Ulla ist für ihn guter und böser Geist zugleich: Sie organisiert das tägliche Leben, den Umzug der Bücher und Möbel, beschafft Lebensmittel – aber auch Morphium; die beiden verlieren sich in der Sucht. Rudolf Ditzen schwankt zwischen der Hoffnung auf einen Neuanfang und der Verzweiflung über die aussichtslose Situation. Im Dezember 1945 schreibt er an Suse: »Ich bin wie ein Lahmer, der bisher geführt wurde, der aber jetzt nicht nur alleine gehen, sondern auch einen Blinden führen muss.«

Durch die Vermittlung Johannes R. Bechers, des Dichters und späteren Kulturministers der DDR, wird ihnen in der Trümmerstadt eine Villa in einer weitgehend unversehrt gebliebenen Siedlung in Pankow zugewiesen. Hans Fallada nimmt noch einmal die Arbeit auf, er verfasst Artikel für die »Tägliche Rundschau«, die Zeitung der sowjetischen Militäradministration, und schreibt neben dem Roman »Der Alpdruck« im Herbst 1946 in unvorstellbar kurzen vier Wochen das rund 866 Typoskriptseiten starke Buch »Jeder stirbt für sich allein«, seinen letzten Roman. Damit schafft er, der körperlich wie seelisch bald am Ende seiner Kräfte angekommen ist, noch ein beeindruckendes Spätwerk, in dem er die Jahre unter der Naziherrschaft verarbeitet. Wie meist folgen auf den Roman Zusammenbruch und Klinikaufenthalt.

Aus dieser Berliner Zeit sind wenige Briefe erhalten. Sein letzter Brief an Dete klingt durchaus optimistisch, was viel aussagt über den Briefschreiber: Den jeweiligen Adressaten vor Augen, schildert er die beste denkbare Version der Realität, und zwar nicht in der Absicht, sein Gegenüber zu täuschen, vielmehr sind es Wünsche und Hoffnungen, die sich in seinem Schreiben artikulieren.

Am 5. Februar 1947 stirbt Rudolf Ditzen alias Hans Fallada in einem Berliner Hilfskrankenhaus an Herzversagen.

Ditzen's

Berlin-Niederschönhausen, am 18. 2. 1946.
Eisenmengerweg 19.

Liebe Dete, lieber Fritz,

nun wird es aber wirklich an der Zeit, dass wir Euch endlich einmal direkt ein Lebenszeichen senden – an Eurer Seite
der Strippe will auch keiner ziehen. Tatsächlich haben wir
seit dem großen Umsturz nicht mehr direkt voneinander gehört, und was an Nachrichten von Euch über Mutti uns erreicht hat, das war auch nur recht dürftig. Wir können doch
die alte Verbindung nicht ganz abreißen lassen, und so will
ich denn für uns erst einmal einen kleinen Anfang machen.

Übrigens haben wir grade in letzter Zeit keine guten Nachrichten aus Carwitz gehabt. Zuerst erreichte uns irgendein
Mann, der in der Bahn gehört haben wollte, Mutti läge sehr
gefährlich krank mit einer doppelseitigen Lungenentzündung. Sehr viel später hörten wir dann direkt durch Suse,
dass Mutti wirklich eine aber wohl nur leichte Lungenentzündung gehabt hat, jetzt auf dem Wege zur Besserung ist,
aber sich meist unendlich müde fühlt. Sie ist – sonst eine
mustergültige Kranke – immer ärgerlich auf dieses ständige
Schlafbedürfnis, das ihrem Bedürfnis, möglichst viel und an
möglichst alle ihre Lieben Briefe zu senden, widerstreitet. Ich
habe vor, sobald sich die Möglichkeit bietet, einmal nach
Carwitz zu fahren und Mutti zu sehen, ihr von uns allen

Grüße zu überbringen. Aber wann sich das so machen lässt, weiß ich noch nicht. Augenblicklich habe ich mehr Arbeitsverpflichtungen denn je und fühle mich gar nicht sehr frisch.

Ich weiß nicht, was ich Euch von unsern Erlebnissen seit dem April vorigen Jahres erzählen soll, was Ihr wisst und was Ihr nicht wisst. Ganz kurz gesagt, sah es zuerst so aus, als ob wir recht gut wegkämen: nach einer kurzen Übergangszeit, in der ich Kuhhirte und Ulla Säcketrägerin war, wurde ich Bürgermeister für den ganzen Bezirk Feldberg, unendlich viel Arbeit, Sorgen, Not. Zum Schluss gaben meine Nerven nach, Ulla hatte auch unangenehme Erlebnisse, und wir landeten schließlich im Kreiskrankenhaus Neustrelitz. (In meiner Bürgermeisterzeit habe ich aber doch noch das Glück gehabt, Mutti, Suse und die Kinder Wochen bei mir in Feldberg haben zu können, wo ich sie einigermaßen füttern und schützen konnte. In dieser Zeit sind sich die beiden Frauen sehr nahegekommen, und auch Mutti hat eine tiefe, aufrichtige Liebe für Ulla gefasst, die ja auch ein wundervoller Kamerad ist.)

Während wir in Neustrelitz krank lagen, haben meine lieben Mitbürger uns ausgeplündert, Wäsche, Kleidung, Schuhwerk, ach, das meiste Hab und Gut sind unwiederbringlich dahin, was wir noch zum Teil besitzen, sind Möbel und Bücher. Aber das liegt alles noch in Feldberg oder wenigstens der größte Teil, Ulla hat es nun schon dreimal fertiggebracht, mit einem Lastwagen was zu holen, muss aber mindestens noch ebenso oft hin. Wann das geht, weiß der Himmel, so etwas wird statt leichter immer schwerer und kostet immer mehr Geld, das bei uns z. Z. sehr kleingeschrieben wird. – Als wir einigermaßen wieder krauchen konnten, sind wir nach Berlin gegangen. In Ullas Wohnung fanden wir, soweit sie noch bewohnbar war, fremde Leute, alles andere zerschmissen. Wieder Krankenhaus, Kampf um Zuzugsgenehmigung und Karten, das alles ging über Wochen und Monate. Dann aber endlich der Anschluss an den Kulturbund und wenigstens beschränkte Arbeits- oder vielmehr Verdienstmöglichkeiten. Wir haben es dann auch aufgegeben, das arg demolierte Heim in Schöneberg wieder instand setzen zu lassen, sondern bekamen über den Kulturbund in Niederschönhausen eine wirklich hübsche Villa mit 7 Zimmern, etwas Heizungsmöglichkeit und überhaupt mancherlei Hilfen. Ich tue jetzt alles, was getan werden kann, in erster Linie arbeite ich für die Tägliche Rundschau, die Zeitung der Roten Armee, dann aber fahre ich auch über Land und halte in größeren Orten wie Halle oder Schwerin Vorträge über den Nürnberger Prozess oder lese aus meinen Büchern. Ich führe ein sehr anderes Leben als früher, immer in Kontakt mit andern Menschen, muss es schon tun, kann es auch, sehne mich freilich oft nach meinem beschaulichen Dasein in Carwitz und meiner stillen Romanschreiberei zurück. Aber auch das wird eines Tages wiederkommen, ich bin grade dabei, mir die Brücken zu einer solchen Arbeit zu bauen.

Seit Mitte Dezember gehört auch Uli unserm Haushalt an, der in Carwitz gar keine Lernmöglichkeiten hatte. Ich lasse ihn vorläufig, bis September, dem Beginn des neuen Schuljahres, privat unterrichten, ich denke, er wird dann so weit sein, die Obersekunda zu bevölkern, obwohl er sein Griechisch ganz aufgegeben und dafür noch einmal ganz von vorne mit Englisch angefangen hat. Uli ist ein wirklich sehr netter Junge geworden, ein Riese mit seinen 15 Jahren, der mir schon bequem auf den Kopf spucken kann, lernt leicht, immer gefällig und glänzender Kamerad der Ulla. Bleiben die Schulverhältnisse in Carwitz so, wie sie jetzt sind, wird wohl ab Ostern auch Mücke zu uns ziehen; da wird es nur eine große Schwierigkeit geben, wie ich sie nach Berlin hereinbekomme, vorläufig ist jeder Zuzug ja gesperrt. Aber vermutlich finde ich da auch noch einen Weg.

Wenn Ihr diesen Bericht bis hierher überleset, so klingt

das so, als hätten wir nun nach mancherlei Stürmen einen einigermaßen geruhigen Hafen gefunden. Das ist doch etwas übertrieben, jeder Tag bringt neue Probleme, und vorläufig ist meine Position noch gar nicht fest. Ich muss erst einmal eine große, wirklich allseitig anerkannte Leistung hinter mich bringen; ich arbeite daran, gebe Gott, dass es etwas wird. Oft fühle ich mich jetzt alt und müde, aber gottlob habe ich immer so viel Jugend um mich, dass man mir zu diesen Gefühlen wenig Zeit lässt: ich werde da einfach herausgerissen.

So, und nun habe ich fast nur oder vielmehr nur von uns geschrieben. Ich fände es doch sehr nett, wenn auch einer von Euch nun einmal den Weg an die Maschine fände und uns schriebe, wie es Euch geht und Euern Kindern. Wir hoffen und wünschen Euch nur das Beste. Ich bin immer

Euer
Rudolf Ditzen

Ditzen

(1) Berlin-Niederschönhausen, am 27. 12. 46.
Eisenmengerweg 19.

Liebe Dete, lieber Fritz,

lange, lange haben wir nichts mehr direkt von Euch gehört, nur Mutti schreibt manchmal und meist auch nur, dass Ihr sehr allein lebt und dass Ihr Sorgen habt. Wer hat die heute aber nicht? Es ist ein schweres Leben, jeden Tag muss man sich neu durchkämpfen, eben hat man ein Problem bewältigt, und schon tauchen zehn neue auf – überall dasselbe Lied, überall das gleiche Leid! Aber ich will Euch doch jedenfalls zum Jahresschluss einen kleinen Gruß senden und den Wunsch von uns an Euch, dass 1947 ein bisschen besser werden möge, ein bisschen mehr Freude bringen möge!

Bei uns ist es ein ewiges Auf und Ab. Wenn nicht die Kinder wären! Da ist der sehr kluge, sehr ehrgeizige Uli, der jetzt die Sekunda bevölkert, seinem Vater weit über den Kopf gewachsen ist und der ein gradezu glänzendes Zeugnis nach Haus gebracht hat. Dann kommt das Mückchen, mit ihren dreizehn Jahren schon eine warmherzige, kleine Frau, auch sie hat sich gut in Berlin und auf der Schule eingelebt, sie wird sich immer und überall im Leben gut zurechtfinden. Sie kämpft noch mit den Schwierigkeiten der Umschulung, so hat sie z. B. drei Jahre Englisch nachzuholen, aber das wird auch alles zurechtkommen, da sie einen sehr offenen Kopf hat. Jutta, die Tochter meiner Uschi, ist nun auch zur Schule gekommen, und das will der kleinen Träumerin noch gar nicht gefallen, aber auch sie findet ihren Weg. Und da ich ja ein wahres Kinderhaus habe, ist da auch noch eine Bärbel, das Kind unserer Stütze, ein Jahr älter als Jutta, ein Jahr weiter – Leben genug um mich, Mäuler genug zu stopfen, Probleme zu viel zu bewältigen, aber man rostet nicht ein.

Von mir selbst kann ich melden, dass ich so langsam wieder in Gang komme (wenn ich auch augenblicklich in der Charité mal wieder auf der Nase liege). Ich habe einen sehr mäßigen, ja, einen völlig misslungenen Roman »Der Alpdruck« geschrieben, und dann ist mir doch endlich wieder mal was Rechtes gelungen, ein großer Roman »Jeder stirbt für sich allein«, ein Buch, 1940 bis 1942 in Berlin spielend, etwas von der Art meines »Wolf«. Es liegt jetzt grade die unangenehme Arbeit vor mir, den Roman für die Neue Berl. Illus. zu bearbeiten und auf die Hälfte zu kürzen, außerdem hat ihn eine Film-Gesellschaft, die DeFa, gekauft, und in Buchform wird er so wohl im Mai erscheinen – wenn die technischen Schwierigkeiten das erlauben. Ihr seht, dass ich genug gearbeitet habe und dass ich auch genug Arbeit vor mir habe. Vielleicht habt Ihr es auch aus den Gazetten gesehen, dass ich recht kräftig besonders von den Amerikanern angegriffen werde, als Pronazi usw., aber gottlob kümmert das dumme, verlogene Zeug die Russen, meine Freunde, gar nicht. Sie haben mir sogar ihre Zeitung zum Antworten zur Verfügung gestellt, aber ich denke gar nicht daran, lass sie reden, schweige still. Fritz weiß ja wohl auch von diesen Dingen ein Lied zu singen, aber je weniger man davon spricht und daran denkt, umso besser.

So, meine Lieben, und nun bleibt mir nur noch, Euch ein recht gutes neues Jahr zu wünschen. Ich hoffe noch immer, auch mal direkt von Euch zu hören.

In alter Herzlichkeit
Euer

DER LETZTE BRIEF AN DIE MUTTER

Einer der letzten überlieferten Briefe Rudolf Ditzens ist an seine Mutter gerichtet, die auch nach Kriegsende bis zu ihrem Tod im Jahr 1951 in Carwitz bei der Schwiegertochter Suse lebt. In ihm zieht der Sohn eine tief berührende Bilanz seines Lebens.

Rudolf Ditzen – z. Z. Berlin – Charité

Am 22. 12. 46

Liebe Mutti,

ich habe zwar Suse in meinem Briefe an sie einen Gruß für Dich aufgetragen, aber ich möchte die Kinder doch nicht fahren lassen, ohne ihnen ein Brieflein für Dich mitzugeben. Viel Gutes habe ich zwar nicht zu melden, und das Fest wird sehr trübe für mich werden, aber umso eher Veranlassung, Dir ein paar Zeilen zu schreiben, ein wenig mit Dir zu plaudern. Ich habe so lange nichts von Dir gehört – oder kommt es mir nur so vor? Jedenfalls hoffe ich und wünsche ich, dass Du das Fest in einiger Gesundheit verlebst, Dich an Deinen Enkelkindern freust und dass wenigstens die kleinen Freuden bei Dir sind, da die großen ja doch nun schon so lange fehlen müssen …

In diesen Tagen häufen sich die Gedenktage unserer Familie. Am 15. hätte unser Uli seinen Geburtstag gefeiert, er wäre nun auch schon kein junger Mann mehr, und es wäre vielleicht – nein, es ist vielleicht besser für ihn und für uns, dass wir an ihn so denken können, wie er war, als er uns verließ. Für mich ist er immer etwas sehr Junges, sehr Idealistisches – und dabei so ernst, so anständig! Es ist seltsam, nun habe ich einen eigenen Sohn, der Uli heißt, aber nie komme ich auf den Gedanken, die beiden zu verwechseln. Dir wird es ganz ähnlich gehen, der Sohn und der Enkel sind trotz der Namensgleichheit doch etwas sehr Verschiedenes. – Am 25. 12. ist Tante Ada gestorben, ich empfinde Trauer und Dankbarkeit, wenn ich ihrer gedenke. Und am Sylvestertage habt Ihr beide geheiratet, wenn ich recht rechne, vor nun sechzig Jahren! Was ist seitdem alles geschehen, was hast Du alles erlebt seitdem, liebe Mutti, was hat Dein Herz alles ertragen müssen. Wie viele Sorgen – und sie hören nie auf, sie hören noch immer nicht auf! Aber auch wie viele Freuden! Ich muss es Dir doch einmal wieder sagen, dass ich an Eure Ehe, so verschiedene Menschen Ihr doch waret, als eine wahrhaft glückliche Ehe denke, wie Ihr in allem zusammenlebtet, zusammen Glück empfandet, zusammen traurig wart! Unser lieber Papa – ich weiß nicht, die ganzen letzten Tage muss ich so viel an ihn denken, besonders im Einschlafen, und dann gehe ich mit ihm in Leipzig wieder in die Motette, was ich doch sicher nicht sehr oft getan habe, sitze mit ihm auf den Kirchenbänken, sehe all die seltsamen Gestalten schweigend hereinkommen und sich auch setzen. Und nun beginnen Orgel und Gesang, und Papa hat die Hand vor die Augen gelegt und den Kopf zurück … Es ist gut, dass sie alle tot sind, jeder, der dies Leben hier nicht mehr führen muss, ist glücklich zu preisen.

Du weißt wohl schon, dass wir beide wieder krank geworden sind, Ulla wie ich, zuerst zusammengebrochen, dann Missbrauch von Schlafmitteln, dann – immer das alte Lied! Ich bin schon wieder ein wenig in Gang, wenn ich auch noch gar nicht recht arbeiten kann, d. h. es rührt sich schon in meinem Kopfe, aber wenn ich an die Ausführung gehen soll, finde ich hundert Vorwände, um lieber nichts zu tun. Sehr bedrückt mich die schwere Aufgabe, den Haushalt bis zum 10. 1. irgendwie wieder in Gang zu bringen, die Kinder haben ja zuletzt nur wie die Wilden gehaust, Frau Paul, die Stütze, hat auch völlig versagt. Ich muss sehen, dass ich ein paar Öfen zu kaufen kriege, Feuerung, Esswaren, ich muss es wieder schaffen. Ich lebe ja wirklich nur noch für die Kinder, und ich bin glücklich, dass es beides so gute, so vielversprechende Kinder sind, und ich möchte so gerne, dass sie es in ihrem Leben etwas besser haben als ihr Vater. Woran liegt es nur bei mir, Mutti? Ich lasse es weder an Fleiß noch an Ausdauer, noch an Ordnung und gewiss auch nicht an der Liebe fehlen, aber dann zerschlage ich mir selbst in wenigen Stunden oft das, an dem ich Monate und Jahre gebaut. Ich habe jetzt wieder einen wirklich großen Roman geschrieben, in ganz kurzer Zeit, ein Roman, der ein Erfolg werden wird, ich hatte die Früchte meines Fleißes schon in der Hand, und nun sitze ich hier einsam allein und habe mich wieder um alles Erreichte gebracht. Irgendetwas in mir ist nie ganz fertig geworden, irgendetwas fehlt mir, so dass ich kein richtiger Mann bin, nur ein alt gewordener Mensch, ein alt gewordener Gymnasiast, wie Erich Kästner mal von mir gesagt hat. Ich sage mir heute, dass es diese Zusammenbrüche nicht mehr geben darf, dass ich vernünftiger leben muss, aber ich mag nicht mehr mir, geschweige denn andern Versprechungen leisten, da ich so heilige Versprechen so oft gebrochen habe! So sage ich denn nur, ich will es wieder versuchen, ich will fleißig sein, ich will arbeiten – möge es lange gut gehen!

Mein armes Mädchen Ulla liegt hier auf derselben Station mit mir, nur ein paar Türen weiter, in einem Schlafsaal (während ich ein Einzelzimmer habe), weil, wie der Professor mir sagte, sie noch zu unruhig ist, als dass man sie allein legen dürfte. Ich darf sie noch nicht sehen, und ich darf sie wohl auch noch länger nicht sehen – auch das will ich ohne Klagen ertragen. Ich bin der Schuldige, ich bin der Mann, ich hätte sie führen und ihr helfen müssen, statt töricht ihren Wünschen nachzugeben. Auch das muss nun anders werden: ich muss wirklich ihr gegenüber ein bisschen Mann sein. Sie ist ein so gutes Kind, wirklich von Herzen gut, und sie liebt mich so sehr, dass ich mich oft ihr gegenüber sehr schuldig fühle. Sie ist nun mein größtes Sorgenkind geworden, und ich muss nur sehen, dass ich sie möglichst bald zurechtkriege und dass ich ihr eine Aufgabe gebe. Eine Hausfrau wird sie ja nie werden, ihr widerstrebt das ruhige Gleichmaß, aber dabei so aufopfernd, so treu, so liebevoll! Oft denke ich an sie wie ein Kind, das verlassen ist und das man liebhaben muss, das man ja auch nicht im Dunkeln auf der Straße stehen lassen darf. Ich wollte, ich könnte auch ihr ein wenig helfen.

Auch an die kleine Jutta denke ich mit Schuldgefühlen, aber ganz anderer Art. Dieses Kind, das Dir so rasch lieb geworden ist und das noch heute so an Dir hängt, ist mir fremd geblieben. Es sieht nur die Mutter, nie mich. Alles, was sie mir gegenüber tut, tun muss, und sei es nur ein Guten-Morgen-Gruß, tut sie nur gezwungen. Ich bin ihr ganz gleichgiltig, wenn nicht Schlimmeres. Und ebenso steht sie Uli und Mückchen gegenüber. Wir sind alle Fremde für sie geblieben. Und doch müsste es anders sein. Es kann nicht nur an dem Kind liegen, auch ich muss Schuld daran tragen. Ich weiß noch, wie vor einigen Monaten Suse mir den Achim brachte, da flog ihm mein Herz gleich ganz zu, und während ich ihn noch in meinen Armen hielt, habe ich doch schon gedacht: Und Jutta? Wenn Du für sie nur ein Zehntel, nur ein Hundertstel dieser Bereitschaft des Herzens hättest, sie würde Dir gleich zufliegen! Jutta wird wohl kein schönes Fest verleben, aber leider werde ich ihr gar nicht fehlen, nur die Mutter!

Was soll ich Dir noch sagen? Ich finde, ich habe für einen »Festbrief« schon viel zu viel gesagt. Lass es Dir einmal erzählt sein. Du antwortest besser gar nicht darauf. Aber ich weiß ja nun, dass Du weißt, wie mir ums Herz ist, und das tröstet mich ein wenig. Ich nehme niemandem etwas durch dieses Geständnisse. Sie sind bei Dir in guter Obhut. Du weißt es ja am besten, ich bin wohl schwach, aber nicht schlecht, nie schlecht. Das ist keine Entschuldigung, es ist schlimm genug, mit 53 Jahren nicht mehr geworden zu sein als ein schwacher Mann, so wenig aus meinen Fehlern gelernt zu haben. Aber so ist es, nicht anders.

Ich sage Dir noch einmal, dass ich mit meinen Gedanken bei Euch sein werde zum Fest. Ich bin immer

Dein
Sohn Rudolf Ditzen

ANHANG

Anmerkungen

Rudolf Ditzen erscheint in den Anmerkungen als RD. Weitere Angaben finden sich in der Chronik, im Personen- und Werkregister.

15 *feste Stellung* – RD wurde im Mai 1928 nach zweijähriger Gefängnisstrafe im Zentralgefängnis Neumünster nach Hamburg entlassen. Im November 1928 kehrte er nach Neumünster zurück, um dort eine Teilzeitstelle beim »General-Anzeiger für Neumünster. Nachrichten- und Tageblatt für Schleswig-Holstein« anzutreten. Ab November 1928 war er als Abonnenten- und Anzeigenwerber auf Provisionsbasis tätig, seit Januar 1929 bis Mitte Januar 1930 in der Redaktion als Lokalreporter angestellt. Die politische Ausrichtung der Zeitung lag im konservativ-deutschnationalen Spektrum. Ab Januar 1929 wurde RD zusätzlich Sekretär, ab März 1929 Geschäftsführer des städtischen Wirtschafts- und Verkehrsvereins, was ihm ein festes Gehalt sicherte.

17 *Schreibmaschine* – Schwager Bechert vermittelte eine günstige gebrauchte Mercedes-Schreibmaschine. Die von RD benutzten Schreibmaschinen sind nicht erhalten, vermutlich schrieb er später in Carwitz auf einem Modell des amerikanischen Herstellers Remington.

18 *Lyzeum* – Mädchengymnasium; vermutlich handelte es sich um das Herzogin-Elisabeth-Lyzeum mit Oberlyzeum und Studienanstalt, das im Juni 1929 in Städtisches Oberlyzeum umbenannt wurde.

18 *Käseblättchen* – Ironische Bezeichnung für den »General-Anzeiger«, der oft die Meldungen und Beiträge anderer Zeitungen nutzte. Die Anzahl der Abonnenten betrug nur noch rund 1000, Anzeigenkunden gegenüber wurde von 4500 Abonnenten gesprochen.

19 *Kassierer und Schriftführer ... Mitglied des Großen Rats der Großen Karnevalgesellschaft* – Aus finanziellen Gründen ging RD weiteren Beschäftigungen nach, u. a. schrieb er für kleinere Zeitschriften oder Werbeblätter, die teilweise im gleichen oder in benachbarten Verlagen erschienen bzw. durch gemeinsame Räumlichkeiten miteinander verknüpft waren. Die aufgezählten Tätigkeiten, Funktionen und Ämter können nicht sämtlich dokumentarisch nachgewiesen oder belegt werden.

20 *was mir aus Neuhaus fehlte* – In Neuhaus hatte RD ab Juli 1925 eine Stellung innegehabt als Rechnungsführer (Rendant) der Gräflich Hahnschen Gutsverwaltung zu Neuhaus bei Lütjenburg (Schleswig-Holstein), die er überstürzt verließ, nachdem er Gelder veruntreut hatte. Der Fallada-Biograph Peter Walther hält hierzu fest: »In Neuhaus packt Inspektor Hoffmann die Sachen des Rendanten Ditzen ein. Das amtliche Verzeichnis enthält u. a. ›5 Anzüge, 3 Mäntel, 17 Schlipse, 1 Fotoapparat Jka Nr. 224, Kopierrahmen, 82 Bücher.‹« Vgl. Peter Walther: Hans Fallada, Die Biographie, Aufbau Verlag 2016, S. 137.
Casanovaausgabe – Giacomo Casanova: Erinnerungen, hrsg. und übersetzt von Franz Hessel und Ignaz Jezower, 10 Bde., Rowohlt Verlag 1925.

21 *Oberrealschule* – Neunklassige Schulform, die an die vierjährige Grundschule anschloss und mit einem Reifezeugnis (Berechtigung für das Studium aller naturwissenschaftlichen und technischen Fächer) endete. Der Unterschied zum Gymnasium und Realgymnasium bestand im Verzicht auf alte Sprachen (Altgriechisch und Latein) zugunsten moderner Fremdsprachen und Naturwissenschaften.
Tante Frieda – Schwester von Heinz Hörig.

22 *Konkurrenzblatt* – Der »Holsteinische Courier«, der bürgerlich-liberal ausgerichtet war und um 1930 eine Druck-

auflage von rund 12 000 Exemplaren hatte; als Herausgeber fungierte Karl Wachholtz (1892–1962), der auch Eigentümer des »General-Anzeigers« war.

22 *Kuhberg 41* – Erste eigene Wohnung in Neumünster, ermöglicht durch die feste Anstellung; unweit der Redaktion (Kuhberg 3) gelegen (vgl. Hannes Lamp: Der Alp meines Lebens, Hans Fallada in Hamburg und Schleswig-Holstein, Selbstverlag Gundlach und Klamp 2007).

23 »*Chefredakteur*« – Karl-Heinz Berthold, Redakteur des »General-Anzeigers«, zugleich Geschäftsführer der »Schleswig-Holsteinischen Verkehrszeitung«, eines monatlich erscheinenden kostenlosen Anzeigenblattes; der berufliche Neustart wurde RD durch den Gefängnisdirektor von Neumünster, Hans Bithorn (1888–1957), vermittelt. Nach Bertholds Ausscheiden übernahm RD ab März 1929 dessen Funktion als Redakteur beim »General-Anzeiger« und bei der »Verkehrszeitung«.

24 *Bierdorf* – Dorf außerhalb einer Universitätsstadt, in dem Bier ausgeschenkt wird, das nicht unter das historische Kneipverbot studentischer Verbindungen fällt; hier eher Bezeichnung für einen Ort ohne kulturelle Ansprüche.

Reuter – Wahrscheinlich ist Otto Reutter (1870–1931) gemeint, Sänger populärer Couplets und Lieder.

26 *Bauernunruhen* – Bäuerliche Protestbewegung in Schleswig-Holstein, auch als »Landvolkbewegung« bezeichnet, die 1928/29 in gewalttätige Demonstrationen, Steuerboykotte und Anschläge mündete; RD war im Oktober/November 1929 Berichterstatter eines »Landvolkprozesses« am Schöffengericht Neumünster. Die Bauernproteste wurden zum Hauptthema seines Romans »Bauern, Bonzen und Bomben«.

Bürgermeister Lindemann – Der Sozialdemokrat Hermann Lindemann (1897–1956) war von 1926 bis 1930 Zweiter Bürgermeister von Neumünster sowie Vorsitzender des von ihm initiierten Wirtschafts- und Verkehrsvereins.

Karstadt – 1881 gegründetes Warenhaus, um 1930 Europas größter Warenhauskonzern, der auch eine Filiale in Neumünster hatte. 2009 im Zuge eines Insolvenzverfahrens an den Investor Nicolas Berggruen verkauft, 2014 Komplettübernahme durch die Signa Holding des österreichischen Investors René Benko.

27 *Verleger Rowohlt* – Ernst Rowohlt (1887–1960), deutscher Verleger; veröffentlichte Falladas Frühwerke »Der junge Goedeschal« (1920) und »Anton und Gerda« (1923). Fallada nahm im Sommer 1928, nach seiner Haftentlassung, den Kontakt wieder auf, aus dem eine lebenslange Freundschaft entstand sowie ein intensiver Briefwechsel: Hans Fallada, Ewig auf der Rutschbahn, Briefwechsel mit dem Rowohlt Verlag, hrsg. von Michael Töteberg und Sabine Buck, Rowohlt Verlag 2008; Rowohlt wird in den Briefen oft »Väterchen« genannt.

zu Ullsteins ... (Tempo) – Die Tageszeitung des Berliner Ullstein Verlags »Tempo. Berliner Abend-Zeitung« erschien zwischen 1928 und 1933.

28 *herrliche Tätigkeit* – Am 16. Januar 1930 trat RD seine Anstellung im Rowohlt Verlag an, wo er als Leiter der Rezensionsabteilung Freiexemplare für Zeitungen anwies, veröffentlichte Kritiken archivierte und mitunter Berühmtheiten wie Kurt Tucholsky oder Emil Ludwig die Tür öffnete.

30 *Ulrich (Uli)* – Ulrich Ditzen (1930–2013), genannt Uli, wurde am 14. März geboren. Er forschte zur Biographie seines Vaters und gab den Briefwechsel »Mein Vater und sein Sohn« (Aufbau-Verlag 2004) heraus.

Gautzsch – Heute Ortsteil der Stadt Markkleeberg nahe Leipzig.

Deinen Artikel über Neumünster ... in der Weltbühne – Weltbühne, Jahrgang 1929, S. 832–835.

31 *der »hohe Wöchner«* – Vater des Neugeborenen.

32 *Neuenhagen* – Im Juni 1930 war die Familie Ditzen nach Neuenhagen bei Berlin (Grüner Winkel 23) umgezogen, heutige Adresse Falladaring 10.

33 *meine Gläubiger* – Die ehemaligen Arbeitgeber Graf von Hahn in Neuhaus, Holstein, und Graf von Rohr in Lübgust, Pommern, in deren Diensten RD Geld unterschlagen hatte; im Zuge der anschließenden Anklage und Verurteilung hatte ihn sein Schwager anwaltlich beraten.

34 *Menzel* – Dr. Richard Menzel, Justizrat in Zittau; Fritz Bechert arbeitete mit ihm in einer Kanzlei (Innere Weberstraße 18).

36 *Neustettin* – Szczeninek, Polen; Sitz des Kreisgerichts.

Köllschen – »Kölnische Illustrierte Zeitung«; hier erschien von November 1930 bis März 1931 der Vorabdruck des Romans »Bauern, Bonzen und Bomben«.

37 *Remarque* – Erich Maria Remarque (1898–1970), deutscher Schriftsteller; 1930 wurde sein Antikriegsroman »Im Westen nichts Neues« (1929) in Hollywood verfilmt.

38 *B. B. B.* – »Bauern, Bonzen und Bomben«.

Traven – B. Traven (um 1882–1969), deutscher Schriftsteller, der unter Pseudonym veröffentlichte; in seinen Romanen verbindet sich das Genre der teils in ironisch-sarkastischem Duktus geschriebenen Abenteuergeschichte mit einer kapitalismuskritischen Haltung.

40 *Kürzung wegen § 218* – Paragraph des Strafgesetzbuches zum Schwangerschaftsabbruch; das StGB des Deutschen Reiches stellte Abtreibung unter Strafe.

Rathenau – Walther Rathenau (1867–1922), deutscher Politiker und Schriftsteller.

41 *Berliner Tageblatt* – Das »Berliner Tageblatt« erschien zwischen 1872 und 1939 als überregionale Tageszeitung im Deutschen Reich.

42 *Insel oder S. Fischer* – Insel Verlag (Leipzig), S. Fischer Verlag (Berlin).

44 *Murkel* – Kosename für Sohn Uli sowie im Roman »Kleiner Mann – was nun?« für den Sohn von Johannes Pinneberg und seiner Frau Emma, genannt Lämmchen; titelgebend im Kinderbuch »Geschichten aus der Murkelei« (1938).

Rowohlt'schen Insolvenz – Im Juni 1931 musste der Rowohlt Verlag Zahlungsunfähigkeit vermelden, nachdem seine Hausbank Danat im Zuge der Weltwirtschaftskrise Konkurs gemacht hatte. Mit der Rowohlt Verlag GmbH wurde eine Auffanggesellschaft gegründet, und die Geschäfte konnten weitergeführt werden. Mehrheitsgesellschafter wurde Fritz Koch, 1936 die Ullstein AG.

44 *Notgemeinschaft* – Notgemeinschaft der deutschen Wissenschaft, 1920 gegründete Organisation zur Vertretung der Interessen der deutschen Wissenschaftler, 1929 Umbenennung in Deutsche Gemeinschaft zur Erhaltung und Förderung der Forschung, kurz Forschungsgemeinschaft, Vorläuferin der heutigen Deutschen Forschungsgemeinschaft (DFG).

Frankfurter Zeitung – Am 18. Dezember 1931 erschien in der »Frankfurter Zeitung« die Rezension »Politik in der Kleinstadt« von Siegfried Kracauer.

45 *Kracauer* – Siegfried Kracauer (1889–1966); seine empirisch-soziologische Studie »Die Angestellten. Aus dem neuesten Deutschland« (1930) analysiert das Angestelltenmilieu der Weimarer Republik.

Kleiner Mann – was nun? – Falladas Roman, sein literarischer Durchbruch, der ein Welterfolg wurde, erschien im Juni 1932 im Rowohlt Verlag; die ursprünglichen Arbeitstitel lauteten »Der Pumm«, »Pinneberg und sein Murkel« und »Kleiner Mann«.

RM – Reichsmark.

46 *mit der »Vossischen«* – Die »Vossische Zeitung« aus dem Berliner Ullstein Verlag wurde 1934 auf politischen Druck eingestellt; zwischen 20. April und 10. Juni 1932 erschien ein gekürzter Vorabdruck des Romans »Kleiner Mann – was nun?«.

»Fahnen« – Korrekturabzüge des von der Druckerei gesetzten, aber noch nicht umbrochenen Textes.

48 *Oma aus Hamburg* – Louise Issel, Mutter von Anna Ditzen.

Poel – Insel in der Wismarer Bucht (Ostsee).

50 *Feuchtwanger* – Lion Feuchtwanger (1884–1958), deutscher Schriftsteller; sein Roman »Erfolg. Drei Jahre Geschichte einer Provinz« erschien 1930 im Gustav Kiepenheuer Verlag, Berlin.

Meisl – Gemeint ist vermutlich der österreichische Dramatiker Carl Meisl (1775–1853).

Hemingway – Ernest Hemingway (1899–1961), amerikanischer Schriftsteller. Fallada besprach in zwei Rezensionen

Bücher Hemingways, die in deutscher Übersetzung im Ro-
wohlt Verlag erschienen waren: »Ernest Hemingway oder
Woran liegt es?«, eine Sammelrezension zu »Fiesta« (1928),
»Männer« (1929) und »In einem andern Land« (1930) (in:
Die Literatur 9/1931), sowie »Gespräch zwischen Ihr und
Ihm« zu dem Kurzgeschichtenband »In unserer Zeit«
(1932) (in: Die Literatur 10/1932).

51 *Deutsche Lichtspielsyndikat* – Deutsche Lichtspiel-Syndikat
A. G. (D. L. S.), Filmproduktionsfirma.
Wendhausen – Fritz Wendhausen (1890–1962), deutscher
Regisseur; Regie und Drehbuch zur Verfilmung von »Kleiner Mann – was nun?« (1933). Die Uraufführung fand nach
erheblichen Änderungen und Zensureingriffen am 3. August 1933 im Berliner Kino Capitol statt.
*Pinneberg wahrscheinlich Paul Kemp ... Lämmchen wird
noch gesucht* – Nicht Paul Kemp (1896–1953), sondern Hermann Thimig (1890–1982) übernahm die Rolle des Pinneberg, Pinnebergs Mutter wurde von Ida Wüst (1884–1958)
gespielt, Jachmann nicht von Otto Wernicke (1893–1965),
sondern von Fritz Kampers (1891–1950), das Lämmchen
verkörperte Hertha Thiele (1908–1984).

52 *Es war aber auch etwas viel* – Umzug der Eltern Ditzen von
der Kaiser-Wilhelm-Straße 33 in die Kronprinzstraße 2d in
Leipzig.
Ording – Sankt Peter-Ording, Seebad in Nordfriesland; Ur-
laubsort der Familien Hörig und Ditzen.

53 *Berkenbrück ... Spree* – Umzug im November 1932 von
Neuenhagen nach Berkenbrück/Spree (Rother Krug 9), öst-
lich von Fürstenwalde.

56 *George Grosz hat Suse gezeichnet* – Bleistiftzeichnung von
Anna Ditzen; Original im Familienbesitz, Kopie im Hans-
Fallada-Museum (Carwitz). George Grosz (1893–1959) ge-
staltete die Umschlag- und Einbandzeichnungen für die
Erstausgabe von »Kleiner Mann – was nun?« (1932), bald
fand nur noch die Zeichnung auf dem Umschlag Verwendung, später wurde auch auf diese verzichtet, weil offenbar
vielen Lesern die Grosz-Zeichnung von Lämmchen als »sa-
tirisch« missfiel. Der Maler und Karikaturist emigrierte im

Januar 1933 in die USA, im März 1933 wurde er ausge-
bürgert, seine Werke galten dem NS-Regime als »entartete
Kunst«.

57 *Krisenhilfe und Bürgersteuer* – Die Krisenhilfe war eine 1932
eingeführte Maßnahme, um dem großen Anstieg der Er-
werbslosigkeit etwas entgegenzusetzen. Die Bürgersteuer
wurde durch die Gemeinden erhoben und richtete sich
nach dem jeweiligen Einkommen.

Pianofortefirma – Pianofortefabrik Grotrian-Steinweg in
Braunschweig.

mit einer andern Deckelzeichnung – Die neue Cover-Illus-
tration für den Roman »Kleiner Mann – was nun?« stammte
von Walter Müller-Worpswede (1901–1975).

58 *Thema des neuen Buches* – Der Roman »Wer einmal aus
dem Blechnapf frißt«, der im März 1934 als Buch erschien,
handelt vom Strafvollzug und dem Umgang der Gesellschaft mit ehemaligen Strafgefangenen.

Hauptmann von Köpenick – Der Schriftsteller Wilhelm
Schäfer (1868–1952) veröffentlichte 1930 den Roman
»Der Hauptmann von Köpenick« (Georg Müller Verlag
München) über das Leben des Schuhmachers Friedrich
Wilhelm Voigt (1842–1922), der als Vorlage für die litera-
rische Figur des Hauptmanns von Köpenick diente.

59 *der Heide* – Es ist unklar, welches Buch gemeint ist; Neu-
erscheinungen jener Jahre waren etwa der Roman »Heide
Heidenreichs große Liebe« (1931) von El-Correï, Pseudonym der Schriftstellerin Ella Thomass (1874–1941), und
die Novellen-Anthologie »Grün ist die Heide« (1932) von
Hermann Löns (1866–1914).

Reger – Erik Reger (eigentlich Hermann Dannenberger,
1893–1954), deutscher Schriftsteller und Journalist; be-
schreibt in seinem 1931 mit dem Kleist-Preis ausgezeichneten Romandebüt »Union der festen Hand. Roman einer
Entwicklung« (Rowohlt 1931) wirtschaftliche und politische Prozesse im Ruhrgebiet zwischen 1918 und 1930. Der
nachfolgende Roman »Das wachsame Hähnchen. Polemi-
scher Roman« (Rowohlt 1932) thematisiert die Inflations-
jahre der Weimarer Republik.

60 *Worpsweder Maler* – Walter Müller-Worpswede
(1901–1975), neue Umschlagzeichnung für den Roman
»Kleiner Mann – was nun?« ab der Auflage 49.–58. Tsd.
Akademie in Chemnitz – Staatliche Akademie für Technik,
Vorläufer der heutigen Technischen Universität Chemnitz
(TU Chemnitz).
Obersekunda – 11. Klasse. Bis Mitte des 20. Jahrhunderts
gebräuchliche Bezeichnung an humanistischen Gymnasien.
Die Klassenfolge begann mit der Sexta (5. Klasse) und setzte
sich über Quinta, Quarta, Untertertia, Obertertia, Un-
tersekunda, Obersekunda bis Unterprima und Oberprima
(13. Klasse) fort.

61 *Hamburger »Klöben«* – Regionaler Ausdruck für ein Rosi-
nenbrot.
der »Kleine Mann« … wacker gehalten – Bis März 1933 wurden in acht Auflagen rund 47 000 Exemplare gedruckt und
davon 42 000 verkauft, hinzu kamen zahlreiche Überset-
zungen und Verfilmungsvorhaben (vgl. Sabine Koburger:
Ein Autor und sein Verleger, Hans Fallada und Ernst Rowohlt in Verlags- und Zeithorizonten, belleville 2015).

62 *Idee des Nationalsozialismus* – Keinen Monat später, am
30. Januar 1933, wurde Adolf Hitler (1889–1945) als Vorsitzender der NSDAP durch den Reichspräsidenten Paul
von Hindenburg (1847–1934) zum Reichskanzler ernannt.
Damit endete die parlamentarische Demokratie der Weimarer Republik.

63 *Viertel* – Berthold Viertel (1885–1953), deutsch-österrei-
chischer Dramaturg und Regisseur; als Jude war ihm die
weitere Filmarbeit in Deutschland nicht mehr möglich.
Weill – Kurt Weill (1900–1950), zunächst bekannt durch
die Zusammenarbeit mit Bertolt Brecht (u. a. »Die Dreigroschenoper«), nach 1933 in die USA emigriert.
Neher – Caspar Neher (1897–1962), Bühnenbildner; Zusammenarbeit mit Bertolt Brecht.
Buch mit der Ahnentafel der Ditzens – Genauer Titel nicht
ermittelt; der väterliche Familienzweig der Ditzens stammte
aus Ostfriesland; zur Familiengeschichte der Ditzens vgl.
Hans Fallada und die liebe Verwandtschaft, hrsg. von Heide

Hampel, Erika Becker und Achim Ditzen, Steffen Verlag 2013.

65 *hört man ... mal nicht von Hilfstruppen d. N.S.D.A.P.* – Anspielung auf die anhaltende politische Bedrohung und die Anfeindungen durch die SA, die paramilitärische Organisation der Nationalsozialistischen Deutschen Arbeiterpartei. Auf Grund einer Denunziation wurde RD verhaftet und in »Schutzhaft« genommen, die er vom 13. bis zum 22. April 1933 im Amtsgerichtsgefängnis Fürstenwalde verbrachte.

Revolution – In der zeitgenössischen Berichterstattung und Selbstdarstellung der NSDAP wurde von einer »nationalsozialistischen Revolution« gesprochen.

Tante Ada – Adelaide Ditzen (1859–1939), Schwester des Vaters Wilhelm Ditzen (1852–1937). Wichtige Bezugsperson RDs, insbesondere während seines Krankenhaus- und Sanatoriumsaufenthalts 1911–1913 nach einem als Duell getarnten Doppelselbstmordversuch.

66 *Berkenbrück zu kaufen* – Es gab den Plan zum Erwerb des Hauses, von dem die Familie bislang nur die obere Etage zur Miete bewohnte.

ausgezeichnetes Mädchen – Marie Wendland, Hausangestellte und Dienstmädchen.

67 *Hauswirt Sponar* – Vermieter; das Ehepaar Sponar bewohnte das untere Stockwerk des Hauses.

73 *Pension Stössinger* – Pension in Berlin-Charlottenburg; RD wohnte hier, teils allein, teils mit Frau und Sohn, zwischen dem Weggang aus Berkenbrück und dem Umzug nach Carwitz im August 1933; während dieses Aufenthalts schrieb er am Drehbuch für die Verfilmung von »Kleiner Mann – was nun?«.

74 *Märk. Sanatorium b/Bad Buckow* – In den ersten Monaten unter der Naziherrschaft trank RD und litt unter Schlafstörungen, seiner Frau machte die Zwillingsschwangerschaft zu schaffen. Suhrkamp und Rowohlt organisierten für die Familie einen Aufenthalt im Märkischen Sanatorium Waldsieversdorf bei Buckow von Anfang Mai bis 20. Juni 1933.

74 *Kürzungen im »Kleinen Mann«* – RD sah sich nach dem Machtantritt der Nationalsozialisten gezwungen, für künftige Ausgaben einige Passagen und Figuren des Romans zu ändern, andere politische Äußerungen von Romanfiguren blieben erhalten. 2016 erschien Falladas Urfassung des Romans, die bereits für die Erstpublikation von 1932 vom Verlag gekürzt und bearbeitet worden war (Aufbau Verlag 2016).

76 *book-of-the-month-club* – Die Nachricht wurde RD im Sanatorium von seiner Frau überbracht; 1934 entstand unter dem Titel »Little Man, What now?« auch eine amerikanische Verfilmung.

77 *zwei kleinen Mädelchen* – Die Zwillinge Lore und Edith; Edith starb unmittelbar nach der Geburt am 18. Juli 1933.

79 *Carwitz bei Feldberg* – Kauf der Büdnerei Nr. 17 im Bauern- und Fischerdorf Carwitz im Juli/August 1933; das Anwesen bestand aus Wohnhaus, Wirtschaftsgebäude, Scheune, Garten und Land von »über drei Morgen«. Heute befindet sich hier das Hans-Fallada-Museum, betrieben von der Hans-Fallada-Gesellschaft, sowie das Hans-Fallada-Archiv als Teil des Literaturzentrums Neubrandenburg e. V.

80 *Bileams Esel* – Biblische Geschichte des Hebräers Bileam (auch Balaam) und seines sprechenden Esels.

Hotel Deutsches Haus – Bis heute existierendes Hotel in Feldberg, in dem RD im Sommer 1933 vorübergehend wohnte, bevor die Familie im Oktober in Carwitz einziehen konnte.

82 *Solange ich wissenschaftlich etwas fertig bringe* – Heinz Hörig publizierte seine Aufsätze unter dem Namen Heinrich Hörig in Fachzeitschriften, verfasste aber auch populärwissenschaftliche Schriften wie das »Radio-Lexikon« (1924) und »Radio-Akustik. Einführung in die akustischen Fragen der Radiotechnik« (1926).

Milieu bei »Mia« – Romanfigur aus »Kleiner Mann – was nun?«; Mia ist die Mutter von Johannes Pinneberg, eine Lebedame.

84 *grausigen Dings von 800 Druckseiten* – »Wer einmal aus dem Blechnapf frißt«, das Manuskript trug den Arbeitstitel »Kippe oder Lampen«.

eine ganz kurze Geschichte … 140 Druckseiten etwa – Der Roman »Wir hatten mal ein Kind. Eine Geschichte und Geschichten« erschien 1934 im Rowohlt Verlag und hatte einen Umfang von 546 Druckseiten.

85 *Ich mache mit Riesenmut überall Ordnung* – Im Original versehentlich: Ich mache mit Riesenmut überall Sorgen.

86 *mit eigenem Gespann* – RD besaß auf seinem Anwesen ein Pferd und ein Fuhrwerk.

87 *seiner Lektoren* – Paul Mayer (1889–1970) und Franz Hessel (1880–1941); mit dem dritten Lektor könnte Ernst von Salomon (1902–1972) gemeint sein.

88 *Sapienti sat* – (lat.) Es bedarf keiner weiteren Erklärung für den Eingeweihten.

ekelhafte Prozessgeschichten – Verhandlungen über die Filmrechte von »Kleiner Mann – was nun?«.

89 *Referendar Kirsten* – Referendar in der Kanzlei Menzel/Bechert.

91 *Andrejew aus Petersburg* – Nicht ermittelt.

Leningrad – Heute St. Petersburg, zwischen 1924 und 1991 Leningrad.

Töffel – Ungeschickter Mensch.

93 *Döblin* – »Berlin Alexanderplatz« (1929) von Alfred Döblin (1878–1957).

94 *Polykrates* – Griechischer Tyrann, herrschte ca. 538–522 v. Chr.

95 *ete* – Verkürzt für »etepetete«.

97 *Laemmle* – Carl Laemmle (1867–1939), deutsch-amerikanischer Filmproduzent, Gründer der Universal Studios; gilt als Gründungsvater Hollywoods.

98 *Rodin* – Auguste Rodin (1840–1917), französischer Bildhauer und Zeichner.

Volksgemeinschaft – Leitbegriff der nationalsozialistischen Ideologie und Propagandaformel des NS-Regimes.

Volksgenossen – Synonym und Anrede für Mitglieder der »Volksgemeinschaft«, semantisch gleichgesetzt mit Angehörigen »deutschen Blutes«, zugleich Ausschlusskriterium für gesellschaftliche Minderheiten.

99 *welches Buch früher erscheinen wird* – »Wer einmal aus dem Blechnapf frißt« erschien im März, »Wir hatten mal ein Kind« im Herbst 1934.

100 *kleine Vorrede* – Der Roman »Wer einmal aus dem Blechnapf frißt« enthält in der Erstausgabe eine Vorbemerkung, datiert mit »30. Januar 1934«, die Ernst von Salomon, damals Mitarbeiter im Rowohlt Verlag, für Fallada redigiert hatte; vgl. Hans Fallada, Ewig auf der Rutschbahn, Briefwechsel mit dem Rowohlt Verlag, hrsg. von Michael Töteberg und Sabine Buck, Rowohlt Verlag 2008, S. 137 und 443 f.

101 *Voss und die andere von der BZ* – »Vossische Zeitung« und »Berliner Zeitung am Mittag«.
   die Voss geht ein! – Am 31. März 1934 stellte die »Vossische Zeitung« als Teil des noch bestehenden Ullstein Verlags auf Druck der Zensurbehörden des NS-Regimes ihr Erscheinen ein.

102 *»Urgeschichte« … »Jugendgeschichte«* – Mit der »Urgeschichte des Helden« beginnt der Roman »Wir hatten mal ein Kind«, es folgt die »Jugendgeschichte des Helden«.

103 *kommt doch der »Herr Kammergerichtsrat« sehr gut weg* – RDs Vater Wilhelm Ditzen war Richter und in Berlin von 1899 bis 1909 am Kammergericht tätig.

104 *Reichszuschüsse* – An berechtigte Gemeinden ausgezahlte Unterstützungen für landwirtschaftliche Betriebe.

105 *Rattengäntschow* – Bezieht sich auf den Roman »Wir hatten mal ein Kind«; eine Figur lässt sich nach Verlust seiner Frau von Ratten totbeißen.

106 *27 Auslandsausgaben* – Der Roman »Kleiner Mann – was nun?« wurde in rascher Folge in nahezu alle europäischen Sprachen übersetzt; bereits Mitte der 1930er Jahre lagen dänische, tschechische, italienische, schwedische, niederländische, französische, ungarische, finnische, norwegische, portugiesische sowie zwei englischsprachige Ausgaben vor.
   Hollywoodfassung – Die Uraufführung der US-Verfilmung in der Regie von Frank Borzage (1893–1962) fand am 31. Mai 1934 statt.

108 *Carwitzer Meer* – Carwitz ist als Halbinsel umschlossen von Seen.

Tez – Kopf.

fläche Dein Däng! – (sächsisch) Pflege Deinen Teint!

{(Tut sie ... keine Wurst)} – Die handschriftlichen Anmerkungen in diesem Brief, gekennzeichnet durch {...}, stammen von Elisabeth (Ibeth).

12. Orthographisch ... 14. Wenn sie gar zu viel quatscht – In der Aufzählung gibt es keinen Punkt 13.

109 *Babba* – Papa.

110 *Käte Blöcker* – Anna Ditzens Nichte.

112 *Ordinger Ölrock* – Grobes, wetterfestes Kleidungsstück, getragen während der Aufenthalte in Sankt Peter-Ording an der Nordseeküste.

L.m.a.A.-Urlaubsstimmung – »Leck mich am Arsch«-Stimmung.

113 *kleine Lieschen* – Kosename für Elisabeth Hörig.

pp Flecken – Hinweis auf Entwicklungsfehler der Fotografie.

114 *vivat, crescat, floreat* – (lat.) Es lebe, blühe und gedeihe!

Ulimux – Spitzname für Sohn Uli Ditzen.

115 *»Bengel«* – Johann Albrecht Bengel (1687–1752), deutscher Theologe.

116 *Krummacher* – Friedrich Adolf Krummacher (1767–1845), evangelischer Theologe.

Jugenderinnerungen von Kügelgen – »Lebenserinnerungen eines alten Mannes« (1870) von Wilhelm von Kügelgen (1802–1867); die Autobiographie des Malers erschien posthum und erlebte mehrere Auflagen.

Croup – Krupp, Keuchhusten.

Pfannkuch – Buchhandlung Karl Pfannkuch in Braunschweig.

117 *Gäntschow* – Johannes Gäntschow, Hauptfigur des Romans »Wir hatten mal ein Kind« (1934).

seine Offenbarung – Johann Albrecht Bengel: Die Hauptsache der Offenbarung Johannis oder vielmehr Jesu Christi: aus den fürnehmsten Schriften des sel. Herrn D. Jo. Albr. Bengels ausgezogen und in deutliche Fragen und Antworten verfasset, Fleischhauer 1773.

118 *Mummi* – Kosename der Kinder für die Mutter Anna Ditzen, geb. Issel (1901–1990), die in der Familie Suse genannt
wurde. Der Ehebriefwechsel zwischen Hans Fallada und
Anna Ditzen erschien unter dem Titel »Wenn du fort bist, ist
alles nur halb« (Aufbau-Verlag 2007), hrsg. von Uli Ditzen.

119 *Louise* – Louise Issel (1860–1943), Mutter von Anna Ditzen.
Saarjüngling – Kurzzeitige Hilfskraft auf dem Anwesen in
Carwitz; die Benennung ist vermutlich eine Anspielung auf
das Saargebiet, das seit 1920 unter französischer Verwal-
tung stand und sich 1935 per Volksentscheid wieder zum
Deutschen Reich bekannte.
Rechenmaschine – Eine für automatische Berechnungen ge-
nutzte und immer wieder erwähnte Maschine.

120 *Physiker* – Heinz Hörig promovierte 1908 in Leipzig, war
von 1914 bis 1916 Forschungsassistent, von 1917 bis 1923
arbeitete er in Stuttgart bei der Firma Bosch, kurzzeitig 1924
bei der Stuttgarter Radio-AG, ab 1926 begann er, zuerst als
Berater, seine Tätigkeit bei der Pianofortefabrik Grotrian-
Steinweg in Braunschweig, die einen Physiker zur Bearbei-
tung physikalischer Fragen des Klavierbaus im hauseigenen
Labor suchte. Hörigs Spezialgebiet war die Elastizität von
Formen unter Temperatureinwirkung und Wärmestrahlung
in Verbindung mit technisch-akustischen Fragen der ver-
wendeten Materialien (Metall und Holz). Ziel seiner For-
schungen war die Verwissenschaftlichung des Instrumen-
tenbaus auf Grundlage physikalischer Erkenntnisse.
Während seiner Tätigkeit für Grotrian-Steinweg verfasste
Hörig regelmäßig »Mitteilungen aus dem Laboratorium«,
wobei ihn seine Frau Elisabeth unterstützte. Nach dem Tod
des Firmeninhabers Willi Grotrian 1931 und im Verlauf der
Weltwirtschaftskrise verlor Hörig seine Anstellung.

121 *Frau Kenter* – Marga Kenter (1897–1978), seit 1931
freundschaftlich mit RD verbunden und regelmäßiger Gast
in Carwitz; Frau des Regisseurs Heinz Dietrich Kenter
(1896–1984), mit dem Fallada 1931 das Theaterstück »Die
schwarze Fahne« (nach dem Roman »Bauern, Bonzen und
Bomben«) sowie 1932 das Hörspiel »Der Klatsch« verfasste.

121 *Jean Paul* – Jean Paul (1763–1825), einer der Lieblings-
autoren RDs.

der Blechnapf in den angelsächsischen Ländern – 1934 er-
schien in Großbritannien »Who Once Eats Out Of The
Tin Bowl« (Putnam), in den USA unter dem Titel »The
World Outside« (Simon and Schuster); Übersetzer war Eric
Sutton, der in den 1930er Jahren mehrere Romane Falla-
das ins Englische übertrug.

122 *Hanna Schrader* – Hannah Weber-Schrader (1891–?), Ehefrau des Theologen Hans Emil Weber; Schulfreundin von
Elisabeth Hörig.

125 *H.J. u. B.d.M.* – Hitler-Jugend (HJ) und Bund Deutscher
Mädel (BDM).

126 *das »Kind«* – »Wir hatten mal ein Kind« (1934).

englische Lektion – Hinweis darauf, dass zu diesem Zeit-
punkt die Möglichkeit einer Emigration von RD nicht ausgeschlossen wurde. Die Sorge, unter dem Nazi-Regime
nicht mehr publizieren zu dürfen, verstärkte sich, als er im
September 1935 von der Reichsschrifttumskammer zum
»unerwünschten Autor« erklärt und ihm der Vertrieb seiner Werke im Ausland ebenso verboten wurde wie der Verkauf von Übersetzungsrechten.

Frl. Kluge – Haushälterin in Carwitz.

Tante-Ada-Wissenschaft – Während des Aufenthalts in der
Klinik Tannenfeld 1912/13 erteilte Tante Ada ihrem Neffen Englisch-, Französisch- und zeitweise auch Italienisch-
unterricht. Nach ausgedehnten Reisen beherrschte sie zu-
dem Spanisch und las Bücher auf Portugiesisch, Holländisch,
Dänisch und Schwedisch.

Berliner Tageblatt – »Berliner Tageblatt und Handelszei-
tung«; überregionale Zeitung (1872–1939).

127 *Münchener Reise* – Nach einem Streit mit Suse reiste RD nach
Grünheide zu Ernst Rowohlt, mit dem es ebenfalls zu einer
Auseinandersetzung kam; RD »flüchtete« daraufhin überstürzt zu Bekannten nach München. Dort angekommen,
wurde er wegen seiner Depression vom 18. bis 20. März 1935
in der Kuranstalt Neuwittelsbach behandelt, bis Suse ihn nach
Carwitz zurückholte, wo die Behandlung fortgesetzt wurde.

128 *Geld und Geist* – »Geist und Geld oder Die Versöhnung« (1843); Roman des Schweizer Schriftstellers Jeremias Gotthelf (1797–1854).

130 *Hofjungenärger* – Alltagsstress und kleine Ärgernisse; Ausdruck aus Fritz Reuters plattdeutschem autobiographischem Roman seiner Lehrjahre »Ut mine Stromtid« (1862).

131 *Der Erbstrom* – »Volkslehrstück in drei Akten« von Konrad Dürre (1884–1940); propagierte »Rassenhygiene«, »Volksgesundheit« und »Erblehre« des Nationalsozialismus.
Hayashi – Hayashi Tsuruichi (1873–1935), japanischer Mathematiker.
Reichsanstalt – Reichsanstalt für Arbeitsvermittlung und Arbeitslosenversicherung, 1927 gegründet.

132 *Im Sanatorium* – Als sich R Ds Zustand verschlechterte, brachte ihn Suse am 2. Mai in das West-Sanatorium nach Berlin, von wo er am 22. Mai (bis zum 4. Juni) auf Veranlassung Ernst Rowohlts in die Psychiatrie der Charité verlegt wurde.
romanen – Romane schreiben, arbeiten; Fallada erfüllte täglich ein vorab festgelegtes Schreibpensum an Manuskriptseiten.

133 *Berlin-Dahlem* – Sitz der Deutschen Forschungsgemeinschaft.

134 *bei der B. I.* – Vorabdruck von »Altes Herz geht auf die Reise« unter dem Titel »Ein Herz geht auf die Reise« in der »Berliner Illustrirten Zeitung« 1936.
Reichsschrifttumskammer – Eine von sieben Kammern der Reichskulturkammer; kontrollierte und reglementierte alle mit Büchern zusammenhängende Kulturberufe im Dritten Reich. Um als Schriftsteller oder im Verlagswesen tätig zu sein, war eine Mitgliedschaft Bedingung; Nichtmitgliedschaft bedeutete quasi Berufsverbot. R Ds Mitgliedskarte vom 11. Juli 1934 trägt die Ausweisnummer 841, vgl. Hans Fallada, Sein Leben in Bildern und Briefen, hrsg. von Gunnar Müller-Waldeck und Roland Ulrich, Aufbau Verlag 2012, S. 131.

136 *Ullsteins* – Ullstein Verlag, ursprünglich ein reiner Zeitungsverlag, ab 1903 auch Buchverlag; nach der Machtüber-

nahme der Nationalsozialisten 1933 enteignet und »arisiert«; die Pluralform verweist auf die Leitung des Verlages durch die fünf Söhne des Gründers Leopold Ullstein (1826–1899).

136 *Berl. Ill.* – »Berliner Illustrirte Zeitung«; illustrierte Wochenzeitschrift, die zwischen 1892 und 1945 im Ullstein Verlag erschien.

Dr. Palitzsch – Otto Alfred Palitzsch (1896–1944), deutscher Schriftsteller und Mitarbeiter der »Berliner Illustrirten Zeitung« des Deutschen Verlages (vormals Ullstein Verlag).

137 *Bibelforscher* – Glaubensbewegung verschiedener christlicher Gemeinschaften, u. a. der »Zeugen Jehovas«.

Ufa – Universum Film AG, deutsche Filmgesellschaft mit Sitz in Potsdam-Babelsberg.

Schünzel – Reinhold Schünzel (1888–1954), deutscher Regisseur.

nach einem Roman von Romains – RD arbeitete im August 1935 an einem Drehbuch nach dem Roman »Donogoo Tonka« (1920) des französischen Schriftstellers Jules Romains (1885–1972); RD erhielt dafür 4000 Reichsmark und Spesen. Der Film erschien 1936 ohne Nennung Falladas, nachdem das Drehbuch vollständig umgeschrieben worden war.

138 *Ahnenpass* – Im Nationalsozialismus ein Dokument zum Nachweis der »arischen Abstammung«, herausgegeben vom »Reichsverband der Standesbeamten Deutschlands«.

140 *Liat* – Wie Ibeth eine Kurzform von Elisabeth, hauptsächlich von der Schwester Margarete verwendet.

141 »*unerwünschter Autor*« – RD erhielt vorübergehend den Status des »unerwünschten Autors« nach Beschluss der Reichsschrifttumskammer vom 12. September 1935, im Dezember 1935 wieder aufgehoben. Fallada war geduldet und konnte Bücher veröffentlichen, blieb aber weiterhin Anfeindungen aus Kreisen der NS-Kulturpolitik ausgeliefert. Nach Kriegsende 1945 verfasste Fallada das Typoskript »Der unerwünschte Autor. Meine Erlebnisse während zwölf Jahre Naziterror« (Hans-Fallada-Archiv Neubandenburg).

In seinem 1944 heimlich niedergeschriebenen Gefängnistagebuch äußert er sich ebenfalls zu seinen Erfahrungen seit 1933, erschienen unter dem Titel »In meinem fremden Land, Gefängnistagebuch 1944«, hrsg. von Jenny Williams und Sabine Lange, Aufbau Verlag 2009.

142 *widerstrebt uns der Gedanke einer »Emigration« schrecklich –* Auch in einem Brief an Tante Ada teilte RD am 17. Juni 1933 mit, dass er hier »im Eigenen sitzen und schreiben« wolle und nicht im Ausland leben könne. In dieser Entscheidung lediglich Blindheit gegenüber den Nazis oder Feigheit zu sehen (die auch eine gewisse Rolle gespielt haben mögen), begegnet Carsten Gansel in seinem Nachwort zur Neuausgabe von »Kleiner Mann – was nun?« (Aufbau Verlag, Berlin 2016, S. 537 f.), indem er die »Gesamtstruktur der Persönlichkeit« (Franz Fühmann) betrachtet und Herkunft, Werdegang, emotional-geistigen Charakter, Neigung und persönliche Erfahrungen berücksichtigt. Im Falle RDs müsse Grenzwertiges sowie eine hochgradige Gefährdung seiner Person einkalkuliert werden, angefangen bei den Störungen in der Adoleszenz mit der tragischen Geschichte eines versuchten Suizids über die Morphium- und Alkoholsucht bis hin zu den kriminellen Delikten und den mehrfachen Gefängnisaufenthalten. Die Familie mit Frau und Kindern sowie das Anwesen in Carwitz seien für den Gefährdeten jener Raum gewesen, der ihm Schutz vor den einsetzenden politischen Anfeindungen bot.

143 *ein Bändchen Kindergeschichten –* »Hoppelpoppel – wo bist du?« (1926), Reclam-Band (UB 7314).
»Märchen vom Stadtschreiber, der aufs Land flog« – 1935 im Rowohlt Verlag erschienen.
E.-Th.-Hoffmann – Ernst Theodor Amadeus Hoffmann (1776–1822), deutscher Schriftsteller.

144 *Blunck Johst* – Hans Friedrich Blunck (1888–1961), deutscher Schriftsteller, von 1933 bis 1935 Präsident der Reichsschrifttumskammer; Hanns Johst (1890–1978), deutscher Schriftsteller, von 1935 bis 1945 Präsident der Reichsschrifttumskammer; auf dem Königin-Carola-Gymnasium in Leipzig war Johst ein älterer Mitschüler RDs.

145 *Quidquid delirant reges plectuntur Achivi* – (lat.) Alles, was die Könige in ihrer Raserei verschulden, die Völker müssen es büßen (nach dem römischen Dichter Horaz).

146 *a tu pri* – (frz.) à tout prix; um jeden Preis.

148 *Rudolfs Zusammenklappen* – Auf Falladas intensive Arbeitsphasen folgten regelmäßig gesundheitliche Einbrüche und Krankheiten, ab 1935 begannen längere Aufenthalte in Sanatorien und Heilanstalten; vgl. Klaus-Jürgen Neumärker: Der andere Fallada, Chronik eines Leidens, 2., korr. Aufl., Steffen Verlag 2015.

Reichsforstamt – Oberste Behörde für das Forst- und Jagdwesen sowie die Holzwirtschaft im Nationalsozialismus.

149 *Aufenthalt im Sanatorium* – Erster Aufenthalt im Sanatorium Heidehaus in Zepernick, nördlich von Berlin (vom 23. November 1935 bis zum 8. Februar 1936). Sein Freund Willi Burlage leitete die Nervenklinik, die für die nächsten Jahre RDs Zufluchtsort wurde.

152 *Zansen* – See nördlich von Carwitz.

Hullerbusch – Waldgebiet nahe Carwitz.

Plischi – Hund der Ditzens.

153 *Kritiken-Abonnement* – Zusammenstellung von Rezensionen seiner Romane durch den Ausschnittdienst des Rowohlt Verlages.

Schmidt – Carwitzer Einwohner, auf dem Hofe beschäftigt.

154 *Donna* – Hausmädchen oder Wirtschafterin.

Werde ich wieder »grün« – Gemeint ist: wenn sich RDs Gesundheitszustand wieder verschlechtert.

Schwester Sophie – Sophie Zickermann (1907–1996), Krankenschwester; pflegte RD 1935 im Sanatorium Heidehaus in Zepernick, danach zu Hause in Carwitz. Sie wurde zur Freundin der Familie.

156 *Hoffnung auf die Verfilmung* – Die Pläne zur Verfilmung von »Altes Herz geht auf die Reise« scheiterten, 1938 wurde der Film zwar gedreht, aber nicht aufgeführt.

159 *Bastard von Burgund* – Anton Bastard von Burgund, unehelicher Sohn von Philipp III., Herzog von Burgund, lebte im 15. Jahrhundert.

159 *Friedrich Barbarossa und Heinrich der Löwe und Wilhelm der Eroberer und Harald von England, Karl der Große und Wittekind* – Mittelalterliche deutsche Kaiser und Könige.

Kollmann aus Eberswalde – Prof. Dr. Franz Kollmann (1906–1987), deutscher Forstwissenschaftler.

160 *einen Monat im Heidehaus* – Vom 2. bis 18. Mai 1936.

161 *Übersetzung aus dem Amerikanischen* – »Unser Herr Vater« von Clarence Day (1874–1935), übersetzt von Hans Fallada, erschien 1936 im Rowohlt Verlag; als Fortsetzung »Unsere Frau Mama« (1938), ebenfalls in der Übersetzung Hans Falladas. An diesen Bänden schulte sich Hans Fallada für seine Erinnerungsbücher »Damals bei uns daheim« (1941) und »Heute bei uns zu Haus« (1943).

Burlage – Dr. med. Willi Burlage (1892–1943), Psychiater; RDs Schulkamerad in Leipzig (1909/10), Freund der Familie und häufiger Gast in Carwitz, leitete das Sanatorium Heidehaus in Zepernick bei Berlin, in dem sich RD mehrfach behandeln ließ.

Remittenden – Vom Buchhandel an den Verlag zurückgeschickte Bücher.

162 *glikstens* – (plattdeutsch) gleich, sofort.

164 *einen 8-bändigen Roman aus dem Mittelalter* – Nicht realisiertes Romanprojekt; der erste Band wurde als »Wizzel Kien. Der Narr von Schalkemaren« 1995 von Günter Casper (1924–1999), Cheflektor im Aufbau-Verlag, aus dem Nachlass herausgegeben.

Konower Werder – Halbinsel gegenüber von Carwitz.

165 *Cäcilienverein* – Katholischer Kirchenchor.

Nitroglyzerin – Sprengstoff.

166 *Sippenforschung* – Zeitgenössischer Begriff zur Erforschung der verwandtschaftlichen Zusammenhänge einer Familie (wissenschaftlich: Genealogie, umgangssprachlich: Ahnenforschung). Im Nationalsozialismus eng verbunden mit einer rassistischen Bevölkerungspolitik zum gesetzlich geforderten Nachweis einer »arischen Abstammung«.

167 *Lorenz-Ahnentafel* – Familie Lorenz, mütterliche Linie der Familie RDs.

167 *D.F.G.* – Deutsche Forschungsgemeinschaft.
168 *Schwoch* – Walter Schwoch, Dorfschullehrer in Carwitz.
Wippchen – Späße, Faxen.
169 *Schmidt* – August Schmidt, Gemeindevorsteher von Carwitz.
Siebrecht – Karl Siebrecht, Maurer, Hilfsarbeiter; gleichnamige Hauptfigur in dem Roman »Ein Mann will nach oben« (1941).
171 *an einem Roman und an einem Band Kindergeschichten* – »Wolf unter Wölfen« und »Geschichten aus der Murkelei«.
Schallplattenkrieg – Auseinandersetzung zwischen den Rundfunksendern (Reichs-Rundfunk-Gesellschaft) und der Schallplattenindustrie über Umfang und Vergütung von Schallplattenmusik im Radio.
173 *Inflationsroman* – »Wolf unter Wölfen« (1937).
Kinderbuch – »Geschichten aus der Murkelei«.
176 *Fudern* – Fuhre oder Fahrt.
177 *Clarence Day* – Clarence Day (1874–1935), US-amerikanischer Schriftsteller und Karikaturist.
178 *Kiwitz* – Heinz Kiwitz (1910–1938), deutscher Künstler; in Zusammenarbeit mit dem Rowohlt Verlag entstanden Holzschnitte zum »Märchen vom Stadtschreiber, der aufs Land flog« (1935).
Enak – Biblische Figur aus dem Alten Testament; Heinz Kiwitz veröffentlichte »Enaks Geschichten« (1936) als Bildgeschichte mit eigenen Holzschnitten und einem Vorwort von Hans Fallada.
179 *Tante Töbing* – Freundin der Eltern RDs aus ihrer Berliner Zeit, auch Tatö genannt.
181 *Bruegel* – Pieter Bruegel der Ältere (um 1525–1569), niederländischer Maler; als »Bauernbruegel« bekannt für seine Darstellungen bäuerlichen Lebens.
Masereel – Frans Masereel (1889–1972), belgischer Grafiker und Maler; bekannt vor allem für seine Holzschnitte.
Timmermans – Felix Timmermans (1886–1947), flämischer Schriftsteller.
186 *Kronprinzstraße* – Kronprinzstraße 2d, Wohnung der Eltern, Elisabeth und Wilhelm Ditzen, in Leipzig.

187 *Der Verlag ist in schlimmer Situation* – Im Original versehentlich: Der Verlag ist in schlimmer Sensation.

190 *neue Lektor* – Vermutlich Friedo Lampe (1899–1945).
Kulturfeind Nr. 1 – Zahlreiche bei Rowohlt verlegte Autoren wurden 1933 verboten, 1938 erfolgte Rowohlts Ausschluss aus der Reichsschrifttumskammer, was gleichbedeu-
tend mit Berufsverbot war, der Verlag wurde in die Deutsche
Verlags-Anstalt eingegliedert.

192 *des Vierjahresplanes* – Ironische Bezugnahme auf die eigentliche Verwendung des Begriffs für die Wirtschaftsprogram-
matik der Nationalsozialisten, die ab 1936 die wirtschaftliche und militärische Kriegsfähigkeit herstellen sollte.
ich möt Swin faudern – (plattdeutsch) Ich muss Schweine
füttern.

194 *Kiwitz, der unaufschiebbar nach Kopenhagen verzogen ist* –
Kiwitz emigrierte nach politischer Haft 1937 nach Dänemark und später nach Paris, er starb 1938 als Soldat der In-
ternationalen Brigaden im Spanischen Bürgerkrieg.
E. R. Weiß – Emil Rudolf Weiß (1875–1942), deutscher
Typograf und Illustrator; schuf zahlreiche Einbandzeichnungen für Falladas Bücher im Rowohlt Verlag.
Tante Gretchen – Margarethe Karbe, Schwester von Elisabeth Ditzen.
Umzug nach Celle – Geplanter Umzug der Mutter Elisabeth Ditzen nach dem Tod des Vaters Wilhelm Ditzen am
14. April 1937.

195 *Räder* – Hubert Räder, Figur aus »Wolf unter Wölfen«, Die-
ner der von Prakwitz, Namensgeber war der Gärtner und
Chauffeur der Ditzens in Carwitz.
Multatuli – Pseudonym von Eduard Douwes Dekker
(1820–1887), niederländischer Schriftsteller.

196 *den Elias, den guten Studmann, die nette Petra* – Romanfiguren aus »Wolf unter Wölfen«.

197 *Smerdjäkoff aus dem Karamassoff* – Smerdjakow, literarische
Figur aus dem Roman »Die Brüder Karamasow« (1880)
von Fjodor Dostojewski (1821–1881).
Riemkasten – Felix Riemkasten (1894–1969), deutscher
Schriftsteller und Journalist. Rezensierte mehrere Bücher

Falladas und schrieb ein biographisches Nachwort zu dem Reclam-Band »Hoppelpoppel – wo bist du?« (1936).

198 *Tüta* – Kosename für die Haustochter Gertrud Malingriaux (geb. 1921).

Weio – Literarische Figur aus »Wolf unter Wölfen«.

200 *Frl. Käthe* – Hausangestellte von Elisabeth Ditzen in Leipzig.

203 *Terra* – Terra Film, deutsche Filmproduktionsgesellschaft mit Sitz in Berlin.

Familienklosserei – Familienschwatz.

im Völkischen Beobachter – Publizistisches Propagandaorgan der NSDAP, erschien zwischen 1920 und April 1945; die Formulierung (»Fallada sei Jude«) konnte im genannten Erscheinungszeitraum nicht ermittelt werden.

204 *Jannings* – Emil Jannings (1884–1959), deutscher Theater- und Filmschauspieler.

Speech von Wieman – Rundfunkrede Mathias Wiemans (1902–1969) zu »Wolf unter Wölfen«, deutscher Theater- und Filmschauspieler.

Tobis – Tobis Tonbild-Syndikat AG, deutsche Filmproduktionsgesellschaft.

einen verfilmbaren Roman zu schreiben – Fallada erhielt den Auftrag, eine Familiengeschichte als Vorlage für einen Film mit Emil Jannings zu verfassen, parallel zum Drehbuch entstand die Romanfassung »Der eiserne Gustav«. Das Filmprojekt scheiterte.

205 *jagt Rowohlt noch nach Papier* – Es herrschte Papiermangel; auch war es ein seitens der Genehmigungsbehörde eingesetztes Mittel, um den Druck von Büchern durch Papierbewilligung zu steuern.

Woche des Deutschen Buches – Veranstaltungsreihe der NS-Propaganda von 1934 bis 1942, um die Literatur des »Dritten Reiches« zu fördern.

206 *Dickens* – Charles Dickens (1812–1870), englischer Schriftsteller.

wird trotz des Preises seiner Abnehmer finden – Die zweibändige Ausgabe des Romans »Wolf und Wölfen« (1937) kostete gebunden 12,50 RM und kartoniert 10,50 RM.

207 *Göringwerke* – Reichswerke Hermann Göring, Industrie-konzern, benannt nach Hermann Göring (1893–1946).

208 *Wieman mit seiner Frau* – Wiemans Frau Erika, geb. Mein-gast (1901–1972), Schauspielerin.
V. B. – »Völkischer Beobachter«.

209 *habe ich mir Emil mal angesehen* – Literaturverfilmung des Stückes »Der zerbrochene Krug« (1937) nach Heinrich von Kleist. Jannings spielt die Rolle des Dorfrichters Adam.
Kleist – Heinrich von Kleist (1777–1811), deutscher Dra-matiker und Erzähler.

210 *S. A.-Dienst* – Zum Dienst der SA gehörten unter anderem Straßenkontrollen.

211 *zwischen Revolution und Frieden von Versailles* – Zeitspanne zwischen der Novemberrevolution 1918/19 und der Un-terzeichnung des Versailler Vertrags im Juni 1919.

212 *Jeschken* – Gebirge in Nordböhmen.
Verfilmung des Alten Herzens – Auch dieses Filmprojekt scheiterte. Nur das Buch »Kleiner Mann, großer Mann – alles vertauscht« (1939) wurde noch unter dem Filmtitel »Himmel, wir erben ein Schloss« realisiert und 1943 urauf-geführt.
Wessely – Paula Wessely (1907–2000), österreichische Schauspielerin.

214 *Merkwürdig ist die »Kleinstadt«* – Die Familie Hörig zog von Braunschweig nach Celle. Celle hatte um 1940 rund 40 000 Einwohner, Braunschweig über 200 000.

217 *8-Zylinder-Ford* – R D erwarb 1938 in Berlin einen Ford V8 (Wagen-Nr. 97248), der am 19. März zum ersten Mal in Carwitz vorfuhr. Den Wagen fuhr ausschließlich seine Frau und seltener Hubert Räder. Mit Beginn des Zweiten Weltkriegs wurde das Auto stillgelegt und bald darauf an die Wehrmacht abgegeben.

218 *wieder einen Kollaps* – Es folgten zwei Aufenthalte im Sa-natorium Heidehaus in Zepernick vom 16. bis zum 27. Fe-bruar und vom 26. März bis zum 3. April 1938.

219 *nach Mergentheim* – Hier, im fränkischen Nordosten Ba-den-Württembergs, verbrachte Suse in Begleitung ihres Mannes einen Kuraufenthalt.

219 *superponiert* – Überlagerung mehrerer physikalischer Größen.

221 *Madonna* – Marienbild des Malers Matthias Grünewald (um 1480–1528) in der Kapelle der Pfarrkirche Mariä Krönung in Stuppach, nahe Bad Mergentheim.

der Altar von Tilman – Marienalter des Bildschnitzers und Bildhauers Tilman Riemenschneider (um 1460–1531) in der Herrgottskirche in Creglingen.

den Anfang des Eisernen Gustav – Falladas Roman »Der eiserne Gustav« erschien 1938 im Rowohlt Verlag.

222 *Tante Franziska* – Vermutlich Tochter des Pfarrers Carl Philipp Teichmann, eines Verwandten in Frankfurt am Main, bei dem die Halbwaise Elisabeth Ditzen 1883 gewohnt hatte.

Urgroßvater Teichmann – Johann Ernst Teichmann (1801 bis 1865), Großvater von RDs Mutter Elisabeth Ditzen.

Saarfeld – Sportanlage; zur Feier der Rückgliederung des Saargebiets 1935 in »Saarfeld« benannt.

223 *Verwandtenstraße* – Familienbesuche in Marburg und Wetzlar (Hessen) auf der Rückfahrt von Bad Mergentheim, Suse saß am Steuer des Ford V8.

wegen der politischen Verhältnisse – Zuspitzung der sog. Sudetenkrise im Jahr 1938, eines von Hitler-Deutschland provozierten Konflikts, um die staatliche Existenz der Tschechoslowakei zu zerstören und sich Teile des Gebietes einzuverleiben.

224 *Bienert* – Gerhard Bienert (1898–1986) spielte in der Ufa-Verfilmung »Altes Herz geht auf die Reise« (1938) den Landmann Paul Schlieker, die Rolle des Prof. Gotthold Kittguß übernahm Eugen Klöpfer (1886–1950), Regie und Drehbuch Carl Junghans (1897–1984).

Jannings-Film – Der geplante Film zum »Eisernen Gustav«; für die Hauptrolle war von Anfang an Emil Jannings vorgesehen.

225 *Apparat in Suses Händen* – Elektrischer Belichtungsmesser.

von Rowohlt haben wir noch keine neuen Nachrichten – Im Juli 1938 wurde Ernst Rowohlt wegen »Tarnung jüdischer

Schriftsteller« aus der Reichsschrifttumskammer ausgeschlossen und erhielt Berufsverbot. Nach der Reichspogromnacht verließ er Deutschland und blieb bis Oktober 1940 im brasilianischen Exil.

225 *Deutsche Verlag, geb. Ullstein* – Der Ullstein Verlag wurde 1934 enteignet, 1937 in Deutscher Verlag umbenannt und dem nationalsozialistischen Eher Verlag (München) eingegliedert.

Verlagsverzeichnisse der Deutschen Verlagsanstalt in Stuttgart – Am 20. Oktober 1938 wurde offiziell bekanntgegeben, dass der Rowohlt Verlag an die Deutsche Verlags-Anstalt angegliedert wird. Ernst Rowohlt trat die Funktion des Geschäftsführers an seinen Sohn Heinz Ledig ab. Damit hatte Hans Fallada seinen Verleger und Hausverlag verloren.

227 *Gab es 1914 schon den Ausdruck: »Meckern«* – Das »Deutsche Wörterbuch« von Jacob und Wilhelm Grimm (Bd. 12) verzeichnet eine Wortgeschichte seit dem 18. Jahrhundert mit Belegen bei Goethe und Heinrich Heine.

Sühnetod der Eva, Erbmasse der Hackendahls – Romanhandlung in »Der eiserne Gustav«.

228 *neuen Schluss zum Eisernen Gustav* – Auf politischen Druck von Joseph Goebbels (1897–1945), Reichsminister für Volksaufklärung und Propaganda, änderte Fallada das Romanende zugunsten einer Fortschreibung der Handlung bis ins Jahr 1933, wobei die Hauptfigur, der Droschkenkutscher Gustav Hackendahl, zu einem Anhänger des Nationalsozialismus wird.

229 *Andruck zu den Bildern der Murkelei* – »Geschichten aus der Murkelei (1938); die Farbillustrationen stammten von Melitta Patz.

Film ist völlig Hekuba – Nach Protest von Alfred Rosenberg, Reichsleiter für die weltanschauliche Schulung und Überwachung der NSDAP, wurde die Arbeit an dem Film eingestellt.

230 *Ledig* – Heinrich Maria Ledig-Rowohlt (1908–1992), deutscher Verleger; leitete zwischen 1938 und 1943 als Nachfolger seines Vaters Ernst Rowohlt den Rowohlt Verlag.

230 *Nimm nicht zu schwer, was Du doch nicht ändern kannst –*
Am 30. September 1938 wurde das Münchner Abkommen
zur Abtretung des Sudetenlandes an das Deutsche Reich geschlossen.

232 *über die »grüne Grenze«* – Verlauf international anerkann-
ter Landgrenzen zwischen den offiziellen Grenzübergangs-
stellen; die Bezeichnung sagt nichts darüber aus, ob der
Grenzverlauf überwacht wird oder nicht.

233 *Molesten* – (lat.) Beschwerden, Unannehmlichkeiten.
der neue Day – Clarence Day, »Unsere Frau Mama« (1938).

234 *Münchhausen* – Börries von Münchhausen (1874–1945),
deutscher Schriftsteller.

235 *Dr. Kilpper* – Gustav Kilpper (1879–1963), Leiter der
Deutschen Verlags-Anstalt.

237 *Onkel Räder* – Hubert Räder (1914–1941), als Gärtner in
Carwitz angestellt, starb als Soldat im Zweiten Weltkrieg.
Tatö-Briefen – Tatö (und Tante Töbing) waren Kosenamen
für eine Freundin der Eltern RDs aus den Berliner Jahren.

238 *Lilo* – Liselotte Neumann, Kindermädchen und Hausangestellte der Ditzens in Carwitz.
westische Menschen – Bezeichnung innerhalb der pseudo-
wissenschaftlichen Rassenideologie der Nationalsozialisten
auf der Grundlage der Schriften von Hans F. K. Günther
(1891–1968).
Friedel – Friedel Maroffke, Haustochter der Ditzens in Carwitz.

240 *Murkeleien und Hoppelpoppels* – Falladas Kindergeschich-
ten »Geschichten aus der Murkelei« und »Hoppelpoppel –
wo bist du?«.
Onkel Karl – Wahrscheinlich Karl Teichmann, Onkel von
RDs Mutter Elisabeth Ditzen.
Trudi Briegleb-Karbe – Nicht ermittelt.

242 *Maurer Güldner* – Nachbar in Carwitz.
wieder einmal drei Wochen krank – Aufenthalt vom 27. Januar bis 11. Februar 1939 im Waldhaus in Berlin-Nikolas-
see.

244 *Greifswalder Zeit* – Die Familie Ditzen lebte von 1893 bis
1899 in Greifswald (heutige Adresse des Geburtshauses von

RD Steinstraße 59); Wilhelm Ditzen war dort ab 1896 Landgerichtsrat.

244 *Beethoven'sche* – Schallplatte mit Musik von Ludwig van Beethoven (1770–1827).

hören wir immer Nachrichten – Bezogen auf die Besetzung der Rest-Tschechoslowakei durch die deutsche Wehrmacht am 15. März 1939.

245 *D. V. A.* – Deutsche Verlags-Anstalt. Der Rowohlt Verlag existierte von 1938 bis 1943 unter dem Dach der DVA.

246 *Korridorvisums* – Der polnische Korridor war ein Landstreifen zwischen Pommern im Westen und dem Unterlauf der Weichsel im Osten, der Ostpreußen seit 1920 vom übrigen Deutschen Reich abtrennte. Für die Benutzung der Transitstraßen war ein Durchreisevisum nötig.

248 *die Volksausgabe vom Kl. M.* – Ausgabe der Romans »Kleiner Mann – was nun?« in der Deutschen Buch-Gemeinschaft 1935.

249 *des früheren Joachimthalschen Gymnasiums* – Eine 1607 in Joachimsthal gegründete Fürstenschule für begabte Knaben, die sich seit 1636 in Berlin und ab 1912 in Templin befand. Uli Ditzen besuchte die Schule ab 1940.

252 *Wallace-Duplikate* – Edgar Wallace (1875–1932), englischer Kriminalautor.

253 *Tage des Stützen-Engagements* – Gemeint ist die Auswahl und Einstellung einer Haushälterin für die Mutter Elisabeth Ditzen.

254 *Erzählung für die H. J.* – Die Erzählung »Süßmilch spricht, Ein Abenteuer von Murr und Maxe« erschien in: Rakete, Die interessante Heftreihe für Jung und Alt, Heft 4, Stierlin 1939.

259 *Gold Flake* – Zigarettenmarke des Tabakunternehmens British American Tobacco.

260 *Verfilmung des »Dame-Romans«* – »Kleiner Mann, großer Mann – alles vertauscht« unter dem Titel »Himmel, wir erben ein Schloss« in der Regie von Peter Paul Brauer (1899 bis 1959), Uraufführung 1943.

Froelich – Carl Froelich (1875–1953), deutscher Regisseur und Filmpionier, 1939–1945 Präsident der Reichsfilmkammer.

260 *Leander* – Zarah Leander (1907–1981), schwedische Schauspielerin und Ufa-Star.

262 *von der Kriegserklärung Englands hörten* – Nach dem Überfall auf Polen durch deutschen Truppen am 1. September 1939 erklärten England und Frankreich dem Deutschen Reich am 3. September den Krieg.

Arbeitsdienst – Reichsarbeitsdienst (RAD).

263 *Reugeld* – Vertragliche Vereinbarung, die den Rücktritt von einem Vertrag unter Zahlung eines Geldbetrages gestattet.

ich schanze bereits wie ein Affe – Arbeit an »Dies Herz, das dir gehört«; der Film wurde nicht realisiert.

265 *Frankfurter Zeitung* – Seit 1866 erscheinende Tageszeitung, nach 1933 Entlassung der jüdischen Mitarbeiter und eingeschränkte Herausgabe, galt weiterhin als vergleichsweise kritische Zeitung, 1943 eingestellt.

Baltendeutschen – Deutschsprachige Minderheit in Estland und Lettland. In den Jahren 1939/40 (nach dem Hitler-Stalin-Pakt) wurde 50 000 bis 100 000 der Baltendeutschen unter der Losung »Heim ins Reich« umgesiedelt.

267 *reichlich 3000 Bände* – Nach dem Zweiten Weltkrieg wurden die Bücher von RD zum Teil selbst verkauft oder nach seinem Tod veräußert. Im heutigen Hans-Fallada-Museum sind circa 100 Bände der ursprünglichen Bibliothek erhalten.

268 *von meiner Kur* – Aufenthalt vom 21. bis 28. November 1939 im Sanatorium Heidehaus in Zepernick.

272 *Radio-Apparat* – Die Ditzens besaßen in den Carwitzer Jahren mehrere Radioapparate. Radio, Plattenspieler und Schallplatten waren als Ensemble in einem Phonoschrank des Herstellers Telefunken untergebracht, der heute im Hans-Fallada-Museum steht: Jahrgang 1937 mit dem Gerät »Gross-Super 776GWK« Die Musiksammlung umfasste rund 180 Schallplatten, vor allem klassische Musik, aber auch zeitgenössische Schlageralben.

Frau Condereit – RDs Nichte Adelheid arbeitete auf dem Hof der Familie Condereit in Köritz, einem Dorf nahe Neustadt (Dosse), heute Landkreis Ostprignitz-Ruppin, als Laborantin für Milchuntersuchungen. Der Sohn des Ehepaars Condereit war ein Mitschüler Uli Ditzens auf dem Gymnasium in Templin.

273 *Zarahchen* – Zarah Leander.

274 *Wyandotten* – Hühnerrasse.

Morlocken in der Zeitmaschine von Wells – Unterirdisch lebende Menschen aus dem Roman »Die Zeitmaschine« (1895) von Herbert George Wells (1866–1946).

277 *Filmabschluss »Kl. Gr. Mann«* – Der Roman »Kleiner Mann, großer Mann – alles vertauscht« wurde unter dem Titel »Himmel, wir erben ein Schloss« in der Regie von Peter Paul Brauer (1899–1959) verfilmt und 1943 uraufgeführt, nicht wie Falladas zunächst annahm mit Zarah Leander und dem Regisseur Carl Froelich.

279 *Anthrazit* – Kohlensorte.

»Altes Herz« kommt nie – Der fertige Film kommt nicht in den Verleih, die genauen Gründe des »Verbots« sind unklar; vgl. Michael Töteberg: »Beim Film weiß man nie« – Ein Autor scheitert an der Filmindustrie, in: Text + Kritik, Heft 200: Hans Fallada, Oktober 2013, S. 40–50.

280 *zwischen Karl May* – Zwischen Büchern Karl Mays (1842 bis 1912).

281 *Abreise* – Ernst Rowohlt emigrierte nach dem Ausschluss aus der Reichsschrifttumskammer nach Brasilien und kehrte im Oktober 1940 nach Deutschland zurück.

282 *Achim* – Geburt des Sohnes Achim Ditzen am 3. April 1940.

285 *Zepernick* – Sanatorium Heidehaus in Zepernick, in dem sich RD zwischen 1935 und 1940 siebenmal zur Behandlung aufhielt, dieses Mal vom 3. bis 17. Juli 1940.

287 *Grab von Tante Ada* – Adelaide Ditzen starb am 25. Dezember 1939 in Marburg/Lahn.

293 *Eroberung Sibiriens* – Juri Semjonow: Die Eroberung Sibiriens, Ein Epos menschlicher Leidenschaften, Der Roman eines Landes, Ullstein/Deutscher Verlag 1937.

294 *Kolberg* – Stadt in Westpommern, heute Kołobrzeg. Die Festung konnte im Krieg 1807 durch napoleonische Streitkräfte nicht eingenommen werden.

294 *Nettelbeck und Gneisenau* – Joachim Nettelbeck (1738 bis 1824); August Neidhardt von Gneisenau (1760–1831).

296 *als Heizer durch die Blockade geschmuggelt* – Ernst Rowohlt kehrte im Oktober 1940 auf einem Frachtschiff aus dem brasilianischen Exil zurück. Seit Kriegsausbruch im September 1939 hatten die Alliierten eine Blockade gegen die deutsche Schifffahrt verhängt.

Feldartillerist – Ernst Rowohlt war im Ersten Weltkrieg zwischen 1915 und Anfang 1918 zeitgleich mit RDs Bruder Ulrich Ditzen (1896–1918) Soldat im 7. Sächsischen Feldartillerie-Regiment Nr. 77.

der Ungeliebte – »Der ungeliebte Mann« (1940).

298 *plötrig* – (plattdeutsch) schlecht.

299 *das Skizzenbuch von Wilhelm Busch* – Wilhelm Busch (1832–1908), deutscher Schriftsteller und Zeichner; das Buch »Ein Skizzenbuch, dem Original getreu nachgebildet« erschien 1939.

Sauter – Walter Sauter, Lehrer am Joachimsthalschen Gymnasium in Templin.

300 *Sanatorium* – Aufenthalt in Dr. Lahmanns Sanatorium im Dresdener Stadtteil Weißer Hirsch vom 11. bis 15. März 1941.

301 *Saloniki* – Station zu Beginn des Balkanfeldzugs bei der Eroberung Jugoslawiens und Griechenlands durch deutsche Truppen im April 1941.

302 *Melkfrau Benzien … bei den schönsten Vorträgen an die Kuh* – Carwitzer Einwohnerin: »Olsch, besinn dich doch, du musst doch auch wissen, dass Krieg ist. Der Chef hat doch kein anderes Futter für dich! Friss doch, das ist doch nur ein Maul voll für dich, wenn du das alle hast, gibt's ja was anderes!«

303 *Döneckens* – Heitere Geschichten und Anekdoten.

pour le roi de Prusse – (frz.) für den König von Preußen, d. h. für umsonst.

304 *Tante Auguste* – Auguste Stürenburg, Tante von Wilhelm Ditzen, Taufpatin von Margarete Ditzen.

Onkel S. – Bei Onkel Seyfarth in Uelzen hat RDs Mutter Elisabeth Ditzen Kindheit und Jugend verbracht.

305 *20-seitige Arbeit* – Auf die Bitte ihres Bruders verfasste Elisabeth Hörig das Typoskript »Szenen aus dem Familienleben«, das er als Grundlage für sein Erinnerungsbuch »Damals bei uns daheim« (1941) verwendete.

306 *Werke ins Französische übersetzt* – Bereits 1933 wurde der Roman »Kleiner Mann – was nun?« (»Et puis après?«) übersetzt, in zwei Bänden »Wolf unter Wölfen« (»Loup parmi les loups«) 1939/1941, es folgten bis 1943 »Wer einmal aus dem Blechnapf frißt« (»Le roman du prisonnier«), »Kleiner Mann, großer Mann – alles vertauscht« (»Petit homme grand homme«), »Wir hatten mal ein Kind« (»Nous avions un enfant«,), »Altes Herz geht auf die Reise« (»Vieux cœur en voyage«), »Bauern, Bonzen und Bomben« (»Levée de fourches«), »Zwei zarte Lämmchen weiß wie Schnee« (»Deux tendres agneaux«) und »Der eiserne Gustav« (»Gustave-de-Fer«).

Onkel aus Amerika – Vermutlich Caspar Stürenburg, Bruder von RDs Großmutter Caroline Ditzen, geb. Stürenburg.

307 *Brunngraber* – Rudolf Brunngraber (1901–1960), österreichischer Schriftsteller.

meines neuen Buches – »Damals bei uns daheim« (1941).

308 *Senat … aus 7 oder 5 Herren* – Am Reichsgericht in Leipzig, dem obersten Gerichtshof im Deutschen Reich, bestand ein Senat für Straf- bzw. Zivilsachen aus jeweils sieben Mitgliedern (§ 140, Gerichtsverfassungsgesetz von 1877).

310 *Vorwort* – Das Erinnerungsbuch »Damals bei uns daheim« beginnt mit einer Vorbemerkung an die »Liebe Verwandtschaft!«, in der der Verfasser Fallada auf den Charakter des Buches hinweist, das den erläuternden Untertitel »Erlebtes, Erfahrenes und Erfundenes« trägt.

311 *Grotrian-Steinweg-Flügels* – Pianofortefabrik Grotrian-Steinweg in Braunschweig, Hersteller von Klavieren und Flügeln, gegründet von Georg Friedrich Grotrian (1803 bis 1860) und Heinrich Engelhard Steinweg (1797–1871), dem Gründer von Steinway and Sons in den USA. Seit 1926/27 war Heinz Hörig als Physiker in der Fabrik von Willi Grotrian (1868–1931) als Leiter eines Laboratoriums

tätig (vgl. Sonja Petersen: Vom »Schwachstarktastenkasten« und seinen Fabrikanten, Wissensräume im Klavierbau 1830 bis 1930, Waxmann 2011).

311 *zum Vorabdruck an die »Dame« zu verkaufen* – »Die Dame« erschien in Berlin als »Illustrierte Mode-Zeitschrift« zwischen 1911 und 1943. Hier war 1939 schon der Roman »Großer Mann, kleiner Mann – alles vertauscht« als Vorabdruck erschienen.

312 *Führerfrage* – Adolf Hitler war nach militärischen Erfolgen bis Anfang/Mitte 1941 (Einmarsch in Polen, den Benelux-Ländern, Frankreich, Dänemark, Norwegen, Jugoslawien, Griechenland) auf dem Höhepunkt seiner Macht.
  Mückchen – RDs Tochter Lore Ditzen (1933–1951), genannt Mücke.

314 *Dehmel* – Richard Dehmel (1863–1920), deutscher Dichter; bereits als Jugendlicher las RD Gedichte von ihm.

315 *mit den Gedanken sehr auf der Landkarte im Osten* – Militärische Entwicklungen nach dem deutschen Angriff auf die Sowjetunion am 22. Juni 1941 als Beginn des »Ostfeldzuges«.
  Wochenschau – Kurzfilme, die zur Information und Propaganda über das aktuelle Kriegsgeschehen dienten und vor oder zwischen den Hauptfilmen ausgestrahlt wurden.
  ungefähr 1918 in Riga – Infolge der Oktoberrevolution 1917 und der Beendigung des Ersten Weltkriegs eroberten russische Truppen unter der Führung der Bolschewiki Anfang 1919 die zuvor von deutschen Einheiten besetzte lettische Hauptstadt Riga. Dabei kam es zu Massakern an der lettischen Bevölkerung.
  sah den Einzug in Riga – Am 1. Juli 1941 nahmen deutsche Truppen die Stadt ein. Am 21. Juli erfolgte der Beschluss, die jüdischen Arbeitskräfte in einem Ghetto (»Ghetto von Riga«) zu konzentrieren. Fast alle Juden wurden ermordet.

316 *Row. und Burl.* – Ernst Rowohlt und Willi Burlage.
  Fiete – Name der Schwester Margarete in »Damals bei uns daheim«, Elisabeth heißt »Itzenblitz«, der Bruder Ulrich »Ede«.

318 *Arbeiten im Justizministerium* – Fallada erhielt im Reichsjustizministerium Zugang zu Prozessakten von zwei promi-

nenten Justizfällen der Weimarer Republik, in deren Mittelpunkt die Bankiers Julius (1887–1938) und Henry Barmat (1892–?) sowie der Kaufmann und Industrielle Iwan Kutisker (1873–1927) standen. In beiden Prozessen, als Skandalfälle politisch und medial instrumentalisiert, ging es um betrügerische Geldgeschäfte, Vermögensunterschlagung und Bestechung. Die jüdische Herkunft der Angeklagten wurde ausgestellt. In welcher Weise Fallada die Prozessunterlagen literarisch verarbeitet hat, bleibt unklar. Das Manuskript, in der Fallada-Forschung als »Kutisker-Roman« bezeichnet, gilt als verschollen. Von Fallada selbst wurde es mit bis zu 2000 Druckseiten angegeben und Ende November 1944 für abgeschlossen erklärt.

318 *er wird die Jahre von 1918 bis 1930 umfassen* – Aus den »Arbeitsplänen« zu einem Film wird nichts, dafür entsteht der Roman »Ein Mann will nach oben« (1941), der die Jahre 1910 bis 1936 umspannt.

319 *Oskar Mothes … seine erste Kirche* – Erster Bauauftrag des deutschen Architekten und Kunsthistorikers Oskar Mothes (1828–1903) war die 1848/49 erbaute Dorfkirche Rüdigsdorf, heute Ortsteil von Frohburg (Sachsen).
König Albert von Sachsen – Geboren 1828, von 1873 bis zu seinem Tod 1902 König von Sachsen.

320 *Propagandaministerium* – Reichsministerium für Volksaufklärung und Propaganda, zentrale Institution der NS-Propaganda unter Leitung von Joseph Goebbels; zuständig für alle Kulturschaffenden und Medien.
Wien-Film – Österreichische Filmproduktionsgesellschaft, die vor allem für Filme auf dem Gebiet Österreichs (»Ostmark«) zuständig war; der »repräsentative Berlin-Film« kommt nicht zustande.
keine nächtlichen Störungen – Fliegerangriffe.

321 *Faustbücher* – Philipp Faust (1898–1959), Autor des Erzählbandes »Der glühende Herd« (1937) und »Die Maurer« (1939).
Eckart-Verlag – In Berlin-Steglitz ansässiger Verlag.
Reichsfilmdramaturgen – Ab 1934 neu geschaffene Stelle in der Filmabteilung des Reichsministeriums für Volksaufklä-

rung und Propaganda, deren Hauptaufgabe in der Vorprüfung und Kontrolle geplanter Filmproduktionen bestand.
Von 1939 bis 1943 fungierte Carl-Dieter von Reichmeis-
ter (1912 – um 1985) als Reichsfilmdramaturg.

321 *Taties* – Nenntanten; im Erinnerungsbuch »Damals bei uns
daheim« passt eine Frau Reichskammergerichtsrat Tieto,
genannt Tatie, auf die Kinder auf (Kapitel »Reisevorbereitungen«).

322 *Reichsnährstand* – NS-Organisation für Agrarwirtschaft
und Agrarpolitik zwischen 1933 bis 1945.

323 *Kassenbuch* – RD führte in Carwitz neben einem Arbeits-
kalender auch ein Kassenbuch, um sämtliche Einnahmen
und Ausgaben zu kontrollieren.
Philippika – Leidenschaftliche Rede.

324 *Salem oder R6* – Populäre Zigarettenmarken der Firma
Reemtsma.
Hawaii – Angriff der japanischen Armee auf den amerikani-
schen Marienstützpunkt Pearl Harbor am 7. Dezember 1941.
Roosevelt – Franklin D. Roosevelt (1882–1945), Demokrat,
von 1933 bis zu seinem Tod im April 1945 32. Präsident
der Vereinigten Staaten.
Fest- und Ehrentag – Silberne Hochzeit von Elisabeth und
Heinz Hörig, die im Dezember 1916 geheiratet hatten.

325 *Konfuhsestraße* – Verballhornung des Straßennamens Fuhsestraße; die Fuhse ist ein Fluss, der durch Celle fließt.
ihr Freund oder Verlobter – Alfred Schmidt-Sas (1895–1943),
Volksschullehrer und Musiker, wurde wegen Tätigkeit im
Widerstand vom Volksgerichtshof zum Tode verurteilt und
am 5. April 1943 in Berlin-Plötzensee hingerichtet.

327 *Corrubia Sankt Felix Brasil* – Zigarrenmarke.
Ein Raub aus Kerr! – Alfred Kerr (1867–1948), deutscher
Schriftsteller, Theaterkritiker und Journalist.

328 *Jetzt hängen die Bilder übrigens* – Gemeint sind drei Fami-
lienbilder von Heinrich Heuser (1941), Suse mit Achim,
Ulrich und Lore, die auch heute noch im Hans-Fallada-
Museum, Carwitz, hängen.
die 1000. Seite an meinem Roman – Statt des Filmpro-
jektes »Die Eroberung von Berlin« entstand nach mehre-

ren Umarbeitungen der Roman »Ein Mann will nach oben«.

329 *Abschluss ihrer Doktorarbeit* – Das Manuskript der Doktorarbeit wurde im Zweiten Weltkrieg stark beschädigt, eine Kurzfassung von Ilse Bechert entstand unter dem Titel »Die Außenpolitik der Landgräfin Amalia Elisabeth von Hessen-Kassel. Oktober 1637 bis März 1642«, unveröffentlichte Dissertation, 48 S., Marburg 1946.

331 *Külle* – (plattdeutsch) Kälte.
Herr Günther – Alfred Günther (1885–1969), deutscher Schriftsteller und Journalist.

332 *neuesten Roman* – »Ein Mann will nach oben«.

335 *Bombardements auf Rostock* – Ende April 1942 erfolgten vier nächtliche Angriffe von englischen Bombern auf Rostock.
Hermannswerder – Havelinsel in Potsdam, seit 1901 Sitz eines Gymnasiums mit Internat, gegründet als »höhere Mädchenschule«; Lore Ditzen besuchte das Evangelische Gymnasium Hermannswerder von Mai 1942 bis November 1943.

336 *»Heute bei uns zu Haus«* – Zweiter Teil der Erinnerungen, 1943 als letzter Buchtitel Falladas im Rowohlt Verlag, Stuttgart, erschienen; gekürzter Vorabdruck zwischen Oktober 1942 und Februar 1943 in der Zeitschrift »Der Silberspiegel« (Scherl Verlag Berlin).

339 *Sinekure* – Ursprünglich kirchlicher Begriff für ein Amt ohne Verpflichtungen.
Hauptmann – Der Weltkriegsveteran Ernst Rowohlt wurde im Februar 1941 zur Wehrmacht eingezogen, Kriegseinsatz auf Kap Sunion (Griechenland) und im Kaukasus, im Juni 1943 als politisch unzuverlässig entlassen.

340 *den neuen Roman ... der schon ein Vierteljahr bei der Berl. Illus. liegt* – Der Vorabdruck erschien unter dem Titel »Die Frauen und der Träumer« in der »Berliner Illustrirten Zeitung« des Deutschen Verlages (vormals Ullstein), posthum wurde der Roman erstmals 1953 unter dem Titel »Ein Mann will hinauf« (Südwest Verlag, ab 1970 im Taschenbuch als »Ein Mann will nach oben« bei Rowohlt) publiziert.

340 *Unser guter Hotop* – Dr. Martin Hotop, praktischer Arzt in Feldberg.

Flunk – Niederdeutsche Bezeichnung für Fuß oder Bein.

342 *Tante Tietzes* – Freundin von RDs Mutter Elisabeth Ditzen aus den Berliner Jahren 1899 bis 1909.

344 *Löcher von der erwünschten Dicke und Länge … den Docht an ein Streichholz* – Auf ihrer Postkarte fertigte Adelheid zwei Skizzen an: von einem Holzbrett mit Bohrungen und angedeutetem Längsschnitt sowie von einer Kerze mit einem von einem Streichholz gehaltenen Docht.

345 *Entwicklung der Dinge in Afrika* – Die zweite Schlacht von El Alamein als eine entscheidende Schlacht des Zweiten Weltkrieges ging verloren und verschlechterte die militärische Lage des deutschen Afrikakorps.

347 *Karnutsch* – Ausdruck für ein Kaninchen.

348 *Stalin* – Josef Stalin (1878–1953), sowjetischer Politiker und Diktator.

349 *Christoph* – Sohn von Adelheids Chef, Herrn Condereit.

351 *Marlitt'sche Heldin* – E. Marlitt (1825–1887), deutsche Schriftstellerin.

353 *Kapitel über Falladas »Arbeit«* – Kapitel »Ruhe, jetzt wird gearbeitet« im Erinnerungsbuch »Heute bei uns zu Haus«.

Woche – »Die Woche«, illustrierte Zeitschrift, erschien von 1899 bis 1944 im Scherl Verlag.

E. O. Plauen – Erich Ohser (1903–1944), deutscher Karikaturist und Zeichner; die Karikatur erschien nicht auf dem Buchumschlag, stattdessen die Farbillustration eines idyllischen Hauses.

354 *eiligen Roman-Arbeit (für die Woche)* – Vom 4. August bis zum 17. November 1943 erschien »Der Jungherr von Strammin« in der »Woche« in gekürzter Fassung als Fortsetzungsabdruck, den Fallada redigiert und autorisiert hatte. In Buchform erschien der Roman erst posthum 1965 als »Junger Herr – ganz groß« (Ullstein); 1994 brachte ihn der Aufbau-Verlag unter dem ursprünglichen Titel erstmals nach der ungekürzten handschriftlichen Urfassung heraus.

355 *Zurückkommen aus dem Sanatorium* – Nach einem Aufenthalt vom 30. Januar bis zum 13. Februar 1943 in den Kur-

anstalten Westend (Berlin) bei Psychiater Prof. Dr. Jürg Zutt (1893–1980).

355 *Gesetz über den Arbeits-Einsatz* – Im Rahmen des von Goebbels verkündeten »totalen Krieges« wurde die Dienstverpflichtung für Frauen zwischen 17 und 45 und für Männer von 16 bis 65 Jahren eingeführt.

356 *Dame und Silberspiegel* – Beide Zeitschriften mussten ihr Erscheinen »kriegsbedingt« einstellen.

Prag-Film – Prag-Film AG, deutsche Filmgesellschaft mit Sitz in Prag.

Blick nach dem Osten – Anfang Februar 1943 Vernichtung der 6. Armee bei Stalingrad durch sowjetische Truppen; gilt als Wendepunkt im »Ostfeldzug«.

359 *im Auftrag des Reichsarbeitsdienstes nach Frankreich* – RD unternahm 1943 als Sonderführer des Reichsarbeitsdienstes (RAD) im Rang eines Majors drei Reisen durch Frankreich und das Sudetenland und verfasste darüber das sog. RAD-Tagebuch.

361 *freie Trift* – Freier Weg.

363 *»Pegasus auf Reisen«* – Pegasus auf Reisen, hrsg. von Heinz Grothe, mit 33 Zeichnungen von Olaf Gulbransson, Kanter 1942.

Rücktritt Mussolinis – Der italienische Diktator Benito Mussolini (1883–1945) wurde am 24. Juli 1943 entmachtet.

Hamburg – Serie von Luftangriffen (»Operation Gomorrha«) auf Hamburg zwischen 24. Juli und 3. August 1943, die einen Feuersturm auslösten und über 30 000 Todesopfer forderten.

365 *Hertha … Erika Karbe* – Hertha und Erika Karbe, Töchter von Elisabeth Ditzens Schwester Margarete Karbe; RDs Cousinen.

Niemes/Sudetengau – Kleinstadt im Bezirk Česká Lípa, Tschechien, heute Mimoň.

Suses Schwester mit Mann und der Käti – Suses Schwester Dorothea (Dola) Blöcker, ihr Mann und die Tochter Käti, verh. Paulsen.

wegen Seuchengefahr zerniert – Von Soldaten besetzte Örtlichkeit, die von der Außenwelt abgeriegelt wird.

365 *dass beide Schwestern ihr Heim völlig verloren haben* – Suses Schwestern Dorothea (Dola) Blöcker und Mathilde (Tilly) Frercksen lebten beide in Hamburg und wurden ausgebombt.

366 *DRK-Tracht* – Arbeitskleidung des Deutschen Roten Kreuzes.

RAD-Sonderführer – Sonderführer für den Reichsarbeitsdienst.

Tante Tilly – Halbschwester von Suse Ditzen.

367 *Von Suses Mutter* – Louise Issel wurde 1943 durch Euthanasie ermordet.

368 *NSV* – Nationalsozialistische Volkswohlfahrt.

370 *keine Angst, Rosmarie* – Zeile aus dem Schlager »Das kann doch einen Seemann nicht erschüttern«, Text von Bruno Balz (1902–1988), gesungen von Heinz Rühmann, Hans Brausewetter und Josef Sieber im Film »Paradies der Junggesellen« (1939).

371 *Burlages Tod* – Willi Burlage starb bei einem Luftangriff am 22. November 1943 in Berlin.

372 *Eisfeld/Thür.* – Genesungsurlaub von Ende Februar bis Ende März 1944 in Eisfeld (Thüringen) im Elternhaus von Margarete Norweg (geb. Reich), 1940/41 Haustochter in Carwitz.

dass ich Anfang November meinen Verleger verlor – Im Oktober 1943 wurde Fallada durch Heinrich Maria Ledig-Rowohlt die Schließung des Rowohlt Verlages mitgeteilt, es folgten Streitigkeiten in Bezug auf den bisher gültigen Generalvertrag, die Rechte an den gedruckten Rowohlt-Titeln und die noch ungedruckten, aber fertiggestellten Bücher.

373 *Die Wochen in Berlin* – Erneuter Aufenthalt in den Kuranstalten Westend vom 21. Januar bis 22. Februar 1944.

Hebbel'schen Maria-Magdalena-Stil – »Maria Magdalena. Ein bürgerliches Trauerspiel in drei Akten« (1844) von Friedrich Hebbel (1813–1863).

375 *40 Bomben* – Am 6. März 1944 gab es einen Bombenangriff auf Templin, bei dem 215 Menschen starben.

376 *der ganze Buchhandel in Leipzig vernichtet* – Mit den schweren Bombenangriffen vom 4. Dezember 1943 und vom

20. Februar 1944 wurden mehrere Leipziger Verlage (darunter Reclam und Insel) mit ihren Stammhäusern, Archiven und Lagern komplett zerstört.

376 *Alexis: Ruhe ist die erste Bürgerpflicht* – »Vaterländischer Roman« (1852) von Willibald Alexis (1798–1871).

377 *Heyne in Dresden* – Wilhelm Heyne Verlag, 1934 in Dresden gegründet; Fallada wurde nach der 1943 erfolgten Schließung des Rowohlt Verlags im Februar 1944 Autor bei Heyne.

Kampen – Ort auf der Insel Sylt.

379 *auf einer Presse* – Schule oder Lehranstalt zum beschleunigten Erwerb der für das Abitur notwendigen Kenntnisse.

381 *Propami* – Propagandaministerium.

382 *war etwas ganz Strindbergisches* – August Strindberg (1849 bis 1912), schwedischer Schriftsteller und Dramatiker.

384 *Ehe heute geschieden* – Rudolf und Anna Ditzen wurden am 5. Juli 1944 geschieden.

387 *Jonsdorf* – Luftkurort im Zittauer Gebirge.

390 *eine neue Sekretärin … tüchtiger als ihre Vorgängerin* – Über die als Ersatz für die langjährige Freundin und Sekretärin Else Bakonyi eingestellte Sekretärin, die den Anforderungen nicht gewachsen war, ist nichts bekannt. Else Bakonyi hatte die Arbeit an dem ihr antisemitisch erscheinenden »Kutisker«-Roman verweigert.

etwas, auf das ich mich jeden Tag freuen kann – Anspielung auf die Begegnung mit seiner zukünftigen zweiten Frau Ursula Losch in Feldberg im August 1944.

391 *Liliencronbiographie* – Detlev von Liliencron (1844 bis 1909), deutscher Lyriker und Erzähler; gemeint sein könnte der Band »Liliencron« (1938) von Hans Leip (1893–1983), erschienen in der Buchreihe »Die Dichter der Deutschen«.

392 *Westoffensive* – Ardennenoffensive, letzte große Offensive deutscher Kräfte vom 16. bis 20. Dezember 1944; anfänglich erfolgreich, bis Jahresende jedoch niedergeschlagen.

393 *Sieg* – Zynische Anspielung auf die Kriegssituation; im Januar 1945 überschritten sowjetische Truppen bereits die Reichsgrenze und rückten weiter vor. Zittau wurde am

9. Mai 1945, einen Tag nach dem offiziellen Kriegsende, von der Roten Armee besetzt.

400 *Ulla* – Ursula (1921–1958), geb. Boltzenthal, verw. Losch, genannt Ulla oder Uschi. In erster Ehe war die Verkäuferin mit dem Maler Kurt Losch (1889–1944) verheiratet. Am 1. Februar 1945 heiratete sie RD in Berlin-Schöneberg, Trauzeugen waren der Verleger Ernst Rowohlt und der Verlagsmitarbeiter Peter Zingler (1892–1978). Nach RDs Tod ging Ursula Ditzen eine dritte Ehe mit dem Kaufmann Herbert Tretzack ein.

Bürgermeister – RD war von Mai bis August 1945 von der sowjetischen Besatzungsmacht als erster Nachkriegsbürgermeister für Feldberg und die Umlandgemeinden eingesetzt.

401 *Kulturbund* – Kulturbund zur demokratischen Erneuerung Deutschlands, im August 1945 auf Initiative der Sowjetischen Militäradministration in Deutschland (SMAD) gegründet, bündelte und kontrollierte auf dem Gebiet der Sowjetischen Besatzungszone (SBZ) kulturelle Aktivitäten; zu den Mitgliedern gehörten in den Anfangsjahren vor allem renommierte Schriftstellerinnen und Schriftsteller. Erster Präsident war bis zu seinem Tod Johannes R. Becher (1891 bis 1958).

Tägliche Rundschau – Von der Roten Armee zwischen Mai 1945 und Juni 1955 herausgegebene Zeitung. Fallada schrieb 1946 Erzählungen und Texte primär für dieses Blatt. Das Redaktionsgebäude befand sich im Prenzlauer Berg, Göhrener Straße 11.

403 *Jutta* – Jutta Losch (geb. 1939), Tochter von Ursula Losch aus erster Ehe.

»Der Alpdruck« – Erschien posthum 1947 im Aufbau-Verlag, der Arbeitstitel lautete »Fallada sucht einen Weg«.

»Jeder stirbt für sich allein« – Posthum 1947 im Aufbau-Verlag veröffentlicht, in dem 2011 die ungekürzten Originalfassung erschien (vgl. Manfred Kuhnke: Falladas letzter Roman, Die wahre Geschichte, Friedland 2011).

Neue Berl. Illus. – Die »Neue Berliner Illustrierte« (NBI) wurde ab Oktober 1945 vom Kulturbund herausgegeben, knüpfte im Titel an die bis April 1945 erschienene »Berliner Illustrirte Zeitung« an.

403 *Filmgesellschaft, die DeFa* – Deutsche Film AG (DEFA), im Mai 1946 gegründetes volkseigenes Filmunternehmen in der SBZ und der späteren DDR.

404 *ihre Zeitung* – »Tägliche Rundschau«.

409 *unser Uli* – Ulrich Ditzen (1896–1918), der Bruder RDs, starb kurz vor Ende des Ersten Weltkrieges in Frankreich.

410 *Frau Paul* – Haushälterin.

411 *Kästner* – Erich Kästner (1899–1974), deutscher Schriftsteller.

auf derselben Station mit mir – Aufenthalt zwischen dem 7. Dezember 1946 und 13. Januar 1947 in der Psychiatrischen und Nervenklinik Charité, ab dem 19. Dezember 1946 war auch Ursula Ditzen dort in stationärer Behandlung. Am 13. Januar wurde das Ehepaar in ein Hilfskrankenhaus in Pankow verlegt, in dem RD am 5. Februar 1947 an Herzversagen starb.

der Professor – Heinrich Christel Roggenbau (1896–1970), behandelnder Arzt von RD und kommissarischer Leiter der Psychiatrischen und Nervenklinik Charité.

Chronik

1893	21. Juli: Geburt von Rudolf Ditzen in Greifswald als drittes Kind des Landrichters Wilhelm Ditzen und Elisabeth Ditzen
1899	Berufung des Vaters zum Kammergerichtsrat in Berlin, Umzug der Familie nach Berlin
1909	Berufung des Vaters zum Reichsgerichtsrat in Leipzig, Umzug der Familie nach Leipzig; schwerer Fahrradunfall
1911	Besuch des Gymnasiums in Rudolstadt, schwere Verletzung bei einem als Duell getarnten Doppelselbstmordversuch, bei dem der Freund Hanns Dietrich von Necker getötet wird, nach der Behandlung immer wieder aufbrechende Abhängigkeiten von Narkotika und Alkohol
1912	Aufenthalt in der Nervenheilanstalt Tannenfeld/Sachsen
1913	Landwirtschaftseleve in Posterstein/Sachsen
1914	Meldung als Kriegsfreiwilliger, aus gesundheitlichen Gründen nach wenigen Tagen entlassen
1915	Eleve auf dem Gut Heydebreck/Hinterpommern
1916	Arbeit in der Landwirtschaftskammer Stettin, danach Tätigkeit in Berlin bei der Kartoffelbaugesellschaft
1917	Drogenentziehungskur in Carlsfeld bei Brehna, anschließend Kassenverwalter (Rendant) auf verschiedenen Gütern u. a. in Mecklenburg, Vorpommern, Schleswig-Holstein, Schlesien

1919	Erneut Entziehungskur in Tannenfeld
1920	Roman-Debüt mit dem autobiographisch gefärbtem Roman »Der junge Goedeschal«; seitdem Pseudonym Hans Fallada
1923	Roman »Anton und Gerda«; wegen Unterschlagung Verurteilung zu mehrmonatiger Gefängnishaft; bis zum Haftantritt Gutssekretär in Radach bei Drossen
1924/25	Drei Monate Gerichtsgefängnis in Greifswald, nach der Entlassung Rechnungsführer in Gudderitz auf Rügen und in Lübgust/Pommern
1926	Wegen erneuter Veruntreuung 2 Jahre Haft im Zentralgefängnis Neumünster
1928	Adressenschreiber in Hamburg, Mitglied der SPD, Verlobung mit Anna »Suse« Issel
1929	Annoncenwerber in Neumünster, Lokalreporter für den »General-Anzeiger«, 5. Juni: Heirat mit Anna Issel, Prozess-Berichterstatter beim »Landvolkprozess«
1930	Anstellung beim Rowohlt Verlag; Geburt des Sohnes Ulrich
1931	»Bauern, Bonzen und Bomben«; Umzug nach Neuenhagen bei Berlin
1932	»Kleiner Mann – was nun?« (Urfassung 2016); freie Autorschaft
1933	Umzug nach Berkenbrück; elftägige Haft nach Denunziation; Erwerb eines Anwesens in Carwitz bei Feldberg; Geburt der Tochter Lore
1934/35	»Wer einmal aus dem Blechnapf frißt«; »Wir hatten mal ein Kind«; »Märchen vom Stadtschreiber, der aufs Land flog«
1936	»Altes Herz geht auf die Reise«; »Hoppelpoppel, wo bist du?«
1937	»Wolf unter Wölfen«

1938	»Der eiserne Gustav«; »Geschichten aus der Murkelei«
1939	»Kleiner Mann, großer Mann – alles vertauscht«
1940	»Der ungeliebte Mann«; Geburt des Sohnes Achim
1941	»Ein Mann will nach oben« (auch unter dem Titel »Ein Mann will hinauf. Die Frauen und der Träumer«); »Die Abenteuer des Werner Quabs« (auch u. d. T. »Der mutige Buchhändler«); »Damals bei uns daheim«
1942	»Zwei zarte Lämmchen weiß wie Schnee«; »Die Stunde eh' du schlafen gehst«
1943	»Heute bei uns zu Haus«; »Der Jungherr von Strammin« (auch u. d. T. »Junger Herr ganz groß«); im Auftrag des Reichsarbeitsdienstes im Majorsrang Reise in die annektierten Gebiete der Tschechoslowakei und in das besetzte Frankreich; im Zuge der Stilllegung des Rowohlt Verlages durch die Nazis und der Annullierung seines Generalvertrags verliert Fallada die letzte sichere finanzielle Basis
1944	5. Juli: Scheidung von Anna Ditzen; nach einer Auseinandersetzung, bei der er mit einer Schusswaffe hantiert, Zwangseinweisung in die Landesanstalt Altstrelitz, hier entsteht das Trinker-Manuskript mit dem Gefängnistagebuch 1944 (Erstausgabe u. d. T. »In meinem fremden Land« 2009); nach der Entlassung »Fridolin, der freche Dachs«
1945	Heirat mit der selbst suchtgefährdeten 22-jährigen Ursula »Ulla« Losch in Berlin; wegen der Luftangriffe verlassen sie Ullas Wohnung in der Meraner Straße (Berlin-Schöneberg) und ziehen in deren Holzhaus in der Feldberger Siedlung Klinkecken; bei Kriegsende wird Fallada von der Roten Armee als Bürgermeister in Feldberg eingesetzt; im August

Zusammenbruch und Krankenhausaufenthalt der Eheleute, Rückkehr nach Berlin in die teils zerstörte, teils bewohnte Schöneberger Wohnung; erstes Treffen mit Johannes R. Becher, dieser vermittelt Schreibaufträge für die »Tägliche Rundschau« und ermöglicht den Umzug in ein geräumiges Haus mit Garten und Garage im Eisenmengerweg (Pankow-Niederschönhausen), Falladas letzten Wohnsitz

1946   Wiederholt Klinikeinweisungen, u. a. in eine auf Geschlechtskrankheiten spezialisierte private Behelfskrankenstation in der Marthastraße 10, wo Fallada der einzige männliche Patient ist; Arbeit an »Der Trinker« (erschienen in rekonstruierter Fassung 1950/1953), »Der Alpdruck« (erschienen 1947) und »Jeder stirbt für sich allein« (erschienen 1947, in der Urfassung erstmals 2011)

1947   5. Februar: Tod von Rudolf Ditzen/Hans Fallada in Berlin; Beisetzung auf einem Pankower Friedhof; auf Initiative Suses spätere Überführung der Urne auf den Friedhof in Carwitz

Personenregister

Personen aus dem familiären Umkreis RDs sind im Register dann verzeichnet, wenn über die Nennung hinaus weitergehende Auskünfte gegeben werden.

Werkregister

Editorische Notiz

Die Leseausgabe der hier abgedruckten Briefe umfasst eine Auswahl der Korrespondenz zwischen Rudolf Ditzen (Hans Fallada) und seinen beiden Schwestern Elisabeth (Ibeth) und Margarete (Dete) sowie deren Familien aus den Jahren 1928 bis 1946. Wiedergegeben werden 376 Briefe der fast vollständig erhaltenen Korrespondenz, die über tausend Briefe und etwa 1600 Blatt umfasst, darunter wenige Postkarten. Der Großteil stammt von RD (225 Briefe), 113 Briefe von den Hörigs (Elisabeth, ihrem Mann Heinz und ihrer Tochter Adelheid) und 38 Briefe von Dete und ihrem Mann Fritz Bechert. Als Abschluss wurde der vermutlich letzte überlieferte Brief RDs an seine Mutter aufgenommen, er datiert vom 22. Dezember 1946.

Alle Briefe werden im Hans-Fallada-Archiv, Carwitz, des Literaturzentrums Neubrandenburg e. V. aufbewahrt. Die Briefe sind im Original oder als Schreibmaschinendurchschläge überliefert. Bei den Durchschlägen fehlen handschriftliche Zusätze, insbesondere die Unterschriften am Ende des Textes. Handschriftliche Briefe und Randbemerkungen sind durch {...} gekennzeichnet, ausgenommen die handschriftlichen Namen unter den getippten Briefen.

Die Texte der Briefe folgen den Originalen. Offenkundige Schreib- und Tippfehler, auch von Orts- und Personennamen, wurden stillschweigend korrigiert. Orthographie und Interpunktion sind den heute gültigen Regeln angepasst, wobei Eigenheiten der jeweiligen Briefeschreiber gewahrt blieben.

Hervorhebungen erscheinen im Druck kursiv, mehrfache Unterstreichungen kursiv und halbfett. Hervorhebungen durch Versalien wurden beibehalten, wenn es sich um eine spezielle Form der Verdeutlichung handelt. Die Wiedergabe von Daten und Ortsangaben in den Briefköpfen sowie die typographische Einrichtung der Grußformeln wurden moderat angeglichen.

Für die vorliegende Ausgabe war es unumgänglich, Streichungen auch innerhalb der Briefe vorzunehmen. Gekürzt wurden Wiederholungen oder für den Zusammenhang dieses Bandes nicht relevante Äußerungen. Alle Auslassungen des Herausgebers wurden durch [...] kenntlich gemacht, seine Hinzufügungen stehen ebenfalls in eckigen Klammern. Insgesamt wird etwa ein Fünftel der überlieferten Brieftexte wiedergegeben.

Das Kollationieren der durch den Herausgeber ausgewählten und erfassten Texte besorgte Magdalena Frank. Zu den Anmerkungen von Daniel Börner steuerte der Herausgeber wesentliche Hinweise auf biographische, familiäre und lokale Zusammenhänge bei. Die Register der Personen und Werke hat Jürgen Engler erstellt.

Der Abdruck der Abbildungen erfolgt mit freundlicher Genehmigung von:

Achim Ditzen (2, 8–10)
Hans-Fallada-Archiv, Carwitz (1, 3–7, 11–13, 15, 17–30, 32–35)
Harald Wenzel-Orf (16)
Literaturzentrum Neubrandenburg e. V. (31)
Verlag für Filmschriften (BFK-1988-Seite 4, Nachdruck, Auszug aus Filmprogramm-Heft Nr. 1988, Jg. 1933) (14)

Leseprobe

Der Pott in der U-Bahn

In der U-Bahn sitzt sanft schlafend eine Frau. Auf ihrem Schoß hält sie eine Einholetasche, obenauf in der Einholetasche liegt ein großer blanker Kochtopf, mit dem Boden nach oben.

Vor der Frau steht – wegen Platzmangels – ein Herr und sieht sinnend auf die Schläferin hinab. Einige Stationen sind schon passiert, selig schlief die Frau weiter. Nun beugt sich der Herr zu der Frau, mit dem Fingernagel klopft er an den Topf: es gibt einen feinen, silbernen Klang, der im ganzen Wagen zu hören ist.

Auch die Schlafende hat ihn gehört, sie öffnet die Augen und sieht – erst zweifelnd, dann lächelnd – auf den Herrn.

»Verschlafen Sie auch Ihre Station nicht?«, fragt der und setzt aufklärend hinzu: »Wir waren eben Klosterstraße.«

»Und Alexanderplatz muss ich raus«, antwortet die Frau.

Wieder der Herr: »Da hat's ja geklappt.« Sein Blick ruht voll Beifall auf dem Topf. »Einen schönen Pott haben Sie da!«, meint er.

»Das will ich meinen«, stimmt die Frau zu. »Wollen Sie 'n etwa haben? Zwanzig Mark kostet er.«

»Her mit dem Pott!«, ruft der Herr und nimmt aus der Tasche 20 Mark. Der Topf wechselt seinen Besitzer, viele lächeln beifällig, manchen ist anzusehen, dass sie auch gerne den Topf gekauft hätten.

Auch der Topfbesitzer merkt das. Er hat der Frau noch einmal gedankt, als sie den Wagen auf dem Alexanderplatz verließ, und ruft jetzt, da sie dem Schönhauser Tor zurollen, laut: »Nun, wie ist es? Wer hat noch nicht? Ein Stahltopf, Handarbeit, mit geschliffenem Boden, 50 Mark! Wer will?«

»Ist gemacht!«, ruft ein Herr, und schon wieder hat der Topf seinen Besitzer gewechselt – jetzt lachen sie alle im Wagen.

»Weiter! Weiter!«, ruft der erste Herr, der, trotzdem er nicht mehr der Besitzer des Topfes ist, ihn noch einmal verkaufen möchte. »Immer weiter! Umsatz ist das halbe Leben! Wer möchte den Pott? Hundert Mark zum Ersten …«

Zweimal habe ich mich schon geärgert, dass ich nicht zugegriffen habe, denn zu Haus klagt die Frau immer, dass sie keinen vernünftigen großen Topf zum Kartoffelkochen hat. »Nicht hundert, aber siebzig!«, rufe ich. Die Blicke fliegen hin und her, noch mehr Lachen, und der Pott wird mir in die Hand gedrückt.

»Ich muss jetzt raus«, sagt der unternehmungslustige Herr. »Dass Sie aber den Pott nicht unter hundert Mark verkaufen! Das ist er unter Brüdern wert.«

»Ich verkaufe ihn überhaupt nicht, ich bringe ihn meiner Frau nach Haus«, antworte ich. Und nun sitze ich im Wagen, zufrieden, mit dem Pott auf meinem Schoß, endlich bringe ich meiner Frau doch mal was Vernünftiges von meinen Stadtfahrten mit.

An der Haltestelle warte ich endlos auf die Elektrische, ich entdecke, dass solch ein stählerner Pott in eisiger Winternacht mit nicht behandschuhten Händen unangenehm zu tragen ist. Aber immerhin – ich habe einen guten Kauf gemacht, ich freue mich auf das Gesicht meiner Frau, wenn ich mit ihm ankomme …

Die Elektrische ist völlig überfüllt, kein Gedanke an Mitfahrt. Ich entschließe mich zum Heimmarsch. Immer eisiger wird die Hand, die den Pott hält. Ich wechsele von rechts nach links, von links nach rechts, nur mit dem Erfolg, dass beide Hände eisig werden. (Ich bin immer ein Frostpeter gewesen!)

Schließlich kommt mir die erlösende Idee: die Straßen sind ja doch nicht sehr belebt, kaum je ein Mensch. So ergreife ich den Pott und stülpe ihn mir über meine Mütze auf den Kopf. Dahin wandere ich, und die wenigen Vorübergehenden richten staunende Blicke auf mein silberglänzendes Haupt. Sicher raten sie eifrig, wer was da trägt. Die meisten tippen wohl auf einen Stahlhelm. (Ich möchte wissen, zu welchen Gerüchten mein Pott womöglich Anlass gibt.)

Aber unangefochten erreiche ich mein stilles Heim; wie ich bin, trete ich in unser Schlafgemach, an das Bett meiner Frau, silberbehütet.

»Da hast du einen Pott!«, sage ich und nehme meinen Hut ab. »Bekomme ich ein Lob oder nicht?«

»Der Pott ist herrlich«, sagt sie nach eingehender Prüfung. »Du bekommst einen Kuss – ich finde es reizend von dir, dass du nun doch noch an unsern Hochzeitstag gedacht hast!«

Und während ich meinen Kuss empfange, überlege ich, ob ich meine Frau aufklären soll, dass dieser Pott nur ein Zufall in der U-Bahn war, dass der böse Gatte wirklich den Hochzeitstag vergessen hatte.

Ich beschließe, meine Frau nicht aufzuklären – vielleicht liest sie es in der Zeitung – und dann ist so viel Zeit vergangen, dass ich ihrer Verzeihung gewiss sein kann.